Bill St. Amour, MA, USC

Order this book online at www.trafford.com
or email orders@trafford.com

Most Trafford titles are also available at major online book retailers.

© Copyright 2014 Bill St. Amour.
All rights reserved. No part of this publication may be reproduced, stored in a
retrieval system, or transmitted, in any form or by any means, electronic, mechanical,
photocopying, recording, or otherwise, without the written prior permission of the author.

Printed in the United States of America.

ISBN: 978-1-4907-2793-6 (sc)
ISBN: 978-1-4907-2794-3 (hc)
ISBN: 978-1-4907-2795-0 (e)

Library of Congress Control Number: 2014903005

Because of the dynamic nature of the Internet, any web addresses or links contained in
this book may have changed since publication and may no longer be valid. The views
expressed in this work are solely those of the author and do not necessarily reflect the
views of the publisher, and the publisher hereby disclaims any responsibility for them.

Any people depicted in stock imagery provided by Thinkstock are models,
and such images are being used for illustrative purposes only.
Certain stock imagery © Thinkstock.

Trafford rev. 02/12/2014

 www.trafford.com

North America & international
toll-free: 1 888 232 4444 (USA & Canada)
fax: 812 355 4082

AN ENGLISH – RUSSIAN DIGEST OF MILITARY, POLITICAL & SOCIAL TERMS

Forward

This digest is designed to fill a gap in reference materials for social terms consisting of geographic, historical, military and political words and phrases which one encounters as a student of Russian. It is by no means exhaustive, yet it will give you, the student or interpreter, many of the most valuable terms and phrases that you will encounter in books, conversations, papers, and references.

Some key economic, legal and scientific terms are sparingly included to help round out the abilities of the student.

It will be of interest to any person wishing to improve one's proficiency in Russian, or for Russian speakers seeking to improve their English proficiency. Any mistakes are strictly my own.

This digest is dedicated to my (retired) high school Russian and English instructors who gave me my start and love for Russian and English languages; Mr. George Poulin and Mr. Erald Medlar of Mt. Mansfield UHS, Jericho, Vermont;

also, to my mother Pauline, who always knew that I could do this; to my nieces and nephews, Kayley, Natalie, Cole, Chase, Bella, Elyse, Piper and Jackson, for their loving support in this endeavor.

This digest is protected by copyright law. All rights are reserved and no part may be reproduced or stored without written permission from me, the author.

Bill St. Amour, MA (USC)
Underhill Vermont & Gainesville Florida, 2013

...что скажет Он вам, то сделайте...
– библия (от Иоанна, 2: 5)

AN ENGLISH – RUSSIAN DIGEST OF MILITARY, POLITICAL & SOCIAL TERMS

Предисловие

Составитель данного словаря-справочника ставил своей целью восполнить пробел в справочных материалах в области общественно-политической лексики. Словарь-справочных включает в себя слова и выражения географического, исторического, военного и политического характера, часто встречающиеся при переводе с русского языка на английский. Это издание ни в коей мере не является исчерпывющим, однако оно предлагает переводчикам наиболее существенные выражения и обороты, с которыми нередко приходится сталкиваться в книгах, газетах, журналах и справочниках.

В справочник вошли также отдельные ключевые экономические, юридические и научные терминые, что расширяет возможности переводчиков. Данный справочник будет интересен и тем, кто хочет улучшить свои знания русского языка, а также русскоязычной аудитории, желающей усовершенствовать свой английский. Все возможные ошибки настоящего издания являются моими собственными недоработками.

Книга посвящается моим учителям русского и английского в ставших классах, привившим мне любовь к этим языкам: господину Джорджу Пулину и господину Эральду Мэдлеру, штата Вермонт, которые в настоящее время уже не работают. Книга посвящается также моей матери, Паулине (Полине), всегда верившей в мои силы, и мои́м племянницам и мои́м племянникам.

Эта книга защищена законом об авторских правах. Сохраняются авторские права на эту книгу, и ни одна её часть не может быть перепечатана без письменного согласия издателя.

Хочется выразить особую благодарность к.н.ф. Костюк Н.А. (СПБГУ), посвятившей много времени корректуре текста словаря-справочника и внесшей в текст множество ценных дополнений.

AN ENGLISH – RUSSIAN DIGEST OF MILITARY, POLITICAL & SOCIAL TERMS

Contents

Social Terms, page 1

Topographical and Weather Terms, page 281

Geography, page 289

Useful Idioms, page 304

Proper Names, page 353

Select US Abbreviations, page 362

Select Russian Abbreviations, page 366

Key Historical Events, page 370

Other books by Bill St. Amour:

An English-French Digest of Social Terms
An English-French Military Dictionary
An English-Russian Military Dictionary

All available at Trafford.com !

AN ENGLISH - RUSSIAN DIGEST OF MILITARY, POLITICAL & SOCIAL TERMS

Explanatory Notes

1. Use of the horizontal slash, /, is to separate the noun from the adjectival form of the word. It may also separate the noun from the singuular or plural form.

for example;
Kuomintang/member of the ~ - гоминдан/~овский/~овец

2. The use of the horizontal slash also occasionally indicates that either word or phrase immediately before or after the slash is acceptable.

for example;
a hot spot (pol) - «горячая точка«/очаг военной опасности, means that either «горячая точка«, or, очаг военной опасности are both correct and acceptible.

also in this example -

zero sum game - игра с /нулевой суммой/нулевым исходом means that игра с нелевой суммой, or, игра с нелевым исходом are both correct.

3. The horizontal slash may be used to show both the perfective and imperfective form of a verb.

for example; ото/~мстить means that the verb is отомстить or мстить

4. Use of the swung dash ~, replaces the noun used in the phrase.
for example; Kuomintang/adj./member of the ~

5. Russian words containing two accent marks means that the accent mark in either location is correct, such as до́красна́

AN ENGLISH – RUSSIAN DIGEST OF MILITARY, POLITICAL & SOCIAL TERMS

Abbreviations

a. – accusative case
A.D. – anno Domini
A/H – Austria-Hungary
adj. – adjective
aeron. – aeronautics
anthro – anthropology
Af. – Africa/n
agric. – agriculture
Am. – America
Ammo. – ammunition
Aus. – Austria
adv. – adverb
approx. – approximate
art. – artillery
avn. – aviation
b. – biblical
B.C. – before Christ
bn battalion
Br. – British
Byz. – Byzantine
BW. – biological warfare
Ch. – China, Chinese
chem. – chemical
co. – company
coll. – colloquial
commo. – communications
comp. – computer
const. – construction
CP – command post
CW – chemical warfare
d. – dative case
dip. – diplomatic
econ. – economic
educ. – education
elec. – electrical
emp. – empire
Eng. – England RC.
engr. – engineering
environ. – environmental
est. – established
etc. – et cetera
Eur. – Europe

fig. – figurative
Fr. – France, French
FSB – Forward Support BN
g. – genitive case
Ge. – German
gen. – general
geo. – geography
Gk. – Greek
hist. – history
HRE – Holy Roman Empire
i. – instrumental case
impf. – imperfective
ind. – industry
intrans. – intransitive
It. – Italy
Ja. – Japan
kia. – killed in action
leg. – legal
lit. – literal
m/f – male/female
med. – medical
mech. – mechanical
nav. – naval
nt neuter
nom. – nominative case
nuc. – nuclear
OP. – observation post
os – one's self
p. – preposition
phil. – philosophy
pf. – perfective
pej. – pejorative

plu. – plural
pol. – political
Pr. – Prussia
PRC – People's Republic of China
prep – preposition
R.C. – Roman Catholic
rel. – religion

AN ENGLISH – RUSSIAN DIGEST OF MILITARY, POLITICAL & SOCIAL TERMS

rr. – railroad
Ru. – Russia
SAA – same as above
sci. – science
sing. – singular
sl. Slang
so. – someone
soc. – sociology

Sov. – Soviet
Sp. – Spain
st. – something
tac. – tactical
tech. – technology
UN – United Nations
US – United States
veh. – vehicle
wea. – weather

AN ENGLISH – RUSSIAN DIGEST OF MILITARY, POLITICAL & SOCIAL TERMS

A

abandoned – *adj* оста́вленный, забро́шенный
aboard – *adv* (on ship) на корабле́; (on ship or airplane) на борту́ ~ the train на по́езд(е) go ~ сади́тся *impf*, сесть *pf* на су́дно
abduction, hijacking, kidnapping, theft – *n* похище́ние

ABM – *n, mil, pol* противоракéтная оборо́на (ПРО)
spaced-based ~ противоракéтная систéма с элемéнтами косми́ческого бази́рования three/four-layer ~ трёх/четырёхслойная ПРО

abolish – упраздня́ть *impf*, упраздни́ть *pf*
abolition *n* упразднéние
~ of capital punishment *n* отмéна смéртной ка́зни

abort (to cease) – *vt* прекраща́ть *impf*, прекрати́ть *pf*; приостана́вливать *impf*, приостанови́ть *pf*
abortion (miscarriage & surgery) *n* або́рт
abortionist (pre-1973) *n, soc* подпо́льный акушéр

abortive – *adj, lit, fig* мертворождённый, (unsucessful) неуда́вшийся
about face, male an ~ – *n* поворо́т, повора́чивать *impf*, поворотить *pf* круго́м на мéсте

absent – *adj* отсу́тствующий absentee *as a n* отсу́тствующий, абсентéйст ~ rate *n* коэффициéнт абсентеи́зма
absenteeism *n* абсентеи́зм, прогу́л (also truancy)

absorbance – *n* коэффициéнт поглощéния
abuse – *n* злоупотреблéние ~ of authority злоупотреблéние вла́стью
Abwehr (Ge WW II counterintelligence service) – *n, mil* а́бвер

academy – *n* учи́лище, шко́ла
military ~ воéнное учи́лище naval ~ воéнно-морско́е учи́лище
SGM (Sergeant Major) ~ шко́ла подгото́вки сержа́нт-майо́ров

accept battle – принима́ть бой acceptable *adj* приéмлемый
"acknowledge" – *mil commo* «подтверди́те«

AN ENGLISH – RUSSIAN DIGEST OF MILITARY, POLITICAL & SOCIAL TERMS

access – *n* допуск
~ to classified material допуск к секретной информации
deny ~ to classified material лишать допуска к секретной информации
accessible to tanks (terrain) *adj* танкодоступный

accident – *adj* аварийный, *n* авария ~-free *adj* безаварийный
aircraft ~ *n* лётное происшествие
have, suffer an ~ пасть *impf*, попасть *pf* в аварию
road, traffic ~ *n* дорожно-транспортное происшествие, автоавария accidental (by chance) *adj* случайный

acclimatization – *n* акклиматизация acclimatize *vt (vi)* акклиматизировать(ся) *pf & impf*
accomplice – *n* пособник aiding and abetting, complicity – *n* пособничество

accord – *n* согласие be in ~ with быть согласным с + i.
of one's own ~ по собственному почину/желанию; сам по себе
accordance (agreement) *n* согласие in ~ with в соответствии с + i.
account – *n, bus* отчёт, счёт current ~ текущий счёт
accountable *adj* ответственный

accused – *as a n* обвиняемый, подсудимый accuser *n* обвинитель public prosecutor *n, leg* государственный обвинитель accusing *adj* обвиняющий

acting manager – *n* исполняющий обязанности заведующего (и.о.)

action – *n* действие, бой covering ~ *n, mil* прикрывающий бой
delayed ~ замедленное действие
delaying ~ *n, mil* сдерживающие (что-либо, кого-либо) действия diversionary ~ *n, mil* отвлекающие действия
evasive ~ *n, mil* действия по уходу из-под удара; манёвр уклонения fall in ~ *n, mil* пасть *impf* в бою
graduated ~ *n, mil* дифференцированное действие
homing-in ~ *n, mil* самонаведение на цель
missing in ~ пропасть без вести в бою
rear guard ~ *n, mil* арьергардные действия

AN ENGLISH - RUSSIAN DIGEST OF MILITARY, POLITICAL & SOCIAL TERMS

shock ~ n, mil уда́рное де́йствие
after ~ review (AAR) n, mil разбо́р результа́тов (уче́ния, выполне́ния зада́чи, и.т.д.)

activist - n, pol, soc активи́ст m, активи́стка f
activists, party ~ n парти́йный акти́в

activity - n де́йствие
field support ~ n, mil полево́е учрежде́ние тылово́го обеспе́чения
ground ~ де́йствия назе́мных войск

acturial - adj, bus актуа́рный actuary n, bus актуа́рий
acupuncture - n иглотерапи́я
ad hoc formation - n сбо́рное соедине́ние

adapted - adj, tech приспосо́бленный adaptability n приспособля́емость f
add on stabilization (tank fire controls) - adj дополни́тельный стабилиза́тор пу́шки added value bus доба́вленная сто́имость
addressee -n, gen, commo адреса́т sender n адреса́нт

adjacent, adjoining, contiguous, near, neighboring - adj близлежа́щий, сме́жный, сосе́дний
adjustable - adj регули́руемый, устана́вливаемый ~ wrench га́ечный ключ
administration - n (management) управле́ние; mil rear services ~ управле́ние ты́лом
admiralty - adj, Br nav адмиралте́йский, n, Br nav адмиралте́йство (also naval dockyard)
admission as a member - n прие́м в чле́ны
adolescent, teenage - adj подро́стковый

adopt - удочеря́ть (daughter) impf; усыновля́ть (son) impf
adoptive father leg усынови́тель adoptive mother leg усынови́тельнциа
adult education - n внешко́льное образова́ние

advance - n продвиже́ние, наступле́ние; (money) ава́нс; (money) vt(vi) продвига́ть(ся) impf, продви́нуть(ся) pf
~ by bounds n, mil продвиже́ние скачка́ми
~ by echelon n, mil продвиже́ние по эшело́нам
~ rushes, leaps and bounds vi продвига́ться impf, продви́нуться pf перебе́жками

AN ENGLISH – RUSSIAN DIGEST OF MILITARY, POLITICAL & SOCIAL TERMS

~ deployment n, mil передовое базирование
~ in force n, mil продвижение крупными силами
~ on multiple axis ~ n, mil продвижение на нескольких направлениях in ~ money авансом
movement to ~, contact сближение противником
subsidiary ~ n, mil вспомогательное наступление

advantage – преимущество numerical ~ n, mil численное преимущество tactical ~ n, mil тактическое преимущество
advantage, preponderance, superiority – n перевес
numerical ~ численный перевес gain the upper hand взять перевес the odds are in our favor перевес/в нашу пользу/на нашей стороне

advisor, career ~ – n профориентант, профконсультант
advocacy – n, soc защита, поддержка
aero – prefix аэро- aeronautical adj аэронавигационный
aerosol cloud n аэрозольное облако aerospace – adj аэрокосмический

affected – находящийся под влиянием
affiliate – n, bus дочерняя компания
afforest – облесить pf afforestation n лесонасаждение
Afghan war (veteran) "афганец"
afloat – adv на плаву
Afrikaans – adj африкаансский, n африкаанс
Afrikaner n африканер m

African – adj африканский, n африканец m, африканца
African National Congress (ANC) n, pol Африканский национальный конгресс «АНК»
Africanology, African studies n африканистика Africanize африканизировать pf & impf Africanization n, soc африканизация Africanologist n, soc африканист

Afro-American – adj афро-американский, n афро-американец m Afro-Asian adj афро-азиатский

after-effect, consequence, sequel – n следствие, последствие

age – n век, эпоха, возраст
~ group n возрастная группа ~ limit n возрастной предел

AN ENGLISH - RUSSIAN DIGEST OF MILITARY, POLITICAL & SOCIAL TERMS

~ of Augustus век А́вгуста childbearing ~ *n* детеро́дный во́зраст present ~ *n* ны́нешний век
Bronze Age *n, geo* бро́нзовый век Golden Age *n, soc* золото́й век
Middle Ages *n, hist* Ice Age *n, geo* леднико́вый пери́од сре́дние века́ Space Age *n, soc* косми́ческий век Stone Age *n, geo* ка́менный век
aged, the ~ *npl* престаре́лые aging *adj* старе́ющий, *n* старе́ние

agencies, law-enforcement ~ правоохрани́тельные о́рганы
agency, lead ~ веду́щее учрежде́ние

agent (means) – *n* вещество́, сре́дство; *person* аге́нт
Agent Orange *n, mil Vietnam War* аге́нт «ора́нж» biological warfare ~ *n, mil* боево́е биологи́ческое сре́дство (ББС)
bulk ~ *n, mil* отравля́ющее вещество́ ёмкости (ОВ)
defoliant ~ *n, mil* дефолиа́нт non/lethal ~ *n, mil* не/лета́льное ОВ
non/persistent ~ *n, mil* не/сто́йкое ОВ riot ~ ОВ для полице́йских де́йствий undercover ~ та́йный аге́нт

aggravating – *adj* ухудша́ющий, усугубля́ющий
agnostic – *n, rel* агно́стик, *adj* агности́ческий
agnosticism *n, rel* агностици́зм

agrarian – *adj* агра́рный
~-industriel *adj* агра́рно-промы́шленный, агра́рно-индустриа́льный ~-raw materials base *adj* агра́рно-сырьево́й ~ policy *n, agric* агра́рная поли́тика
~ revolution *n, agric* агра́рная револю́ция

agreed, stipulated – *adj* усло́вленный at an ~ hour в усло́вленный час
agreement – *n* соглаше́ние, согла́сие
across the board ~ всеобъе́млющее соглаше́ние
behind the scenes ~ закули́сное соглаше́ние
disarmament ~ соглаше́ние о разоруже́нии
initial an ~ парафи́ровать соглаше́ние
no first use ~ *pol* соглаше́ние о неприменении пе́рвыми ору́жиями (чего́-либо)
preferential trade ~ приорите́тное торго́вое соглаше́ние
prenuptial ~ добра́чное согла́сие
Strategic Arms Limitation Talks ~ (SALT-1, 1971) Соглаше́ние по ограниче́нию стратеги́ческих вооруже́ний (ОСВ-1)

AN ENGLISH - RUSSIAN DIGEST OF MILITARY, POLITICAL & SOCIAL TERMS

Strategic Arms Limitation Talks ~ (SALT-2, 1979) Соглашéние по ограничéнию стратеги́ческих вооружéний (ОСВ-2)
Strategic Arms Reduction Talks ~ (START, 1991) Договóр о сокращéнии и ограни́чении стратеги́ческих наступáтельных вооружéний (СНВ соглашéние)
working ~ рабóчее соглашéние; соглашéние о сотру́дничестве

agricultural - *prefix* сельхоз-, сельско-, сель-; *adj* сельскохозя́йственный
~ engineering *n* агротéхника ~ farm machinery сельхозтéхника
~ land *n* зéмельные угóдья ~ produce сельхозпродýкция
~ production сельхозпроизвóдство agriculture *n* сéльское хозя́йство agriculturalist *n* земледéлец

agro - *prefix* агро-
~-chemical *n* агрохимикáт ~-industrial *adj* агропромыйшленный
~-industrial complex *n* агрокóмлекс ~-technics *or* agricultural, farming practices *n* агротéхника agronomist *n* агронóм agronomy *n* агронóмия

aid - *n* пóмощь, срéдство
~ or relief agency *n* организáция по оказáнию пóмощи
~ and abet *leg* окáзывать посóбничество и подстрекáть
~ station *n, med* медици́нский пункт foreign ~ инострáнная пóмощь *f*
aided, assisted (+ d.), under the patronage or sponsorship (by) *adj* подшéфный
dependent (person or institution) *n* подшéфник
penetration aids *mil* срéдства преодолéния оборóны проти́вника
AIDS *n, med* СПИД ~ test *n, med* экспертиза на СПИД

aim, aims - *adj* целовой, *ns* цель *f*, *npl* цéли ultimate ~ конéчная цель far reaching ~s далекó идýщие цéли

air - *adj* воздýшный, *n, soc* вóздух
~ avenue of approach *n, mil* полосá воздýшных подхóдов
~ cargo *n* груз, перевози́мый по вóздуху ~-cooled *adj, tech* воздухоохлаждáемый ~ crash *n* авиакатастрóфа
~ command and control system (NATO) *n, mil, pol* систéма воздýшного комáндования и управлéние
~ defense forces *n, Ru mil* войскá противовоздýшной оборóны
~ droppable сбрáсываемый с вóздуха ~ dropped сбрáсываемый с вóздуха

AN ENGLISH - RUSSIAN DIGEST OF MILITARY, POLITICAL & SOCIAL TERMS

~ emplaceable устанáвливаемый с ЛА
~ interdiction *n* изоляция райoна боевы́х дéйстий с вóздуха
~ mail, by ~ mail по авиапóчтой
~ pollution *n* загрязнéние вóздуха   ~ raid *n* воздýшный налёт
~ raid shelter *n* бóмбоубéжище   ~ raid warden *as a n* уполномóченный по противовоздýшной оборóне
~-sea rescue спасáтельные операции проводи́мые самолётами на мóре   ~ tanker *n* самолёт-тóпливозапрáвщик
~ terminal *n* аэровокзáл   ~ time (radio, TV) *n* эфи́рное врéмя
~-traffic control *n* авиадиспéтчерская слýжба
~-traffic control point *n* авиациóнный контрóльно- пропускнóй пункт   ~-traffic controller авиадиспéтчер
~ transportable *n aeron* áвиатранспортáбельный
~ turbulance *n* болтáнка, турбулéнтность *f*
compressed ~ *n* сжáтый вóздух
low-flying ~ attack штурмóвка   low-flying ~ attack aircraft штурмови́к

airborne - *adj* воздýшно-десáнтный
~ assault *adj* авиадесáнтный   ~ drop (assault) *n* вы́броска воздýшного десáнтна, (supplies) сбрáсывание грýзов со самолётов   ~ emergency drop *n* (supplies) авари́йное сбрáсывание   ~ forces воздýшно-десáнтные си́лы, авиадесáнтные войскá   ~ insertion *n* вы́садка аэромоби́льного десáнта; десанти́рование аэромоби́льных войск
~ interception equipment *n* бортовáя радиолокациóнная систéма перехвáта   ~ trooper, parachuter *n* авиадесáнтник   ~ qualified *n* прошéдший воздýшно-десáнтную подготóвку

airburst - *n* воздýшный взрыв
nuclear ~ я́дéрный воздýшный взрыв   airbus *n* аэрóбус
aircooled *adj, tech* охлаждáемый вóздухом

aircraft -*n, avn* летáтельный аппарáт (ЛА)
~ attrition *n* спи́санный ЛА (вы́шедший из строя́)
~ carrier *adj* авианóсный   ~ construction *n* самолётостроéние
~ industry *n* авиапромы́шленность *f*
~ missile system *n* авиациóнный рáкéтный кóмплекс
all-weather ~ *n* всепогóдный ЛА
ASW ~ *n* самолёт/вертолёт ПЛО   attack ~ *n* самолёт-штурмови́к
AWACS ~ *n* самолёт системы АВАКС
C-119 Gunship ~ *n* самолёт «ганши́п«

AN ENGLISH – RUSSIAN DIGEST OF MILITARY, POLITICAL & SOCIAL TERMS

cargo tanker ~ *n* грузовой/транспортный самолёт-заправщик
carrier-based aircraft *n* авианосная авиация
EW ~ самолёт РЭБ fixed-wing ~ *n* ЛА с неподвижным крылом
forward based ~ *n* авиация, передового базирования
medevac ~ *n* транспортно-санитарный ЛА
on call ~ *n* авиация по вызову on station ~ ЛА в районе ожидания pathfinder ~ самолёт-осветитель
photo-recon ~ самолёт аэрофоторазведки
RF (recon) *npl* разведывательные самолёты
request for ~ support вызывать авиацию для поддержки
rotary ~ *n* винтокрыл search and rescue ~ *n* ЛА поисково-спасательной
ship-based ~ *n* корабельный ЛА
STOL (short take-off and landing) ~ самолёт с коротким взлётом и посадкой single purpose ~ *n* одноцелевой ЛА
spotting ~ самолёт-корректировщик
target designating ~ самолёт целеуказания
troop-carrying ~ *n* транспортно-десантный самолёт
VTOL (vertical take-off and landing) ~ самолёт с вертикалным взлётом и посадкой
aircrew *n* экипаж, лётный состав
airdrop *n* выброска парашютного десанта *или* груза
assault ~ *n* десантирование с воздуха
airing, venting (of views) *n, pol* «вентилирование»; публичное обсуждение

air-land *adj, mil* воздушно-наземный
~ battle *n* воздушно-наземная операция *или* сражение
~ task force *n* наземно-воздушный эшелон
air-landed, air-landing *n* посадочно-десантный

airlift *n* воздушная перевозка, воздушный мост
~ capacity *n* грузоподъёмность *f*
airlifted, be *vi* перебрасываться, переброситься

airmobile troops, forces *n, mil* аэромобильные войска
airmobility *n* аэромобильность *f* airplane crash авиационная катастрофа airport *adj* аэродромный, *n* аэродром
airportable *adj* аэротранспортабельный airsick, be укачать (кого) в самолёте airsickness *n* воздушная болезнь *f*
airspace *n* воздушное пространство

AN ENGLISH – RUSSIAN DIGEST OF MILITARY, POLITICAL & SOCIAL TERMS

airstrike *n* удар с во́здуха, удар ава́ции
on call ~ удар ава́ции по вы́зову airstrip *n* взлётно-поса́дочная полоса́ (ВПП)
air-supplied *adj* снабжа́емый по во́здуху
airtight *adj* гермети́ческий, воздухонепроница́емый
air-traffic controller *n* авиадиспе́тчер
airworthy *adj* го́дный к полёту airworthiness *n* го́дность к полёту

alarm – *n* трево́га fire ~ пожа́рная трево́га
alarming *adj* трево́жный alarmism *n* паникёрство

alert – *n, mil* боева́я гото́вность, оповеще́ние (об опа́сной обстано́вке), трево́га
cancel an ~ отменя́ть трево́гу exercise ~ *n* боева́я гото́вность *f* на пери́од уче́ний hair trigger ~ *n* состоя́ние повы́шенной боево́й гото́вности on ~ на чеку́ place on ~ приводи́ть в состоя́ние боево́й гото́вности red ~ *n* сте́пень боево́й гото́вности «красная« two hour ~ *n* двухчасова́я гото́вность *f*

alien – *adj* инопланета́рный, *n* инопланетя́нин
alienation *n, soc* отчужде́ние

align – располага́ть *impf*, расположи́ть *pf* по одно́й ли́нии
~ oneself with someone стать на чью сто́рону
~ oneself with someone's policy *vi* смыка́ться с поли́тикой кого́
alignment of forces *n, mil* группиро́вка сил; соотноше́ние сил, расположе́ние сил

all- *prefix* все- all-conquering *adj* всепобежда́ющий
all-purpose *adj* о́бщий, универса́льный all-weather *adj* всепого́дный

Allah – *n, rel* Алла́х

allegation – *n* заявле́ние, утвержде́ние
unsubstantiated ~ *n* необосно́ванное заявле́ние
allegedly по утвержде́нию, я́кобы

allegiance – *n* ве́рность *f*
pledge ~ брать *impf* на себя́ обяза́тельство; соблюда́ть *impf* ве́рность swear ~ *vi* кля́сться *impf*, покля́сться *pf* в ве́рности

AN ENGLISH - RUSSIAN DIGEST OF MILITARY, POLITICAL & SOCIAL TERMS

alliance – *n* союз
defensive ~ оборони́тельный союз offensive ~ наступа́тельный союз Allied joint operation (NATO) *n* объединённая опера́ция НАТО

allocation – *n* распределе́ние; размеще́ние, *econ* (appropriation, assignment, earmarking) ассигнова́ние
unused ~ *npl* неиспо́льзованные ресу́рсы

Alma Mater *n, educ* а́льмa-ма́тер *f, indecl*
Alsace – *n, Fr geo* Эльза́с Alsatian *adj* эльза́сский, эльза́сец *m*, эльза́сца *f*
altercation – *n* перека́ние
alternate channel – *n, commo* обхо́дный кана́л
Alzheimer's disease – *n, med* Алцхе́ймера боле́знь *f*
amateur – *adj* люби́тельский, *n* люби́тель *m* amateurishness люби́тельство

ambassador – *n* посо́л ~-at-large посо́л по осо́бым выруче́ниям
ambassadorial *adj* посо́льский
ambulance – *n* маши́на ско́рой по́моши *f*
"call an ~ !" "вы́зовите ско́рую по́мошь !"

ambush – *n* заса́да
deliberate ~ заблаговре́менно подгото́вленная заса́да
lay an ~ устра́ивать *impf*, устро́ить *pf* заса́ду
hasty ~ неподгото́вленная заса́да prevent an ~ по/меша́ть (+ d.) заса́де set an ~ устра́ивать, устро́ить заса́ду
stay behind ~ заса́да, оста́вленная в тылу́ проти́вника
thwart an ~ *impf* расстра́ивать *impf*, расстро́ить *pf* заса́ду

American – *adj* америка́нский
~ Declaration of Independence *n, pol* Америка́нская Деклара́ция незави́симости ~-Canadian *adj* америка́но-кана́дский
~-English *adj* америка́но-англи́йский ~-French *adj* америка́но-францу́зский ~-Japanese *adj* америка́но-япо́нский
~-Soviet *adj* америка́но-сове́тский
Americanize *vt* американизи́ровать *pf & impf* become
Americanized *vi* американизи́рваться *pf & impf*
Americanologist *n* американи́ст Americanology, American studies *n* америка́нистика

AN ENGLISH - RUSSIAN DIGEST OF MILITARY, POLITICAL & SOCIAL TERMS

ammended - *adj* испра́вленный; с внесёнными попра́вками
~ treaty попра́вка к догово́ру

ammunition - *npl* боеприпа́сы
~ pouch *n* подсу́мок armor piercing ~ бронебо́йные боеприпа́сы
blank ~ холосты́е боеприпа́сы tracer ~ *mil* трасси́рующие боеприпа́сы training ~ уче́бные боеприпа́сы

amnesty - *n* амни́стия announce *or* declare a ~ объяви́ть амни́стию be given a ~ попа́сть под амни́стию
general political ~ всео́бщая полити́ческая амни́стия
grant an ~ *vt* амнисти́ровать *pf & impf*
Amnesty International *n* организа́ция «Междунаро́дная Амни́стия«

amortization - *n*, *bus* погаше́ние до́лга в рассро́чку
amortize *bus*, *vt* погаша́ть *impf*, погаси́ть *pf* в рассро́чку; амортизи́ровать *pf & impf*
amount on hand - *n* нали́чное коли́чество

amphibious - *adj*, *bio* земново́дный; *adj*, *mil* пла́вающий, водопла́вающий ~ force *n*, *mil* морско́й деса́нт ~ mobility *n* амфиби́йная подви́жность
amusement park - *n* луна-парк

analysis - *n* оце́нка, ана́лиз
all source intelligence ~ *mil* ана́лиз разве́дывательной информа́ции из всех исто́чников mission ~ *mil* разбо́р зада́чи, уясне́ние и ана́лиз зада́чи terrain ~ *mil* оце́нка ме́стности target ~ *mil* ана́лиз це́лей threat ~ *mil* ана́лиз хара́ктера угро́зы traffic ~ *commo* радиослёжка

analyze - *vt* анализи́ровать *pf & impf*
anchorman (TV) - *n* веду́щий, веду́щий програ́ммы
Angevin - *adj*, *Eng hist* анжу́йский
Anglicize - *vt* англизи́ровать *pf & impf*

Anglo - *prefix* а́нгло-
~-French *adj* англофранцу́зский ~-French-Israeli-Egyptian War (Suez Canal crisis of 1956) *n*, *mil*, *pol* Англо-Фра́нко-изра́ильская война́ про́тив Еги́пта

AN ENGLISH - RUSSIAN DIGEST OF
MILITARY, POLITICAL & SOCIAL TERMS

~-German naval agreement (1935) *n, pol* Англо-герма́нское морско́е соглаше́ние ~-Saxon *adj* англосаксо́нский, *n* англоса́кс ~-Soviet *adj* англосове́тский
Anglophile *adj* англофи́льский, *n* англофи́л Anglophobe *adj* англофо́бский, англофо́б Anglophobia *n* англофо́бство
animal - *adj* живо́тный, *n* живо́тное
~ husbandry животново́дство ~ kingdom *n* живо́тное ца́рство
animism *n, rel* аними́зм animist *n* аними́ст

annex, enclosure, appendix - *n* приложе́ние, *vt* аннекси́ровать *pf & impf* annexation *n* анне́ксия annexationist *adj* аннексиони́стский

Anno Domini (A.D.) - *adv* на́шей эры 400 A.D. 400 г. на́шей эры, *abbrev* н.э.

annual, yearly - *adj* пого́дный
answering machine - *n* автоотве́тчик; автоинформа́тор
antenna array - *n* анте́нная решётка antenna, whip *n* штырь
anthem, national - *n* госуда́рственный гимн
anthrax - *n* сиби́рская я́зва

anti - *prefix* анти-, противо-
anti-aircraft *adj* противосамолётный; зени́тный
~ gunner *n* зени́тчик
anti-American *adj* антиамерика́нский
anti-Americanism *n* антиамерикани́зм
anti-Arab, anti-Arabic *adj* антиара́бский
anti-Bolshevism *adj* антибольшеви́зм
anti-clerical *adj* антиклерикали́зм
anti-colonialism *adj* антиколониа́льный, *n* антиколониали́зм
anti-communist *n* проти́вник коммуни́зма
antidote *n* антидо́т
anti-dumping *adj, econ* антиде́мпинговый
anti-fascist *adj* антифаши́стский, *n* антифаши́ст ~ movement *n* антифаши́стское движе́ние
anti-government *adj* антиправи́тельственный
anti-hegemonistic *adj* антигегемони́стский
anti-imperialism *n* антиимпериали́зм
anti-jamming *adj* помехоусто́йчивый
anti-labor *adj* антирабо́чий
anti-missile *adj* антираке́тный, *n, mil* антираке́та

AN ENGLISH – RUSSIAN DIGEST OF MILITARY, POLITICAL & SOCIAL TERMS

anti-nuclear movement *n* антия́дерное движе́ние
anti-Perestroika supporter *n, Ru hist, pol* антиперестро́ечник
anti-racist, anti-apartheid *adj* антираси́стский
anti-radar *adj* противорадиолокацио́нный
anti-satellite (ASAT) *adj* противоспу́тниковый
anti-semite *n, pol, soc* антисеми́т *m*, антисеми́тка *f*
anti-semitic *adj* антисеми́тский anti-semiticism *n* антисемити́зм
anti-ship *adj* противокорабе́льный anti-skid *adj* нескользя́щий
anti-Soviet *adj* антисове́тский
anti-social *adj* противообще́ственный; нелюди́мый
anti-social person нелюди́м *m*, нелюди́мка *f*
anti-submarine *n, mil* противоло́дочный
anti-tank hedgehog *n, mil* противота́нковый ёж (ПТ)
anti-theft *adj, soc* противоуго́нный ~-theft device противоуго́нное устро́йство anti-toxin *n* антитокси́н
anti-trust law *n, leg* антитре́стовское законода́тельство

Antonov (Ru aircraft maker) – *adj* Анто́новский, *n* Анто́нов
Anzac (Australian and New Zeeland Army Corps) *WW I, II* (солда́т Австрали́йского и Новозела́ндского ко́рпуса) АНЗю́С, анзю́с

apartheid – *adj* апарте́йдский, *n* апарте́йд,
apathy, indifference – *n* обло́мовщина
apiarist – *n, agric* пчелово́д apiary *n* пче́льник apiculture *n* пчелово́дство
apologetic – *adj* извиня́ющийся
apparatus – *n* инструме́нт, прибо́р; *pol, coll pl* аппара́т

appeal – *n* воззва́ние, обраще́ние, призы́в
~ to the nation обраще́ние к наро́ду; *leg* апелли́ровать *pf & impf* ~ to arms призыва́ть *impf*, призва́ть *pf* к ору́жию
~ to force призыва́ть, призва́ть к примене́нию си́лы
by way of ~ путём обжа́лования right to ~ *n* пра́во обжа́лования

appear – *n* появле́ние, прису́тствовать *impf*; выступле́ние, выступа́ть *impf* ~ before a committee прису́тствовать *impf*, выступа́ть *impf* в комите́те appearance *n* выступле́ние
make a public ~ публи́чно выступа́ть
make a TV/radio ~ выступа́ть по телеви́дению/ра́дио

AN ENGLISH – RUSSIAN DIGEST OF MILITARY, POLITICAL & SOCIAL TERMS

appeasement – *n* умиротворе́ние; соглаша́тельство
policy of ~ *n, Br pol, pre-WW II* соглаша́тельская поли́тика

appellator – *n* исте́ц по апелля́ции; апелля́нт
appellee *n* отве́тчик по апелля́ции
appointee – *n* назнача́емое лицо́, *as a n* назна́ченный
appreciation of the situation – *n* оце́нка обстано́вки
apprentice – *n* подмасте́рье apprenticeship *n* учени́чество

approach – *n* подхо́д, сближе́ние
covered ~ *n, mil* укры́тый по́дступ indirect ~ *n, mil* непрямо́й подхо́д likely ~ *n, mil* путь вероя́тного подхо́да
piecemeal ~ *n, mil* реше́ние по частя́м
step by step ~ *n, mil* поэта́пный *или* после́довательный подхо́д
umbrella ~ *n, mil* зонди́чный подхо́д
wait and see ~ выжида́тельный подхо́д

appropriate – *adj* подходя́щий, уме́стный; соотве́тствующий слу́чаю
approximate, rough, tentative – *adj* ориентиро́вочный

Arab – *n* ара́б *m*, ара́бка *f* Arabian *adj* арави́йский, ара́бский, *n* арави́ец *m*, арави́йка *f*
Arabic *adj* ара́бский in ~ по-ара́бски Arabist *n, pol* араби́ст

arable – *adj, agric* па́хотный ~ land *n* па́хотная земля́

arbiter – трете́йский судья́, арби́тр
arbitration *n* разбо́р спо́ра (by по), по трете́йским судо́м
resort to ~ *vi* обраща́ться *impf*, обрати́ться *pf* в арбитра́ж *или* в трете́йский суд through ~ че́рез трете́йский суд; в арбитра́жном поря́дке

Arc de Triomphe – *n* триумфа́льная а́рка

architect – *n* архите́ктор
architectural *adj* архитекту́рный, строи́тельный
architecture *adj* зо́дческий, *n* зо́дчество, архитекту́ра

Arctic – *n* заполя́рье, А́рктика ~ Circle Се́верный поля́рный круг
archer – *n* лу́чник

AN ENGLISH – RUSSIAN DIGEST OF MILITARY, POLITICAL & SOCIAL TERMS

area – *n, mil* район, зона; (by) area) *adj* порайонный
~ bombing *n* площадное бомбометание
~ contaminated *n* участок или район заражения, заражённая местность *f* ~ contaminated by non/persistent agents *n* участок заражения не/стойкими отравляющими веществами (ОВ)
~ of influence *n* зона боевого воздействия ~ of interest *n* район интересов ~ of operations район действий ~ of responsibility район ответственности assembly ~ (AA) *n* сборный район
bivouac ~ бивачный район built-up ~ *n* населённый пункт
engagement ~ зона поражения
final assembly ~ *n* исходный район для наступления
forward edge of the battle ~ (FEBA) *mil* передовой район обороны; передовой район боевых действии
gunnery training ~ *n, mil* учение с боевой стрельбой
kill zone ~ зона поражения огнём landing zone ~ район высадки десанта main battle ~ основной район боевых действии
no-fire ~ запретный район для ведения огня
no-go ~ запретный район prohibited ~ запретный район, запретная зона rear ~ тыловой район
rear assembly ~ тыловой район сосредоточения rear services ~ службы тыла refuel ~ *n* заправочная площадка
restricted ~ район ограниченного доступа restricted fire ~ район/зона ограниченного огня
tankproof ~ танконедоступный район
target acquisition ~ зона обнаружения целей

arguer – *n, soc* спорщик *m*, спорщица *f*
Armageddon – *n, fig* решающее сражение; великое побоище
armament, armed – *adj* вооружённый, *n* вооружение
tank ~ *n* танковое вооружение

armed – *adj* вооружённый сил
~ forces reserve *n* запас вооружённых ~ gang *n* бандформирование ~ robbery вооружённый грабёж

Armenian – *prefix* армяно-, *adj* армянский, *n* армянин
armistice, general/partial – *n, mil, pol* общее, частичное перемирие

armor – *adj, mil* броневой, *n* броня
~ pure состоящий только из бронированных частей
~-piercing *adj* бронебойный ~ plating *n* броневая плита, броневые листы

AN ENGLISH – RUSSIAN DIGEST OF
MILITARY, POLITICAL & SOCIAL TERMS

~ training area *n* танкодро́м   add on ~ *n* дополни́тельный компле́кт накладны́х броневы́х листо́в
homogenous ~ гомоге́нная, одноро́дная броня́
honeycomb ~ «со́товая« броня́
kevlar ~ броня́ из синтети́ческого материа́ла «кевла́р«
laminated ~ многосло́йная броня́
reactive ~ акти́вная броня́   side ~ бортова́я броня́
sloped ~ накло́нная броня́   spaced ~ разнесённая броня́
upgraded ~ с улу́чшенной бронезащи́той

armored – *prefix* бро́не-, *adj* брониро́ванный
~ car *n* автобронемаши́на   ~ cav units *npl* бронекавалери́йские ча́сти   ~ infantry fighting vehicle *n, mil* боева́я маши́на пехо́ты (BMP)   ~ train *n* бронепо́езд
armorer *n* оруже́йный ма́стер, оруже́йник

arms – *n, mil, pol* вооруже́ние, ору́жие   ~ control *n* контро́ль над вооруже́ниями
~ embargo *n* эмба́рго на ввоз вооруже́ния
~ producing country *n* страна́-производи́тель ору́жия
~ race *n* го́нка вооруже́ний
~ reduction *n* сокраще́ние вооруже́ний
spiraling ~ race *n* возраста́ющая го́нка вооруже́ний
escalate the ~ race уси́лить *pf* го́нку вооруже́ний
halt, stop an ~ race приостанови́ть *pf*, прекрати́ть *pf* го́нку вооруже́ний
non/proliferation ~ race не/распростране́ние я́дерного ору́жия
seek ~ superiority *vi* добива́ться *impf* превосхо́дства в вооруже́ния   spiraling ~ race *n* возраста́ющая го́нка вооруже́ния
unchecked ~ race безу́держная/бесконтро́льная го́нка вооруже́ний

army – *adj* арме́йский, *n* а́рмия
~ of occupation оккупацио́нная а́рмия
~ commander *n* команда́рм
active, field ~ де́йствующая а́рмия
conscript ~ а́рмия, комплекту́емая на осно́ве призы́ва
covering ~ а́рмия прикры́тия
join, enter the ~ вступа́ть *impf*, вступи́ть *pf* в а́рмию
professional ~ ка́дровая а́рмия
regular ~ регуля́рная а́рмия
Salvation Army *n, soc, US* А́рмия спасе́ния

AN ENGLISH – RUSSIAN DIGEST OF MILITARY, POLITICAL & SOCIAL TERMS

shock ~ *Sov* ударная армия

arrangement (composition, makeup) – *n* компоновка
arrival (by air) – *n* прилёт   arrive (by air), fly in прилетать *impf*, прилететь *pf*
arrowlike – *adj* стреловидный   arson – *n* поджог
art of war – *n* военное искусство
artificial intelligence – *n,sci* искусственный интеллект

artillery – *adj, mil* артиллерийский, *n* артиллерия, *prefix* арт-
~ cover *n* артиллерийское прикрытие
~ duel *n* перестрелка   ~ fire *n* артстрельба, артогонь *m*
~ fire effect *n* артиллерийское воздействие
~ prep *n* артиллерийская подготовка
~ projectile, projo *n* артснаряд
~ range *n* артиллерийский полигон, артполигон
~ round *n* артиллерийский выстрел, артснаряд
~ school ~ *n* артиллерийское училище
~ strike *n* огневой налёт
~ support *n* артиллерийская поддержка, артиллерийское обеспечение   ~ unit *n* артчасть
air defence ~ (ADA) *n* зенитная артиллерия (ЗА)
conventional ~ *n* ствольная артиллерия
direct support ~ артиллерия непосредственной поддержки
rocket ~ реактивная артиллерия
siege ~ осадная артиллерия
special purpose ~ артиллерия особого назначения
towed ~ буксируемая *или* возимая артиллерия
tubed ~ ствольная артиллерия

Aryan/s – *n, lit, fig* ариец/арийцы *ms/pl*
Aryan nation *n, soc, US* арийская нация

Asia Minor – *adj* малоазиатский, *n, geo* Малая Азия
Asian *adj* азиатский
Asian-Pacific *adj* азиатско-тихоокеанский
Central Asian *adj* среднеазиатский

asphalt – *adj* асфальтовый, *n* асфальт; *vt* асфальтировать *pf & impf* ~-concrete mixer *n* бетономешалка
assault – *n* натиск
~ and battery *n, leg* избиение   ~ crossing *adj, mil* переправочно-десантный

AN ENGLISH - RUSSIAN DIGEST OF MILITARY, POLITICAL & SOCIAL TERMS

~ ship *n* десáнтный корáбль

assassination - *n* убийство   politically motivated ~ убийство по политическим мотивам

assemble - *adj* сбóрочный; (also mount, fit) монтировать *impf*, смонтировать *pf*
~-disassemble, collapsible *adj* сбóрно-разбóрный

assembly - *adj* монтáжный, сбóрочный, *n* сбóрка, сбор, (put together); монтáжная операция, монтáж
~ area (AA) *n*, *mil* райóн сбóрка   ~ line *n* конвéйер сбóрки
~ shop сбóрочный цех   ~ worker сбóрщик
unlawful ~ незакóнное сбóрище

asset - *n* срéдство, резéрв; *n*, *fig* актив   assets *econ* актив
~ and liabilities *econ* актив и пассив   decon ~s срéдства дегазáций
assign (allot, appoint to a position) - назначáть *impf*, назнáчить *pf*, переуступáть *impf*, переуступить *pf*   assignation *n* назначéние
assigned and attached *adj*, *mil* подчинённый и придáнный
assignment (position) *n* назначéние; (work) задáча

assist - ассистировать + d. *impf*

association, free trade ~ - *n*, *econ* свобóдная экономическая зóна
Association of Southeast Asian Nations (ASEAN) *n*, *pol* Ассоциáция госудáрств Юго-Востóчной Азии «АСЕАН«

assume, allow, permit, tolerate, grant - допускáть *impf*, допустить *pf*
assumption *n* допущéние
~ of duties за/ступлéние в наряд *или* в дóлжность

asylum seeker - *n* человéк, просящий убéжища
atheism - *n* атеизм, безбóжие   atheist *n* атеист; безбóжник
Atlantism, Atlanticism - *n*, *pol* атлантизм
Atlanticist *adj*, *pol* атлантический, *n*, *pol* атлантист

atmospheric - *adj* атмосфéрный   ~ pressure *n* атмосфéрное давлéние

AN ENGLISH – RUSSIAN DIGEST OF MILITARY, POLITICAL & SOCIAL TERMS

atom, atomic – *adj* áтомный
~ **physicist** *n* áтомщик ~ **scientist** *n* áтомник ~ **theory** *n* атомúстика ~ **explosion** *n* áтомный взрыв

atrocities, commit ~ – звéрствовать *impf*, совершáть *impf* злодеяния

attaché – *n, mil, pol* атташé
commercial ~ *n* торгóвый атташé **cultural** ~ атташé по культýре
military ~ воéнный атташé **naval** ~ воéнно-морскóй атташé
press ~ атташé по делáм печáти **staff of the military** ~ воéнный атташáт
attached subunit – *n, mil* придáнное подразделéние

attack – *n* атáка, нападéние, наступлéние, удáр
~ **by fire, bring under fire** обстреля́ть *pf*, обстрéливать *impf*
~ **frontally, head on** атаковáть в лоб ~ **in force** наступлéние крýпными сúлами ~ **in waves** атаковáть эшелóнами ~ **out of the blue** внезáпное нападéние **conventional** ~ обы́чная атáка
deep penetration ~ сквознáя атáка
deliberate ~ плáновый удáр, плáновая атáка
face an ~ противостоя́ть *impf* наступáющему протúвнику
feint ~ лóжная атáка **flank** ~ обхóдная *или* фланговая атáка
follow-on forces ~ удáр по вторы́м эшелóнам
frontal ~ лобовáя атáка **hasty** ~ поспéшно-подготóвленное наступлéние **launch under** ~ *n, nuc* концéпция «зáпуска« в услóвиях неминýемого уничтожéния **main** ~ глáвный удáр
meeting ~ (**engagement**) *n* встрéчный бой
mortar ~ *n* миномётный обстрéл **pinpoint** ~ атáка тóчечной цéли
preparatory ~ предварúтельная атáка **round-the-clock** ~s непреры́вные атáки **spoiling** ~ упреждáющий удáр

attacker – *as a n* атакýющий, наступáющий
attacking to defending force ratio соотношéние чúсленности наступáющих и обороня́ющихся войск

attention – *n* внимáние
call someone's ~ **to st** обращáть *impf* чьё внимáние на что
divert ~ **from st** отвлекáть внимáие от чего
pay ~ уделя́ть *impf* внимáние

AN ENGLISH - RUSSIAN DIGEST OF
MILITARY, POLITICAL & SOCIAL TERMS

attorney - *n, leg* адвока́т, прокуро́р
~ client privelage *n* пра́во клие́нта на конфиденциа́льность *f* обще́ния с адвока́том
~-general генера́льный прокуро́р
district ~ окружно́й прокуро́р

audit - *n* реви́зия, ревизова́ть *impf & pf*; *n* прове́рка, проверя́ть *impf*, прове́рить *pf*   auditor ~ *n* ревизо́р
augmented - *adj* помно́женный
Auschwitz - *WW II hist* Освенцим

austerity - *n* режи́м стро́гой эконо́мии; стро́гая эконо́мия
~ campaign *n* кампа́ния за эконо́мию
~ program *n* програ́мма жёсткой эконо́мии

Australasia - *n, geo* Австра́лия и Океа́ния
autarky (national self sufficiency) - *n* автарки́я
authenticater - *n* лицо́, удостоверя́ющее по́длинность *f*
authentication (orders, documents, etc) *n* удостовере́ние по́длинности

authority - *n* полномо́чие, разреше́ние
approving ~ *n* утвержда́ющая инста́нция, утвержда́ющий о́рган
delegate ~ наделя́ть *impf*, надели́ть пра́вом
delegated ~ *n* делеги́рованное полномо́чие
fast tracked ~ *n, pol* бы́строе прохожде́ние зако́нов
providing ~ *n* дово́льствующий о́рган
authorized *adj* та́бельный, шта́тный

auto - *prefix* атво
auto-release *n* атвоспу́ск
autocracy *n* самодержа́вие
automate *vt* автоматизи́ровать *pf & impf*
automatic equipment *n* автома́тика
automation *n* автома́тика, автоматиза́ция

automobile industry *adj* атвопромы́шленность *f*
autonomy *n, pol* автоно́мия
autopsy *n, med* ауто́псия, вскры́тие тру́па
autumnal - *adj* осе́ний
auxilary - *adj* вспомога́тельный
avalanche - *n, lit, fig* лави́на

AN ENGLISH – RUSSIAN DIGEST OF MILITARY, POLITICAL & SOCIAL TERMS

Avar – *n, hist* ава́р

avenge; take vengeance on, for мсти́ть *impf* за + a., за/ото/мсти́ть *pf*

average – *prefix* средне-, *adj* сре́дний
~ per capita *adj* среднедушево́й
above ~ вы́ше сре́днего
annual ~ *adj* среднегодово́й
below ~ ни́же сре́днего
daily ~ *adj* среднесу́точный
hourly ~ *adj* среднечасово́й
monthly ~ *adj* среднеме́сячный
10-day ~ *n* сре́днее дека́дное зна́чение
weekly ~ *adj* средненеде́льный
world ~ *adj* среднемирово́й

aviculture – *n, agric* птицево́дство

aviation – *adj* авиацио́нный, *n* авиа́ция
aviator *n* авиа́тор
avionics *n* авиацио́нная электро́ника

AVLB – *n, US mil* та́нковый мостоукла́дчик
AWACS – *n, US mil* АВАКС
AWOL – *n, US mil* быть в самово́льной отлу́чке

axis – *n* ось *f*
main ~ (advance) *n* гла́вное направле́ние
main ~ of advance *n* направле́ние гла́вного уда́ра
main ~ of communication *n* гла́вная ли́ния свя́зи

Axis powers *n, Ge., It., Ja.; WW II* Ось/Оси; Ось Рим-Берли́н-То́кио

ayatollah – *n, pol, rel* аятолла́

azimuth – *n* пе́ленг, а́зимут
back ~ *n* обра́тный пе́ленг
magnetic ~ *n* магни́тный а́зимут
true ~ *n* и́стинный а́зимут

AN ENGLISH - RUSSIAN DIGEST OF MILITARY, POLITICAL & SOCIAL TERMS

B

backdoor entrance – *n* чёрный ход
backer, supporter – *n* оказывающий поддержку, *as a n* субсидирующий
backfill – *n, const* забутовка; обратная засыпка
backfire – *n, auto* обратное зажигание; приводить *impf*, привести *pf* к обратным рузультатам

background – *n* фон, задний план
against the ~ of crisis на фоне кризиса ~ noise *commo, etc* фон, фоновый шум stay in the ~ оставаться на заднем плане

backhoe – *n* обратная лопата backlash – *n* отрицательная реакция; бумеранг
backpay – *n* плата задним числом backwardness – *n* отсталость f
backwater – завод; *fig* тихая завод bacterial – *adj* бактерийный

badge – *n* знак
Baghdad – *adj, geo* багдадский, *n* Багдад

bail – *n* поручительство; брать *impf* на поруки
~ bond поручительство за явку ответной стороны в суд

balance, equilibrium point – *n* точка равновесия
~ of payment deficit *n* дефицит платёжного баланса
~ of power *n* баланс сил; равенство сил
on-hand ~ *n* наличный остаток zero ~ *n* нулевой остаток

Balkan – *adj* балканский
balkanization *n, pol* балканизация balkanize балканизировать *pf* & *impf* Balkans, the *n, geo* Балканы

ballot, vote by ballot – *vi* баллотироваться *impf*, *n* баллотировка
run for election, be a candidate *vi* баллотироваться

Baltic States – *npl* Прибалтика
Balto-Slavic *adj* балто-славянский

banana republic – *n, pol* банановая республика
bandage – *n* бинт, повязка; *vt* бинтовать *impf*, забинтовать *pf*;

22

AN ENGLISH - RUSSIAN DIGEST OF MILITARY, POLITICAL & SOCIAL TERMS

перевя́зывать *impf*, перевяза́ть *pf*

bandaging *n* бинто́вка
bandwidth - *n, commo* ширина́ полосы́ часто́т
baptism of fire *n, mil* боево́е креще́ние

bar, the ~ - *n, leg* адвокату́ра
barbed wire - *n* колю́чая про́волока ~ obstacle про́волочное загражде́ние

bargaining chip - *n* ко́зырь на перегово́рах; «козы́рная ка́рта«
be used as a ~ быть испо́льзованным в ка́честве ко́зыря
barge, craft - *n* ба́ржа, деса́нтно-вы́садочная ба́ржа
barley - *adj, agric* ячме́нный, *n* ячме́нь

barrage - *n, art* загради́тельный ого́нь, огнево́й вал
box ~ *art* окаймля́ющий загради́тельный ого́нь
creeping ~ *art* огнево́й вал по рубежа́м
electronic warfare ~ *mil commo* загради́тельные радиопоме́хи
moving ~ *art* подвижно́й загради́тельный ого́нь

barter - обме́н, ме́на, менова́я торго́вля, товарообме́н
vt обме́нивать *impf*, *vt* обменя́ть (что на что);
vi обме́ниваться *impf*, *vt* обменя́ться + i.
barterer *n* производя́щий товарообме́н

base - *n* ба́за   base on *vt* бази́ровать на + *prep*; be based on *vi* бази́роваться на + *prep*
~ of operations операцио́нная ба́за   fire support ~ ба́за огнево́й подде́ржки   host nation ~ ба́за размеща́ющей войска́ страны́
intelligence data ~ ба́за разве́дывательных данных
logistical ~ ба́за тылово́го обеспе́чения
long term lease ~ ба́за, арендо́ванная на долгосро́чной осно́ве
offshore ~ прибре́жная ба́за   prestocked forward ~ передова́я ба́за с заблаговре́менно склади́рованной те́хникой

baseball player - *n, sport* бейсболи́ст

based - *adj* бази́рованный
forward abroad ~ *mil* замо́рский райо́н сосредото́чения войск за рубежо́м   ground ~ назе́много бази́рования   rear ~ system систе́ма тылово́го бази́рования   sea ~ морско́го бази́рования

AN ENGLISH – RUSSIAN DIGEST OF MILITARY, POLITICAL & SOCIAL TERMS

ship ~ корабе́льного бази́рования
silo ~ ша́хтного бази́рования space ~ косми́ческого бази́рования submarine ~ подво́дного бази́рования
air-based возду́шного бази́рования baseline исхо́дная ли́ния

Basque – *adj* ба́скский, *n* баск *m*, ба́сконка *f*
~ separatists *n, Sp pol* ба́скские сепарати́сты

basis – *adj* ба́зовый, *n* ба́зис, осно́ва, основа́ние
on a case-by-case ~ по при́нципу рассмотре́ния ка́ждого конкре́тного слу́чая
on a mission-by-mission ~ с учётом ка́ждой отде́льной зада́чи/це́ли on a need to know ~ по при́нципу служе́бной необходи́мости on a prioritized ~ по при́нципу первоочерёдности/потре́бностей
on a rotational ~ в поря́дке очерёдности on a sustained ~ в тече́ние продолжи́тельного пери́ода on an as required ~ на осно́ве необходи́мых потре́бностей on an on-call ~ по зая́вке/вы́зову on an ongoing ~ по ме́ре поступле́ния (информа́ции)

battalion (BN) – *adj, mil* батальо́нный, *n* батальо́н;
adj, art дивизио́нный, *n, art,* дивизио́н
combat sapper BN сапёрно-штурмово́й батальо́н
penal BN (Sov) штрафно́й батальо́н, *abbrev* штрафба́т
training BN уче́бный батальо́н

battery – *n, art* батаре́я/батаре́йный
flash-ranging ~ *n, art* светоразве́дывательная батаре́я

battle, combat, fighting – *adj, mil* боево́й, *n* би́тва, бой, сраже́ние ~ experience боева́я пра́ктика, боево́й о́пыт
~ fatigue боево́е истоще́ние, психи́ческая тра́вма
~ for air superiority *n* борьба́ за превосхо́дство в во́здухе
~-hardened, seasoned закалённый в боя́х; *adj* обстре́лянный
~ order боево́й соста́в ~ outposts боево́е охране́ние
~ plan схе́ма боя ~ stations *nav* боево́е расписа́ние
~ zone зо́на боевы́х де́йствий
airland ~ US *mil. doctrine* возду́шно-назе́мная опера́ция
become battle-hardened, seasoned *vi* обстреля́ться *pf,* обстре́ливаться *impf* close-in ~ бли́жний бой
containment ~ сде́рживающий бой deep ~ глубо́кий бой

AN ENGLISH - RUSSIAN DIGEST OF MILITARY, POLITICAL & SOCIAL TERMS

disengagement from battle – *n* вы́ход из бо́я disengage from battle выходи́ть из бо́я
drawn ~ безрезульта́тный бой drawn-out ~ затяжно́й бой
fight a losing ~ вести́ *pf* безнадёжную борьбу́
general order of ~ о́бщая группиро́вка войск
order of ~ боево́е расписа́ние
wage ~ вести́ *pf*, привести́ *pf* бой
wage a deep ~ глубо́кий бой

Bay of Pigs conflict (Cuba, 1961) сраже́ние при бу́хте Кочи́нос
Bay of Pigs invasion (Cuba, 1961) вторже́ние в райо́не Пла́я-Хиро́н

BBC (British Broadcasting Corporation) – *n* Би-Би-си
~ announcer *n* бибиси́шник

be at the crossroads – *fig, pol* ; *vi* находи́ться на перепу́тье
be in a shambles быть в упа́дке; быть в бе́дственном положе́нии
be situated, located *vi* располага́ться *impf,* расположи́ться *pf*

beach not/suitable for landing – *n, nav* уча́сток, не/благоприя́тный для вы́садки на бе́рег
beacon – *n* радиомая́к close-in homing ~ *n* бли́жний приводно́й радиомая́к
bearing, take a ~ пеленги́ровать, пеленгова́ть *pf & impf* ; брать *impf*, взять направле́ние *или* пе́ленг
beaver, an eager ~ – *coll* хлопоту́н
become red-hot/white-hot раскаля́ться *impf* раскали́ться *pf* добела́/докрасна́
Bedouin – *adj* бедуи́нский, *n* бедуи́н
beef – *adj* говя́жий, *n* говя́дина

beg – *vt* проси́ть *impf*, попроси́ть *pf* у кого́-н. де́нег; умоля́ть *impf*, умоли́ть *pf;* ни́щенствовать *impf*, попроша́йничать *impf*
beggar *n* ни́щий *m*, ни́щенка *f* begging *adj* ни́щенский, жа́лкий
begging *n, soc* нищета́, ни́щенство

behead so – *vt* обезгла́вливать *impf*, обезгла́вить *pf* кого́
bellicose, militant, warlike – *adj* во́инственный, вою́ющий
BENELUX Economic Union – *n, econ* Экономи́ческий сою́з Бе́льгии, Нидерла́ндов и Люксембу́рга (БЕНИЛЮ́КС)

AN ENGLISH – RUSSIAN DIGEST OF MILITARY, POLITICAL & SOCIAL TERMS

Berber – *adj, anthro* берберский, *n* бербер *m*, берберка *f*
Berliner *n* берлинец *m*, берлинка *f*
besieged – *adj and n* осаждённый
Bessarabia – *n, geo* Бессарабия
Bethlehem – *n, geo* Вифлеем

biathlon – *n* биатлон biathlete *n* биатлонист
bicameral – *adj* двухпалатный bicameralism *n, pol* бикамерализм
bicentenary – *adj* двухсотлетний, *n* двухсотлетие

bigot – *n* фанатик, мракобес bigoted ~ *adj* фанатический, фанатичный bigotry ~ *n* фанатизм, мракобесие

bill – *leg, pol* законопроект
Bill of Rights *US leg* Билль *m* о правах/первые десять поправок к конституции США

bio – *prefix* био-
biodegradable *adj* подверженный биологическому разложению; подверженный бихимическому разложению
bioengineering *n* биоинженерия biotechnology *n* биотехнология

bipartisan – *adj* двухпартийный
bipartisanship *n* двухпартийная система/политика
bipolarity *n, pol* разделение мира на два лагеря

birth – *n* рождение
~ certificate *n* свидетельство о рождении birthrate *n* рождаемость low ~ низкая рождаемость

bite, sting – *n* (insect, etc) жало, укус; жалить *impf*, ужалить *pf*; укусить *pf* bi-yearly (every two years) выходящий раз в два года; (every six months) выходящий два раза в год
bizonal – *adj* двухзональный

black – *adj* чёрный
~ box (systems) чёрный ящик ~ eye *n* подшибленный глаз
~ market «чёрный рынок«
blackball so; reject so забаллотировать *impf* кого
Black Death (bubonic plague) *n, hist* «чёрная смерть« (бубонная чума) blacklist чёрный список, вносить (кого) в чёрный список

AN ENGLISH – RUSSIAN DIGEST OF MILITARY, POLITICAL & SOCIAL TERMS

black man *n* чёрный, чернокожий
blackout затемнить *pf, n* затемнение; *n* светомаскировка
"Black Power" *US, soc* Власть чёрным
Blackshirt(s) *It hist* чернорубашечник(и) *m(pl)*

blade – *n* нож
bulldozer ~ нож бульдозера grader ~ нож грейдера
blaspheme – богохульствовать *impf,* богохульничать *impf,* кощунствовать *impf* blasphemer *n, rel* богохульник
blasphemous *adj* кощунственный blasphemy*n* богохульство, кощунство
blasting, demolition; undermining, subversive *adj, fig* подрывной
~ work подрывная работа
blastproof – *adj* взрывоустойчивый
blip, mark, indicator – *n* отметка; отражённый импульс (radar)
blitz (air war over England, 1940) – *n, mil hist* «блиц«
blitzkrieg – WW II *hist* «блицкриг«/молниеносная война

bloc – *n, pol* блок
enter into a ~ *pol* вступать *impf* в блок
military-political ~ *n* военно-политический блок
leave *or* secede from a ~ *pol* выйти *pf* из блока

blockade – *n* блокада
~ lifting *n* деблокада raise a ~ снимать *impf,* снять *pf* блокаду; деблокировать *pf & impf* run a ~ прорывать *impf,* прорвать *pf* блокаду set up a ~ устанавливать *impf,* установить *pf* блокаду
blocking, obstruction – *n* затор

bloodhound, police dog – *n* розыскная собака
bloodshed *n* кровопролитие bloody *adj* окровавленный

bluff – *coll* блефовать *impf*
call a ~ не позволить обмануть себя
blunt – *adj* тупой, *vt* тупить *impf* become ~ or dull *(vi)* тупеть *impf,* отупеть *pf;* тупиться

board – *n* комиссия, совет, планшет, правление, пульт
~ member *n, coll* правленец
~ of directors, governing body правление
~ of inquiry *n, US mil* следственная комиссия
be on the ~ быть членом правления

AN ENGLISH – RUSSIAN DIGEST OF MILITARY, POLITICAL & SOCIAL TERMS

equipment status ~ n, US mil таблица учёта состояния материальной части
fire adjustment ~ n, US mil планшет-корректор
inquiry ~ n комиссия по расследованию
map ~n, US mil карта-планшет
plotting ~ n, US mil ; art & chem планшет-корректор
status ~ n, US mil доска информации; планшет обстановки
unit-manning ~ US mil штатное расписание подразделения

boat – n лодка
assault ~ штурмовая лодка   collapsible ~ складная лодка
inflatable, pneumatic ~ надувная лодка
motor torpedo ~ (PT boat) mil торпедный катер

boche – n, Ge, WW II sl бош

body – n, mil орган, часть f, соединение
blue ribbon ~ n престижный орган
executive-administrative ~ исполнительный и распорядительный орган   parent ~ возглавляющий орган
subordinate ~ подчинённый орган   subsidiary ~ вспомогательный орган   subversive ~ подрывное соединение
supervisory ~ наблюдательный орган

Boer – adj бурский, n бур

bog down, get stuck – застревать impf, застрять pf
bogatyr (Ru medieval warrior hero) – n богатырь m
bogatyrs (collective term) n богатырство   heroic adj богатырский
Boeing (US aircraft co.) – n «Боинг« B-17 Flying Fortress, «Летающая крепость« B-24 Liberator «Либерейтор«
boiling point – n, sci точка кипения

Bolshevik – adj большевистский
Bolshevization/Bolshevize n большевизация, большевизировать pf & impf
bolt handle (rifle) – n рукоятка затвора

bomb – n бомба; (mortar) мина; (shell) снаряд; бомбить impf, разбомбить pf + i. ~ crater n воронка от бомбы
~ disposal n обезвреживание неразорвавшихся бомб
~ shelter n бомбоубежище ~ site n разбомблённый участок

AN ENGLISH – RUSSIAN DIGEST OF MILITARY, POLITICAL & SOCIAL TERMS

atomic ~ áтомная бóмба bomb-load бóмбовая нагрýзка
conventional ~ обы́чная бóмба
delayed-action ~ бóмба замéдленного дéйствия
drop a ~ сбрáшивать *impf*, сбрóсить *pf* бóмбу
fragmentation, high-explosive ~ оскóлочно- фугáсная бóмба
hydrogen ~ водорóдная бóмба
incendiary ~ зажигáтельная бóмба, зажигáтельный снаря́д
load up ~s (load aircraft) грузи́ть *impf*, за/на/грузи́ть *pf* бóмбами neutron ~ нейтрóнная бóмба
practice ~ бóмба прáктики super ~ сверхмóщная бóмба
time ~ бóмба замéдленного дéйствия

bombard – *vt* бомби́ть *impf*, разбомби́ть *pf* + i., бомбардировáть *impf;* обстрéливать *impf*, обстреля́ть *pf*
bombardment, bombing *n* бомбёжка

bomber – *n* бомбардирóвщик, бомбовóз
stealth ~ бомбардирóвщик ти́па «стелт« *или* «невиди́мка«

bombing – *n, mil* бомбардирóвка carpet ~ коврóвая бомбардирóвка precision ~ прицéльное бомбометáние
bona fides – *n, latin* чéсность *f*
Bonapartism – *n, Fr hist* бонапарти́зм Bonapartist *n* бонапарти́ст

bond – *n* залóга grant a ~ отпускáть *impf* на порýки
levy a ~ определя́ть *impf* сýмму залóга
release on ~ освобождáть *impf* на порýки

booby trap – *n* ми́на-ловýшка

book – *n* кни́га
go by the ~ *coll* слéдовать прáвилам bookmaker *n* букмéкер
bookseller *n* кни́жник bookworm *n, lit, fig* кни́жный червь

border – *adj* пограни́чный, *n* грани́ца
~ *or* neighbor (on) грани́чить *pf* ~ incident *n* пограни́чный инциде́нт ~ control post пограни́чный пóст, погранично-пропускнóй пункт

bore, drill – *vt* бури́ть *impf*, пробури́ть *pf;* сверли́ть *impf*, просверли́ть *pf* borer, driller *n* бури́льщик drill operator буровúк
boresight and zero – *n, mil* вы́верка ли́нии прицéливания и пристрéлка

AN ENGLISH – RUSSIAN DIGEST OF
MILITARY, POLITICAL & SOCIAL TERMS

boresighting *n, mil* прове́рка прице́льной ли́нии
boring *tech, adj* бури́льный

Bosnia and Herzegovina – *n, geo* Бо́сния и Герцегови́на
Bosphorus – *n, geo* Босфо́р
bow to pressure – уступа́ть *impf* давле́нию

box – окси́ровать *impf*
boxer *n* боксёр   boxing *n* бокс
boycott – *n* бойко́т, *vt* бойкоти́ровать *pf & impf*
boyhood – *n* о́трочество   boyish *adj* мальчи́шеский
boyishness *n* мальчи́шество

Brahma – *n, rel* Бра́хма   Brahmin *n, rel* брами́н, брахма́н
Brahminism *n, rel* брахмани́зм

brain – *adj* мозгово́й, *n* мозг   ~ concussion сотрясе́ние мо́зга
~ drain «уте́чка мозго́в»
brainwashing *n, fig* «промыва́ние мозго́в»

brake-dancer *n, soc* бре́йкер   brake-dancing *n* брейк
branch (of service) – *n, mil* род (слу́жбы)   ~ insignia зна́ки различия ро́да войск
brand, stamp, stigmatize – за/клейми́ть *pf/impf;* клеймо́
branded *adj* клеймёный   branding, stamping *n* клеймле́ние
brass knuckles – *n* кастéт

breach – *n* бре́шь; наруше́ние
~ of confidence наруше́ние оказа́нного дове́рия   ~ of duty наруше́ние долга́   ~ of the peace наруше́ние обще́ственного поря́дка

breakable – *adj* ло́мкий   breakage *n* поло́мка
breakdown *n* отка́з, вы́ход из стро́я, поло́мка
complete ~ (failure (equipment, systems) по́лный отка́з
~ (of equipment) *vi* слома́ться *impf*   ~ or accident rate *n* авари́йность *f*   total ~ (plans, etc) по́лный прова́л/распа́д/срыв
breakeven point *n* то́чка безубы́точности
breakout of encirclement *n, mil* вы́ход из окруже́ния
breakthrough *n, dip, mil* проры́в

breastwork, parapet – *n, mil* бру́ствер

AN ENGLISH – RUSSIAN DIGEST OF MILITARY, POLITICAL & SOCIAL TERMS

Brezhnevism (Sov econ & pol stagnation) – пери́од засто́я; бре́жневщина;

bribe – *n* бакши́ш, взя́тка, по́дкуп **briber** взя́тодатель *m*, взя́тодательница *f* **bribery** *n* взя́точничество **person taking a ~** *n* взя́точник
bricklayer – *n* кла́дчик

bridge – *n* мост
~ crossing мостова́я перепра́ва
~ laid by a bridgelayer мост, уло́женный с по́мощью мостоукла́дчика
air, airlift ~ возду́шный мост AVLB раздвижно́й мост
Bailey ~ мост систе́мы Бейли blown ~ взо́рванный мост
fixed ~ неподви́жный *или* неразводно́й мост
floating ~ мост на плаву́чих опо́рах; наплавно́й мост
girder ~ ба́лочный мост pontoon ~ понто́нный мост
prefab ~ сбо́рный мост standard ~ та́бельный мост
suspension ~ вися́чий мост two-way ~ двухпу́тный мост
vehicular ~ автомаши́нный мост
bridgelayer *n* мостоукла́дчик tank ~ та́нковый мостоукла́дчик

bridgehead – *n, mil* плацда́рм
airborne ~ плацда́рм, захва́ченный возду́шным деса́нтом
amphibious ~ плацда́рм, захва́ченный морски́м деса́нтом
contain a ~ уде́рживать *impf* плацда́рм establish a ~ захва́тывать *impf* плацда́рм seal off a ~ изоли́ровать *pf & impf* плацда́рм

brief – *vt* осведомля́ть *impf*, осве́домить *pf*
in ~ *n* вкра́тце
briefer *n* лицо́, проводя́щее инструкта́ж с кра́ткой информа́цией **briefing** *n* инструкта́ж, (press) бри́финг
order of battle ~ *n, mil* рекогносциро́вка

brig – *n, nav* бриг
brigade (BDE) – *adj* брига́дный, *n* брига́да ~ level брига́дный у́ровень air assault BDE возду́шно-штурмова́я брига́да
separate armored/infantry BDE (SAB/SIB) отде́льная бронета́нковая/бронепехо́тная брига́да

brinkmanship (US pol; 1950s and JF Dulles) – *n* баланси́рование на грани́ войны́

AN ENGLISH – RUSSIAN DIGEST OF MILITARY, POLITICAL & SOCIAL TERMS

British – *adj* брита́нский
~ Army of the Rhine (BAOR, Br mil) *n, mil* Брита́нская Ре́йнская а́рмия (БРА) ~ Commonwealth of Nations *n, Br pol* Брита́нское Содру́жество На́ций Britisher *n* брита́нец *m*, брита́нка *f*

Brittany *n, Fr geo* Брета́нь

broadcast, broadcasting – *adj* радиовеща́тельный, трансляцио́нный; трансля́ция; передава́ть *impf*, переда́ть *pf* по ра́дио

broken – *adj* сло́манный (machinery), *fig* ло́маный
~ English *n* ло́маный англи́йский язы́к ~ family *n* разби́тая семья́ ~ ground *n* пересечённая ме́стность ~ leg сло́манная нога́ ~ man сло́мленный челове́к ~ sleep *n* пре́рванный сон

broker – *n, bus* ма́клер brokerage *n, bus* ма́клерство
brother-in-arms – *n, mil* сподви́жник, сора́тник
Brownshirt(s) – *It. Fascist* кори́чнево-руба́шечник(и)
bruise – *n, med* синя́к, кровоподтёк
Brunei – *n, geo* Бруне́й
Brusilov breakthrough (Ru WW I, 1916) – *n, hist* Бруси́ловский проры́в
brutalization – *n* ожесточе́ние brutalize ожесточа́ть *impf*, ожесточи́ть *pf*, зве́рствовать *impf*

bubonic – *adj* бубо́нный ~ plague *n, med* бубо́нная чума́
bucket loader – *n* ковшо́вый погру́зчик
buckwheat – *n, agric* гре́чневый, гречи́ха
Buddha – *n, rel* Бу́дда *m*
Buddhism будди́зм Buddhist *adj* будди́йский, будди́ст
buddy system – *n, mil* па́рная систе́ма

bug – *n* дефе́кт, недоста́ток; сре́дство подслу́шивания
eliminate ~s (systems, processes) устраня́ть *impf* недоста́тки/дефе́кты install an eavesdropping ~ установи́ть *pf* сре́дство подслу́шивания

building – *adj* строево́й
~ or construction materials *npl* стройматериа́лы
build-up (of forces, etc) *n* нара́щивание, сосредото́чение (войск, итд) ~ of war potential нара́щивание вое́нного

AN ENGLISH - RUSSIAN DIGEST OF
MILITARY, POLITICAL & SOCIAL TERMS

потенциа́ла
built-in (installed) *adj* встро́енный, вде́ланный, вмонти́рованный
built-up point *n, mil* населённый пу́нкт

bulky, voluminous – *adj* объёмистый, объёмный, громо́здкий
bulldoze – сноси́ть *impf* бульдо́зером

bullet – *n* пу́ля ~ **wound** *n* огнестре́льная ра́на
bulletproof *adj* пуленепробива́емый, пулесто́йкий
~ **vest** *n* бро́нежиле́т

bullying, hazing – *n, mil* (esp of Russian draftees) дедовщи́на
bumpy, jolty, shaky – *adj* тря́ский
Bundeswehr (Ge mil est in 1956) – бундесве́р
bunji-pit – *n* я́ма-лову́шка
burden – *n, fig* бре́мя
~ **of proof** бре́мя дока́зывания

bureaucracy, red tape – *adj, pej* чино́внический; *n* бюрократи́зм; *collective pl* бюрокра́тия; *collective pl, pej* чино́вничество (also means officials, officialdom, or, red tape)

bureaucrat *n* бюрокра́т; *n, pej* чино́вник
become a ~ *vi* обюрокра́чиваться *impf*, обюрокра́тится *pf*
bureaucratic *adj* бюрократи́ческий
bureaucratism *n* бюрократи́зм

burglar – *n* граби́тель *m*, взло́мщик
burglarize, burgle гра́бить *impf*, огра́бить *pf*
burglary *n* грабёж, кра́жа со взло́мом

burgomaster – *n, Ge pol* бургоми́стр

burn – *n* ожо́г
1st **degree** ~ ожо́г пе́рвой сте́пени 2nd **degree** ~ ожо́г второ́й сте́пени 3rd **degree** ~ ожо́г тре́тьей сте́пени
burning, pain, heartburn *n* жже́ние
burnt, scorched *adj* жённый **burnt out** *adj, coll* перегоре́лый

Bushido ("the path of war"; Ja samurai code of conduct) – буши́до (путь войны́)

AN ENGLISH – RUSSIAN DIGEST OF
MILITARY, POLITICAL & SOCIAL TERMS

business, work – *adj* деловóй, служéбный
~-like, efficient *adj* деловитый ~ man, merchant *n* коммерсáнт
~ trip *n, bus* слуéжбная поéздка
private ~ undertakings *n* предпринимáтельство
shady ~ *fig, n* тёмное дéло

busybody, an eager-beaver – *n* хлопотýн
butt-chewing, reprimand – *n, coll* головомóйка
buy on credit – купить в кредит

by-pass – *n* объéзд, обхóд, обхóдный путь;
обходить *impf*, обойти *pf (also fig)*
bystander – *n* зритель, прохóжий
by touch or feeling – *adv* на óщупь
byproduct – *n* побóчный прóдукт

Byzantium – *adj* Византийский; *n, geo, hist* Визáнтий
Byzantine Empire – Византия

AN ENGLISH – RUSSIAN DIGEST OF MILITARY, POLITICAL & SOCIAL TERMS

C

C-ration, MRE (meal, ready to eat) – *n, mil* продовóльственный паёк
cabal – *adj* кабалисти́ческий, *n* полити́ческая кли́ка

cabinet – *n, pol* кабинéт
~ shuffle *US, Br pol* перестанóвка в кабинéте мини́стров
kitchen ~ *US, pol* «кýхонный кабинéт«
shadow ~ *Br pol* «теневóй кабинéт«

cable – *n* прóвод, кáбель *m*
co-axial ~ коаксиáльный кáбель lay ~ проклáдывать *impf,* проложи́ть *pf* кáбель main ~ магистрáльный прóвод
overhead ~ воздýшный кáбель standard ~ нормáльный прóвод
underground ~ подзéмный *или*

cache – *n* скры́тый запáс; (hiding place) тайни́к
cadet – *n* курсáнт
caesarian section – *n, med* кéсарево сечéние

Cairo – *n, geo* Каи́р
calculation, by someone's – по чьи́м подсчётам

calibrate – *tech* градуи́ровать *impf & pf,* калиброва́ть *impf*
calibration (instruments) *n* градуи́рование, градуирóвка, калибрóвка
California – *n, geo* Калифóрния
Californian *adj* калифорни́йский, *n* калифорни́ец *m,* калифорни́йка *f*
call-up, military ~ *n* призы́в

camouflage – *n* камуфля́ж, маскирóвка; маскировáть *impf,* замаскировáть *pf*
zebra striped ~ полосáтая маскирóвочная окрáска
camouflaged *adj* замаскирóванный

camp – *adj* лáгерный, *n* лáгерь *m* ~ inmate лáгерник
displaced persons ~ (DP) лáгерь перемещённых
internment ~ лáгерь интерни́рованных лиц
prisoner of war ~ лáгерь военноплéнных
refugee ~ лáгерь бéженцев

AN ENGLISH – RUSSIAN DIGEST OF
MILITARY, POLITICAL & SOCIAL TERMS

campaign – *n* кампа́ния, вести́ агита́цию
~ (for or against so), canvas so, agitate агити́ровать *impf only*,
coll сагити́ровать *pf* ~ against illiteracy *n, Sov soc* ликвида́ция
безгра́мотности (ликбе́з) ~ to overtake the West economically
(Khrushchev – Brezhnev era) «догоня́евщина»
low-key ~ сде́ржанная кампа́ния
peace campaigner *n* боре́ц за мир

Canadian – *adj* кана́дский. *prefix* кана́дско-
~-English *adj* кана́дско-англи́йский ~-French *adj* кана́дско-
францу́зский ~-Japanese *adj* кана́дско-япо́нский
~-Soviet *adj* кана́дско -сове́тский

candidacy, candidature – *n* кандидату́ра candidate *n* кандида́т

cannibalization (equipment parts) – *n, mil* сня́тие го́дных дета́лей
с неиспра́вной материа́льной ча́сти; снима́ть *impf*, снять *pf*
го́дны дета́ли с неиспра́вной материа́льной ча́сти; "разде́ть",
"раскула́чить" *pf* маши́ну

cannon fodder – *n, coll* «пу́шечное мя́со»
canonize – *rel* канонизи́ровать *pf & impf*
canteen vehicle – *n* автобуфе́т
capabilities, fighting ~ – *npl* боевы́е возмо́жности

capability, cross-country ~ вездехо́дность *f*
capacity – *n* вмести́мость *f* freight ~ грузова́я вмести́мость
intake ~ пропускна́я спосо́бность load ~ грузоподъёмность *f*
seating ~ вмести́мость storage ~ вмести́мость

capital – *prefix* капитало-
~ intensive *adj, bus* капиталоёмкий
~ investment *bus* капиталовложе́ние
~ offense *n, leg* преступле́ние, кара́емое сме́ртью
~ punishment сме́ртная казнь
institute ~ punishment вводи́ть *impf*, ввести́ *pf* сме́ртную казнь
reinstate ~ punishment восстановля́ть *impf*, восстанови́ть *pf*
сме́ртную казнь working ~ *n* оборо́тный капита́л
capitalization *n, econ* капитализа́ция
capitalize *econ* капитализи́ровать *pf & impf*
Capitol Hill (US Congress) – *n, pol* Капитоли́йский холм
captaincy – *n* зва́ние/до́лжность/чин капита́на

AN ENGLISH – RUSSIAN DIGEST OF MILITARY, POLITICAL & SOCIAL TERMS

captive – *adj* пле́нный, *n* пле́нник take ~ брать *impf*, взять *pf* в плен captivity *n* захва́т в плен, be in ~ быть в плену́ captor взя́вший в плен

car, automobile – *adj* автомоби́льный, *n* автомоби́ль *m*
~ bomb *n* автомоби́ль-бо́мба
~ manufacturing plant автозаво́д
~ model *n* автомоде́ль *f* ~ modeller *n* автомодели́ст
~ mechanic *n* автомеха́ник ~ modelling *n* автомодели́зм
~ owner автовладе́лец
~ racing driver *n* автого́нщик reckless ~ driver *n* автолиха́ч
~ *or* road accident *n* автоава́рия, автопроисше́ствие
~ transporter *n* автомобилево́з
box ~ *n*, *rr* кры́тый ваго́н
get-a-way ~ *n* маши́на, испо́льзованная при побе́ге
race ~ *n* автого́нка carjacker *n* автово́р; уго́нщик маши́ны

caravan – *n* карава́н
carbon dating – *n*, *sci* радиоуглеро́дный ана́лиз
carbon monoxide fumes, poisoning *adj* уга́рный, *n* уга́р

card – *n* ка́рточка
identity ~ идентификацио́нная ка́рточка, *n* удостовере́ние ли́чности range ~ *mil* ка́рточка огня́, ка́рточка для стрельбы́, ка́рточка за́писи стрельбы́, *n* схе́ма ориенти́ров

carcinogen – *n*, *med* carcinogenic *adj*, *med*
cardio-vascular – *adj*, *med* серде́чно-сосу́дистый

care – *n* попече́ние; забо́тливость; забо́та
due ~ до́лжная забо́тливость *f* great ~ *n* сте́пень забо́тливости
reasonable ~ разу́мная забо́та slight ~ небольша́я сте́пень забо́тливости utmost ~ наивы́сшая забо́тливость

career woman – *n* делова́я же́нщина careerist *n* карьери́ст

cargo, freight – *n* груз
~, goods *or* freight traffic *n* грузопото́к ~ transfer переда́ча гру́зов ~, goods freight *or* turnover *n* грузооборо́т
air-delivered ~ возду́шный *или* деса́нтный груз
average ~ сре́дний груз bulk goods ~ груз нава́лом
bulk liquid load ~ груз нали́вом containerized ~ конте́йнерный груз

AN ENGLISH – RUSSIAN DIGEST OF MILITARY, POLITICAL & SOCIAL TERMS

deck ~ па́лубный груз essential ~ необходи́мый груз
essential ~ supplies груз первостепе́нной ва́жности
free flowing ~ груз на́сыпью military stores ~ во́инский груз
mixed ~ сме́шанный груз oversized ~ негабари́тный груз
palletized ~ груз на поддо́нах; паке́тный груз
palletized helicopter borne ~ вертолётный груз на вне́шней подво́ске priority or urgent ~ сро́чный груз return ~ обра́тный груз standard ~ типово́й груз standardized size ~ within gauge габари́тный груз

carnivorous – *adj* плотоя́дный
carpenter – *n* пло́тничество carpentry *adj* пло́тничный, *n* пло́тник work as a ~ пло́тничать

carrier, aircraft ~ – *n, nav* авиано́сец
~ pigeon *n* почто́вый го́лубь *m*
~ strike force *n, nav* авиано́сное уда́рное соедине́ние
helicopter ~ *n* деса́нтный вертолётоно́сец

carte blanche – *n, fig* карт-бла́нш
cartography – *n* картогра́фия cartographic *ad* картографи́ческий cartographer *n* карто́граф

case – де́ло
~ hardened *adj* цементи́рованный ~ hardening *n* цемента́ция
~ in point *n* рассма́триваемое де́ло

cash – *npl* нали́чные де́ньги
~ flow *n, bus* движе́ние де́нежной нали́чности
~ on delivery *n* нало́женным платежо́м
~ payment *n* упла́та нали́чными
negative ~ flow *n, bus* отрица́тельный пото́к нали́чности

caste – *adj* ка́стовый, *n* ка́ста high ~ *n* вы́сшая ка́ста
lower ~ *n* ни́зшие ка́сты ~ system *n, soc* ка́ста

casualties – *n, mil* поражённый, поте́ри, ра́неный, уби́тый
accept ~ мири́ться *impf*, помири́ться *pf* с поте́рями
battle ~ боевы́е поте́ри
civilian ~ поте́ри среди́ гражда́нского населе́ния
collateral ~ ко́свенные поте́ри estimated ~ предполага́емые поте́ри

AN ENGLISH – RUSSIAN DIGEST OF MILITARY, POLITICAL & SOCIAL TERMS

non-battle ~ небоевы́е поте́ри
preventable ~ предотврати́мые поте́ри

casualty – *n, mil* ра́неный, *n* уби́тый chemical ~ *n, mil* поражённый ОВ cold weather ~ *adj* обморо́женный lightly/seriously wounded ~ легко́/тяжело́/ра́неный nerve agent ~ поражённый ОВ не́рвно паралити́ческого де́йствия stretcher ~ *adj* носи́лочный ра́неный

casus belli – *n, latin, pol* ка́зус бе́лли; по́вод к войне́
catalogue – *vt* каталоги́ровать *pf & impf*
catalyst – *n* катализа́тор
catapult – *n* катапу́льта, *vt (vi)* катапульти́ровать(ся)
~ ejection seat *n* механи́зм катапульти́руемого кре́сла

catch so napping – *vt* застига́ть *impf*, засти́гнуть *pf* кого́ враспло́х catching fire *n* загора́ние

cattle – *adj, agric* ско́тный, *n* скот, *collective pl* скоти́на
~ breeder *n* скотово́д ~ breeding *adj* скотово́дческий, *n* скотово́дство ~ dealer *n* скотопромы́шленник ~ dealing *adj* скотопромы́шленный ~ man, herdsman, herd *n* ско́тник
~ raising, husbandry *adj* скотово́дческий, *n* скотово́дство
~ rustler *n* скотокра́д ~ rustling, stealing *n* скотокра́дство
~ trade, dealing *n* скотопромы́шленность *f*
~ yard *n* ско́тный двор, скотоприго́нный двор

cause-and-effect relationship – *n, sci* причи́нно-сле́дственная связь *f*
cavalry (collective term) – *n, mil* ко́нница cavalryman *n* ко́нник
CBR environment (mil, chem, bio, radiation) – *n* обстано́вка обусло́вленная примене́нием ору́жия (ХБР)

cease, stop, discontinue, suspend – прекраща́ть *impf*, прекрати́ть *pf*
ceasing, cessation, stopping *n* прекраще́ние
~-fire *n* прекраще́ние огня́ cessation of hostilities прекраще́ние вое́нных де́йствий suspension of payments прекраще́ние платеже́й

ceiling – *n, avn* стати́ческий потоло́к
~ strength преде́льная чи́сленность *f*

AN ENGLISH - RUSSIAN DIGEST OF
MILITARY, POLITICAL & SOCIAL TERMS

censor - *n* це́нзор, цензурова́ть *impf,* подверга́ть *impf,*
подве́ргнуть *pf* censorship *adj* цензу́рный, *n* цензу́ра
census - *n* пе́репись take a ~ производи́ть *impf,* произвести́ *pf*
пе́репись
center of gravity - *n* центр тя́жести *f*

centralism - *n, pol* централи́зм
centralist *n, pol* сторо́нник централи́зма centralization
централиза́ция centralize *vt* централизова́ть *pf & impf*
centrism - *n, pol* центри́зм centrist *n* центри́ст

certified - *adj* удостове́ренный, заве́ренный, (qualified, licensed)
дипломи́рованный certify удостоверя́ть *impf,* удостове́рить *pf*
chaff (radar jamming) - *n, mil* дипо́льные отража́тели

chain - *n* цепь, ряд
~ of command *npl* кома́ндные инста́нции, *n* поря́док
подчинённости ~ of events цепь/ряд собы́тий ~ reaction *lit, fig*
цепна́я реа́кция ~ saw *n* цепна́я пила́ ~ smoker *n* табакома́н

challenge and password - *n, mil* паро́ль *m* и о́тзыв
chancellery, the chancellorship - *n, Ge pol* канцеля́рия,
канцля́рство, зва́ние ка́нцлера

change of command - *n* сме́на кома́ндования
changeable (weather) *adj* переме́нчивый
changing of the guard *lit, fig* сме́на карау́ла

channel - *n, gen* кана́вка, кана́л, паз
radio кана́л, *elec* тракт, *waterway* фарва́тер
~ tunnel; the Chunnel *n, Br* тонне́ль *m* под Ла-Ма́ншем
alternative ~ *commo* обхо́дный кана́л
bypass ~ обхо́дный кана́л
communications ~ кана́л свя́зи
drainage ~ *n* водоотво́д, дрена́жная кана́вка
radio ~ *n* радиокана́л

chaplain - *n, rel* капелла́н, свяще́нник chaplaincy *n*
зва́ние/до́лжность/чин капелла́на

charge - *n, ammo, elec* заря́д, заря́дка, *elec* заряжа́ть *impf,*
заряди́ть *pf*

AN ENGLISH - RUSSIAN DIGEST OF MILITARY, POLITICAL & SOCIAL TERMS

shaped ~ n, *ammo* боевой кумулятивный заряд
chargé d'affairs - *Fr dip* поверенный в делах
chariot, ~s - n, *hist* колесница, колесницы *nom pl*

chart, diagram - *n* диаграмма pie ~ круговая *или* секторная диаграмма fire plan ~ n, *art* плановая таблица огня
chauvinist, jingoist - *adj* шовинистический, *n* шовинист; джингоист chauvinism *n* шовинизм, джингоизм
cheap - *adj* дешёвый become ~er удешевляться *impf*, удешевиться *pf*

cheat - плутовать *impf*, на/с/плутовать *pf*
vt, (vi) обманывать(ся) *impf*, vt, (vi) обмануть(ся) *pf*
~ sheet *n* шпаргалки
cheater (person) *n* жулик, обманщик, плут
cheating *n* плутовство

check (verify) - *adj* контрольный, *n* контроль *m*, контролировать *impf*; проверять *impf*, *n* проверка
~ and recheck *n* проверка и перепроверка ~s and balances principle *n* принцип взаимозависимости и взаимоограничения законодательной, исполнительной и судебной власти
ID ~ *n* (identity) установление личности
radiation dosimeter ~ *n* дозиметрический контроль *m*

cheer-leader - *n, soc* заводила *m, f*

Cheka (Sov security organization 1918-1922) - *adj* чекистский, *n, Sov* Чека (чрезвычайная коммисия по борьбе с контрреволюцией и саботажем)
Chekist, member of the Cheka *Sov* чекист

chemical - *adj* химический
~ decontamination asset *n* средство дегазаций ~ specialist *n, mil* химик ~ warfare troops химвойска *no sing*

chemotherapy - *n, med* химотерапия
chief of staff - *n, mil* начальник штаба

childhood - *n, soc* детство second ~ второе детство
childish *adj* детский, младенческий childishness *adj* детскость *f*, ребячество childless *adj* бездетный childlike *adj* детский, младенческий

AN ENGLISH – RUSSIAN DIGEST OF MILITARY, POLITICAL & SOCIAL TERMS

Chinatown – *n, soc* китáйский квартáл
chiropractor – *n, med* хиропрáктик
chlorinate – хлорúровать *pf & impf*
cholera – *n, med* холéра
Chosen People *n, rel* нарóд- богонóсец

Christian – *adj, rel* христиáнский, *n* христианúн *m*, христиáнка *f*
~ Democrats *n, Eur pol* христиáнские демокрáты
become Christian *vi* христианизúровать *pf & impf*
born again ~ *n, rel* новообращённый христиáнин
Christianity *n, rel* христиáнство
Christianization *n, rel* христианизáция, обращéние в христиáнство
Christianize христианизúровать *pf & impf*, обращáть *impf*, обратúть *pf* в христиáнство

chromosome – *n, sci* хромосóма
Church of England – *n, rel* Англикáнская цéрковь *f*

CIA – ЦРУ (Центрáльное развéдывательное управлéние)
~ agent, operative *n, coll* цэрэýшник
CID (criminal investigation department) отдéл, департáмент уголóвного рóзыска
CIS (Commonwealth of Independent States; post-Sov) – *adj, coll* эсэнгóвский

circuitous, roundabout – *adj* крýжный

circumstance – *n* обстоя́тельство, ~s *n* услóвие, обстоя́тельства
according to ~s смотря́ по обстоя́тельствам
aggravating ~s отягчáющие обстоя́тельства
extenuating ~s смягчáющие обстоя́тельства
in any ~ при любы́х обстоя́тельствах
justifiable ~s опрáвдывающие обстоя́тельства
mitigating ~s смягчáющие обстоя́тельства
under no ~s ни при какúх услóвиях/ обстоя́тельствах
under the ~s в дáнных услóвиях *или* обстоя́тельствах

civilian – *adj* штáтский, *n* граждáнское лицó
citizenship – *n* граждáнство, пóдданство

AN ENGLISH – RUSSIAN DIGEST OF MILITARY, POLITICAL & SOCIAL TERMS

city – *prefix* гор-; *adj* городско́й
~ *or* town committee *n* горко́м ~ *or* town council *n* магистра́т
~ *or* town public health department *n* горздравотде́л
~ *or* town, urban dweller *ns* горожа́нин, *npl* горожа́не
~-states *n, hist* города́ - госуда́рства hero-~ *n, Sov* WW *II* го́род- геро́й satellite ~ *or* town *n* го́род-спу́тник
twin-cities *n, soc* города́-побрати́мы
civic – *adj* гражда́нский sense of ~ duty *n* гражда́нственность *f*

civil – *adj* госуда́рственный, гражда́нский
~ defense troops войска́ гражда́нской оборо́ны
~ disobedience *n, soc* гражда́нское неповинове́ние
~ liberties *n, soc* гражда́нские свобо́ды
~ military cooperation *n* вое́нно-гражда́нское сотру́дничество
~ servant *n* госуда́рственный слу́жащий

claim – *n* прете́нзия
clan – *n* клан, род; (clique) кли́ка; (large family) семья́, пле́мя

class – *n, soc* класс
~ conscious *adj* кла́ссово-созна́тельный
~ consciousness (Marxism) *n* кла́ссовое созна́ние
~ struggle (Marxism) *n* кла́ссовая борьба́
lower classes ни́зшие кла́ссы lower middle ~ «низы́« сре́днего кла́сса middle ~ сре́дний класс
merchant ~ *n, bus* купе́чество; купе́ческое сосло́вие
ruling ~ пра́вящий класс upper middle ~ верху́шка сре́днего кла́сса upper ~ вы́сшие кла́ссы
working ~ рабо́чий класс

classified (secret) – *adj* засекре́ченный
classify (documents) – ста́вить *impf*, поста́вить *pf* гриф, засекре́чивать *impf*, засекре́тить *pf*, *vt* классифици́ровать *pf & impf*
classless *adj, soc* бескла́ссовый

clause, proviso, stipulation – *n, leg* кла́узула
cleansing, ethnic ~ *n, pol* этни́ческая чи́стка

clearance – *n* зазо́р, простра́нство, *adj* габари́тный, *n* габари́т
~ length, overall length *n* габари́тная длина́ ~ limits *n* габари́тные преде́лы ~, overall dimensions *n* габари́тные разме́ры

AN ENGLISH – RUSSIAN DIGEST OF MILITARY, POLITICAL & SOCIAL TERMS

~ width *n* габари́тная ширина́
rotar blade ground ~*n* зазо́р между ло́пастями винт и землёй
clearing, mine ~ *adj* размини́рованный
load within the loading or ~ gauge *n* габари́тный груз
obstacle ~ *n* разграждéние
overhead ~ or ~ height *n* габари́тная высота́

clergy – *n, rel, collective pl* духове́нство
clerk – *adj* канцеля́рский, чино́вничий; *n* канцеляри́ст, конто́рщик; (official) слу́жащий, чино́вник,

client – *n* клие́нт; ~, customer *n* зака́зчик
~ state госуда́рство-клие́нт   clientele *n* клиенту́ра

cliff – *n* скала́, утёс
climatic – *adj* климати́ческий
climax (culminate) – *vi* кульмини́ровать *pf & impf*

climb – *vi* ла́зить *impf*, лезть *pf*; *vt* влеза́ть *impf,* влезть *pf* на + a.; поднима́ться *impf*, подня́ться, *n* подъём, восхожде́ние
~ down a ladder слеза́ть *impf*, слезть *pf* с сле́стницы
~ over a wall переле́зть *pf* че́рез сте́ну
rate of ~ *avn* ско́рость подъёма
climbing speed (helicopter) *n* скороподъёмность *f*
mountain climbing *n* альпини́зм

clincher (deciding argument) – *n* реша́ющий до́вод
clinic – *n* диспансе́р, кли́ника, поликли́ника, лече́бница
~ system, health system *n, med* диспансериза́ция   clinical *adj* клини́ческий

clique, cliquishness, clique forming – *n, soc* группощи́на
clockwise – по часово́й стре́лке
cloning – *n, sci* клони́рование
closed up – в строя́х   closing-up (moving together) – *n* сближе́ние
coagulation – *n, med* коагуля́ция

coal – *adj* у́гольный, *n* у́голь   ~ basin *n* у́гольный бассе́йн
~ fields, deposits *npl* у́гольные месторожде́ния; у́гольный бассе́йн   ~ gas *n* каменноу́гольный газ
~ industry углепромы́шленность   ~ mine, pit *n* у́гольная ша́хта

AN ENGLISH – RUSSIAN DIGEST OF MILITARY, POLITICAL & SOCIAL TERMS

~ miner, collier *n* углекóп, шахтёр
hard ~ (anthracite) *n* антрацит
mine ~ добывáть *impf* , добы́ть *pf* ýголь *m*

coalition – *adj, pol* коалициóнный, *n* коали́ция

coast, sea–~ *n* морскóй бéрег, побережье
Coast Guard – *n, US* береговáя охрáна

coastal – *adj* береговóй, прибрéжный ~ command береговáя охрáна ~ strip *n* прибрéжье, прибрéжная полосá ~ traffic *n, bus* каботáжное плáвание ~ waters прибрéжные вóды, взмóрье

cobelligerency – *n* совмéстное ведéние войны́
cobelligerent *adj* совмéстно вою́ющий, *n* сою́зная вою́ющая сторонá
cocaine – *n* кокаи́н ~ addict *n, soc* кокаини́ст

code – *n* кóдекс, свод
~ name *n* кóдовое назвáние ~ of honor кóдекс чéсти
~ of laws свод закóнов ~ word *n* кóдовое слóво
co-educational совмéстного обучéния
break a ~ разгáдывать *impf*, разгадáть *pf* код

co-defendant – *n, leg* соотвéтчик co-ed – *n, US, coll* учени́ца смéшанной шкóлы co-education *n* совмéстное обучéние
co-educational *adj* совмéстного обучéния
codify *vt* кодифици́ровать *pf & impf*
coercion – *n* принуждéние
cohort – *n* когóрта

collaboration – *n* сотрýдничество
collaborator *WW II* коллаборациони́ст, сотрýдник
collapse (fig), break-up, disintegration – *n* распáд
collate (text) – сличáть *impf*, сличи́ть *pf*, сопоставля́ть *impf*, сопостáвить *pf* collating *n n* сличéние, сопоставлéние
colleague – *n* сослужи́вец, сотрýдник
collection point – *n, mil* сбóрный пункт

collective – *adj* коллекти́вный; *n, Sov agric, etc* коллекти́в
~ farm *n* колхóз, коллекти́вное хозя́йство ~ farmer *n* колхóзник
~ of builders *n* наýчный коллекти́в

AN ENGLISH – RUSSIAN DIGEST OF MILITARY, POLITICAL & SOCIAL TERMS

~ bargaining *n, Sov econ* коллекти́вные перегово́ры
work ~ *npl* трудовы́е коллективы
collectivism *n* коллективи́зм   collectivist *n* коллективи́ст
to collectivize *Sov, vt* коллективизи́ровать *pf & impf*
be ~d *Sov, vi* коллективизи́роваться *pf & impf*
collectivization *n, Sov* коллективиза́ция

college, US Naval War College – *n* вое́нно-морско́й колле́дж США
collision – *n* столкнове́ние ~ course *n* курс (корабля́, самолёта), при кото́ром неизбе́жно столкнове́ние

colonist – *n* колони́ст *m*, колони́стка; (settler) поселе́нец
colonization *n* колониза́ция
colonize колонизи́ровать *pf & impf*; колонизова́ть *pf & impf*; (settle in) заселя́ть *impf*, засели́ть *pf*
colonizer *n* колониза́тор

column – *n* коло́нна   columnist (newspaper) *n* обозрева́тель *m*

combat – *adj* боево́й; *n, mil* бой,
~ air patrol *n* боево́е патрули́рование в во́здухе
~ alert duty *n* боево́е дежу́рство ~ arm *n* боево́й род во́йск
~ capability *n* боева́я спосо́бность ~ crew *n* боево́й расчёт
~ initiative *n* боева́я акти́вность ~ operations *npl* боевы́е де́йствия ~ power *n* боева́я мощь *f* ~ readiness *n* боеготóвность *f* ~ strength *n* боево́й соста́в

coma – *n, med* ко́ма
comatose – *adj, med* комато́зный
comb, screen (security measure) – *mil* прочёсывать *impf*, прочеса́ть *pf* combing, screening прочёстка

combine – *n, agric, tech* комба́йн, с/комбини́ровать *pf/impf*
combined, composite, collated – *adj* сво́дный, комбини́рованный
~ harvester зерново́й комба́йн food processor *n* ку́хонный комба́йн ~ operator *n, agric* комба́йнер

combustion – *n* воспламене́ние, сгора́ние spontaneous ~ *n* самовоспламене́ние, самовозгора́ние
come into contact – *mil commo* устана́вливать *impf*, установи́ть *pf* связь; входи́ть *impf*, войти́ *pf* в конта́кт

AN ENGLISH – RUSSIAN DIGEST OF MILITARY, POLITICAL & SOCIAL TERMS

come into operation (equipment) вступа́ть *impf*, вступи́ть *pf* в эксплуата́цию

command – *n* руково́дство, *n* (verbal order) кома́нда, приказа́ние, (formation) кома́ндование; кома́ндовать *impf*, управля́ть *impf*, упра́вить *pf* + *inst*
~, control *n* управле́ние войска́ми *или* си́лами
~, control and communication (C3) *n, US mil* руково́дство, управле́ние и связь *f* ~ post *npl* пу́нкти управле́ния
~ post exercise *n* кома́ндо-штабно́е уче́ние
~ post rehearsal *n* кома́ндо-шта́бная трениро́вка
bomber ~ бомбардиро́вочная авиа́ция
chain of ~ *n, mil* кома́ндная инста́нции
come or fall under ~ *vi* подчиня́ться *impf*, подчини́ться *pf*, поступа́ть *impf*, поступи́ть *pf* в подчине́ние; подчиня́ться *impf*, подчини́ться fighter ~ *n* истреби́тельная авиа́ция
strategic air ~ *n* стратеги́ческая бомбардиро́вочная авиа́ция

Cominform (Communist Information Bureau) – *n, Sov hist* Коминфо́рм
Comintern (Communist International) – *adj* Коминте́рновский, *n* Коминте́рн
commandeer – *vt* реквизи́ровать *pf & impf*

commander – *n* команди́р ~'s office *n, mil* комендату́ра
~-in-chief (CINC) *n, mil* главнокома́ндующий + i. company ~ as a *n* ро́тный subordinate ~ *n* нижестоя́щий команди́р
superior ~ *n* нача́льник, вышестоя́щий нача́льник
task force, overall ~ общевойскова́й команди́р
commandment, the Ten Commandments *n, rel* де́сять за́поведей
commando – *n* комма́ндос

commerce, trade – *n* комме́рция commercial, mercantile *adj* комме́рческий commercial, business traveller коммивояжёр

commissariat – *n* комиссариа́т, интенда́нтство commissary *mil officer* интенда́нт; вое́нный магази́н

commission – *n* коми́ссия Trilateral Commission *US pol* Трёхсторо́нняя коми́ссия War Crimes Commission (WCC, UN) коми́ссия по дела́м вое́нных престу́пников (КВП, ООН)

AN ENGLISH – RUSSIAN DIGEST OF
MILITARY, POLITICAL & SOCIAL TERMS

commit – (perform) совершáть *impf*, совершúть *pf*
~ atrocities звéрствовать *impf*; совершáть *impf* злодея́ния
~ to action вводи́ть *impf*, ввести́ *pf* в бой be committed to a
theory/detente/a policy станови́ть *impf*, стать *pf* приве́рженцем
какóй дéлу/теóрии/разря́дки/поли́тики
remain commited to so, st *vi* остава́ться *impf*, остáться*pf* ве́рным
комý, чемý

commitment – *n* приве́рженность *f*
~ to detente/a policy *n* приве́рженность делу разрядки/поли́тики
committee, steering ~ *n* руководя́щий комитéт

commodity – *adj* товáрный, *n* потреблéния, предмéт, товáр
~ circulation *n, econ* товарооборóт ~ researcher *n* товаровéд
~ researching *n* товаровéдение
commoner – *n, soc* недворяни́н

Commonwealth ~ *n, pol* содрýжество
~ British бритáнское Содрýжество
~ of Independent States *Ru pol* Содрýжество не зави́симых
госудáрст

communicate with, get in touch with – свя́зываться *impf*,
связáться *pf* с + i.
communication *adj* связнóй, *n* связь *f*
~ by runner пéший связнóй, пéшая связь ~ breakdown *n*
коммуникати́вный срыв ~ center *n* ýзел свя́зи
~ message *n* радиогрáмма microwave ~ связь на
ультракорóткие вóлны (УКВ) satellite ~ спýтниковая связь
sea lanes of ~ *npl* морски́е коммуникáции
secured ~ защищённая связь
secured ~ line ли́ния засекрéченной свя́зи
two-way ~ двустороння́я связь
communications (equipment) *npl* рáдиоэлектрóнные срéдства
communiqué *n* коммюникé *indecl*

communist – *adj* коммунисти́ческий, *n* коммуни́ст *m*,
коммуни́стка *f*
Communist Manifesto (K. Marx, 1848) *n, hist, econ* «Манифéст
коммунисти́ческой пáртии«
Communist Party *n* коммунисти́ческая пáртия; компáртия
Communist Party member *n* аппарáтчик

AN ENGLISH – RUSSIAN DIGEST OF MILITARY, POLITICAL & SOCIAL TERMS

company – *adj* ро́тный; *n, mil* ро́та,
assault ~ штурмова́я ро́та tank-borne ~ танкодеса́нтная ро́та

compass – *adj* ко́мпасный, *n* ко́мпас
~ bearing *n* ко́мпасный пе́ленг ~ course *n* ко́мпасный курс

compensatory – *adj* компенси́рующий
complainant – *n, leg* жа́лобщик, исте́ц complainer *n* ны́тик *m, f*

compliance – *n* усту́пчивость *f*, пода́тливость *f* послуша́ние in ~ with his orders согла́сно его́ прика́зам
compliant *adj* усту́пчивый, пода́тливый, послу́шный
complicated, intricate – *adj* замыслова́тый
component – *n* компоне́нт, составна́я часть, дета́ль *f*
composite – *adj* сво́дный
compressed – *adj* сжа́тый
computed – *adj* вычи́сленный, расчи́танный

computer – *adj* кибернети́ческий, компью́терный, *n* компью́тер
~-aided design *n* автоматизи́рованное проекти́рование
~-assisted *adj* автоматизи́рованный ~ graphics маши́нная гра́фика ~ hacker *n* компью́терный взло́мщик
~ programmer *n* программи́ст ~ programming *n* программи́рование ~ science *n* вычисли́тельная те́хника
~ software *npl* аппара́тно-програ́ммные сре́дства
~ virus *n* кибернети́ческая зара́за laptop ~ наколе́нный компью́тер computerize *vt* оснаща́ть *impf*, оснасти́ть *pf* ЭВМ
computerization *n* компьютериза́ция

concave – *adj, sci* во́гнутый
conceivable, thinkable – *adj* мы́слимый
concentrated – *adj* сосредото́ченный concentration *n* сосредото́чение
concentric – *adj* концентри́ческий

concept – *n* поня́тие, конце́пция, за́мысел
~ of the operation *n* за́мысел опера́ции бо́я conceptual *adj* поняти́йный

conciliate – примиря́ть *impf*, примири́ть *pf*
conciliation *n* примире́ние spirit of ~ *n* примире́нчество

AN ENGLISH – RUSSIAN DIGEST OF
MILITARY, POLITICAL & SOCIAL TERMS

conciliator, compromiser *n* примире́нец, миротво́рец, примири́тель *m*
conciliatory *adj* миротво́рческий, примире́нческий, примири́тельный

conclusive, decisive – *adj* реша́ющий
concrete – *adj* бето́нный, *n* бето́н

to lay ~ *vt* бетони́ровать *impf*, забетони́ровать *pf*
~ dragon teeth (obstacle) *npl* железобето́нные тетра́эдры
~ piercing *adj* бетонобо́йный
reinforced ~ *adj, tech* железобето́нный, *n* железобето́н

conditions – *npl* усло́вия   field ~ *n* похо́дно-боева́я обстано́вка
weather ~ метеорологи́ческие усло́вия

conduct – *vt* води́ть *impf*, вести́ *pf*
~ of operations *n, mil* проведе́ние опера́ций
conducting, managing *n* управле́ние
conductivity *n, tech* проводи́мость, электропроводи́мость *f*

conference – *n* совеща́ние, конфере́нция   ~ chamber, hall *n* конфере́нц-зал   call a ~ созыва́ть *impf*, созва́ть *pf* совеща́ние конфере́нцию
confession, death-bed ~ – *n* предсме́ртное заявле́ние

confidence-building measures *n, pol* ме́ры дове́рия
confidential; off the record – не подлежа́щий огласе́нию
confinement – *n* (restriction) ограниче́ние, (imprisonment) заключе́ние

confirmation, confirming – *adj* подтвержда́ющий, *n* подтвержде́ние
confiscate – конфискова́ть *pf & impf* confiscation *n* конфиска́ция
conflict of interests – *n* колли́зия интере́сов
conformity – *n* соотве́тствие
confrontation – *n* противостоя́ние confronting *adj* противостоя́щий

Confucian – *adj* конфуциа́нский, *n* конфуциа́нец
Confucius *n* Конфу́ций

AN ENGLISH - RUSSIAN DIGEST OF MILITARY, POLITICAL & SOCIAL TERMS

conglomerate - *n* конгломерáтный, *n* конгломерáт
conglomeration *n* конгломерáт
congratulation, letter of ~ - *n* поздравительное письмó
congratulatory *adj* поздравительный

congressman - *n, US pol* конгрессмéн
conjunction, in ~ with совмéстно/сообщá с + i.
connecting, linking - *adj* связýющий
conquer - завоёвывáть *impf*, завоёвать *pf*, покорять *impf*, покорить *pf*

connivance - *n* потвóрство, попустительство
connive at *vi* потвóрствовать *impf* + d.

conscientious - *adj* добросóвестный, сóвестливый
~ objector *n* откáзывающийся от воéнной слýжбы по убеждéнию
conscientiousness *n* добросóвестность, сóвестливость *f*

conscript - *vt* призывáть *impf*, призвáть *pf* на воéнную слýжбу; *n* новобрáнец, призывник conscripted *adj* призванный на воéнную слýжбу ~ soldiers солдáты-призывники
conscription *n* вóинская повинность, (call-up, draft) призыв на воéнную слýжбу
conservationist - *n* борéц за охрáну прирóды

consignee - *n* консигнáнт, грузополучáтель *m*
consignment *n* (act of ~) отпрáвка, (goods) груз, пáртия товáра
consignor *n* грузоотправитель *m*

consolidate - закреплять *impf*, закрепить *pf*
conspiracy *n* - зáговор, конспирáция
conspirator *n* заговóрщик, конспирáтор
conspiratorial *adj* заговóрщический, конспирáторский
constitutionality - *n, pol* конституциóнность *f*
construction - *n* стрóйка ~ industry *n* стройиндустрия

consul - *n, pol* кóнсул consular *adj* кóнсульский consulate *n* кóнсульство consulship *n* дóлжность кóнсула
consultant - *n* консультáнт consultation *n* консультáция
consultative *adj* консультативный, совещáтельный

consumable - *adj* съедóбный

AN ENGLISH – RUSSIAN DIGEST OF MILITARY, POLITICAL & SOCIAL TERMS

consumer – *n* потреби́тель *m*
~ goods потреби́тельские това́ры, това́ры широ́кого потребле́ния, това́ры ширпотре́б *abbrev*

contact, make ~ *commo* входи́ть *impf*, войти́ *pf* в связь
contagion – *n* зара́за   contagious *adj* зара́зный

container – *n* конте́йнер, та́ра, сосу́д
~ ship *or* carrier *n* конте́йнерово́з, конте́йнерное су́дно
containerized – *adj* конте́йнерный
~ cargo, freight *n* конте́йнерный груз
containing the enemy *n* ско́вывание проти́вника
containment (of enemy forces) ско́вывание, сде́рживание, сде́рживающие де́йствия

contaminate – заража́ть *impf*, зарази́ть *pf*   contamination *n* зараже́ние, загрязне́ние
contingency – (uncertainty) *n* случа́йность, слу́чай; (possible event) возмо́жное обстоя́тельство
~ operation *n, mil* опера́ция в осо́бой обстано́вке
~ plan *n, mil* план де́йствий в осо́бой обстано́вке, вариа́нт пла́на   ~ planning плани́рование де́йствий при разли́чных вариа́нтах обстано́вки   contingent *n, mil   n* континге́нт

continuous – *adj* круглосу́точный   contraband – *n* контраба́нда
contraceptives – *npl* противозача́точные сре́дства

contract – *n* подря́д
~ to build a bridge – подряди́ться *pf*, вы́строить *pf* мост   breach of ~ наруше́ние догово́ра/контра́кта   contractor *n* подря́дчик

contradictory – *adj* противоречи́вый
Contras (Nicaraguan freedom fighters) – *n, pol* «контрас«

control – *n* контро́ль *m*, контроли́ровать *impf*, проконтроли́ровать *pf* control, controlling *adj* управля́ющий
~ by fire держа́ть под огнём   ~ center *as a n* опера́торная
~ experiment *sci* контро́льный о́пыт   ~ of sea lanes контро́ль *m* над морски́ми коммуника́циями   ~ panel *n* пульт управле́ния
~ room *n* диспе́тчерская; пункт управле́ния   ~ tower *n* диспе́тчерская; контро́льно-диспе́тчерский пункт, диспе́тчерская вы́шка   air traffic ~ *n* управле́ние возду́шным движе́нием

AN ENGLISH - RUSSIAN DIGEST OF MILITARY, POLITICAL & SOCIAL TERMS

arms ~ n, pol контрóль над вооружéниями
exercise ~ осуществля́ть impf, осуществи́ть pf управлéние
fire ~ art управлéние огнём price ~s econ контрóль над цéнами
regain ~ восстанáвливать impf, восстанови́ть pf управлéние
remote ~ n телемехáника
remote ~ equipment n аппаратýра дистанциóнного управлéния
wage ~ bus контрóль m «зáработной плáты«

controversial - adj спóрный, противоречи́вый
convalescent - n & adj выздорáвливающий
convention, international ~ - n, pol междунарóдная конвéнция; (congress) съезд conventional, agreed, prearranged adj услóвный

conversion - n, rel обращéние в + a.
~ to Christianity христианизи́ровать pf & impf
become Christian христианизи́роваться pf & impf

convert n, rel новообращённый ~ to Islam перейти́ вислáм
he ~ed to Buddhism он перешёл в будди́зм
converter, transformer, transducer - n, преобразовáтель m

convex - adj, sci вы́пуклый, вы́гнутый
conveyor belt - adj конвéйерный, n конвéйер
convict, a convicted person - adj & n, leg осуждённый; кáторжник; осуждáть impf, осуди́ть pf (в чём)

convoy - adj конвóйный, n конвóй, конвои́ровать impf, вести́ под конвóем
~ escort vessel n, nav конвóйное сýдно
under ~, escort adj конвои́руемый

coolie - n кýли
cooperate - econ, vi с/коопери́роваться pf/impf

coordinate - vt координи́ровать pf & impf
coordinated adj координи́рованный, согласóванный, слáженный
coordination n согласовáние, координáция
space ~ n согласóванное разрешéние на испóльзование воздýшного прострáнства

copper - adj мéдный, n медь f ~ plating n, tech омеднéние

AN ENGLISH – RUSSIAN DIGEST OF MILITARY, POLITICAL & SOCIAL TERMS

cooperation – *n* сотру́дничество
bilateral military ~ *n, mil* двусторо́ннее вое́нное сотру́дничество

copy – *vt* срисо́вывать *impf*, срисова́ть *pf*

corn – *n* (grain, seed) зерно́; (cereals in general) зерновы́е; хлеб; (wheat) *adj* пшени́чный, *n* пшени́ца
~ exchange *n* хле́бная би́ржа
~ merchant (cereals in general) *n* хлеботорго́вец
~ harvest *n* хлеботорго́вля
~ trade *n* хлебоубо́рка

corps – *adj, mil* ко́рпусной, *n* ко́рпус ~ commander *n, mil* комко́р

correcting – пра́вка proof-reading, proof-correcting пра́вка корректу́ры corrected *adj* пра́вленый
correction *n* попра́вка ~ for wear попра́вка на изно́с
~ for wind попра́вка на ве́тер

corridor, aerial – *n* возду́шный коридо́р

corrode – *n, sci* разъеда́ть *impf*, разъе́сть *pf*; ржаве́ть *impf*, заржаве́ть *pf*
corrosion *n* корро́зия, разъеда́ние, ржа́вчина
corrosive *adj* е́дкий, коррози́йный; *lit, fig* разъеда́ющий
corrugated – *adj* гофри́рованный

corrupt – *adj* коррумпи́рованный, растле́нный; коррумпи́ровать *pf & impf* corrupter (person) *n* растли́тель
corruption *n* корру́пция, растле́ние

Cosa Nostra – *n, US soc* «ко́за но́стра«
Cossack – *adj, Ru* каза́цкий, каза́чий
Cossacks (collective term) – *n* каза́чество

cost of living – *n, soc, econ* прожи́точный ми́нимум
sell at cost прода́ть по себесто́имости

cotton – (plant) *adj* хлопча́тый, *n* хло́пок, бума́га
~ gin *n* хлопкоочисти́тельная маши́на
~ mill *n* хлопкопряди́льная фа́брика; бумагопряди́льная

AN ENGLISH - RUSSIAN DIGEST OF MILITARY, POLITICAL & SOCIAL TERMS

фа́брика; бумагопряди́льня
~ grower *n* хлопково́д
~ picker (person) *n* хлопкоро́б, (machine) *n* хлопкоубо́рочная маши́на ~ spinner *n* хлопкопряди́льщик, *adj* бумагопряди́льный

counsel - *n* сове́т
Counsel of Europe (Strasbourg, Fr) Европе́йский сове́т
countdown - (space) *n* отсчёт вре́мени

counter - *prefix* противо-, контр-
counteraction *n* противоде́йствие
counterclaim *n, leg* встре́чный иск, контробвине́ние
counterclockwise про́тив часово́й стре́лки

counter-countermeasures *n* контрпротиводе́йствие
countermeasures *n, mil* ме́ры противоде́йствия, контрме́ры
electronic countermeasures (ECM) *n* радиоэлектро́нное контрпротиводе́йствие
counter-intelligence *adj* контрразве́дывательный
~ officer *n* контрразве́дчик
countermand *vt* отменя́ть *impf*, отмени́ть *pf*
countermeasure *n* контрме́ра, встре́чная ме́ра
electronic detection ~ *npl* защи́тные сре́дства от радиоэлектро́нного обнаруже́ния
countermine *n* контрми́на   countermining *n* контрминирование
countermobility measures *n, mil engr* ме́ры по сниже́нию подви́жности
counter-productive *adj* нецелесообра́зный
counter-reformation *n, rel* контрреформа́ция
counter-revolution *n* контрреволю́ция
counter-revolutionary *adj* контрреволюцио́нный
countersign *n, leg, mil* контрассигна́ция, контрассигнова́ть *pf, impf*
counter-terrorism operation *n* опера́ция по борьбе́ с террори́змом
countless, incalculable - *adj* несме́тный

country - *n* страна́
consuming ~ *n, econ* страна́-потреби́тель
creditor ~ *econ* страна́-кредито́р   debtor ~ *econ* страна́-должни́к
dependent ~ *econ* зави́симая страна́   developed ~ *econ* ра́звитая страна́

AN ENGLISH – RUSSIAN DIGEST OF MILITARY, POLITICAL & SOCIAL TERMS

developing ~ *econ* развива́ющаяся срана́
difficult ~ (for mobility) труднопроходи́мая ме́стность
grain/weapons exporting ~ *econ* страна́, экспорти́рующая зерно́/ору́жие grain/weapons importing ~ *econ* страна́, импорти́рующая зерно́/ору́жие
in the ~ за го́родом
landlocked ~ страна́, не име́ющая вы́хода к мо́рю
manufacturing, producing ~ страна́-производи́тель
member ~ страна́-член nonaligned ~ неприсоедини́вшаяся страна́ nonmember ~ страна́, не явля́ющаяся члено́м
planned economy ~ страна́ с пла́новой эконо́микой

county – *n, leg, pol* гра́фство

coup – *n, pol* переворо́т
~ d'etat *n, pol* госуда́рственный переворо́т
~ de grace *n, mil* заверша́ющий уда́р
courier, messenger – *adj* курье́рский, *n* курье́р

course – *n* (movement, process) ход, тече́ние (school) курс
~ of action *n, mil* о́браз де́йствий ~ of events ход собы́тий
~ of the battle *n* ход бо́я ~ of treatment *n, med* курс лече́ния
be, go on ~ идти́, ходи́ть; е́хать, е́здить по ку́рсу
crash, intensive ~ *n* уско́ренный курс
refresher ~ *n* повтори́тельный курс, ку́рсы по переподгото́вке

court, take s.o. to ~ – *vi* суди́ться *impf* с кем-н
cover, escort, screen – *vt* прикрыва́ть *impf*, прикры́ть *pf* (+i.)
n прикры́тие under ~ of под прикры́тием + g.
~ and concealment *n, mil* укры́тие от огня́ и наблюде́ния
~ one's tracks замета́ть *impf*, замести́ *pf* следы́
fighter ~, escort прикры́тие истреби́телями

coveralls, overalls *n* комбинезо́н
covering force, barrier, screen *n, mil* засло́н
covering force area *n, mil* зо́на прикры́тия

covert – *adj* скры́тый, секре́тный
coward – *n* трус cowardly *adj* трусли́вый
cowboy – *n* ковбо́й

crack – *n, soc* крэк

AN ENGLISH – RUSSIAN DIGEST OF MILITARY, POLITICAL & SOCIAL TERMS

crane – *n* кран
~ operator *n* крановщи́к   truck-mounted ~ *n* автокра́н
vehicle-mounted ~ автомоби́льный кран

crash – *n* ава́рия, круше́ние
~ landing соверша́ть *impf*, соверши́ть *pf* авари́йную поса́дку, *n* авари́йная поса́дка
~ program *n* уско́ренная програ́мма
car ~, accident *n* автомоби́льная катастро́фа

crate – *n* упако́вочная кле́тка
crater – *n* воро́нка
fill a ~ засыпа́ть *impf*, засы́пать *pf* воро́нку
hasty road ~ поспе́шно со́зданная воро́нка   shell ~ воро́нка от разры́ва снаря́да
cratering *n* образова́ние воро́нок   ~ charges *n* созда́ние воро́нок на доро́гах с по́мощью подрывны́х заря́дов

create an opening – пробива́ть *impf*, проби́ть *pf* брешь
credit, to give, grant, provide ~ or ~s кредитова́ть *pf & impf*
creeping annexation – *n, pol* «ползу́чая анне́ксия«

crew – *n* брига́да, кома́нда, расчёт, экипа́ж
gun ~ оруди́йный расчёт, оруди́йная прислу́га
mortar ~ миномётный расчёт   tank ~ *n* та́нковый экипа́ж

crime – *adj* престу́пный *n, soc* преступле́ние; (in general) престу́пность *f* ~ of violence преступле́ние с примене́нием наси́лия
premeditated ~ преступле́ние с зара́нее обду́манным наме́рением   rise in ~ рост престу́пности   war ~ вое́нное преступле́ние

Crimea – *n, geo* Крым   native of ~ крымча́к *m*, крымча́чка
Crimean *adj* кры́мский

criminal – *adj* престу́пный, *n* престу́пник
~ offense *n* уголо́вное преступле́ние   ~ underworld престу́пный мир «дно«   Criminal Investigation (CID) *n* Уголо́вный Ро́зыск
war ~ вое́нный престу́пник   criminality *n* престу́пность *f*
criminologist *n* криминоло́г   criminology *n* криминоло́гия

AN ENGLISH – RUSSIAN DIGEST OF MILITARY, POLITICAL & SOCIAL TERMS

crippled, maimed – *adj* искалéченный

crisis – *adj* крѝзисный, *n* крѝзис
~ management *n* урегулѝрование крѝзисов
~ situation monitoring *n* наблюдéние за крѝзисной ситуáцией

criterion, standard, measure – *n* мерѝло, критéрий

critic – *n* крѝтик
critical *adj* критѝческий
criticism, critique *n* крѝтика criticize *vt* критиковáть *impf*

crony – *n* дружóк, закадѝчный друг
cronyism *n* панибрáтство
crook – *n*, *coll* (criminal) жýлик, мошéнник, проходѝмец
crooked *adj*, *coll* кособóкий

crop – *n*, *agric* урожáй, жáтва
~ failure, poor harvest, local famine *n* недорóд, неурожáй
~ production *n* растениевóдство ~ rotation *n* севооборóт
two-field rotation of ~s двупóлье
bumper ~ *n* рекóрдный урожáй field ~ growing, cultivation *n* полевóдство one ~ *adj* монокультýрный one ~ system монокультýра one ~ country странá монокультýры
one ~ economy *n* монокультýрная экономика

cross – переходѝть *impf*, перейтѝ
~ the Rubicon *fig* переходѝть Рубикóн
~-examine *leg* подвергáть (когó) перекрёстному дóпросу
~ examination *n*, *leg* перекрёстный допрóс
~ section of society *n*, *soc* срез óбщества
~-wind *n*, *wea* боковóй вéтер

croup – *n*, *med* круп
crucial, decisive – *adj* решáющий
cruise – крейсѝровать *impf*
~ missile *n* крылáтая ракéта
cruiser, missile carrying ~ *n*, *nav*, *mil* ракéтный крéйсер

cruising – *adj* крéйсерский
~ altitude *n* крéйсерская скóрость *f* ~ range *n*, *avn* дáльность *f* полёта

AN ENGLISH – RUSSIAN DIGEST OF MILITARY, POLITICAL & SOCIAL TERMS

~ speed *nav/avn* кре́йсерская ско́рость *f*, кре́йсерская ско́рость *f* полёта

crusade – *n* похо́д; to ~ идти́ в похо́д про́тив (чего́/за что)
crusader, ~s *ns* крестоно́сец, крестоно́сцы *npl*
crusades (1096-1499) *n, hist* кресто́вые похо́ды

cryptanalysis – *n* дешифро́вка криптогра́мм cryptanalyst *n* деширо́вщик

crypto – *prefix* крипто-
cryptographer *n* шифрова́льщик cryptographic *adj* тайнопи́сный
cryptography *n* криптогра́фия cryptogram *n* та́йнопись *f*

Cuba – *n, geo* Ку́ба   in ~ на Ку́бе
Cuban *adj* куби́нский
~ missile crisis (US, Sov, 1962) Кари́бский кри́зис
~ Revolution (US, Sov, 1959) Куби́нская револю́ция /

cuirass – *n, Fr mil* кираси́р cuirassier – *n, Fr mil hist* кираси́р
cul-de-sac – *n* тупи́к

culminate – *vi* достига́ть *impf*, дости́гнуть *pf* вы́сшей то́чки или апоге́я   culmination *n* кульмина́ция
culpable – *adj* вино́вный
culprit *n, lit* престу́пник, *fig* вино́вник
cult of personality – *n, pol* культ ли́чности

cultivable – *adj* (of soil) приго́дный для возде́лывания; (of plants) культиви́руемый   cultivate (of land) возде́лывать *impf*, возде́лать *pf*; (of crops) культиви́ровать *impf*
cultivated area *n* посевна́я пло́щадь
cultivation *n, agric* (of soil) возде́лывание, культива́ция, обрабо́тка; (of plants) культиви́рование, разведе́ние
cultivator *n, mech* культива́тор

culture – *adj* культу́рный, *n* культу́ра
~ and educational *adj* культу́рно-просвети́тельный
~ shock *n* культу́рный шок

culvert – *n* труба́   road ~ ка́менная труба́

AN ENGLISH – RUSSIAN DIGEST OF MILITARY, POLITICAL & SOCIAL TERMS

cumulo-cirrus – *n, wea* пе́ристо-кучевы́е облака́
~-nimbus *n* ку́чево- дождевы́е облака́ ~-stratus *n* сло́йсто-кучевы́е облака́ cumulus *n* (cloud) кучевы́е облака́

curfew – *n, mil, soc* коменда́нтский час
impose a ~ вводи́ть *impf*, ввести́ *pf* коменда́нтский час
lift a ~ *n, mil, soc* отменя́ть *impf*, отмени́ть *pf* коменда́нтский час
currency – *adj* валю́тный, *n* валю́та, де́ньги
~ speculator *n, coll* валю́тчик foreign ~ инвалю́та
paper ~ бума́жные де́ньги gold ~ золота́я валю́та
hard ~ конверти́руемая валю́та soft ~ неконверти́руемая валю́та

current – *n* (air, water) струя́, пото́к; (course, tendency) тече́ние, ход alternating ~ *n, elec* переме́нный ток
direct ~ *n, elec* постоя́нный ток
curriculum – курс обуче́ния, уче́бный план ~ vitae (кра́ткая) биогра́фия

curve – *n* крива́я
bell-shaped ~ *n, sci* колоколообра́зная крива́я
technical growth ~ (bar graph, trends, etc) крива́я, техни́ческого прогре́сса

custodian – *n* (guardian) опеку́н, (property) администра́тор, (caretaker) сто́роже

custody – *n* (guardianship) опе́ка, попече́ние
have in ~ содержа́ть *impf* под стра́жей
in safe ~ на хране́нии, на сохране́нии
take into ~ брать *impf*, взять *pf* под стра́жу, аресто́вывать *impf*, арестова́ть give into ~ брать *impf*, взять *pf* под стра́жу, аресто́вывать *impf*, арестова́ть
customary – *adj* всегда́шний, обы́чный, привы́чный

cut-back, curtailment – *n* свёртывание, уре́з, уре́зывание
~ of production свёртывание произво́дства
cutoff *n* отсе́чка
cutthroat, thug – *n* головоре́з

czarist – *adj* ца́рский

AN ENGLISH – RUSSIAN DIGEST OF MILITARY, POLITICAL & SOCIAL TERMS

D

Dachau (WW II, Ge concentration camp) – *n* Дахáу

daily, day's, 24-hour – *adj* сýточный
~ allowance, quota *n* сýточная нóрма
~ ration *n* сутодáча, сýточный паёк
~ strength report *n* сýточная вéдомость *f*
~ subsistence allowance сýточные дéньги
dairy – *adj* молóчный, *n* маслодéльня, сыродéльный завóд

Dalai Lama – *n, rel* далáй-лáма *m*
damaged – *adj* повреждённый
Damascus – *n, geo* Дамáск
damp-proof *adj* влагостóйкий, влагонепроницáмый
Dardanelles – *n, geo* Дарданéллы
darkness, under the cloak of ~ под покрóвом темнотьı́

Darwinian – *adj, soc* дарвинúстский Darwinism *n, soc* дарвинúзм
Darwinist *n, soc* дарвинúст

data – дáнные *no sing*
~ base *n, comp* бáза дáнных incoming, in-put ~ входньıе дáнные
outgoing, output ~ выходньıе дáнные raw ~ необрабóтанные
дáнные recon ~ дáнные развéдки

date-time group – *n, mil* грýппа числó-час, врéменная грýппа

day – *n* день *m* Day of Atonement *n, rel* Сýдный день
~ of reckoning *n* час расплáты
D-Day (1944) – *WW II Fr* день «д«
eight hour work ~ восьмичасовóй рабóчий день
judgement ~ день стрáшного судá
man-day *n, econ* человéко-дéнь
V-E Day День Побéды в Еврóпе, День Побéды над Гермáнией
V-E/V-J Day – *mil, US, WWII* День Побéды над Япóнией
daylight, at ~ *n* на рассвéте
daylight-saving time *n* лéтнее врéмя
during daylight hours в дневнóе врéмя

dead – дóпьянá ~ drunk *adv, coll*
~ reckoning *n, nav, aeron* навигациóнное счислéние

61

AN ENGLISH – RUSSIAN DIGEST OF
MILITARY, POLITICAL & SOCIAL TERMS

deadline *adj* преде́льный, *n* коне́чный срок
meet a ~ успева́ть *impf*, успе́ть *pf* зако́нчить рабо́ту к устано́вленному сро́ку
deadlock – *n* тупи́к be in a ~ быть в тупике́ break a ~ выходи́ть *impf*, вы́йти *pf* из тупика́ come to a ~ зайти́ в тупи́к; попа́сть в безвы́ходное положе́ние
deadly, lethal *adj* смертоно́сный, смерте́льный

deal, make a – заключа́ть *impf*, заключи́ть *pf* сде́лку
dealer *n* ди́лер

death – *adj* сме́ртный, *n* смерть *f*
~ camp *n* «ла́герь *m* сме́рти»   ~ penalty *n* сме́ртная казнь
~ rate *n*, *soc* сме́ртность *f*   ~ row *n* «скамья́ сме́ртников»
at, on ~'s door при́ сме́рти be burnt to ~ сгоре́ть *pf* за́живо
bleed to ~ исте́чь *pf* кро́вью drink os to ~ умере́ть *pf* от пья́нства life after ~ *n* посме́ртная жизнь
fight to the ~ би́ться *impf* не на жизнь, а на смерть; сме́ртный бой natural ~ есте́ственная смерть
sentence to ~ приговори́ть *pf* к сме́рти
prisoner sentenced to ~ *n* сме́ртник
starve to ~ умере́ть *pf* голо́дной сме́ртью
stone to ~ заби́ть *pf* камня́ми
violent ~ наси́льственная смерть
work oneself to ~ рабо́тать *impf* на изно́с

debate – *n* пре́ния, обсужде́ние
debrief – проводи́ть *impf*, провести́ *pf* опро́с по́сле зада́ния
debriefing – *n* опро́с по́сле зада́ния
debris, wreckage – *general* обло́мки *mpl*; (glass fragments) оско́лки *mpl*; (cave ins, etc) разва́лины *fpl*

debt – *adj* долгово́й, *n* долг
debtor's prison *n* долгова́я тюрьма́
debug (security measures) – обнару́жить *pf* и нейтрализова́ть *pf* & *impf* скры́тые сре́дства подслу́шивания
decadence – *n* упа́дочничество

deceased – *adj* поко́йный the ~ as a *n* усо́пший, уме́рший; поко́йник

decentralize – децентрализова́ть *pf* & *impf*

AN ENGLISH – RUSSIAN DIGEST OF MILITARY, POLITICAL & SOCIAL TERMS

decentralized *adj* децентрализо́ванный
decentralization *n* децентрализа́ция

deception – *n* обма́н, заблужде́ние, ввод в заблужде́ние
~ measures *npl* ме́ры по введе́нию про́тивника в заблужде́ние deceptive *adj* маскиро́вочный, обма́нчивый, (fradulent) *adj* обма́нный

decimal system – *n* десяти́чная систе́ма

decipher – дешифри́ровать *pf & impf*, расшифро́вывать *impf*, расшифрова́ть *pf* decipherer *n* дешифро́вщик deciphering *n* дешифро́вка

decision making – *n, soc, bus* приня́тие реше́ния
decisive – *adj* реша́ющий
declassify – рассекре́чивать *impf*, рассекре́тить *pf*
declassified *adj* рассекре́ченный

decode – дешифри́ровать *pf & impf*, декоди́ровать *pf & impf*, раскоди́ровать *pf & impf* decoded text *n* расшифро́ванный текст decoder *n* дешифра́тор decoding *n* дешифри́рование, дешифро́вка

decolonization – *n, pol* деколониза́ция
decolonize деколонизи́ровать *pf & impf*
decommunization *n, pol* декоммуниза́ция

decontaminate – *CW* дегази́ровать *pf & impf*, *n* дегаза́ция; *nuc* дезактиви́ровать, *n* дезактива́ция; (water) обеззара́живать *impf*, обеззара́зить *pf*; *BW*
decontamination *n* обеззара́живание ~ area обеззара́живание ме́стности emergency ~ *n* неотло́жная дегаза́ция
spot ~ *n* части́чная дегаза́ция

decree – декрети́ровать *pf & impf*
decoy – *n* ло́жная цель, *fig, trap* западня́, лову́шка; (person or thing used) прима́нка, собла́зн; *vt* зама́нивать *impf*, замани́ть *pf* ; *vt* прима́нивать *impf*, примани́ть *pf*

dedicated (subordinated) – *adj, bus, mil* предназна́ченный, подчинённый

AN ENGLISH – RUSSIAN DIGEST OF MILITARY, POLITICAL & SOCIAL TERMS

dedovshina (Ru Army draftee hazing) – *n, Ru mil* дедовщи́на
de-escalate – прекраща́ть *impf*, прекрати́ть *pf* эскала́цию
de-escalation *n, pol* деэскала́ция
de facto/de jure recognition – *n* призна́ние де-фа́кто/де-ю́ре

default, by default – *n* умолча́ние, по умолча́нию

defeat (crushing, utterly) – *n* пораже́ние, разгро́м, громи́ть *impf*, разгроми́ть *pf* ~ in detail пораже́ние по частя́м
~ one's own purposes вреди́ть *impf*, повреди́ть *pf* самому́ себе́
defeated *adj* поражённый, побеждённый
defeatism *n, soc, mil, pol* пораже́нчество
defeatist *adj, soc, mil, pol* пораже́нческий, *n* пораже́нец; паникёр, паникёрство

defect – *mil* дезерти́ровать *pf & impf*, перебега́ть *impf*, перебежи́ть *pf*; перейти́ *pf* в ла́герь проти́вника; переходи́ть *impf*, перейти́ *pf* в ла́герь проти́вника; *n tech, sci* брак, дефе́кт, изъя́н, недочёт
defection *n* дезерти́рство
defective *adj* дефе́ктный, неиспра́вный, повреждённый
defector *n, pol* невозвраще́нец *m*, невозвраще́нка *f*; перебе́жчик *m*, перебе́жчица *f*

defend – обороня́ть *impf*, оборони́ть *pf*; защища́ть *impf*, защити́ть *pf* ~, stick up for so заступа́ться *impf*, заступи́ться *pf* за + a. defended position *mil* обороня́емая пози́ция
defender *n* обороня́ющийся, защи́тник, засту́пник
defending, intercession n засту́пничество

defense – *adj* оборо́нный, *n* оборо́на
~ capabilities *n* обороноспосо́бность *f*
~ in depth *mil* глубо́кая оборо́на, эшелони́рованная оборо́на
~ industry *n* оборо́нная промы́шленность
~ potential *n* обороноспосо́бность *f*
~ against fires противопожа́рная оборо́на
air ~ *mil* зени́тная оборо́на
all-round ~ *mil* кругова́я оборо́на
anti-gas ~ *mil* противохими́ческая оборо́на
anti-missile ~ *mil* противораке́тная оборо́на
anti-sub ~ *mil* противоло́дочная оборо́на
civil ~ *soc* гражда́нская оборо́на

AN ENGLISH – RUSSIAN DIGEST OF MILITARY, POLITICAL & SOCIAL TERMS

coastal ~ береговáя оборóна
hasty ~ *mil* поспéшно- зáнятая оборóна
mobile ~ *mil* манёвреная, подви́жная оборóна
prepared for ~ обороноспосóбный
protracted ~ *mil* затжянáя оборóна
static ~ *mil* позициóнная оборóна
defenses оборони́тельные сооружéния
defensible *adj* защити́мый
defensive *adj* оборони́тельный
~ dispositions *mil* оборони́тельное расположéние

defer (postpone) – отсрóчивать *impf*, отсрóчить *pf*; откла́дывать *impf*, отложи́ть deferment *n* отсрóчка, откла́дывание
deficit – *n, econ* дефици́т, недостáток, недочёт, нехвáтка
defile – *n, geo* дефилé tank ~ тáнковое дефилé
deflation – *n, econ; also geo, means* wind erosion дефля́ция

deforestation – *n* обезлéсение become deforested обезлéсеть *pf*
defused, disarmed (ammo) *adj* обезврéженный
degenerate – *adj* дегенерати́вный, дегенери́ровать *pf & impf*, *n* дегенерáт
degraded, become ~ дегради́ровать *pf & impf* degradation *n* деградáция

dehumanize – *vt* дегуманизи́ровать dehumanizing расчеловéчение
dehydrate – обезвóживать *impf*, обезвóдить *pf* dehydrated *adj* обезвóженный
deify – обожествля́ть *impf*, обожестви́ть *pf*
dekulakization – *n, Sov, 1930s* раскулáчивание dekulakize *vt* раскулáчивать
delayed – *adj* замéдленный, замéдленного действия

delegate – делеги́ровтаь *pf & impf*
~authority наделя́ть *impf*, надели́ть *pf* прáвом *m*
delegate, delegated *adj* делегáтский
delegation *n* делегáция

Delhi – *n, geo* Дéли *m, indecl*
deliberate – *adj* намéренный, умы́шленный
deliver – *vt* доставля́ть *impf*, достáвить *pf*
delivery *n* достáвка ~ man *n* сдáтчик ~ point *n* сдáточный пункт

AN ENGLISH - RUSSIAN DIGEST OF MILITARY, POLITICAL & SOCIAL TERMS

delousing – *n* дезинсе́кция

delta – *n, geo* де́льта ~-shaped *adj* дельтови́дный
~-winged aircraft *n* дельтови́дный самолёт

demagogue – *n* демаго́г
demagogic *adj* демагоги́ческий demagogy *n* демаго́гия
demanding, exacting – *adj* тре́бовательный
demands (needs) *n* потре́бность *f*
demarcation, delimitation – *n* размежева́ние
demobilize – демобилизо́вать *pf & impf*

democrat – *n, pol* демокра́т
democratize *vt* демократизи́ровать *pf & impf*
become ~d, become democratic *vi* демократизи́роваться

demographer – *n, soc* демо́граф
demographic *adj* демографи́ческий demography *n* демогра́фия

demolish (buildings, etc) – сноси́ть *impf*, снести́; разруша́ть *impf*, разру́шить *pf*
demolition *n, lit* снос, разруше́ние
~ gang *n* подрывна́я брига́да ~ target *n* подрыва́емый объе́кт

demonstrate, take part in a (street) demonstration –
манифести́ровать *pf & impf* demonstrator *n* манифеста́нт
(street) demonstration *n* манифеста́ция

demoralization – *n* деморализа́ция demoralize деморализова́ть *pf & impf*
den, lair – *n* берло́га

denazify (post-WWII pol process) – денацифици́ровать *pf & impf*
denazification *n* денацифика́ция

density – *n* пло́тность *f*
gun ~ *art* артиллери́йская пло́тность fire ~ *art* пло́тность огня́
mine ~ пло́тность мини́рования traffic ~ пло́тность движе́ния

dental – *adj* зубно́й
~ pain, ache, toothache зубна́я боль

AN ENGLISH – RUSSIAN DIGEST OF MILITARY, POLITICAL & SOCIAL TERMS

~ school зубоврачéбная школа ~ surgery зубоврачéбный кабинéт; зуболечéбница dentist *n* зубнóй врач; зубоврачéбный, *adj of* зубнóй врач dentristry *n* зубоврачевáние

denuclearize – *vt* превращáть *impf*, преврати́ть *pf* в безъя́дерную зóну

deny (refuse) – откáзывать *impf*, отказáть *pf* (комý в чём ~ possession to the enemy не давáть *impf* проти́внику овладéть *pf* чем ~ the enemy his goal препя́тствовать *impf* (+ d.), воспрепя́тствовать проти́внику в достижéнии егó цéли department – *n* вéдомство, департáмент war ~ воéнное вéдомство departmental *adj* вéдомственный

departure – *n, gen* отхóд, отправлéние point of ~ исхóдное положéние

dependability – *n* надёжность *f*
dependence *n* иждивéнчество
dependent *n* иждивéнец (maintenance) *n* иждивéние at so's expense на чьём-н. иждивéнии maintain one's self жить на своём иждивéнии

depersonalize – *vt* обезли́чивать *impf*, обезли́чить *pf*
depleted (troop strength) – умéньшенной чи́сленности; поредéвшие си́лы; (uranium) *adj* обеднённый

deploy – развёртывать *impf*, развернýть *pf*; дислоци́ровать *pf & impf* be deployed, stationed *vi* дислоци́роваться *pf & impf* deployment, distribution, stationing *n, bus, mil* дислокáция

deployment – *n, mil* развёртывание
covert ~ скры́тое развёртывание troop ~ развёртывание войск

depoliticization – *n* деполитизáция depoliticize деполитизи́ровать *pf & impf*
depopulate – *vt* обезлю́дить *pf* depopulated *adj* обезлю́женный become ~ *vi* обезлю́деть *pf* depopulation *n* сокращéние населéния

deport – высылáть *impf*, вы́слать *pf*, ссылáть *impf*, сослáть *pf*, депорти́ровать *pf & impf*

AN ENGLISH – RUSSIAN DIGEST OF
MILITARY, POLITICAL & SOCIAL TERMS

deportation *n* депортáция
deportee *as a n* вы́сланный, высылáемый, со́сланный

deposit, ~s (of ore) – *ns* зáлежь *f*, *npl* зáлежи; ро́ссыпь *f*
oil ~s зáлежи не́фти uranium ore ~s зáлежи урáна

depot – *n* депо́, склад motor transport ~ *n* автобáза

ammo ~ склад боеприпáсов arms ~ склад вооруже́ния
issuing ~ выдаю́щий склад POL ~ склад ГСМ *или* горю́чего

depth – *n* глубь *f*, (deepness) глубинá
~ charge *n* глуби́нная бо́мба disposition in ~ *n* эшелони́рование

dereliction of duty – *n* наруше́ние до́лга, пренебреже́ние свои́ми обя́занностями
descent – *n* сниже́ние

desegregate – десегреги́ровать *pf & impf* desegregation – *n* десегрегáция

desert – дезерти́ровать *pf & impf*
Desert Storm *US, mil. 1991* «Бу́ря в пусты́не«
deserted, neglected *adj* заброше́нный
deserter, defector *n* дезерти́р, перебе́жчик

desertification *n, geo* превраще́ние в пусты́ню; опусты́нивание
desertion, neglect *n* заброше́нность *f, n, mil* дезерти́рство

design, idea, project, plan, scheme – *n* зáмысел; замышля́ть *impf*, замы́слить *pf*; предначертáние
designated *adj* (selected) вы́деленный, (assigned) назнáченный

desired force ratio – *n, mil* желáемое соотноше́ние сил и сре́дств
destabilize – дестабилизи́ровать *pf & impf* destabilization *n* дестабилизáция
destalinization – *n, Sov pol* десталинизáция, десталинизи́ровать *pf & impf*
destroy in detail – уничтожáть *impf*, уничто́жить *pf* по частя́м
destroyed *adj* поражённый, сби́тый
destroyer *n, nav* эсми́нец; эскáдренный миноно́сец

AN ENGLISH - RUSSIAN DIGEST OF MILITARY, POLITICAL & SOCIAL TERMS

detach (to) - *mil* командировáть *pf* & *impf* detachable, portable, removable *adj* съёмный detached (for duty) *adj, mil* командирóванный

detachment - *n* комáнда, отделéние, отря́д, расчёт assault ~ штурмовóй отря́д construction ~ строи́тельная комáнда guard ~ сторожевóй отря́д gun ~ оруди́йный расчёт security ~ *n* застáва

detail - *n* комáнда, наря́д
daily duty ~ сýточный наря́д fatigue ~ *n* рабóчая комáнда guard ~ караýльный наря́д in ~, separately (isolate, destroy) *adv* пóрознь по частя́м
detainee - *as a n* задéржанный
detect - обнарýживать *impf,* обнарýжить *pf*
detection, location (act of) discovery, spotting *n* обнаружéние; *radio* детекти́рование, *radar & radio* обнаружéние, поймка
determined, to be ~ - подлежи́т уточнéнию
détente - *n, pol* «разря́дка»
deterioration - *n* пóрча, повреждéние

deterrence - *n, pol* устрашéние, сдéрживание
mutual ~ *n* стратéгия взаи́много сдéрживания
nuclear ~ *n* устрашéние проти́вника я́дерным орýжием
deterrent force *npl* си́лы сдéрживания

detrain - *vi* выса́живаться *impf,* вы́садиться *pf* из эшелóна
detraining *n* вы́грузка из эшелóна
detrucking - вы́грузка из автотрáнспорта

"Deutschland uber alles!" (Nazi Ge) - «Гермáния превы́ше всегó !«
devastate, ravage - опустошáть *impf,* опустоши́ть *pf*
devastating *adj* опустоши́тельный devastation *n* опустошéние
deviationist - *n, pol* уклони́ст, заги́бщик

device - *n* аппарáт, прибóр, приспособлéние, срéдство, механи́зм, устрóйство
deception ~s срéдства дезориентáции
detection ~ срéдство обнаружéния
labor saving ~ приспособлéние, экономящее си́лы
night observation ~ (NOD) прибóр ночнóго ви́дения (ПНБ)

AN ENGLISH – RUSSIAN DIGEST OF
MILITARY, POLITICAL & SOCIAL TERMS

remote-controlled ~ телеуправляемый прибор
time saving ~ приспособление экономящее время

deviltry; idiocy – *n, fig, coll* чертовщина
diagnose – *n, med, sci* диагностировать *pf & impf*
diagnosis *n* диагноз diagnostician *n* диагност diagnostics *n* диагностика
diagonally – *adj* диагональный, *adv* по диагональи
diagram – *n* схема, диаграмма signal ~ схема связи
tree ~ древовидная схема

dialogue – *n* диалог continue the East-West ~ *pol* продолжать диалог между Востоком и Западом
diaspora – *n* диаспора, рассеяние

dictation – *n* диктант, диктовка dictate диктовать *impf*, продиктовать *pf*
dictator *adj* диктаторский, *n* диктатор
dictatorship *n* диктатура, диктаторство
~ of the proletariat (Marx) *n, pol* диктатура пролетариата

differentiate – дифференцировать *pf & impf*
digging-in *n* самоокапывание
dignitary – *n* сановник, высокопоставленное лицо
diktat – *n, Ge pol* диктат
dimension – размер overall ~s габаритные размеры
three dimensional *adj* трёхмерный
dingy, inflatable – надувная лодка diopter – *n* диоптрия
diphtheria – *n, med* дифтерия, дифтерит

diplomacy – *n* дипломатия behind the scenes ~ *n* кулуарная дипломатия gunboat ~ дипломатия канонерок
low key ~ «тихая»/сдержанная дипломатия
quiet ~ спокойная дипломатия shuttle ~ челночная дипломатия

diplomatic – *adj* дипломатический
~ courier *n* дипкурьер ~ corps *n* дипкорпус ~ mail *n* дипочта

direct support – *n* непосредственная поддержка
directed, guided *adj* направленный
directed-energy weapons *n* оружие направленной энергии

AN ENGLISH - RUSSIAN DIGEST OF MILITARY, POLITICAL & SOCIAL TERMS

direction - *n* направле́ние, управле́ние
~ finder *n* пеленга́тор   ~ of tank threat танкоопа́сное направле́ние   ~ of the main effort направле́ние гла́вного уда́ра   ~ of troops управле́ние войска́ми
radio ~-finding *n, mil* радиопеленга́ция
east-northeast ~ *adj* восто́чно-се́веро-восто́чный
north-northeast ~ *adj* се́веро-се́веро-восто́чный
north-northwest ~ *adj* се́веро-се́веро-за́падный
southeast ~ *adj* юго-восто́чный
south-southeast ~ *adj* юго-юго-восто́чный
west-southwest ~ *adj* за́падно-юго-за́падный
directive, guideline - *n* директи́ва, указа́ние

director - *n* руководи́тель *m*
managing ~ *n* управля́ющий
board of ~s, managerial board, directorate *n, bus* дире́кция
directorate *n (group of directors)* директора́т, *(office of directors)* дире́кция   directorship *n* дире́кторство

disabled, incapacitated - *adj* нетрудоспосо́бный
disarmament and arms control - *n, pol* разоруже́ние и контро́ль *m* над вооруже́ниями
disassembly - *n* разбо́рка

disaster - *n* бе́дствие   ~ area *n* райо́н бе́дствия
~ management *n* управле́ние де́йствиями по ликвида́ции после́дстий бе́дствий   ~ preparedness *n* гото́вность к бе́дствиям
~ prevention *n* план гото́вности к бе́дствиям
~ response *n* реаги́рование на бе́дствия   natural ~ *n* стихи́йное бе́дствие   disastrous, calamitous *adj* бе́дственный

disband - распуска́ть *impf*, распусти́ть *pf*, расформиро́вывать *impf*, расформирова́ть *pf*
disbanded *adj* расформиро́ванный   disbandment *n* расформирова́ние

discharge - *adj* водоотли́вный; (dismissal) увольни́тельный
discharged *adj, med* вы́писавшийся из больни́цы
dischargee, separatee *adj, mil* уво́ленный, демобилизо́ванный

disciplinary *adj* дисциплина́рный   ~ measures *n* дисциплина́рные ме́ры   discipline *n* дисципли́на, дисциплни́ровать *pf & impf*

AN ENGLISH – RUSSIAN DIGEST OF MILITARY, POLITICAL & SOCIAL TERMS

commo ~ дисциплина́ свя́зи   radio ~ дисциплина́ в эфи́ре
disciplined *adj* дисциплни́рованный

disclose – раскрыва́ть *impf*, разглаша́ть *impf*
discovered, detected, noticed (in) заме́ченный (в, во)
discrepancy – *n* расхожде́ние, разногла́сие, противоречи́вость *f*
discretion (prudence) – *n* осмотри́тельность, благоразу́мие, осторо́жность
discriminatory – *adj* дискриминацио́нный

disease – *n* боле́знь *f*
contagious ~ зара́зная боле́знь   infectious ~ инфекцио́нная боле́знь   mad cow ~ *n* энцефалопа́тия кру́пного рога́того скота́
disect – *med* анатоми́ровать *pf & impf*

disembark – выгружа́ться *impf*, вы́грузиться *pf*
disembarkation, unloading *n* вы́грузка

disgrace – *n* посрамле́ние
~ or shame os *vi* посрамля́ться *impf*, посрами́ться *pf*
dishonorable discharge – *n, mil* увольне́ние без по́чести и привиле́гии с вое́нной слу́жбы

disinfect – дезинфици́ровать *pf & impf*, обеззара́живать *impf*, обеззара́зить *pf*   disinfection *n* дезинфе́кция, обеззара́живание

dismantle – *tech* демонти́ровать *impf & pf*, разбира́ть *impf*, разобра́ть *pf*   dismantled в разо́бранном ви́де   dismantling *n, tech* демонта́ж, разбо́р, разбо́рка; dismantling of Communist party control *n, Sov pol* департиза́ция

dismissal, sacking, firing – *n* увольне́ние
dismounted – *adj* пе́ший, *adv* пе́шим поря́дком   dismounting *n* спе́шивание
disobedience – *n* непослуша́ние   disobedient *adj* непослу́шный

disorganize – *vt* дезорганизова́ть *impf & pf*, disorganization *n* дезорганиза́ция   disorganized *adj* дезорганизо́ванный, расстро́енный

dispatch, message – *n* депе́ша, *bus, mil* командиро́вка

AN ENGLISH – RUSSIAN DIGEST OF MILITARY, POLITICAL & SOCIAL TERMS

coded ~ коди́рованная или шифро́ванная депе́ша
decode a ~ расшифрова́ть *pf* депе́шу
dispatch on a mission командирова́ть *pf & impf*
dispatching, posting (official business) командиро́вка

dispersion – *n* рассредото́чение
displaced – *n* смещённый   displacement *n* (movement) смеще́ние, сдвиг

disposable, one-time use or one occasion (only) – *adj* ра́зовый, ра́зового по́льзования
dispositions – *n* расположе́ние   battle ~ боево́е расположе́ние
disproportionate – *adj* несоразме́рный, непоме́рный

disrupt, thwart (plans, commo, etc) – расстра́ивать *impf*, расстро́ить *pf*
disseminate – *gen* распространя́ть *impf*, распространи́ть *pf*
dissemination, spreading *n* распростране́ние

distance – *n* расстоя́ние
at short ~ с бли́жнего расстоя́ния   at long ~ с да́льнего расстоя́ния   ~ covered, mileage, run *n* пробе́г

distort – извраща́ть *impf,* изврати́ть *pf*   distortion *n* извраще́ние

ditch – *n* кана́ва, ров
anti-tank ~ противота́нковый ров   drainage ~ водоотво́дная кана́ва   irrigation ~ ороси́тельная кана́ва

dive – *n* ныря́ние, *intrans* ныря́ть *impf,* нырну́ть *pf*
diver *n* водола́з
divine right of kings – *n, hist* боже́ственное пра́во
Divine Wind; Kamikaze WWII *Ja* «свяще́нный ве́тер«

division army, navy – *n* диви́зия   assault ~ диви́зия пе́рвого эшело́на   front line ~ фронтова́я диви́зия

divorce rate – *n, soc* разводи́мость *f,* проце́нт разво́дов
DMZ – *n* демилитаризо́ванная зо́на

DNA – *n, sci, indecl* ДНК
do-it-yourselfer *n, coll* самоде́льщик

AN ENGLISH – RUSSIAN DIGEST OF MILITARY, POLITICAL & SOCIAL TERMS

docker, dock worker – *n* портовик, грузчик
doctoral thesis – *n* кандидатская

doctrine – *n, pol* доктрина
~ of the lesser evil доктрина «меньшего зла«

document – *n* акт, документ travel ~s проездной документ
documentation *n* документация

dog – *adj* (canine) собачий, *n* собака
~-breeder *n* собаковод ~-breeding *n* собаководство
guard ~ служебная собака
guide ~ собака-поводырь
tracker ~, bloodhound *n; lit/fig* ищейка
watchdog дворовая собака

domesticate, tame – *n* приручение приручать *impf*, приручить *pf*
domestication, taming *n* приручение
domino theory – *n, pol theory* принцип «домино«

donate – дарить *impf*, подарить *pf*; жертвовать *impf*,
пожертвовать *pf* donor *n* даритель
doom – *n* обречение; обрекать *impf*, обречь *pf*
doomed *adj* обречённый doomsday; end of the world *n*
светопреставление

dose –*n* доза fatal, lethal ~ смертельная доза toxic ~
токсическая доза
dosimeter – *n* дозиметр dosimetry *n* дозиметрия

double – *prefix* дву(х), *adj* двойной, дублировать *impf*,
удваивать *impf*, удвоить *pf* ~-check перепроверять *impf*,
перепроверить *pf* ~ dealing *n* двурушничество ~ standard *n*
двойной стандарт ~ talk *n* уклончивые речи serve a ~ purpose
служить по двум целям doubled *adj* удвоенный doubling *n*
удвоение
draconian – *adj* драконовский

draft, outline, sketch, study – *n* эскиз; (rough copy) чертёж,
adj черновой, *n* черновик
draftee *n, mil* призывник
drafting (a message) *n* составление

AN ENGLISH - RUSSIAN DIGEST OF MILITARY, POLITICAL & SOCIAL TERMS

drainage - *adj* водоотво́дный, *n* дрена́ж, канализа́ция, осуше́ние, слив ~ system *n* водоотво́д
draining *adj* дрена́жный, осуши́тельный, сливно́й
dredge - *n* землечерпа́ние; черпа́ть *impf*, черпну́ть *pf* зе́млю, землесо́сить *pf* dredger *n* землечерпа́лка, землесо́с

dress rehearsal - *n* генера́льная репети́ция
dried, dehydrated - су́шеный ~ meat су́шеное мя́со
drill meeting - *n, USAR, NG* уче́бный сбор
drinkable, potable - *adj* питьево́й, го́дный для питья́

driver, bus or coach - ~ *n* авто́бусник drunk ~ автоалкого́лик
driving, leading *n* вожде́ние
driving limit, range (of vehicle) *n* запа́с хо́да

drone - *n,avn* беспило́тный лета́тельный аппара́т (ЛА); радиоуправля́емый самолёт target ~ *n* самолёт-мише́нь

drop -
~ bombs сбра́сывать *impf*, сбро́сить *pf* бо́мбы
~-tank *n* сбра́сываемый бак ~ out (from school) *n* недоу́чка
~ out rate (schools, etc) *n* проце́нт отсе́ва
~ zone *n, mil* ме́сто вы́садки/вы́броски ~ zone, planned *n, mil* райо́н, наме́ченный для вы́садки/вы́броски

drug - *n, med* нарко́тика
~ addict *n* наркома́н *m* наркома́нка *f* ~ addiction наркома́ния
~ dealer (slang) *n* торго́вец нарко́тиками; наркоде́лец, зверёк
~ dealing *n* торго́вля нарко́тиками
~ ring, cartel *n* наркосиндика́т
~ smuggling *n* контраба́нда нарко́тиков
~ test *or* test *adj* до́пинговый; *n* до́пинг, до́пинговый контро́ль *m*
~ trafficer *n* лицо́, занима́ющееся незако́нной торго́влей нарко́тиками; наркобаро́н ~ trafficking *n* контраба́нда нарко́тиками be on ~s быть на нарко́тиках
hard/soft ~s *npl* си́льный/сла́бые нарко́тики
take, use ~s принима́ть *impf*, приня́ть нарко́тики

drunk - (person) *adj & n* пья́ный; (drinking bout) *sl* попо́йка
~ driver автоалкого́лик ~ driving вожде́ние в нетре́звом состоя́нии drunkard *n* алкого́лик, пья́ница *m,f*
drunken brawl пья́ная ссо́ра drunkenness *n* пья́нство

AN ENGLISH - RUSSIAN DIGEST OF MILITARY, POLITICAL & SOCIAL TERMS

dry – *adj* сухо́й
~ cleaning *n* химчи́стка ~ dock *n, nav* сухо́й док ~ land *n* су́ша
~ out *vt, (vi)* иссуша́ть(ся), пересыха́ть *impf*, пересо́хнуть *pf*

dual – *adj* двойно́й,
~ nationality *n* двойно́е по́дданство; (person with it) *n* бипатри́д, биполи́д ~-purpose двойно́го назначе́ния, универса́льный

Duce, Il (Italy, WWII) – *n, pol* «ду́че«
dud – *n, mil* неразорва́вшийся боеприпа́с *или* снаря́д, неразорва́вшаяся бо́мба
dug-in – *adj* око́панный, окопа́вшийся

Duma – *n, Ru hist, pol* ду́ма; *adj* ду́мский member of the ~ ду́мец
dummy, fake, feint – *adj* ло́жный
durability – *n* про́чность durable *adj* про́чный

duty – *adj* дежу́рный; *n, mil* дежу́рство
~ officer *n* дежу́рный офице́р ~ room *n* дежу́рка
~ roster *n, mil* лист наря́дов, расписа́ние дежу́рства
~ watch *mil* дежу́рная ва́хта/сме́на
active ~ *mil* действи́тельная (вое́нная) слу́жба
be on ~ (at a post) стоя́ть на посту́, дежу́рить *impf*
come on, go on ~ приходи́ть, прийти́ на дежу́рство, заступа́ть *impf* на дежу́рство
dereliction of ~ *n* наруше́ние обя́занности, слуе́жбный просту́пок
go off ~ уходи́ть с дежу́рства, смени́ться с дежу́рства; сдава́ть дежу́рство,
incoming ~ (worker) заступа́ющий дежу́рство
on ~ на дежу́рство, в служе́бное вре́мя
off ~ вне слу́жбы
outgoing ~ (worker) *n* сдаю́щий дежу́рство
24-hour ~, detail *n* су́точный наря́д

duumvir – *hist, pol* дуумви́р duumvirate *n, pol* дуумви́рат
"dyed" (senior soldier who brutalizes Russian Army draftees) – *ns* дед, *npl* де́ды

dynastic – *adj* династи́ческий
dynasty *n* дина́стия

AN ENGLISH - RUSSIAN DIGEST OF MILITARY, POLITICAL & SOCIAL TERMS

E

eager - *adj* стремя́щийся

early - *adj* ра́нний
~ warning *n* заблаговре́менное предупрежде́ние
~ warning post *n, mil* пост да́льнего обнаруже́ния

earmarked - *adj* предназна́ченный earmarking *n* предназначе́ние
earned income - *n, bus* трудово́й дохо́д earnings, pay *n, bus* за́работок, зарпла́та
earth-and-timber - *adj, mil* де́рево-земляно́й
earthlings - *npl* земля́не

east - *adj* восто́чный, *n* восто́к; *adv* на восто́к; к восто́ку
Far East *n, geo* Да́льний Восто́к
Middle East *n, geo* Бли́жний/Сре́дний Восто́к
Near East *n, geo* Бли́жний Восто́к
easterner (one who is pro-eastern in pol views) *n, pol* восто́чник

ebb and flow - *lit/fig* прили́в и отли́в
echelon - *n, mil* эшело́н ~ in depth эшелони́ровать *pf & impf* в глубину́ in ~ эшело́нами
ECM, ECCM - *adj, mil* ко́нтррадиоэлектро́нный

eco-friendly - *adj* экологи́ческий безвре́дный
ecological *adj* экологи́ческий ~ disaster *n* экологи́ческое бе́дствие ecologist *n* эко́лог ecology *n* эколо́гия
ecosystem *n* экосисте́ма

economic - *adj* экономи́ческий, хозя́йственный
~ or trade war *n* экономи́ческая, торго́вая война́
~ planner *n* хозя́йственник economize *vt, vi* эконо́мить *impf*, сэконо́мить *pf* economy *n* хозя́йство

edible - *adj* съедо́бный
edit (newspaper, text) - *vt* редакти́ровать *impf*, отредакти́ровать *pf*
educational - *adj* уче́бный

effect - *n* возде́йствие, влия́ние, эффе́кт
blast ~ *n* де́йствие уда́рной волны́, фуга́сное де́йствие

AN ENGLISH – RUSSIAN DIGEST OF
MILITARY, POLITICAL & SOCIAL TERMS

fire ~ *n* действи́тельность *f* огня́, эффекти́вность *f* огня́

efficiency – *n* коэффицие́нт поле́зного де́йствия, производи́тельность *f*, работоспосо́бность *f*
effluence – *n* истече́ние
ejection seat – *n, avn* катапульти́руемое сиде́нье
El-Alamein – *n, WW II* Эль-аламе́йн

elect – избира́ть *impf,* избра́ть *pf* + *a or i*
election *nmpl* вы́боры, избра́ние
~ campaign *n* избира́тельная кампа́ния, предвы́борная кампа́ния general ~s всео́бщие вы́боры
hold an ~ проводи́ть *impf,* провести́ *pf* вы́боры
electioneer, campaign *vi* агити́ровать
elective *adj* вы́борный ~ office *n* вы́борная до́лжность

electoral – *adj* избира́тельный
~ college *n, US pol n, US pol* колле́гия вы́борщиков
member of the ~ college *n* вы́борщик
electorate, voters *npl* избира́тели

electric, electro – *prefix* электро-, *adj* электри́ческий
~ welding *n* электросва́рка ~ arc welding электродугова́я сва́рка
electrical engineer *n* электроте́хник
electrical engineering *n* электроте́хника
electrician *n* эле́ктрик, электромеха́ник, электроте́хник
electrified *adj* электризо́ванный
electrify электрифици́ровать *pf & impf;* электризова́ть *impf,* наэлектризова́ть *pf*

electromagnetic impulse – *n, commo, sci* электромагни́тный и́мпульс electromechanics *n* электроте́хника

electronic – *adj* электро́нный, *mil* радиоэлектро́нный
~ jamming *n* возде́йствие радиоэлектро́нными поме́хами
~ protective measures *n* радиоэлектро́нная защита́
~ warfare *n* радиоэлектро́нная борьба́
~ warfare barrage *n, mil* загради́тельные ра́диопоме́хи
~ intelligence operator (ELINT) *n, mil* опера́тор-разве́дчик
email, e-mail – *n* эллектро́нная по́чта

AN ENGLISH – RUSSIAN DIGEST OF MILITARY, POLITICAL & SOCIAL TERMS

emancipate, liberate, set free – раскрепощáть *impf*, раскрепости́ть *pf;* освобождáть *impf*, освободи́ть *pf;* эмансипи́ровать *pf & impf*
emancipated, liberated, set free *adj* освобождённый
emancipation, liberation *adj* освободи́тельный, *n* раскрепощéние, освобождéние ~ of women раскрепощéние жéнщины

embargo – *n, econ, mil* эмбáрго
arms ~ эмбáрго на постáвки ору́жия
impose, lay an ~ on sth налагáть *impf* наложи́ть *pf* эмбáрго
observe the ~ соблюдáть эмбáрго
oil ~ нефтянóе эмбáрго
remove, withdraw an ~ снимáть *impf*, снять *pf* эмбáрго
remove, withdraw an ~ on grain снимáть эмбáрго на экспорт зернá

element (earth, air, etc) – *n* стихи́я
~ of surprise *n* фáктор внезáпности elemental *adj* стихи́йный

embassy – *n, pol* посóльство ~ official сотру́дник посóльства
embed on the ocean floor – *n* размещéние на морскóм дне

embezzle – растрáчивать *impf*, растрáтить *pf* embezzler *n* растрáтчик
be caught embezzling, stealing *coll* проворовáться *pf*

emergency – *adj* чрезвычáйный, *n* чрезвычáйное положéние; (for use in an ~) *adj* запаснóй, запáсный, врéменный
~ landing *n, avn* вы́нужденная посáдка
~ meeting *n, pol* чрезвычáйное заседáние
~ powers *n, pol* чрезвычáйные полномóчия
~ relief operation *n* ликвидáция послéдстий чрезвычáйных ситуáций

emigrant – *adj* эмигрáнтский, *n* эмигрáнт *m*, эмигрáнтка *f*
emigrate *vi* эмигри́ровать *pf & impf* emigration *n* эмигрáция

emission – *n* излучéние, эми́ссия
emit излучáть *impf*, излучи́ть *pf* emitter *n* эми́ттер
Empire of the Rising Sun (20th cent. Ja) – *n* импéрия восходя́щего сóлнца
emplacement – *n* окóп artillery ~ артиллери́йский окóп

AN ENGLISH – RUSSIAN DIGEST OF
MILITARY, POLITICAL & SOCIAL TERMS

employable – *adj* трудоспосо́бный   employee *n* слу́жащий
municipal employee *n* коммуна́льник   employer *n* работода́тель
employment, full *n* по́лная за́нятость

encapsulation – *n* капсули́рование

encircle – *vt* окружа́ть *impf,* окружи́ть *pf*
encirclement *n* окруже́ние   encircling maneuver *n* обхо́дный
манёвр, манёвр на окруже́ние

encrypted text – *n* зашифро́ванный текст
end user – *n, comp* коне́чный по́льзователь   endless – *adj*
несконча́емый

enemy – *n* проти́вник, враг; вра́жеский
~ held *or* occupied занима́емый проти́вником
~ sighting обнаруже́ние проти́вника
in the ~'s rear в тылу́ врага́
exploit ~ weaknesses испо́льзовать *pf & impf* сла́бые сто́роны
проти́вника   outmaneuver the ~ превосходи́ть *impf,* превзойти́ *pf*
проти́вника в манёвренности
pin down the ~ ско́вывать проти́вника

enfilade, flanking fire – *n* продо́льный/фланки́рующий ого́нь
engagement – *n* бой, встре́ча   meeting ~ *mil* встре́чный бой
engine stalling (vehicle) – *n* затуха́ние мото́ра

engineer – *n* инжене́р (civilian), *n, mil* сапёр
~ land clearing *n* очи́стка ме́стности   ~ support *n* инжене́рное
обеспе́чение   строи́тельное иску́сство

engineering – *adj* инжене́рный, *n* инжене́рия, инжене́рное де́ло
~ equipment *n* инжене́рная те́хника   ~-technical *adj* инжене́рно-
техни́ческий   civil ~ *n* строи́тельное иску́сство   mechanical ~ *n*
машинострое́ние

English-speaking – *adj* англоязы́чный
enlightened despot – *n, hist* просвещённый де́спот
en masse – *adv* в ма́ссе, ма́ссовым поря́дком
enriched mixture – *n* обогащённая смесь *f*   enriching (fuel, ores,
etc) *n* обогаще́ние

AN ENGLISH – RUSSIAN DIGEST OF MILITARY, POLITICAL & SOCIAL TERMS

enroll – *vt,* (*vi*) зачислять(ся), записывать(ся)
enter, add to the list вносить *impf,* внести *pf* в список
enrollee *n* внесённый в список   enrollment *n* зачисление

enroute, on the move – *avn* в воздухе, в полёте; (ground) в *или* по пути
enserf – *vt* закрепощать *impf,* закрепостить *pf*   enserfment *n* закрепощение
enslave – *n, vt* порабощать *impf,* поработить *pf*   enslavement *n* порабощение
entourage, suite – *n* свита

entrepreneurial – *adj, bus* предпринимательский
entrepreneur, employer *n* предприниматель
(private business undertakings) *n* предпринимательство

enterprise – *n* предприимчивость *f*
~, undertaking, venture; escapade, practical joke затея
free ~ *econ* свободная предприимчивость
undertake, venture, organize затевать *impf,* затеять *pf*

entrench – *mil* окружать *impf,* окружить *pf* окопами
~ed with tradition *fig* закреплённый традицией   entrenchment *n, mil* окоп
entry into the atmosphere – вход в атмосферу

environment – *adj* средовой, *n* среда
environmental *adj* окуржающий   ~ monitoring *n* мониторинг за окружающей средой   ~ studies *n* изучение окуржающей среды
Environmental Protection Ageny (US) *n, pol, soc* Агенство по охране окружающей среды
environmentalism *n* экологизм
environmentalist *n* сторонник защиты окружающей среды

envoy – *adj, pol* парламентёрский *n, pol* парламентёр
epicurean – *adj* эпикурейский, *n* эпикуреец   epicureanism – *n, soc* эпикурейство
epidemiology – *n, med* эпидемиология

equal – *adj* равный
~ pay *n, econ, pol* равная оплата   ~ pay for equal work *n, econ, pol* равная оплата за одинаковый труд

AN ENGLISH – RUSSIAN DIGEST OF MILITARY, POLITICAL & SOCIAL TERMS

~ pay of men and women *n, econ, pol* ра́вная опла́та труда́ мужчи́н и же́нщин
equalize *vt* выра́внивать *impf*, вы́ровнять

equidistance – *n* равноудалённость *f* equidistant *adj* равноотстоя́щий equinox – *n* равноде́нствие
equip, supply – оснаща́ть *impf*, оснати́ть *pf*
equipment – *n tech & comp* аппарату́ра; иму́щество, обору́дование, оснаще́ние, сре́дство, экипиро́вка
damaged ~ beyond repair безвозвра́тная поте́ря
ancillary ~ вспомога́тельное обору́дование
crushing ~ droби́льное обору́дование
diving ~ водола́зное сре́дство
drilling ~ бурово́е обору́дование
earthmoving ~ землеро́йное обору́дование
engineering ~ инжене́рное иму́щество, обору́дование
erecting ~ монта́жное обору́дование
identification friend or foe (IFF) ~ *n, mil* устро́йство "свой-чужо́й" loading ~ *tech* погру́зочное обору́дование, погру́зочно-разгру́зочное устро́йство mobile ~ передвижно́е обору́дование
portable ~ переносно́е обору́дование
remote-control ~ аппарату́ра дистанцио́нного управле́ния
service life of ~ живу́честь обору́дования
testing ~ испыта́тельное обору́дование
up-to-date ~ *n* совреме́нная те́хника

Eritrea – *n, geo* Эритре́я
escalate *vt* эскали́рова́ть *pf & impf*, обостря́ть *impf*, обостри́ть *pf*
escalation *n* эскала́ция, расшире́ние

escape – убега́ть *impf*, убежа́ть *pf*; *n* побе́г, бе́гство
~ and evasion побе́г от пле́на из плена ~ clause пункт догово́ра, освобожда́ющий сто́рону от обяза́тельств/отве́тственности
escapee *n* соверши́вший побе́г из пле́на, бегле́ц, бежа́вший

escarpment – *n, geo, mil* эска́рп
espionage – *n* шпиона́ж
esprit de corps – *n* корпорати́вный дух

estimate – *n* оце́нка, оце́нивать *impf*, оцени́ть *pf*
commander's ~ of the situation *n, mil* оце́нка обстано́вки команди́ром

AN ENGLISH – RUSSIAN DIGEST OF MILITARY, POLITICAL & SOCIAL TERMS

enemy situation ~ *n, mil* оце́нка положе́ния проти́вника
intel ~ *n, mil* оце́нка разве́дывательной информа́ции; разведсво́дка
estimated time of arrival (ETA) предполага́емое вре́мя прибы́тия, расчётное вре́мя прибыва́ния
estimated ~ of departure расчётное вре́мя отправле́ния

ethical – *adj* эти́чный ethics *adj* эти́ческий, *n* э́тика medical ~ *n, med, soc* деонтоло́гия

ethnic – *adj* этни́ческий ~ cleansing *n, pol* «этни́ческая чи́стка«
ethnological *adj* этнологи́ческий ethnologist *n* этно́лог
ethnology *n* этноло́гия

Eurasia – *n* Евра́зия
Eurasian *adj* евразийский, *n* евразиец *m*, евразийка *f*

Euro – *prefix* евро-
Eurocentrism *n, pol* евроцентри́зм Eurocommunism *n, pol* еврокоммуни́зм Eurocommunist *n, pol* еврокоммуни́ст
EuroMP *n, pol* депута́т Европарла́мента
Europarliament *n, pol* Европарла́мент

European – *adj* европе́йский ~ Corps *n, mil* Европе́йский ко́рпус
~ Parliament Европарла́мент
Europeanism *n, pol* европеи́зм Europeanist *n, pol* сторо́нник европеи́зма Europeanization *n, pol* европеиза́ция Europeanize *n, pol* европеизи́ровать *pf* & *impf* Eurovision *n, pol* Еврови́дение

evacuated – *adj* эвакуи́рованный
evacuation center эвакуацио́нный пункт evacuee *as a n* эвакуи́рованный

evangelize – *vt* обраща́ть *impf*, обрати́ть *pf* в христиа́нство
even, odd – *adj* (numbers) чётный, нечётный
evict – *vt* выселя́ть *impf*, вы́селить *pf* eviction *n* выселе́ние
examination – *n* осмо́тр, экза́мен medical ~ медосмо́тр
examinee *n* экзамену́ющийся examiner *n, educ* экзамена́тор, (of a prisoner or witness) сле́дователь

excavate – копа́ть *impf*, выка́пывать *impf*, вы́копать *pf*; раска́пывать *impf*, раскопа́ть *pf*; копа́ть земляны́е рабо́ты; *n* вы́емка гру́нта

AN ENGLISH - RUSSIAN DIGEST OF
MILITARY, POLITICAL & SOCIAL TERMS

excavation *npl* выка́пывание, землеро́йные рабо́ты *fpl*; раско́пки *fpl*, рытьё; ~ and backfill *n* рытьё (котлова́на) и засы́пка (гру́нтом) ~ machine *n* маши́на для рытья́ котлова́нов
excavator *n* (person) землеко́п, (machine) экскава́тор
trench ~ *n* транше́екопа́тель *m*

excess - *n* изли́шество
exchange of prisoners - *n* обме́н военнопле́нными
exculpatory - *adj, leg* опра́вдывающий

execute (carry out) - выполня́ть *impf*, вы́полнить *pf*; исполня́ть *impf*, испо́лнить *pf*
~ someone (kill) ста́вить кого́ к сте́нке; казни́ть кого́
~ someone by shooting расстре́ливать *impf*, расстреля́ть *pf*; sentence so to be shot приговори́ть к расстре́лу
executed *adj* казнённый be ~d быть казнённым

execution - *n* казнь *f*, *n* расстре́л
~ by hanging казнь че́рез пове́шение ~ by electrocution казнь на электри́ческом сту́ле executioner, hangman, butcher *n* пала́ч

executive - *n* руководя́щий рабо́тник; (one who carries out) исполни́тель *m* ~ ability администрати́вные спосо́бности
~ branch of government исполни́тельная власть
~ (carrying out) исполне́ние

exercise - *n* упражне́ние, уче́ние, трениро́вка
air movement ~ уче́ние по возду́шным перево́зкам
alert ~ боева́я гото́вность на пери́од уче́ний
battle-drill ~ та́ктико- строево́е заня́тие
combined ~ совме́стное уче́ние
field training ~ (FTX) *mil* полево́е уче́ние
joint ~ совме́стная трениро́вка
joint combined arms ~ объединённое общевойсково́е уче́ние
sand table ~ *n* заня́тие на я́щике с песко́м
staff planning ~ шта́тное уче́ние по плани́рованию
tactical ~ without troops (TEWT) *n* штабна́я вое́нная игра́

exhaust (materials) - истоща́ть *impf*, истощи́ть *pf*; (personnel) изнемога́ть *impf*, изнемо́чь *pf*
exhausted (materials) *adj* истощённый; (personnel) *adj* изнеможённый

AN ENGLISH - RUSSIAN DIGEST OF MILITARY, POLITICAL & SOCIAL TERMS

exhausting *adj* изнурительный, утомительный

exhibit – *n* экспонат, экспонировать *pf & impf* exhibitor *n* экспонент
exile (banishment) – *n* изгнание, ссылка, *n* (person) изгнаник, as a *n* ссыльный; ссылать *impf*, сослать *pf* live in ~ жить в изгнании
existentialism – *n, phil* экзистенциализм

expected enemy/friendly kill ratio – ожидаемое соотношение потерь противника и своих войс
expected tank kill математическое ожидание поражения танков
expeditionary force – *npl, mil* экспедиционные войска

expend (materials, units) – расходовать *impf*, израсходовать *pf*
expendable (materials, units) *adj* из/расходуемый; списанный в расход expenditure *n* израсходование, расход, трата
expenses, prohibitive ~ – *n* непомерно-высокие издержки *fpl*

experimental – *adj* пробный, экспериментальный
~ development work опытно-конструкторская работа

expert opinion, exam – *leg, med* экспертиза
commission of ~s экспертиза
make an examination произвести *pf* экспертизу

expired – *adj* истёкший
exploded – *adj* взорванный explosive *adj* взрывчатый, взрывной

exploit – эксплуатировать *impf*,
exploitation *adj* эксплуатационный, *n* эксплуатация, развитие успéха ~ economic operations; operating, running эксплуатация
~ of the breakthrough *n* развитие прорыва
~, put into operation сдать в эксплуатацию
exploiter *n, sl* выжимала

export – *adj* экспортный, *vt* экспортировать *pf & impf*
exportation *n* экспортирование
exposé – *n* экспозе exposure, indecent ~ *n* обнажение
exposed *adj* открытый, незащищённый

AN ENGLISH – RUSSIAN DIGEST OF
MILITARY, POLITICAL & SOCIAL TERMS

ex-president – *n, pol* экс-президе́нт

expropriate – экспроприи́ровать *pf & impf*
expropriation *n* экспроприа́ция
expropriator *n* экспроприа́тор

extensive – *adj* протяжённый
extraterritorial – *adj, leg* экстерриториа́льный
extraterritoriality *n* экстерриториа́льность *f*
extinct (species, etc) – *adj* вы́мерший

extradite – *vt, leg* выдава́ть *impf*, вы́дать *pf* (обвиня́емого престу́пника)
extradition *n, leg* вы́дача
obtain ~ of *vi* добива́ться *impf*, доби́ться *pf* вы́дачи + *gen*
extra-terrestrial – *adj* внеземно́й

extremely – *adv* кра́йне
extremism *n* экстреми́зм
extremist *adj* экстреми́стский, *n* экстреми́ст

extricate – *vt* высвобожда́ть *impf*, вы́свободить *pf*
~, get os from a difficulty вы́путаться *pf* из затрудне́ния

external – *adj* вне́шний
~ student *n* эксте́рн
~ studies *n* экстерна́т
~ military threat *n, mil* вне́шняя вое́нная угро́за
take, do an ~ degree око́нчить *pf* университе́т экстерном

AN ENGLISH – RUSSIAN DIGEST OF MILITARY, POLITICAL & SOCIAL TERMS

F

face piece (NBC mask, etc) – *n* лицевая часть *f*
fact finding – *n* расследование обстоятельств; установление фактов

faction – *adj, pol* фракционный, *n, pol* фракция, клика
member of a ~ *n, pol, soc* фракционер
factionalism *n, pol* групповщина, фракционность *f*

factor – *n* коэффициент, фактор
consumption ~ *n* норма потребления   cost ~ фактор стоимости
efficiency; performance ~ коэффициент полезного действия (КПД)   external ~ внешний фактор   governing ~ определяющий фактор   human ~ человеческий фактор   internal ~ внутренный фактор   limiting ~ ограничивающий фактор
long term ~ долговременно-действующий фактор
loss ~ коэффициент потерь
powerful ~ могучий фактор   random ~ случайный фактор
reliability ~ коэффициент надёжности
safety ~ коэффициент безопасности, запас прочности
short term ~ кратковременно-действующий фактор
subjective ~ субъективный фактор
visibility ~ (radar) коэффициент видимости
factory *adj* фабричный, заводской

factory (also mill, refinery, works) – *n* завод
~ or mill owner *n* заводчик   ~ worker *as a n* заводский
oil refinery *n* нефтеочистительный завод

factual – *adj* действительный
Fahrenheit – Фаренгейт; шкала термометра Фаренгейта
30 degrees ~ 30 градусов по Фаренгейту

fail-safe system – *n* самоотключающаяся система, предохранительное устройство
failed *adj, tech* отказавший
failure – *n, mech* отказ   control ~ отказ системы управления
engine ~ самовыключение двигателя

fait accompli – *n* совершившийся факт
faith, person of a different ~ иноверец *m*

AN ENGLISH – RUSSIAN DIGEST OF MILITARY, POLITICAL & SOCIAL TERMS

belonging to a different ~ *adj* инове́рный, *n* инове́рие

fake, pretend (to be), to feign, simulate, sham – *vi* притворя́ться + i., *impf,* притвори́ться *pf* + i. faked, simulated, shammed *adj* притво́рный faker, shammer *n* обма́нщик, притво́рщик fakery, pretence, sham *n* притво́рство

fallout (radioactive) – *n* оса́док, оседа́ние; ра́диоакти́вные оса́дки, радиоакти́вная грязь
false alarm – *n* ло́жная трево́га
falsified – *adj* фальсифици́рованный, подло́жный

family, nuclear ~ нуклеа́рная семья́
~ planning *n, med, soc* контро́ль *m* над рожда́емостью
famine relief organization – *n* помго́л (по́мощь голода́ющим)
fan, supporter – *n, coll, sport, etc* боле́льщик
Far Eastern strategist – *n* страте́г-дальневосто́чник

farm – *n* фе́рма
~ production *n, agric* сельскохозя́йственное произво́дство
~ laborer *adj* батра́цкий ~ workers, ~ laborers *n* батра́чество
poultry ~ птицефе́рма work as a ~ hand батра́чить *pf*
farmer *n* фе́рмер farming, grass ~, meadow cultivation *or* meadow farming лугово́дство strip ~ *n* чересполо́сица

fascism, convert to ~ – *vi* фашизи́роваться fascist – *adj* фаши́стский, *n* фаши́ст *m*, фаши́стка *f* to make ~ *vt* фашизи́ровать *pf & impf*

fast – *n, rel* по́стничать *impf*
~-flowing, moving *adj* скороте́чный ~-food *n* фаст-фуд
~-operating *adj* быстроде́йствующий faster *n, rel* по́стник
fasting *n, rel* по́стничество

fat-free – *adj* обезжи́ренный
fatty, fat boy *or* man *n* толстя́к *m*
Fatah, Al (Islamic terrorist group) – *n* «фатх»

fatal – *adj* ги́бельный, па́губный, смерте́льный fatalism *n* фатали́зм fatalist *n* фатали́ст fatality, death rate *n* сме́ртность *f*

AN ENGLISH - RUSSIAN DIGEST OF MILITARY, POLITICAL & SOCIAL TERMS

fault-find, to carp критикáнствовать *impf* fault-finder *n, coll* критикáн, придúра *m, f*
fault-finding *adj* придúрчивый, *n, tech* дефектóвка, дефектоскопúя

FBI - Федерáльное бюрó раслéдования FBI agent/s - *ns* фэбээровец, *npl* фэбээровцы
feed - *adj* подаю́щий, подáча ~ mechanism подаю́щий механúзм
fearless - *adj* неустрашúмый
feasibility - выполнúмость *f* ~ study изучéние выполнúмости (чегó)

Federal Reserve Board - *n, US, econ* Совéт федерáльной резéрвной систéмы federalism *n, pol* федералúзм
federalist *n, pol* федералúст; сторóнник идéи федералúзма

feed - *n, tech* питáние, подáча
feeder mechanism *n, tech* питáющий механúзм
feint, fake, dummy - *adj* лóжный
felon - *adj* уголóвный престýпник, *n* фелóн
felonious *adj* престýпный felony *n* уголóвное преступлéние
feminism - феминúзм feminist феминúстка feministic *adj* феминúстский

fence - *n* úзгородь *f*, огрáда
~ about, around, in, out *vt* огорáживать *impf*, огородúть *pf*
~ lined road дорóги с úзгородью
barbed wire ~ прóволочные колю́чие заграждéния
hedge ~ живы́е úзгороди rail ~ огрáда
wooden ~ деревя́нные забóры fencing *n* частокóл

ferro-concrete - *adj* железобетóнный, *n* железобетóн
ferry, transportation *n* перевóзка, транспортирóвка
fertilize - *vt* удобря́ть *impf*, удобрúть *pf*
fertilizer, fertilizing *n* удобрéние

feverish - *adj, med* лихорáдочный, *n* лихорáдка
fiasco - *n* фиáско *indecl*, провáл suffer a ~ потерпéть фиáско, провáл
fictional - *adj* вы́мышленный, вы́думанный

AN ENGLISH – RUSSIAN DIGEST OF
MILITARY, POLITICAL & SOCIAL TERMS

field – adj полевой, n поле
~ (power) generator полевая электростанция ~ jacket полевая шинель ~ organization полевая организация ~ test испытывать *impf* в полевых условиях; проводить полевые испытания ~ set up (of units, equipment) *mil* развёртывание войск и техники в полевых условиях ~ type полевого типа
level playing ~ *npl* равные позиции plowed ~ *n, agric* пашня
grow fierce, savage свирепеть *impf* ferocious *adj* свирепый
fierceness, savageness, truculence *n* свирепость *f*
fifth column – *n, WW II hist, pol* «пятая колонна«

fight – *n* бой, драка, сражение, схватка ~ outnumbered вести бой против численно превосходящих сил противника

fighter – *n, avn* истребитель, боец (person)
~-bomber *n* истребитель-бомбардировщик
~ escort *n* сопровождение истребителями
Air-recon ~ истребитель-разведчик all-weather ~ всепогодный истребитель close support ~ истребитель непосредственной Поддержки F-14 Tomcat ~ *U.S.* «Томкэт«
F/A-18 Hornet ~ *U.S.* «Хорнет« F-100 Super Sabre ~ *U.S.* «Супер сейбр« ground attack ~ истребитель-штурмовик
Harrier ~ *Br* «Харриер« Jaguar ~ *Br* «Ягуар« jet ~ истребитель
Mirage ~ *Fr* «Мираж« strike ~ aircraft – ударный истребитель
Zero ~ *Ja avn WW II* «Зеро«

fighting – *adj* боевой, *n* бой, сражение
~ ready боеспособный ~ spirit боевой дух
close up ~ ближний бой
hand-to-hand ~ рукопашный бой; воевать врукопашную; самозащита без оружия (самбо)
low density ~ *or* operation операция с малой плотностью использования сил и средств mock ~ учебный бой
prolonged ~ длительный бой rearguard ~ арьергардный бой
street ~ городской *или* уличный бой

figurehead – *n, fig* номинальный глава, номинальный руководитель, подставное лицо
file, document case – *n* папка
filibuster – *US pol* заниматься обструкцией; по-флибустьерский
final solution – *Nazi, WW II* конечное решение
finalize *vt* завершать *impf*, завершить

AN ENGLISH – RUSSIAN DIGEST OF MILITARY, POLITICAL & SOCIAL TERMS

finance – *vt, vi* финансировать *pf & impf* , финансироваться
~d, be *vi* финансироваться finances *m, bus* финансы

financial – *prefix* финансово-; *adj* финансовый
~ and industrial *adj* финансово- промышленный
~ and economic *adj* финансово- хозяйственный

find out, learn – *coll* раскумекать finder *n* (person) нашедший
fine – *n, leg* денежный штраф, ~ so штрафовать *impf*, оштрафовать *pf* кого-н.
finned – *adj* оперённый Finno-Ugrian *adj* финно- угорский

fire – *n, mil* огонь *m*, стрельба; (job, fire, discharge) увольнять *impf*, уволить *pf*
~ adjustment корректирование огня, пристрелка
~ alarm   контролёр пламени   ~ extinguisher огнетушитель
~ on the move стрельба с ходу *или* на ходу
~ plan огневая система   ~ power огневая мощь, сила
~ superiority огневое превосходство
accurate ~ меткий огонь *m* adjust ~ *art* корректировать *impf* огонь barrage ~ *art* огневой вал; заградительный огонь
call, request for ~ *n, art* вызов огня; вызывать *impf*, вызвать *pf* огонь cease ~ *art* прекратить *pf* огонь
come under ~ подвергаться обстрелу; попадать *impf*, попасть под огонь concentrated ~ сосредоточенный огонь
covering ~ *art* огневое прикрытие
cross ~ *art* перекрёстный огонь
deep ~s *art* огонь на большую дальность/глубину
defensive ~ заградительный огонь
direct support ~ *art* непосредственная огневая поддержка
exchange of ~ *n* перестрелка
effective ~ действительный огонь
field of ~ сектор обстрела, зона досягаемости
final protective ~ (FPF) *art* огневая завеса; сплошной заградительный огонь
flanking ~ *art* фланкирующий продольный огонь
general support reinforcing ~ *art* общая огневая поддержка усиленными средствами
harassing ~ *art* изматывающий огонь incendiary ~ стрельба зажигательными боеприпасами indiscriminate ~ сплошной огонь
interdiction ~ *art* огонь на воспрещение, отсечный огонь

AN ENGLISH - RUSSIAN DIGEST OF MILITARY, POLITICAL & SOCIAL TERMS

long-range ~ *art* дáльный огóнь mass ~ *art* сплошнóй огóнь
mutual ~ огневóе взаимодéйствие
naval support ~s корабéльная артиллерийская поддéржка
neutralization ~ огóнь на подавлéние
non/conventional ~s не/обы́чный *или* не/я́дерный вид огня́
open ~ on st откры́ть огóнь по + d.
overwatching ~ *art* поддéрживающий огóнь с мéста
(чéрез гóлову продвигáющихся подразделéний)
point-blank ~ огóнь в упóр set ~ to поджигáть, поджéчь
random ~ беспоря́дочный return ~ отвéтный огóнь
salvo ~ *art* зáлповый огóнь
smoke ~s *art* огóнь *или* стрельбá на задымлéние *или* на ослеплéние suppression ~s *art* огóнь на подавлéние
volley ~ зáлпами *или* зáлповый огóнь
fireproof *adj* огнеупóрный огóнь
fire-resistant, ~-resisting *adj* огнестóйкий
fire-worship *n, rel* огнепоклóничество fire-worshipper *n, rel* огнепоклóнник

firing – *n, mil* стрельбá, (job, work layoff) увольнéние
~ squad комáнда, наря́женная для расстрéла (for execution);
(honor guard) салю́тная комáнда

first – *adj* пéрвый
~-aid station *n, med* здравпýнкт ~ generation (science) пéрвого поколéния ~/second hand information свéдения из пéрвых/вторы́х рук ~ strike пéрвый удáр ~-strike weapons *n, mil* орýжие для пéрвого удáра consider a ~ strike замышля́ть *impf* пéрвый удáр

fish – *adj* рыболóвный, ловить ры́бу
~-breeding *n* рыбовóдство ~ cannery рыбоконсéрвный
~ farm *n* рыбовóдческая фéрма fisherman *n* рыбáк, лóвли
fishery рыболóвный райóн fishmonger, vendor *n* торгóвец ры́бой, ры́бник

fishing – *n* ры́бная лóвля, рыболóв
~ boat рыбáчья лóдка ~ grounds ры́бные угóдье
~ industry рыболóвство, рыбопромы́шленность *f*
~ rights *n* прáво ры́бной
~ village рыбáцкий посёлок
overfishing *n* перелóв

AN ENGLISH - RUSSIAN DIGEST OF MILITARY, POLITICAL & SOCIAL TERMS

fit, suitable - *adj* го́дный
~ for military service го́дный к боево́й слу́жбе
fittest, survival of the ~ *n, soc, sci* есте́ственный отбо́р
fitness, suitability, validity *n* го́дность

flag - *n* флаг
~ at half mast флаг до полови́ны ~ of convenience *n, bus* удо́бный флаг ~ of truce парламентёрский флаг
~ rank *n* адмира́льский чин, адмира́льское зва́ние
show, raise the ~ поднима́ть *impf*, подня́ть флаг; *coll* напо́мнить о своём существова́нии flagship *n* адмира́льский кора́бль *m*

flame - *n* пла́мя
flamethrower *n* огнемёт ~ operator *n, mil* огнемётчик
portable ~ ра́нцевый огнемёт flammable *adj* воспламеня́ющийся
~ substance *n* горю́чее ОВ

flank - *mil* фланки́ровать, *n, mil* фланг
~ attack обхо́дная ата́ка left ~ *adj* левофланго́вый
maneuver around a ~ обходи́ть с фла́нга
present one's ~ подставля́ть свой фланг
refuse a ~ отводи́ть фланг наза́д
refused ~ отведённый наза́д фланг right-~ *adj* правофланго́вый
turn a ~ обходи́ть *impf* фланг outflank обходи́ть *impf*, обойти́ *pf*

flanking - *adj* фланго́вый, фланки́рующий
~ fire фланки́рующий *или* обходя́щий продо́льный ого́нь
outflanking movement *n* обхо́дное движе́ние

"flash" *commo* - "вне вся́кой очерёдности"
flash suppressor *n* пла́мегаситель *m*
flax - *n, agric* (plant) лён, (fibre) куде́ль ~-growing *n* льново́дство flaxen *adj* льняно́й

fleet - *adj* флотский *n* флот
surface ~*n, nav* надво́дный флот Red Fleet *adj, nav* краснофло́тский, *n* Кра́сный флот Red Navy man *n, nav* краснофло́тец

Fleming ~ *n* флама́ндец *m*, флама́ндка *f*
Flemish *adj* флама́ндский, *n* флама́ндец *m*, флама́ндка *f*
the ~ *n* флама́ндцы *mpl*

AN ENGLISH – RUSSIAN DIGEST OF
MILITARY, POLITICAL & SOCIAL TERMS

fishing ~ *adj* рыболо́вный under sea ~ подво́дный флот
flexible response – *n, mil, pol* ги́бкая страте́гия; ги́бкое реаги́рование

flight – *n* полёт, пролёт
~ overpass пролёт над це́лью low level ~ полёт на ма́лой высоте́
nap of the earth ~ полёт с огиба́нием рельефа ме́стности
unscheduled ~ *n* полёт вне расписа́ния

floating – *adj* пла́вающий, плаву́чий

flood – *vi* разлива́ться *impf*, разли́ться *pf*, *vt* затопля́ть *impf*, затопи́ть *pf;* наводя́ть *impf*, наводни́ть *pf, n* наводне́ние
~-plain *n* заливно́й луг ~ relief *n* по́мощь пострада́вшим от наводне́ния flooding *n* затопле́ние

florish, prosper – благоде́нствовать *impf*
flowchart – *n, bus, tech* блок-схе́ма

flying, piloting – *n* вожде́ние самолёта
~ nap of the earth, contour flying бре́ющий (брить) полёт
~ saucers *npl, soc* лета́ющие таре́лки
instrument ~ полёт при по́мощи прибо́ров; полёт по автопило́те
flyover *n, avn* пролёт

fodder, forage – *adj* фура́жный, *n* фура́ж, фуражи́ровать *impf*
mixed ~ *adj* комбико́рмовый, *n* комбико́рм

fog of war – *n, fig* нея́сность боево́й обстано́вки
folding – *adj* складно́й, раскидно́й

food – *prefix* прод-, *adj* продово́льственный, пищево́й; *n* пи́ща,
~ industry пищева́я промы́шленность
~ poisoning пищево́е отравле́ние
~ requisitioning продразвёрстка
~ stuffs проду́кты пита́ния, продово́льствие, съестны́е припа́сы, съестно́е
perishable foodstuffs скоропортя́щееся продово́льствие

foot – *adj* ножно́й
one-~ *adj* фу́товый
footdragging *n, coll* проволо́чка; умы́шленное затя́гивание

AN ENGLISH – RUSSIAN DIGEST OF MILITARY, POLITICAL & SOCIAL TERMS

footgear, protective *n* защи́тная о́бувь ~-path *n* тропа́, тропи́нка peace
footing *n* ми́рное положе́ние
war ~ *n* боево́е положе́ние put on a war ~ приводи́ть *impf*, привести́ *pf* в состоя́ние боево́й гото́вности

forage – *n, mil* фура́ж, фуражи́ровать *impf* forager *n* фуражи́р
foraging *n* фуражиро́вка

force, ~s – *n* си́ла, войска́
~ a water barrier форси́ровать *pf & impf* во́дной пре́грады; форси́ровать во́дную прегра́ду ~ feed наси́льственно корми́ть *pf* ~ on hand нали́чные войска́
~ reconstruction *n* восстановле́ние боеспосо́бности войск и сил
~s allocated to NATO войска́, вы́деленные для включе́ния в ОВС НАТО
air mobile ~ перевози́мые вертолётами войска́ на вертолётах
amphibious assault ~ *n* морско́й деса́нт
assault ~ деса́нт blue ~s (CPX, etc) *mil* «си́ние«
contingency ~ *n* резе́рв; резе́рвная операти́вно такти́ческая гру́ппа covering ~ войска́ о́бщего прикры́тия
desired ~ ratio *n, mil* жела́емое соотноше́ние сил и сре́дств
enveloping ~ *n* охва́тывающая группиро́вка
expeditionary ~ экспедицио́нные войска́
exploiting ~ войска́ разви́тия успе́ха
follow on ~ войска́ второ́го эшело́на
forward area ~ войска́ пе́рвого эшело́на
general-purposes ~ *nfpl* си́лы о́бщего назначе́ния
general-purposes naval ~ морски́е си́лы о́бщего назначе́ния
ground ~s назе́мные войска́
helicopter assault ~ *n* возду́шно-штурмова́я гру́ппа
holding ~ ско́вывающая гру́ппа
hunter-killer ~ поиско́во-уда́рная гру́ппа
immediate reaction (IRF) ~ войска́ бы́строго реаги́рования
Implementation Force(s), (IFOR; NATO) Си́лы выполне́ния соглаше́ния (ИФОР)
landed ~s *npl* поса́дочные деса́нты
main ~ гла́вные си́лы
opposing ~ противобо́рствующая си́ла, противостоя́щая си́ла
rapid deployment (RDF) ~ си́лы бы́строго развёртывания, «СБР«
reconnaissance in ~ разве́дка бо́ем
red ~s (command post exercise, etc) *n* «кра́сные«

AN ENGLISH – RUSSIAN DIGEST OF
MILITARY, POLITICAL & SOCIAL TERMS

retaliatory ~s си́лы для нанесе́ния отве́тного уда́ра
sealift ~s си́лы и сре́дства мо́рских перево́зок
search and destroy ~ поиско́во-уда́рная гру́ппа
show of ~ демонстра́ция си́лы   special-operations ~ си́лы спецопера́ции
Stabilization Force(s), (IFOR; NATO) Си́лы стабилиза́ции
thin out ~s уменьша́ть *impf* пло́тности боевы́х поря́дков
work ~ рабо́чая си́ла

forecast – *n* прогно́з
long range ~ долгосро́чный прогно́з   weather ~ прогно́з пого́ды
ford – *n* брод, переправля́ться вброд   by ~ *adv* вброд
fordability спосо́бность *f* преодолева́ть брод

foreign – *prefix* внешне-; *adj* иностра́нный, заграни́чный; (alien) чужо́й   ~ affairs междунаро́дные дела́ *npl*
~ aid *n* иностра́нная по́мощь   ~ currency *adj* инвалю́тный, *n* инвалю́та   ~-economic *adj* внешнеэкономи́ческий
~ intelligence service *n* слу́жба вне́шней разве́дки
~-policy *adj* внешнеполити́ческий, *n* вне́шняя поли́тика
~-trade *adj* внешнеторго́вый

forensic – *adj* суде́бный
forest – *n* лесно́й   forester *n* лесни́к   forestry *n* лесно́е хозя́йство
forfeiture of pay *n* де́нежное взыска́ние
forged – *adj* подло́жный   ~ document подло́жный докуме́нт
forger *n* подде́лыватель *m*, фальсифика́тор
forgery *n* подло́г, подде́лка
forklift – *n* ви́лочный автопогру́зчик

form – *n* бланк
~ of government госуда́рственный строй, фо́рма правле́ния
message ~ бланк донесе́ния   requisition ~ бланк тре́бований
formalize *vt* оформля́ть *impf*, офо́рмить *pf*

formation – *n* строй, боево́й поря́док, (mil units) во́инское формирова́ние
air ~ лётный строй   armored ~ *n* та́нковое соедине́ние
assault ~ боево́й поря́док в наступле́нии   battle ~ боево́й поря́док   deployed ~ развёрнутый поря́док
staggered ~ ша́хматный поря́док
T -~ боево́й поря́док в ви́де бу́квы «Т«

AN ENGLISH - RUSSIAN DIGEST OF MILITARY, POLITICAL & SOCIAL TERMS

V -~ боевóй порядок «углóм назáд«
wedge ~ боевóй порядок «углóм вперёд«

fortification - *n, mil* укреплéние, фортификáция

forward - *adj* передний
~ defenses *n* предпóлье
~ defensive area *n* прифронтовáя полосá
~ edge of the battle area (FEBA) передний край оборóны
forward air controller (FAC) *n* передовóй авианавóдчик

foster child - *n, leg, soc* приёмный ребёнок   foster mother *n, soc* приёмная мать
four-cylinder (engine) - *adj* четырёхцилиндрóвый
foxhole - *n, mil* блиндáж; окóп, одинóчный окóп; рóвик; *adj* ячéйковый, *n* ячéйка
fradulent - *adj* обмáнный, (deceptive) обмáнчивый
fragmentary - *adj* отрывочный, фрагментáрный
franc tireur - *Fr hist* франтирёр

Franciscan - *adj, rel* францискáнский, *n* францискáнец
Francophile - *adj* франкофильский, *n* франкофиль
Francophone *adj* франкоязычный
Frank *n, Fr/Ge hist* франк   Franko- *prefix* франко

fraternal - *adj* брáтский
fraternization - *n* брáтство, братáние
fraternize - братáться; обшáться *impf*
fratricide - *n* взаимное уничтожéние, братоубийсвто
fratricidal *adj* братоубийсвтенный
free will - *n, phil, rel* свобóда вóли
Free World - *n, pol* страны свобóдного мира

freedom - *n, leg, soc* свобóда   ~ of assembly свобóда собрáний
~ of conscience свобóда сóвести   ~ of religion свобóда вероисповéдания *или* вéрований
~ of speech свобóда слóва   ~ of the press свобóда печáти
~ of the seas свобóда судохóдства *или* мореплáвания
~ of worship свобóда отправлéния религиóзных кýльтов
~ to strike свобóда стáчек
freelancer - *n* лицó, рабóтающее без договорá; *coll* внетáтник
freethinker - *n, soc* вольнодýмец

AN ENGLISH – RUSSIAN DIGEST OF MILITARY, POLITICAL & SOCIAL TERMS

freeze – *n* (frost) замора́живание, моро́з, замора́живать *impf*, заморо́зить *pf*
~-dried *adj* обрабо́танный ме́тодом замора́живания *или* высу́шивания
~-dry бы́стро замора́живать и зате́м высу́шивать в ва́куме
wage ~ *n, econ* замора́живание зарабо́тной пла́ты, замора́живание зарпла́ты

French – *adj* францу́зский
~ Foreign Legion *n, Fr mil* францу́зский иностра́нный легио́н
~ Indochina *n, geo, hist* Францу́зский Индокита́й
~ French of General De Gaulle *WWII* «Свобо́дная Фра́нция« генера́ла де Го́лля Frenchified *adj* офранцу́женный
Frenchifiy, Gallicize *vt* офранцу́зить *pf*

frequency – *n, commo* частота́
assigned ~ назна́ченная частота́ audio ~ звукова́я частота́
microwave ~ сверхвысо́кая частота́ radio ~ *n* радиочастота́
frequenter, regular (attendee, customer, etc), habitué *n, soc* завсегда́тай

freshman – *n, soc* первоку́рсник
Freudian slip – *n, soc* огово́рка по фре́йду
frogman – *n, mil* водола́з-разве́дчик

front-line soldier – *n, mil* фронтови́к
front side (of a building, etc) – *n* лицева́я сторона́
frontage *n, mil* ширина́ фро́нта

frontier – *adj* пограни́чный
~ guard *n* пограни́чник
~ or border guards пограни́чная стра́жа
frontline *adj* фронтово́й
frost-bite – *n* обмороже́ние, обмора́живние
frost-bitten *adj* обморо́женный

fuel – *adj* то́пливный, *n* горю́чее, то́пливо
~ point *n* запра́вочный пу́нкт
~ standardization *n* стандартиза́ция горю́чего и то́плива
fueling *n* запра́вка горю́чим
fossil ~ окамене́лое то́пливо

AN ENGLISH – RUSSIAN DIGEST OF MILITARY, POLITICAL & SOCIAL TERMS

fulcrum – *n, sci* то́чка опо́ры, то́чка приложе́ния си́лы
full-timer, full-time employee – *n, bus* шта́тный рабо́тник
fumigation – *n* оку́ривание

function – *n* фу́нкция, функциони́ровать *impf*
functional *adj* функциона́льный

fund – *n* фонд, запа́с, резе́рв relief ~ *n* фонд по́мощи
fund-raising *n* сбор средств
~ dinner благотвори́тельный банке́т
funds *npl* сре́дства
public ~ госуда́рственные сре́дства

fungicide – *n, med* фунгици́д

fuselage – *n, avn* фюзеля́ж

fuze, firing device ~ – *n* взрыва́тель
all-purpose ~ универса́льный взрыва́тель
delayed action ~ взрыва́тель заме́дленного де́йствия

AN ENGLISH – RUSSIAN DIGEST OF MILITARY, POLITICAL & SOCIAL TERMS

G

gaffe (speech) – *n, soc* неуме́стный посту́пок; опло́шность *f*; ло́жный шаг

Gallic – *adj* га́лльский   Gallicanism *n, Fr pol* галлика́нство
Gallicism *n* галлици́зм   Gallicize *vt* офранцу́зить *pf*

gambit – *n, pol* про́бный шар; пе́рвый шаг

game – *n* игра́   ~ theory *n* тео́рия игр
battle simulation ~ вое́нная игра́ с модели́рованием сраже́ния   end ~ *n* э́ндшпиль   Olympic Games Олимпи́йские и́гры   war ~ вое́нная игра́   war gaming проведе́ние игр
zero-sum ~ игра́ с/нулево́й су́ммой/нулевы́м исхо́дом

gap, plug, fill a ~ – *vt* заполня́ть *impf*, заполни́ть *pf*, *vt* ликвиди́ровать *pf & impf*; *n* пробе́л, разры́в

garden, cultivated – *adj* садо́вый, *n* сад   gardener, grower *n* садово́д   gardening, horticulture *adj* садово́дческий
gardening, horticultural establishment *n* садово́дчество

garrison – *n, mil* гарнизо́н

gas – *adj* га́зовый, бензи́новый; *n* газ
~ chamber (WW II) *n* га́зовая ка́мера   ~ engine га́зовый дви́гатель   ~-proof *adj* газонепроница́емый
~-proofing *n* герметиза́ция   ~ pump *n* бензи́новая коло́нка
~ station attendant *n* запра́вщик   ~ up заправя́ть *impf*, запра́вить *pf* бензи́ном
"gas!" (verbal warning) *n* "га́зы!"   carbon dioxide ~ уга́рный газ   exhaust ~ выхлопно́й газ   liquified ~ *n* сжижённы газ
low on ~ недоста́ток в горю́чем   marsh ~ *n* боло́тный газ
mustard ~ *n, mil* горчи́чный газ; ипри́т   nerve ~ *n, mil* не́рвно-паралити́ческое ОВ   poison ~ *n, mil* отравля́ющее вещество́ (ОВ), ядови́тый газ
used or waste ~ *n* отрабо́танный газ   vomiting ~ *n* рво́тный газ
gasmask *n* противога́з   gasahol *n, US econ* спиртово́е горю́чее
gaseous *adj* газообра́зный

gastrointestinal – *adj, med* желу́дочно-кише́чный

AN ENGLISH – RUSSIAN DIGEST OF MILITARY, POLITICAL & SOCIAL TERMS

Gaullism (post WW II Fr) – *n, Fr pol* голли́зм/дего́ллевская поли́тика Gaullist *adj, Fr pol* голли́стский, *n* голли́ст

gay bashing – *n, soc* избие́ние гомосексуали́стов
gay liberation *n, soc* движе́ние гомосексуали́стов
gear; tackle, rigging – *n* снасть in high ~ на большо́й ско́рости
geiger counter – *n, sci* счётчик Ге́йгера

general – *prefix* ген-
~ council *n* генсове́т ~ elections *nmpl* всео́бщие вы́боры
~ plan *n* генпла́н ~ purpose о́бщего назначе́ния
~ staff *n* геншта́б
General Assembly *n, UN* Генера́льная ассамбле́я (ООН)
General Electric *n, US firm* «Дже́нерал Эле́ктрик»
consul-~ *n, pol* генко́нсул consulate-~ *n, pol* генко́нсульство
generalissimo *n* генерали́ссимус generally, commonly accepted *adj* общепри́знанный generalship *n* вое́нное иску́сство

Geneva – *adj* жене́вский, *n* Жене́ва
Geneva Convention *n, pol* жене́вская конве́нция
genocide – *adj* геноци́дный, *n* геноци́д
gentry, landed – *n, hist* землевладе́льческая аристокра́тия

geo – *prefix* гео- geologist *n* гео́лог
geopolitics *adj, pol* геополти́ческий, *n* геополи́тика
geosynchronous *adj, sci* геосинхро́нный

German-Austrian Anschluss – *Ge pol, 1938* а́ншлюс - присоедине́ние Австрии к Герма́нию
German studies *n* германи́стика Germanic *adj* герма́нский
Germanization германизи́ровать *pf & impf; n, soc* онеме́чение, *n* германиза́ция Germanize *vt* германизи́ровать *pf & impf ; vt* онеме́чивать *impf*, онеме́чить *pf*
Germanophile *n* германофи́л Germanophobe *n* германофо́б
Germanophobia *n* германофо́бия German-speaking *adj* германоязы́чный

gerrymandering – *n, pol* предвы́борные махина́ции
Gestapo – *Ge WW II adj* геста́повский, *n* геста́по, геста́повец (agent)
Gethsemane – *n, rel* Гефсима́ния

AN ENGLISH – RUSSIAN DIGEST OF
MILITARY, POLITICAL & SOCIAL TERMS

-ghetto – *n, indecl* гéтто
~ blaster (radio) *n, soc* переноснóй радиомагнитофóн

ghost town – *n, soc* гóрод-прúзрак
GI – *n, US mil* "джи-áй" *indecl* GI Jane *n, US pol* жéнщина-
солдáт
ginseng – *n, med* женьшéнь

glass – *n* стеклó bullet-proof ~ броневóе стеклó
laminated ~ слоúстое стеклó
glide – планúровать *impf*, спланúровать *pf* glider *n* планёр
global warming – *n, sci* глобáльное потеплéние

glut, surplus – *adj, econ* затовáренный; *n, econ* затовáренность *f*
glutting, overstocking *n, econ* затовáривание

Gnostic – *n, hist, rel* гнóстик Gnosticism *n* гностицúзм
go too far, to overdue it – *coll* перебáрщивать в + р. *impf*,
переборщúть в + р. *pf*
goat breeder – *n* козовóдство goat-breeding *n* козовóд
God save the Queen/King! – *coll* бóже, хранú королéву!/королá!
go-getter, pusher; fixer (in industrial matters) *n, coll* толкáч
Golan Heights (Mideast geo) – *n* Голáнские высотú

gold – *adj* золотóй, *n* зóлото
~ rush золотáя лихорáдка ~-bearing *adj* золотонóсный
~ field *n* золотонóсный райóн ~ mine owner *n*
золотопромúшленник ~ mining *n* золотопромúшленность *f*
black ~ (oil) чёрное зóлото
the Golden Age *n, hist* золотóй век

good Samaritan – *n, rel* дóбрый самаритáнин
goose step – *WW II Ge mil* строевóй шаг
Gorbachev supporter – *Ru pol* горбачевúст
Gordian knot – *lit/fig* гóрдиев ýзел
gospel music – *n* гóспелз *indecl*
governance – *n* управлéние чем, руковóдство чем

government – *adj* госудáрственный, правúтельственный;
n госудáрство, правúтельство ~-in-exile правúтельство в
изгнáнии ~ sector *n* госудáрственный сéктор
buffer ~ *pol* «бýферное« госудáрство caretaker ~ врéменное
правúтельство

AN ENGLISH - RUSSIAN DIGEST OF
MILITARY, POLITICAL & SOCIAL TERMS

enter-right ~ правоцентри́стское прави́тельство
de facto ~ прави́тельство, при́знанное де-фа́кто
Her/His Majesty's Government госуда́рство Её/Его́ Вели́чество
nonaligned ~ неприсоедини́вщееся госуда́рство
nonbelligerent ~ невою́ющее госуда́рство
overthrown ~ све́ргнутое госуда́рство
provisional ~ *Ru, March - November 1917* Вре́менное прави́тельство puppet ~ марионе́точное прави́тельство
satellite ~ госуда́рство-сателли́т, сателли́т
secular ~ све́тское госуда́рство
self-~ *n* самоуправле́ние self-governing *adj* самоуправля́ющийся
US-backed ~ госуда́рство, подде́рживаемое США
governmental *adj* прави́тельственный
governorship *n* губерна́торство
misgovern плохо́е управля́ть *impf* + i.; плохо́е руководи́ть *impf* + i.
misgovernment *n* плохо́е управле́ние, руково́дство (чем)

grader (road const) - *n* гре́йдер, струг
graffiti - *nfpl* на́дписи (на сте́нах)

grain, core, kernel, seed - *n, agric* зерно́
~ carrier (ship) *n* зерново́з ~-growing *adj* зерново́й
~ trade зернова́я торго́вля
state ~ farm *Sov* зерносовхо́з
state ~ purchases *nfpl* госуда́рственные хлебозагото́вки
granary *n, agric* зернохрани́лище

grandchildren - *n* внуча́та
Grand Old Party (GOP) - *US pol* Республика́нская па́ртия

grant recognition - *n* предоста́вить *pf* призна́ние
grapevine (pol, rumors, etc) - *n* исто́чник полити́ческих слу́хов; (soldier talk) *n* "солда́тский телегра́ф"
graph - *n* гра́фик update a ~ ревизова́ть *pf & impf* гра́фик

grass - *n* трава́
~ crop rotation *n* травопо́льный севооборо́т
~ roots movement *n* движе́ние из низо́в
~ roots show of support *n* стихи́йное проявле́ние подде́ржки
fodder ~ cultivation *n* травосе́яние

AN ENGLISH – RUSSIAN DIGEST OF
MILITARY, POLITICAL & SOCIAL TERMS

grassland *n, agric* травопо́лье, травяны́е уго́дья
grassy, grass *adj* травяно́й

grease, lubricant – *n* сма́зка to grease, lubricate сма́зывать *impf,* сма́зать *pf*
Great Wall of China – *n* Вели́кая кита́йская стена́

Green Beret – *n, US, mil* зелёнобере́тчик, ~s *npl, mil* зелёные береты́ greenhouse effect *n, sci* тепли́чный *или* парнико́вый эффе́кт green movement *n, pol, soc* движе́ние «зелёных«
Greenpeace *n, soc* «грнипис«

grid – *geo, adj* гра́дусный, *n* гра́дусная се́тка, сеть *f*

grenade – *n, mil* грана́та grenadier *n, mil* гранатомётчик
rocket propelled (RPG) ~ реакти́вная грана́та
training ~ уче́бная грана́та

groats – *n, agric* крупа́

ground – *adj* назе́мный, *n* земля́, ме́стность, грунт, по́чва
~ avenue of approach полоса́ назе́мных подхо́дов
~ based назе́много бази́рования ~ control назе́мное управле́ние ~-controlled *adj* назе́много управле́ния
~ crew назе́мная кома́нда ~ feature *n* ме́стный предме́т
~ flight support facilities сре́дства назе́много обеспе́чения полётов ~ zero (nuclear) *n* эпице́нтр я́дерного взры́ва
clayish ~ гли́нистый грунт
compact ~ пло́тный грунт, слежа́вшийся грунт
excavated ~ вы́нутый грунт
fishing ~s места́, отведённые для ры́бной ло́вли
from the ~ up сни́зу до́верху low lying ~ *n* низи́на
nature of bed ~ (river, etc) грунт дна packed ~ пло́тный грунт
sandy ~ песча́ный грунт sloping ~ пока́тая ме́стность
soft ~ мя́гкий *или* сла́бый грунт stoney ~ камени́стый грунт
testing ~ *n* испыта́тельный полиго́н
thawed ~ та́лый грунт training ~ *n* уче́бное по́ле
unstable ~ неусто́йчивый грунт groundless *adj* необосно́ванный

group – *n* гру́ппа
~ leader *n* группово́д age ~ *n* возрастно́й контиге́нт
amphibious ~ *n, nav* деса́нтный отря́д, отря́д вы́садки

AN ENGLISH - RUSSIAN DIGEST OF MILITARY, POLITICAL & SOCIAL TERMS

army ~ *n* фронт, гру́ппа а́рмий   blood ~ гру́ппа кро́ва
command ~ гру́ппа управле́ния, кома́ндование   sub-group *n* подгру́ппа

guard, watch – *n* стра́жа   flank ~ *n* боково́е *или* фланго́вое охране́ние
guardian, trustee – *n* попечи́тель, *adj* попечи́тельный
guardianship, trusteeship *n* попечи́тельство

guidance – *n* управле́ние, наведе́ние, руково́дство
command ~ *mil* кома́ндное управле́ние   mid-course ~ наведе́ние на сре́днем уча́стке траекто́рии

guillotine – *n* гильоти́на to guillotine *vt* гильотини́ровать *pf & impf*
guinea pig – *fig* подо́пытный кро́лик
gulag – *Sov hist, pol* Гла́вное управле́ние исправи́тельно-трудовы́х лагере́й (ГУЛАГ)
Gulf of Tonkin – *n, geo, mil, pol, hist* Тонки́нский зали́в

gun – *n* пу́шка, ору́дие, огнестре́льное ору́жие
high velocity ~ пу́шка с высо́кой нача́льной ско́ростью снаря́да
low velocity ~ пу́шка с ни́зкой нача́льной ско́ростью снаря́да
mini-~ (M-134; 6 barreled) *n* «ми́ниган«
gunboat – *n* каноне́рская ло́дка

gung-ho – *adj, coll* разуха́бистый, у́харский

gunner – *n* наво́дчик (crew-served weapon), огневи́к, канони́р
anti-aircraft (AA) ~ зени́тчик
assistant ~ помо́щник наво́дчика
RPG ~ *mil* стрело́к-гранатомётчик

AN ENGLISH – RUSSIAN DIGEST OF MILITARY, POLITICAL & SOCIAL TERMS

H

habeas corpus – *n, leg* Хáбеас Кóрпус
habitable, habitability – *adj* обитáемый
habitué – *n, soc* завсегдáтай
hacker, computer ~ – *n* компью́терный взлóмщик
haggling, trading, bargaining – *n* торг; *prefix* торг-
Hague, the ~ *n, geo, pol* Гаáга

half – *prefix* пол-, полу-
~-baked idea/measures *n* непродýманная идéя; непродýманные мéры ~-life *n, sci* пери́од полураспáда
~-tracked *adj* полугýсеничный

Hamas (Islamic terrorist organization) – ХАМАС, Хамас
hammer and sickle – *n, Sov* серп и мóлот

hand to hand fighting – *n* рукопáшный бой; воевáть врукопáшную; самозащи́та без орýжия (самбо)
get out of hand *coll, vi* извóльничаться *pf*

hamlet – *n* деревýшка

handicapped, mentally ~ – *adj* ýмственно неполноцéнный
physically ~*adj* физи́чески неполноцéнный
handicraft – *adj* handicraftsman *n*

handicraft – *adj* кустáрный
to perform a ~ at home кустáрничать *impf*
handicraftsman *n* кустáрь

handling – *n* обращéние machine gun ~ обращéние с боеприпáсами improper ~ непрáвильное обращéние

hang-gliding *adj* дельтаплáнерный, *n* дельтапланери́зм
hang-glider *n* (plane) дельтаплáн, (person) дельтапланери́ст *m*, дельтапланери́стка *f*

Hanoi – *adj, geo* хански́й, *n* Ханóй
hara-kiri (Ja, WWII) – хараки́ри *indecl*
harbor – *n* гáвань, порт
hardliner – *n, pol* сторóнник «жёсткого кýрса« в поли́тике

AN ENGLISH - RUSSIAN DIGEST OF MILITARY, POLITICAL & SOCIAL TERMS

hardware store - *n* магази́н скобяны́х изде́лий
hardy, robust, sturdy - *adj* выно́сливый, *n* выно́сливость *f*

Hare Krishna - *adj, rel* кришнаи́тский ~ follower - *n* кришнаи́т

harvest - *adj* жа́твенннный, убо́рочный *n*, *agric* (yield) урожа́й, убо́рка, сбор урожа́я
bad ~ *n* неурожа́й bad ~ year *n* неурожа́йный год
harvester *n* (person) жнец *m*, жни́ца *f*; (machine) убо́рочная маши́на, жа́твенная маши́на
harvesting *n* жа́тва *sing only*, сбор урожа́я, *dialectic* жнивьё *sing only*, *dialectic* жнитво́

hay - *n* се́но haymaking, harvesting *adj* сеноко́сный, *n* сеноко́с, сеноубо́рка ~ harvestor сенокоси́лка

Hashemite - *adj* хашими́тский, хашими́т *n*
Hasidic - *adj, rel* хаси́дский

hasty - *adj* поспе́шный
hatch - *n* люк, лючо́к hawk - *n, lit/fig* я́стреб

heading, direction, course - *n* ку́рс, пе́ленг, направле́ние
headquarters, general ~ (GHQ) - *n, mil* ста́вка
parent ~ головно́й штаб

health - *adj* здоро́вый, *n* здоро́вье
~ center *n* поликли́ника
~ department (local authority), *med* здравотде́л
mental ~ *n* душе́вное здоро́вье
ministry of ~ *n* министе́рство здравоохране́ния
public ~ *adj* здравоохрани́тельный

heart attack - *n, med* серде́чный при́ступ

heat - *n* жара́, теплота́; *vt* нагрева́ть *impf* нагре́ть *pf*
~proof or resistant *adj* жаросто́йкий, жаропро́чный
~ stroke *n* теплово́й уда́р ~ wave *n* полоса́/ пери́од си́льной жары́
heating *n* обогрева́ние, отопле́ние ~ engineer *n* теплоте́хник

AN ENGLISH – RUSSIAN DIGEST OF MILITARY, POLITICAL & SOCIAL TERMS

~ engineering *n* теплотéхника ~ plant *n* теплоцентрáль *f*

heavy – *adj* тяжёлый
~ caliber *adj, mil* крупнокалúберный
~-duty *adj* сверхпрóчный, нóский
~-ladened *adj, lit* тяжелó нагрýженный, *fig* удручённый
~ losses *n, mil* большúе потéри

heavily – *prefix* тяжело-
~ armed *adj* тяжеловооружённый ~ armored *adj* тяжелобронирóванный ~ engaged, commited *adj* ведýщий тяжёлый бой; сúльно обстрéливаемый протúвником
~-loaded *adj* тяжеловéсный
~ protected *adj* обороняемый крýпными сúлами
~ reinforced *adj* получúвший сúльные подкреплéния

hectar – *n, agric* гектáр
hedgehog – *n, lit/fig* ёж antitank ~ *n, mil* противотáнковый ёж (ПТ) hegemony – *n, pol* гегемóния
heinous – *adj* гнýсный, омерзúтельный

helicopter – *n, mil* вертолёт; вертýшка (slang)
~ borne перевозúмый на вертолётах; аэромобúльный
~ carrier десáнтный вертолётонóсец
~ inserted десантúрованный вертолётами
~ landed высáживаемый с вертолётов
air cavalry ~ вертолёт развéдывательного подразделéния
airmobile ~ трáнспортно-десáнтный вертолёт
all-weather attack ~ всепогóдный удáрный вертолёт
attack ~ удáрный вертолёт
carrier based ~ пáлубный вертолёт
combat support ~ вертолёт боевóго обеспéчения
ECM ~ вертолёт РЭП EW ~ вертолёт РЭБ
heavy lift ~ тяжёлый трáнспортный вертолёт
light lift ~ лёгкий вертолёт
logistics support ~ трáнспортный вертолёт тыловóго обеспечéния medevac ~ санитáрный вертолёт
medium lift ~ срéдний трáнспортный вертолёт
multi-purpose ~ многоцелевый вертолёт
night capable ~ ночнóй вертолёт
rocket armed ~ вертолёт с ракéтным вооружéнием
ship based ~ корабéльный вертолёт

AN ENGLISH – RUSSIAN DIGEST OF MILITARY, POLITICAL & SOCIAL TERMS

special operation ~ вертолёт специа́льного назначе́ния, спецназначе́ния troop lift ~ тра́нспортно-деса́нтный вертолёт

U.S. helicopters:
AH-1 Cobra ~ «Хью ко́бра«
AH-64 Apache ~ «Апач«
CH-47 Chinook ~ «Чину́к« (тра́нспортно-деса́нтный вертолёт)
CH-53 Sea Stallion ~ «Си Стэльён«
EH-60A Quick Fix (EW) ~ «Квик Фикс«
OH Kiowa ~ «Кайо́ва«
SH-60B ~ "Sea Hawk" "Си Хо́ук"
UH-1 Iroquois ~ «Ироке́з«
UH-1/SH-2 ~ "Sea Sprite" "Си Спрайт"
UH-60 Blackhawk ~ «Блэк Хо́ук«
V-22 Osprey ~ «Оспрей«

Soviet/Russian helicopters:
Ми-8, Ми-14, Ми-17
Ми-24, "лета́ющий танк" (flying tank)
Ми-26, Ми-28, Ми-34
Ка-27, Ка-29, Ка-31, Ка-32, Ка-50, Ка-52

heliport, helipad – *n* вертолётная площа́дка, вертодро́м

hell-raiser, a rowdy person – *n* дебоши́р
raise ~, kick up a row *coll* дебоши́рить
raising ~, rowdyism дебоши́рство

Hellenic – *adj* э́ллинский Hellenism *n* эллини́зм
Hellenist *n* эллини́ст Hellenistic *adj* эллинисти́ческий

helmet – *n* шлем, ка́ска CVC ~ *n* шлемофо́н
put on, remove ~s надева́ть *impf*, наде́ть *pf* ка́ски; снима́ть *impf*, снять *pf* ка́ски

hemisphere – *n, geo* полуша́рие
herbivorous – *adj* травоя́дный
heraldry – *n, hist* гера́льдика

herding, rounded up, rounding up *adj* сго́нный, *n* сгон
herdsman, driver *n* сго́нщик

AN ENGLISH - RUSSIAN DIGEST OF MILITARY, POLITICAL & SOCIAL TERMS

hereditary - *adj* наследственный heredity *n* наследственность *f*
heresy - *n* ересь heretic *n* еретик *m*, еретичка *f*
heretical *adj* еретический
hermetically sealed - *adj* герметизованный
hero worship - *n, soc* преклонение перед героями, *pej* культ личности
heroin addict - *n, coll* геройнщик
hibernate - *vi* находиться *impf* в зимней спячке hibernation *n* зимняя спячка
hideout - *n* убежище, укрытие

high - *adj* высший
~ class *adj, soc* высокого класа
~ command *n, mil* верховное *или* высшее командование
~-powered *adj* (of an engine) большой мощности
~-pressure work напряжённая работа ~-priced *adj* дорогостоящий ~-ranking *adj also as a n* высокопоставленный
~ school *n* средняя школа ~ seas *n* открытое море, (on high seas) в открытом море
~-speed, quick-acting *adj* быстродействующий; быстролётный, высокоскоростной, сверхскоростной
~-technology *n* высокосложная технология
in ~ places *fig* в верхах, в высших сферах
the higher ups *n, soc, mil* верхи *mpl*, высокопоставленный
Highlander *adj* горский, горец *m*, горянка *f*
Highlands *n, geo* север и северозапад Шотландии
highway under construction *n* строющееся шоссе

hijack - *vt* угонять *impf*, угнать *pf*; угон, похищение
~ an airliner угнать авиалайнер
hijacker, skyjacker *n, pol* угонщик *m*, похититель *m*

Hindu - *adj, rel* индуский; *n, rel* индус *m*, индуска *f*
Hinduism *n, rel* индуизм Hindustani *n, indecl* хиндустани *m*
hippy, hippy-like, bohemian - *adj* битниковский, *n* хиппи *indecl*
Hispanic world - *n, geo, soc* испано-португалоязычный мир
Hispanist - *n, soc* испанист

hit the target - *vt* попадать *impf*, попасть *pf* в цель
first round ~ - *n* попадание с первого выстрела

AN ENGLISH – RUSSIAN DIGEST OF
MILITARY, POLITICAL & SOCIAL TERMS

hitchhiker – *n* автосто́повец *m*, автосто́повца *f*; автосто́пщик *m*, автосто́пщица *f* hitchhiking *n* автосто́п

Hitler youth – *n, Ge pol* гитлерю́генд
"Heil Hitler!" (hist., Nazi period) – «хайл Ги́тлер!«
Hitlerian *adj* ги́тлеровский
Hitlerism *n* гитлери́зм Hitlerite, ~s *n* ги́тлеровец *m*, ги́тлеровцы

Hizbollah (Islamic terrorist group) – *n* »Хезбо́лла«
Ho Chi Minh trail – *n, mil hist* тропа́ Хо-ши-мина
hoard, set aside (for later use) – *vt* припря́тывать *impf*, припря́тать *pf*
hoist – поднима́ть *impf*, подня́ть *pf* hoisting *adj* подъёмный
hold out, to ~ – *vi* продержа́ться *pf*

holocaust – *n* ма́ссовое уничтоже́ние
nuclear ~ я́дерная катастро́фа

holy – *adj* свято́й ~ war *n* свяще́нная война́
Holy of Holies *lit, fig* Свята́я Святы́х
His Holiness (title for the Pope and Patriarchs) его́ святе́йшество

home – *n* дом
~-made *adj* самоде́льный ~-made product *n* самоде́лька
~ owner *n* домовладе́лец *m*, домовладе́льца *f*
senior citizens' ~ дом престаре́лых

homeless – *adj* бездо́мный
~ person бомж (без определённого ме́ста жи́тельства), *npl* бездо́мные

homicide – *n, leg* уби́йство
~ squad *n* отря́д сыскно́й поли́ции по рассле́дованию уби́йств
justifiable ~ уби́йство при смягча́ющих обстоя́тельствах

homing – *adj, mil* самонаводя́щийся, *n* самонаведе́ние
~ device *n* самонаводя́щееся устро́йство ~ instinct *n* тя́га домо́й

homo sapiens – *n* хо́мо са́пиенс
homogeneous – *adj* одноро́дный, гомоге́нный
homogenize *vt, (vi)* гомогенези́ровать(ся) *impf*

AN ENGLISH – RUSSIAN DIGEST OF MILITARY, POLITICAL & SOCIAL TERMS

Hong Kong – *n, geo* Гонко́нг   honor guard – *n* салю́тная кома́нда
horizon, skyline – *n* горизо́нт   horizontally *adj* горизонта́льный

horse – *adj* ко́нный, лощади́ный; *n* конь, ло́щадь *f*
~ doctor, farrier *n* конова́л   ~-drawn на ко́нной тя́ге
~ market *n* ко́нная я́рмарка   ~- breeding *n* коннозаво́дство
~-stealing *n* конокра́дство   ~-thief *n* конокра́д
horsepower *n* лощади́ная си́ла

hospitable – *n* хлебосо́льный, гостепри́мный
hospitality *n* хлебосо́льство, гостеприи́мство

hospital – *n* го́спиталь
~ dischargee *n* вы́писавшиися из го́спиталя
~ orderly *n* санита́р го́спиталя   ~ ship плаву́чий го́спиталь

hostage – *n* зало́жник   taking of ~s взя́тие зало́жников
hostile – *adj* вражде́бный, *n* "чужо́й"
hostilities, renewal of ~ возобновле́ние вое́нных де́йствий

hot line – *n, US/SU pol* «горя́чая ли́ния«   hot spot «горя́чая то́чка«; оча́г вое́нной опа́сности
Hotchkiss (Fr firm) – *n* «Го́чкис«

hour – *adj* часово́й, *n* час   one ~'s duration часово́й переры́в
payment by the ~ часова́я опла́та   24-hour duration, round the clock *adj* су́точный   hourly – *adj* ежеча́сный   ~ pay почасова́я пла́та

House of Hanover – *n Br, Ge hist* Ганно́верская дина́стия
House of Lords/Commons *n, Br, pol* Пала́та ло́рдов/о́бщин
House of Representatives *n, US pol* Пала́та представи́телей
in-house *adj, bus* внутрифи́рменный
lower ~ of Congress *n, US pol* ни́жняя пала́та Конгре́сса
upper ~ of Congress *n, US pol* ве́рхняя пала́та Конгре́сса
housing conditions *n, soc* жили́щные усло́вия
housing office *n, soc* ЖЭК жили́щно- эсплуатацио́нная конто́ра
housekeeping *n, soc* домово́дство

hovercraft – *n* кора́бль на возду́шной поду́шке

AN ENGLISH – RUSSIAN DIGEST OF MILITARY, POLITICAL & SOCIAL TERMS

hovering (helicopter) *n* полёт в режи́мезависа́ния
howitzer battery – *n* га́убичная батаре́я
Huguenot (Fr Protestants) – *adj, Fr hist* гугено́тский, *n* гугено́т

human – *adj* челове́ческий, *n* челове́к
make ~ *vt* очелове́чивать *impf*, очелове́чить *pf*
~ race *n, soc* челове́ческая ра́са, род людско́й
~ rights activist *n, soc* боре́ц за права́ челове́ка
~ immunodeficiency virus, HIV *n, med* ви́рус иммуно-дефици́та челове́ка (ВИЧ)
HIV- negative с отрица́тельной реа́кций на ВИЧ
HIV- positive с положи́тельной реа́кций на ВИЧ

humanitarian – *adj* гума́нный, челове́чный, человеколюби́вый
n гумани́ст
~ aid *n* гуманита́рка; гуманита́рная по́мощь
humanity (human race) челове́чность *f*, (human nature) челове́чество

humid – *adj* вла́жный
become ~, damp влажне́ть *impf*, повлажне́ть *pf*
humidity *n* вла́жность *f*

hundredfold – *adj* стокра́тный, *adv* во́ сто крат, в сто раз
hundredth *adj* со́тый а ~ со́тая

hunger-march – *n* голо́дный похо́д
~-strike *n* голодо́вка
go on ~-strike объявля́ть *impf*, объяви́ть *pf* голодо́вку

hungover *adj, coll* страда́ющий с похме́лья/перепо́я

hunted, etched – *adj* тра́вленный
hunting *adj* охо́тничий, *n* охо́та
~ ground охо́тничье уго́дье

hut – *n* бара́к
hydrant, fire ~ пожа́рный кран, гидра́нт

hydraulics – *n* гидра́влика

AN ENGLISH - RUSSIAN DIGEST OF MILITARY, POLITICAL & SOCIAL TERMS

hydro - *prefix* гидро-
~-electric power *adj* гидроэнергетический, гидроэлектрический
~-electric power engineering *n* гидроэнергетика

~-electric power station *n* гидроэлектростанция
~-engineering *adj* гидротехнический
~-engineering *n* гидротехника
~-engineering complex *n* гидроузел
~-power *n* гидроэнергия

hydrography *n* гидрография
hydroplane *n* полуглиссёр

hygiene - *n* гигиена
hygienic *adj* гигиенический

hypersonic - *adj* гиперзвуковой

hypothetical - *adj* гипотетический

AN ENGLISH – RUSSIAN DIGEST OF MILITARY, POLITICAL & SOCIAL TERMS

I

Iberia – *n, geo* Ибе́рия   Iberian *adj* ибери́йский
icon painting – *n* и́конопись *f*

identification – *adj* опознава́тельный, *n* распознава́ние, опознава́ние, идентифика́ция
~ card (ID) *n* идентификацио́нная ка́рточка
~ friend or foe (IFF) *n* систе́мы опознова́ния «свой-чужо́й«
~ papers докуме́нты удостоверя́ющие ли́чность *f*
positive target ~ *n* достове́рное опознова́ние це́ли
identify опознава́ть *impf,* опозна́ть *pf;* распознава́ть *impf,* распозна́ть *pf;* идентифици́ровать *pf & imp*f

ideological – *adj* идеологи́ческий   ideology *n* мировоззре́ние, идеоло́гия
idolater – *n* идолопокло́нник   idolatrous *adj* идолопокло́нство
idolatry *n* идолопокло́нничество
ignorant (uninformed) – *adj* несве́дущий
Ilyushin (Ru aircraft manufacturer) – Илью́шин, Ил.

ill-fated – *adj* злополу́чный   illegals – *npl* нелега́лы
illiteracy – *n* безгра́матность, негра́матность *f*
illiterate *adj* негра́матный
illuminate – освеща́ть *impf,* освети́ть *pf*   illuminated *adj* засве́ченный   illumination device *n* аппарату́ра подсве́тки

imagery – *n* изображе́ние, отображе́ние
imam (Islamic priest) – *n, rel* има́м
immature – *adj* незре́лый   immaturity *n* незре́лость *f*

immunity, radar jamming ~ – *n* помехозащищённость *f*
immunize – *vt* иммунизи́ровать *pf & impf* кого к чему
immunization *n, med* вакцина́ция, иммуниза́ция, приви́вка

impartial, unbiased – *adj* беспредвзя́тый
impassible – *adj* непроходи́мый
impeachment – *adj, pol* импи́чмент
impenetrability – *adj* непробива́емость *f,* непроница́емость *f*
(on foot) непроходи́мость

imperial – *adj* импе́рский   imperialism *n* империали́зм
imperialist *n* империали́ст

AN ENGLISH - RUSSIAN DIGEST OF
MILITARY, POLITICAL & SOCIAL TERMS

impetuous - *adj* стремительный

Implementation Force (IFOR; NATO) - Си́лы выполне́ния соглаше́ния (ИФОР)
implied - *adj* подразумева́емый, предполага́емый
impose/lift martial law - вводи́ть *impf*, ввести́ *pf* вое́нное положе́ние, отменя́ть *impf* отмени́ть *pf* вое́нное положе́ние
impoverish - *vt* обедня́ть *impf*, обедни́ть *pf*
impoverishment *n* обедне́ние, обнища́ние
impractical - *adj* невыполни́мый, неосуществи́мый, неисполни́мый

imprison - *vt* заключа́ть *impf*, заключи́ть *pf* в тюрьму́; заточа́ть *impf*, заточи́ть *pf*
imprisonment *n* тюре́мное заключе́ние
sentence to life ~ приговори́ть кого́-л. к пожи́зненному заключе́нию

improved, corrected - *adj* испра́вленный
improvisation -*n* импровиза́ция
improvisational *adj* импровиза́торский
improvise импровизи́ровать *impf*, сымпровизи́ровать *pf*
improvised *adj* импровизи́рованный, *adv* экспро́мтом
improviser *n* импровиза́тор

imprudent - *adj* неосмотри́тельный
impunity - *n* безнака́занность *f*, *adv* безнака́занно
imput, injects - *n* ввод, вво́дная

in - в, по, при
~ absentia *adverb, leg* зао́чно   ~ action в бою́, в де́йствии
~ peacetime в ми́рное вре́мя   ~ short supply *adj* дефици́тный, недоста́точный   ~ single file (walking) *adv* гусько́м
~ the a.m., p.m. полу́ночи, полу́дни   ~ wartime во вре́мя войны́
~ working condition, order; be operable в рабо́чем состоя́нии

inactivate - переводи́ть *impf*, перевести́ *pf* в резе́рв; *vt* расформиро́вывать *impf*, расформирова́ть *pf*
inactive *adj* безде́йственный, безде́йствующий
inactivity *n* безде́йствие

inaugural - *adj* инаугурацио́нный   inauguration *n* инаугура́ция

AN ENGLISH – RUSSIAN DIGEST OF MILITARY, POLITICAL & SOCIAL TERMS

inalienable – *adj* неотъе́млемый, неотчужда́емый
inappropriate – *adj* неуме́стный
inattentive – *adj* невнима́тельный
inaudible – *adj* неслы́шный
inclement – *adj* суро́вый
incognito – *adv* инко́гнито, *also as a n*
incoming – *adj* входя́щий, приближа́ющийся
incompatible – *adj* несовмести́мый
inconceivable – *adj* невообрази́мый
increase – *n* повыше́ние increased *adj* повы́шенный
incremental increase – *n, econ* надба́вка
incriminatory – *adj* инкримини́рующий
indemnity – *n, econ, pol* индемните́т

index – *n, econ* и́ндекс card ~ *n* картоте́ка
cost of living ~ *econ* и́ндекс сто́имости жи́зни

Indian – *adj, US* инде́йский, *n* инде́ец *m*, инде́йца *f*; (from India) *adj* инди́йский, инди́ец*m*, инди́йца *f*
~ file *adv* гусько́м
~ summer *n, wea* ба́бье ле́то

individual – *n* о́собь, индиви́дуум, ли́чность *f*

Indo – *prefix* индо-
~-China – *adj* индокита́йский, Индокита́й; *n* Кохинхи́на
~-European *adj* индоевропе́йский, европе́ец *m*, европе́ка *f*
~-German *adj* индогерма́нский ~-Soviet *adj* инди́йско-сове́тский

indoctrination – *n* внедре́ние, индоктрина́ция

industrial – *adj* индустриа́льный ~ complex *n, ind* комбина́т, промкомбина́т
industrialize *vt* индустриализи́ровать *impf* industrialization *n* индустриализа́ция

industry – *n* промы́шленность *f*
cottage ~ *n* о́трасли оте́чественной промы́шленности
heavy ~ *n* тяжёлая промы́шленность
light ~ *n* лёгкая промы́шленность
manufacturing ~ обраба́тывающая промы́шленность
metal-working ~ *adj* металлообраба́тывающий

AN ENGLISH - RUSSIAN DIGEST OF MILITARY, POLITICAL & SOCIAL TERMS

inedible – *adj* несъедо́бный
ineffective – *adj* вы́веденный из стро́я, неиспра́вный
make ~ (troops, equipment) – выводи́ть *impf*, ввести́ *pf* из стро́я
inevitable – *adj* неотврати́мый
infallibility – *n* непогреши́мость *f* infallible *adj* непогреши́мый
infant mortality – *n* де́тская сме́ртность

infantry – *adj* пехо́тный, *n* пехо́та
APC mounted ~ пехо́та, перевози́мая на БТР
dismounted ~ *n* спе́шенная мотопехо́та; мотопехо́та, де́йствующая в пе́шем поря́дке
~ heavy с преоблада́нием пехо́ты
~ pure *n* состоя́щии то́лько из пехо́тных часте́й
motorized/mechanized/mounted ~ мотопехо́та
mountain ~ го́рная пехо́та
infantryman, infantrymen *n* пехоти́нец, пехоти́нцы

infectious, contagious – *adj* зарази́тельный, зара́зный
infect with *lit, fig* заража́ть *impf*, зарази́ть *pf*

infiltrate – проника́ть *impf*, прони́кнуть *pf*
infiltration *n, fig, mil, pol* проникнове́ние, инфильтра́ция
infiltrator просочи́вшиися проти́вник

inflation – *n, econ* инфля́ция single/double digit ~ инфля́ция, вы́раженная однозна́чной/двузна́чной ци́фрой
inflationary *adj* инфляцио́нный

inflammable liquids – *n* легковоспламеня́ющаяся жи́дкость
in-flight – *adj* происходя́щий в полёте, на борту́ самолёта

influence – *n* (general) возде́йствие, влия́ние; (pulling strings) блат, по бла́ту; возде́йствовать *pf & impf* на + а.; по/влия́ть *pf/impf* на + а

inform – *vt* информи́ровать *pf & impf*; осведомля́ть *impf*, осве́домить *pf*; сообща́ть *impf*, сообщи́ть *pf*
informant *n* информа́тор

information – *n* информа́ция, све́дение
~ security threat *n* угро́за информацио́нной безопа́сности
~ superhighway *n* информацио́нная сверхмагистра́ль

AN ENGLISH - RUSSIAN DIGEST OF MILITARY, POLITICAL & SOCIAL TERMS

~ technician (IT) n, *comp* информа́тик
~ technology n, *comp* информа́тика
according to ~ по полу́ченным све́дениям
false ~ ло́жное све́дение   recon ~ n разведда́нные
up-to-date ~ n после́дние да́нные

informer - n доно́счик m, доно́счица f (against so); информа́тор, осведоми́тель; *coll* лега́вый, *sl* стука́ч

infrared - *adj* инфракра́сный
~ homing action инфракра́сное самонаведе́ние
~ illumination инфракра́сное облуче́ние

infrastructure - n инфраструкту́ра

initiative - n инициати́ва
take the ~ брать *impf,* взять *pf* на себя́ инициати́ву
yield the ~ уступа́ть *impf,* уступи́ть инициати́ву
initiator n инициа́тор

inject - инъекти́ровать *pf & impf*
injunction, command, order - n приказа́ние

injury - n ра́на, уши́б
self-inflicted ~ n членовреди́тельство; нанесе́ние себе́ поврежде́ние

in-law - n сво́йственник, родня́ со стороны́ му́жа/жены́
in-laws n свояки́ *mpl*   daughter-in-law n неве́стка, сноха́
father-in-law (husband's) n свёкор, (wife's) n тесть
mother-in-law (husband's) n свекро́вь (wife's), n тёща
son-in-law n зять

inner - *prefix* внутри-
~-party *adj* внутрипарти́йный   ~ tube n автока́мера
~-union *adj* внутрисою́зный

inmate (prison) - n заключённый
innovative - *adj* нова́торский
innuendo - n инсинуа́ция
inquest - n, *leg* суде́бное сле́дствие
insecticide - n сре́дство от насеко́мых, инсектици́д

AN ENGLISH – RUSSIAN DIGEST OF MILITARY, POLITICAL & SOCIAL TERMS

insertable – *adj* вдвижно́й   inserted, supplementary *adj* вкладно́й

inside – *prep* вовну́трь
~ out *adv* наизна́нку   turn ~ вы́вернуть наизна́нку
insider – *n, soc* свой и́ли непосторо́нний челове́к
~ trading *n, econ* незако́нное испо́льзование делово́й информа́ции при сде́лках на би́рже
insignia – *n* зна́ки разли́чия ро́да войск
insolate – изоли́ровать *pf & impf*
insolation *adj* изолиро́вочный, *n* изолиро́вка
insolvant – *adj, bus* неплатёжеспосо́бный

inspect, conduct an inspection – *vt* инспекти́ровать *impf*, проинспекти́ровать   ~ troops инспекти́ровать войска́
inspection *adj* инспекцио́нный, *n* инспе́кция, осмо́тр, смотр, formal ~ пла́новый осмо́тр   general ~ инспе́кторский осмо́тр

inspector, examiner – *n* досмо́трщик *m*
~ general (IG) *n, mil* генера́л-инспе́ктор
medical ~ медици́нский осмо́тр   morning ~ у́тренний осмо́тр
spot-check ~ вы́борочный осмо́тр   visual ~ вне́шний осмо́тр

install – *vt* монти́ровать *impf*, смонти́ровать *pf*, устана́вливать *impf*, установи́ть *pf*
installation *n* (action) монта́ж, устано́вка; (structure) сооруже́ние, устано́вка, учрежде́ние
military ~ вое́нные сооруже́ние
installment *n, bus* рассро́чка   by, in ~s в рассро́чку
purchase by ~s купи́ть в рассро́чку/рассро́чкой платежа́

instigation – *n* подстрека́тельство
inflammatory, incitement *adj* подстрека́тельский
instigator, firebrand *n*, подстрека́тель; (a live-wire person) *n, coll, soc* заводи́ла

instruction – *n* (order) распоряже́ние, указа́ние; (training) обуче́ние
until further ~, direction, order до осо́бого распоряже́ния
instructional *adj* инструкти́вный
instructive *adj* поучи́тельный   instructor *adj* инстру́кторский, *n* инстру́ктор

AN ENGLISH - RUSSIAN DIGEST OF MILITARY, POLITICAL & SOCIAL TERMS

instrument - *n* аппара́т, прибо́р
~ flying *n* полёт при по́мощи прибо́ров; полёт по автопило́те
~-making *n* приборостроéние
recording ~ *n* самопи́сец

insulin - *n, med* исули́н

insurance - *adj* страхово́й, *n, bus* страхова́ние
~ against damage страхова́ние от поврежде́ний
~ policy *n* страхово́й по́лис
all risks ~ страхова́ние от всéх ри́сков
compulsory ~ обяза́тельное страхова́ние
fire ~ страхова́ние от огня́   life ~ страхова́ние жи́зни
long-term ~ долгосро́чное страхова́ние
marine ~ морско́е страхова́ние
natural hazard ~ страхова́ние от стихи́йных бéдствий
short-term ~ краткосро́чное страхова́ние
take out ~ *vi* страхова́ться *impf*, за/от/страхова́ться *pf*
insurer *n* страхова́тель *m*, страхо́вщик

intelligence - *adj, mil* разве́дывательный, *n* разве́дка
~ center *n* разведце́нтр ~ network, spy network *n* агенту́ра
~ study *n, mil* разрабо́тка по разве́дке human ~ агенту́рно-операти́вного разве́дка signals ~ (SIGINT) *n* радиоразве́дка

intensification - *n* активиза́ция, интенсифика́ция, увеличе́ние, усиле́ние
intensified *adj* уси́ленный intensify *vt* нара́щивать *impf*, нарасти́ть *pf;* активизи́ровать *pf & impf*

intent - *n* у́мысел intentional *adj* умы́шленный, намéренный

inter - *prefix* меж
~-allied *adj* межсою́знический
~-departmental *adj* междуве́домственный
~-governmental *adj* межправи́тельственный
~-parliamentary *adj* межпарла́ментский
~-party *adj* межпарти́йный
~-planetary *adj* межплане́тный
~-state *adj* межшта́товский
~-tribal *adj* межплеменно́й

AN ENGLISH - RUSSIAN DIGEST OF
MILITARY, POLITICAL & SOCIAL TERMS

intercept - подслу́шивать *impf,* подслу́шать *pf*
interception *n* (commo) *n* подслу́шивание, (rockets, vehicles, etc) перехва́т radio ~ *n* радиоперехва́т interceptor *n* интерце́птор, перехва́тчик

interchangeabilty - *n* взаимозаменя́емость *f*
interchangeable *adj* взаимозаменя́емый, заменя́емый, сме́нный

intercom - *n* селе́ктор, (tank) танкофо́н ~ system *n* переговóрная систе́ма intercommunications *n* вну́тренняя связь
interdepartmental - *adj* межве́домственный, внутриве́домственный
interdependence - взаимосвя́занность *f* interdependent *adj* взаимосвя́занный

interest rate - *n, bus* проце́нтная ста́вка
Interior Ministry Troops (Ru Federation) - *n, pol* вну́тренние войска́

interference - *n, commo, radar* поме́ха, радиопоме́ха
~-free *adj* помехоусто́йчивый artificial ~ иску́сственная поме́ха
atmospheric ~ атмосфе́рная поме́ха external ~ вне́шняя поме́ха

interlacing, intermixing - *n* скреще́ние

intermediary, mediator, go-between - *adj* посре́днический, *n* посре́дник; (to mediate, to act as go-between) посре́дничать *impf* ; (mediation) *n* посре́дство
intermediate - *adj* посре́дствующий

intern - *pol, vt* интерни́ровать *pf & impf,*
~ enemy citizens интерни́ровать *pf & impf* гра́ждан проти́вной стороны́ internee as a *n, pol* интерни́рованный internment *n, pol* интерни́рование
~ camp *n* ла́герь *m* для интерни́рованных

internal - *adj* вну́тренний
~ armed conflict вну́тренний вооружённый конфли́кт
~ strife *n* вну́тренние раздо́ры, междоусо́бие
~ threat *n* вну́тренняя угро́за
internallly displace person (DP) *n* вну́тренне перемещённое лицо́
Internal Revenue Service (US, IRS) - Гла́вное нало́говое управле́ние

AN ENGLISH - RUSSIAN DIGEST OF MILITARY, POLITICAL & SOCIAL TERMS

international – *adj* междунаро́дный
~ date line *n* ли́ния переме́ны да́ты
~ law of reprisal *n* междунаро́дное пра́во возме́здия
~ terrorism *n* междунаро́дный террори́зм
International Atomic Energy Commission (IAEC) *n, UN* междунаро́дное аге́нство по а́томной эне́ргии
International Court of Justice *n, leg* междунаро́дный суд
International Monetary Fund (IMF) *n, econ* междунаро́дный валю́тный фонд internationalism *n, pol* интернационали́зм
internationalist *n, pol* интернационали́ст
internationalization *n, pol* интернационализа́ция
internationalize *pol, vt* интернационализи́ровать *pf & impf*

internecine, civil – *adj* междоусо́бный ~ strife междоусо́бие
Interpol – *n, Eur* «Интерпо́л«
interpolate – *vt* интерполи́ровать *pf & impf* interpolation *n* интерполя́ция

interpretation – *n* перево́д
air-photo ~ *n* расшифро́вка, дешифри́рование аэросни́мков, фотографи́ческое дешифри́рование
photo ~ *n* дешифро́вка

interrogate – *vt* допра́шивать *impf*, допроси́ть *pf*
interrogator *n* допро́счик, сле́дователь *m* interrogated (person) as a *n* допра́шиваемый
interruption/interrupted; intermittent – *n* перебо́й, перебо́йный

intertribal – *adj* межплеменно́й

intervention – *n* вмеша́тельство, интерве́нция
interventionist *n, pol* интерве́нт
armed ~ вооружённая интерве́нция
interventionist *adj, pol* интервенциони́стский *n, pol* интерве́нт

interview интервьюи́ровать *pf & impf* ~er *n* интервьюе́р
intravenous – *adj, med* внутривенный
intriguer, schemer – *n, soc* интрига́н

invade – vt (*vi*) вторга́ть(ся) *impf*, вторгну́ть(ся) *pf*
invader *n* захва́тчик, вто́ргшийся проти́вник
invasion *n* вторже́ние ~ of Europe вторже́ние в Евро́пу

AN ENGLISH – RUSSIAN DIGEST OF MILITARY, POLITICAL & SOCIAL TERMS

~ of privacy нарушéние покóя/уединéния; вторжéние в лúчную жизнь

inventory – *adj* инвентáрный, *n* (document) инвентáрыт, реéстр, рóспись *f;* (action) инвентаризáция
spot ~ частúчная инвентаризáция

investigate – *sci* исслéдовать *impf & pf*, (crime, etc) расслéдовать *impf & pf*
investigation *n* обслéдование, расслéдование, слéдствие; *sci* исслéдование background ~ *n* провéрка анкéтных дáнных
criminal ~ *n* расслéдование уголóвного дéла
line of duty (LOD) ~ служéбное расслéдование
investigative *adj* слéдственный investigator *n* слéдователь

invulnerable – *adj* неуязвúмый
ionosphere – *n, meteo* ионосфéра
IOU – *n, coll* долговáя распúска

iron foundry – *adj* железоплавúльный, *n* железоплавúльный завóд
"Iron Curtain" *n, hist, pol* желéзная зáнавес

irredentist – *n, It hist* ирредентúст
irrefutable – *adj* неоспорúмый, неопровержúмый
irregulars – *n, mil* нерегулярные войскá

irrelevant *adj* – неподходящий, неумéстный
~ to the matter at hand неотносящийся к дéлу

irreparable – *adj* безвозврáтный
~ loss or mistake *n* безвозврáтная потéря
~ mistake непоправúмая ошúбка
irreplaceable – *adj* незаменúмый
irresistable – *adj* неотразúмый
irreversible – *adj* необратúмый
irrevocable – *adj* безотзывный

irrigate – (water supply) *vt* орошáть *impf*, оросúть *pf*
irrigation *adj* ирригациóнный, *n* орошéние

AN ENGLISH – RUSSIAN DIGEST OF MILITARY, POLITICAL & SOCIAL TERMS

Islam – *n, rel, pol* мусульма́нство; исла́м
Islamic *adj* мусульма́нский, исла́мский
Islamification *n, pol, rel* исламиза́ция

islander – *n* островитя́нин *m*, островитя́нка *f*
Isles, British ~ *n* Брита́нские острова́
islet *n* острово́к

isolate – *vt* обособля́ть *impf*, обосо́бить *pf*
isolated *adj* обосо́бленный
isolation *n* изоля́ция, обособле́ние
isolationism *n, pol* изоляциони́зм
isolationist *n, pol* изоляциони́ст

issue (theme, topic, question) – *n* вопро́с, предме́т осбужде́ния
soft pedal an ~ спуска́ть *impf*, спусти́ть *pf* на то́рмозах реше́ние вопро́са

isthmus – *n, geo* переше́ек

items on an agenda – пу́нкты пове́стки дня

iterate – повторя́ть *impf*, повтори́ть *pf*; возобновля́ть *impf*, возобнови́ть *pf*

iteration *n* повторе́ние, возобновле́ние

AN ENGLISH – RUSSIAN DIGEST OF MILITARY, POLITICAL & SOCIAL TERMS

J

jack-knifing – *n, veh* виля́ние прице́па
jacket, field – *n* полева́я ку́ртка
jailbreak – *n* побе́г из тюрьмы́
Jain – *n, rel* член се́кты джа́йна   Jainism *n, rel* уче́ние се́кты джа́йна

jam – *n, mil* поме́ха, подавле́ние
~-proof, jam-free *adj, mil* помехоусто́йчивый
jammer (radar, etc) *n, mil* переда́тчик/ста́нция поме́х

jamming *n, mil* радиоэлектро́нное подавле́ние (РЭП)
~ immunity помехозащищённость *f*
~ target *n, mil* объе́кт, подавля́емый поме́хами
barrage ~ *n, mil* загради́тельная/прице́льная поме́ха
directional ~ *npl, mil* напра́вленные поме́хи

Japanese – *prefix* японо-, *adj* япо́нский
~-American *adj* японо-америка́нский
~-Bristish японо-англи́йский
~-Chinese японо-кита́йский
~-Soviet японо-сове́тский

jeep – *n, coll* га́зик
Jeffersonian – *adj* Дже́фферсоновский, *n* после́дователь Дже́фферсона
Jehovah – *n, rel* Иегова́ *m* Jehovah's witness *n, rel* иегови́ст

jellied incendiary mixture – *n* загущенная зажига́тельная смесь

Jerusalem – *n, geo* Иерусали́м
Jesuit – *adj, rel* иезуи́тский, *n, rel* иезуи́т
jettison – *lit, fig* выбра́сывать *impf*, вы́бросить (за́ борт)
jettisonable *adj* сбра́сываемый

Jew – *n, rel* евре́й *m*, евре́йка *f* ~-baiting *n* пресле́дование евре́ев Jewess *n* евре́йка Jewish *adj* евре́йский ~ quarter евре́йский кварта́л Jewry *n, collective pl* евре́и *mpl*, евре́йство

jihad – *n, Is, rel* джиха́д
jingo, by ~ ! – *coll* ёлки-па́лки!

AN ENGLISH – RUSSIAN DIGEST OF MILITARY, POLITICAL & SOCIAL TERMS

job – *n* рабо́та
~ description *n* профессиогра́мма ~ promotion *n* повыше́ние по слу́жбе ~ pay promotion повыше́ние по зарпла́те
~ satisfaction *n* удовлетворённость рабо́той ~ security гара́нтия рабо́ты ~ vacancies *n* неза́няты рабо́чие места́
odd ~, odd work случа́йная рабо́та jobless *adj* безрабо́тный

jogger – *n, soc, sport* джо́ггер jogging *n, sport* джо́ггинг

join the armed forces – поступа́ть *impf*, поступи́ть *pf* на вое́нную слу́жбу
Joint Chiefs of Staff – *n, US mil* объединённый комите́т нача́льников штабо́в

jot down – кра́тко запи́сывать *impf*, кра́тко записа́ть *pf*
jotting down, note-taking *n* за́писи *nfpl*

journal, daily staff – *n* журна́л учёта ежедне́вной де́ятельности штаба́ journalism *n* журнали́стика journalist, free lance ~ внешта́тный журнали́ст

joystick – *n* координа́тная ру́чка
Judaic – *adj* иуде́йский Judaism *n, rel* иудаи́зм

judgeship – *n* суде́йская до́лжность
judicial *adj* суде́бный ~ proceedings суде́бный проце́сс
judiciary *n, mpl* су́дьи

judo *n* дзюдо́ *indecl* judoist *n* дзюдои́ст *m*, дзюдои́стка
juggernaut – *n, fig* безжа́лостная неумоли́мая си́ла
jumping-down, jumping-off – *n* спры́гивание
junction – *adj* узлово́й, *n* у́зел road ~ у́зел доро́г, доро́жный у́зел
Jungian – *adj, phil* юнгиа́нский

junior - *adj* мла́дший ~ (school) *n* студе́нт тре́тьего ку́рса
~ grade officers *n, mil* мла́дший офице́рский соста́в

junk (vessel) – *n* джо́нка ~ food *n* неполноце́нная пи́ща
junkie – *n, m* наркома́н, наркома́нка *f*
junta – *n, pol* ху́нта ~ member *n* хунти́ст
Jurassic period – *n, geo* ю́рский пери́од

AN ENGLISH - RUSSIAN DIGEST OF
MILITARY, POLITICAL & SOCIAL TERMS

jurisdiction (legal authority) - *n* юрисди́кция have ~ over име́ть *impf* юрисди́кцию над + i.

jurisprudence *n* юриспруде́нция
jurist *n, leg* юри́ст,
juror *as a n* прися́жный *m*, прися́жная *f*, прися́жные *fpl*
jury *n* жури́, прися́жые *npl*

justice - *n* (fairness) справедли́вость *f;* (magistrate) судья́
~ of the peace мирово́й судья́
administer ~ отправля́ть *impf*, отпра́вить правосу́дие
bring so to ~ отдава́ть *impf*, отда́ть *pf* кого́-н. под суд
do ~ to отдава́ть, отда́ть до́лжное + d.
poetic ~ *n* справедли́вое возме́здие

justifiable *adj* опра́вданный
~ homicide *n* уби́йство в це́лях самозащи́ты
justification *n* оправда́ние
justified *adj* опра́вданный

justify *vt* опра́вдывать *impf*, оправда́ть *pf*
~ one's self vt, (*vi*) опра́вдывать(ся), оправда́ть(ся)

juvenile - *adj* ю́ный, ю́ношеский, малоле́тный; *n* подро́сток *m*, де́вочка-подро́сток *f*
~ court *n, leg* суд по дела́м несовершенноле́тних
~ delinquency *n, leg, soc* де́тская престу́пность
~ delinquent *n, leg* несовершенноле́тний правонаруши́тель

juxtapose - *vt* помеща́ть *impf*, помести́ть *pf* бок о́ бок
juxtaposition *n* сосе́дство, бли́зость; (for comparison) сопоставле́ние

AN ENGLISH – RUSSIAN DIGEST OF MILITARY, POLITICAL & SOCIAL TERMS

K

Kaiser – *adj, Ge, A/H* ка́йзеровский, *n* ка́йзер
kamikaze – *WWII Ja* камикадзе (indecl)/лётчик-сме́ртник
Kampuchea – *n, geo* Кампучи́я
Kampuchean *adj* кампучи́йский, *n* кампучи́ец *m*, кампучи́йка *f*

kangaroo court – *n, soc* шемя́кин суд

Karelia – *n, geo* Каре́лия
Karelian *adj* каре́лский, *n* каре́л *m*, каре́лка *f*
Kashmir – *n, geo* Кашми́р
Kashmiri *adj* кашми́рский, *n* кашми́рец *m*, кашми́рка *f*
Kazakh – *adj* каза́хский, каза́х *m*, каза́шка *f* Kazakhstan *n, geo* казахста́н

keep –
~ abreast of the times быть вро́вень с ве́ком; не отста́ть от жи́зни ~ an eye peeled гляде́ть *impf*/смотре́ть *pf* в о́ба
~ abreast of the combat situation быть в ку́рсе де́ла; быть в ку́рсе боево́й обстано́вки
~ an eye peeled гляде́ть *pf*, смотре́ть *pf* в о́ба
~ on the lookout гляде́ть *pf*, смотре́ть *pf* в о́ба
~ out of someone's way/sight *vi* стара́ться не попада́ться кому́ на глаза́ ~ up the pace with *vi* угна́ться за + i.

kerosene – *adj* кероси́новый, *n* кероси́н

Keynesian – *adj, Eng, 1930s econ* кейнзиа́нский
Keynesianism *n, econ, pol* кейнзиа́нство
KGB – *n, Sov* КГБ
~ agent *n, coll* кагебе́шник *или* кагеби́ст; *coll* госбезопа́сник
Khmer Rouge (Campuchea, Cambodia) – «кра́сные кхме́ры»

kibbutz – *n* кибу́ц kibitzer *n, coll* непро́шенный сове́тчик при игре́ в ка́рты

kick in the door – *vt* взла́мывать *impf*, взлома́ть *pf* дверь
kick start the economy – *econ, vt* дать толчо́к эконо́мике
kidnap – *vt* похища́ть *impf*, похи́тить *pf*
kidnapped *adj* похищённый kidnapper *n* похити́тель *m*
Kiev – *n, geo* Ки́ев Kievan *adj* ки́евский, *n* киевля́нин *m*, киевля́нка *f*

AN ENGLISH – RUSSIAN DIGEST OF
MILITARY, POLITICAL & SOCIAL TERMS

kill - убива́ть *impf*, уби́ть *pf*
~ on the spot уби́ть/напова́л/ на ме́сте ~ probability вероя́тность *f* пораже́ния ~ time уби́ть вре́мя target ~ пораже́ние цели killed in action (KIA) па́вший в бою́, уби́тый в бою́
killer (murder) *n* уби́йца *m, f* mercy killing *n, soc* уби́йство из милосе́рдия

kilo - *n* кило́ *indecl*
kiloton - *n, nuc* килото́нна
kingdom of heaven - *n, rel* ца́рство небе́сное
Kirghiz - *adj* кирги́з *m*, кирги́зка *f* Kirghizia *n, geo* Кирги́зия
kismet (Islamic for fate) - *n* кисме́т

kit - *n* компле́кт, набо́р
accessories ~ набо́р принадле́жностей
decon ~ дегазацио́нный компле́кт
detector ~ (CW) химдете́ктор
first aid ~ *n* апте́чка, санита́рная су́мка
repair ~ ремо́нтный компле́кт
spare ~ набо́р запа́сных часте́й
tool ~ набо́р инструме́нта

kleptomania - *n, med, soc* клептома́ния kleptomaniac *n* клептома́н
Knesset; the Israeli Parliament - *n, pol* кне́ссет; изра́ильский парла́мент
knighthood - *n, hist* ры́царство
knocked-out - *adj* подби́тый ~ tank подби́тый танк

know-how, technical ~ техни́ческие на́выки *mpl*
knowledgeable - *adj* хорошо́ осведомлённый
~ about st све́дущий в + *prep*

Kobzar (Ukrainian national bard-singer) - *n* кобза́рь *m*
Kolchakovschina (White Army rule under Admiral Kolchak, Rus. Civil War) - колча́ковщина

kolkhoz - *Sov agric* колхо́з, (member) колхо́зник *m*

Komsomol - *adj, Sov* комсомо́льский, *n* комсомо́л
~ member *n, Sov* комсомо́лец *m*, комсомо́лка *f*

AN ENGLISH - RUSSIAN DIGEST OF MILITARY, POLITICAL & SOCIAL TERMS

Koran - *Is, rel* Коран

Kremlin - *adj* кремлёвский, *n, Ru* Кремль *m*
Kremlinology/Kremlinologist *n, pol, soc* кремлеведение/кремленология
Kremlinologist *n, pol, soc* кремлевед, кремленолог

Krishna - *n, rel* Кришна *m*
Krishna-Consciousness *adj* кришнайтский

Kronstadt uprising (Sov, 1921-1922) - *n* кронштадтские восстания

Ku Klux Klan - *n, US soc* куклуксклан
~ Klaner *n* куклуксклановец

kulak, peasant - *adj, Sov agric* кулацкий; *n* кулак *m*, кулачка *f*
~, poor peasant *adj* бедняцкий, *n* бедняк
kulaks (collective term) *n* кулачество
middle peasant ~ *adj* середняцкий, *n* середняк

kung fu - *n* кун- фу *indecl*

Kurd - *adj* курдский, курд *m*, курдка *f*

Kuomintang (1929-1949) - *adj, Ch hist, pol* гоминдановский, *n* гоминдан; (member) *n* гоминдановец *m*, гоминдановка *f*

Kwantung army - *n, Ja, WW II* квантунская армия

AN ENGLISH – RUSSIAN DIGEST OF MILITARY, POLITICAL & SOCIAL TERMS

L

labor – *adj* (Br pol) лейбори́стский, рабо́чий; *n* труд
~ colony трудова́я коло́ния ~ camp исправи́тельно-трудово́й ла́герь *m* ~-consuming *adj* трудоёмкий
~ dispute *n* трудово́й конфли́кт ~ exchange би́ржа труда́
~-intensive *adj* трудоёмкий ~ pains роди́льные муки́
~ relations трудовы́е отноше́ния ~-saving *adj* рационализа́торский, трудосберега́ющий
~ turnover теку́честь рабо́чей си́лы
agricultural ~ сельскохозя́йственные рабо́ты
casual ~ случа́йная рабо́та collaborative ~ совме́стная рабо́та
forced ~ принуди́тельные рабо́ты ministry of ~ министе́рство труда́ regular ~ постоя́нная рабо́та shortage of ~ нехва́тка рабо́чей си́лы skilled ~ квалифици́рованная рабо́та
slave ~ ра́бский труд unskilled ~ чёрная рабо́та

Labor Day – *US soc* День *m* труда́
Labor government *Br pol* лейбори́стское прави́тельство
Laborism *n*, лейбори́зм
Laborist or Laborite *n*, *Eng pol* лейбори́ст *m*, лейбори́стка *f*
Laborite *adj* лейбори́стский

laden, loaded – *adj* гружёный
ladies' man – *n* женолю́б
lag – *n* заде́ржка, запа́здывание
lagging, falling behind *n* остава́ние
lair, den – *n lit/fig* ло́говище, ло́гово
laissez-faire – *n*, *econ*, *pol* экономи́ческое невмеша́тельство
lame duck – *n*, *pol* должно́стное лицо́, утра́тившее своё пре́жнее влия́ние
laminated – *adj* пласти́нчатый

land – *n* земля́ dry ~ су́ша
~-poor *adj* малоземе́льный no man's ~ *mil* ничья́ земля́, ниче́йная полоса́ promised ~ *n*, *bib*, *fig* земля́ обетова́нная ~ sea-borne troops *nav* выса́живать морско́й деса́нт ~ shortage *n* малоземе́лье

landing – *adj* деса́нтный, *n* деса́нт, вы́садка, поса́дка, приземле́ние
~ by a helicopter landing force *n* вы́садка вертолётного деса́нта
~ craft деса́нтно-вы́садочное сре́дство, деса́нтно-вы́садочная ба́ржа ~ force *n* деса́нтные войска́ пе́рвого эшело́на

AN ENGLISH – RUSSIAN DIGEST OF MILITARY, POLITICAL & SOCIAL TERMS

~-ground взлётно-поса́дочная площа́дка
~ operation *n, mil* деса́нтная опера́ция, вы́садка войск
~ party, expeditionary force *n, mil* деса́нт ~ permit *n* разреше́ние на поса́дку ~ strip *n* поса́дочная площа́дка ~ ship, craft *n* деса́нтное су́дно
airborne ~ *n* вы́садка поса́дочного деса́нта
amphibious ~ *n* вы́садка морско́го деса́нта
forced ~ *n* вы́нужденная поса́дка
seaborne-assault ~ *n* вы́садка морско́го деса́нта

landlady – *n* квартирохозя́йка landlord *n* квартирохозя́ин
landless – *adj* безземе́льный, *n* безземе́льные крестья́не
landmark – *n*назе́мный ориенти́р
Landtag – *n, Aus, Ge parliament* ланта́г

lapse, slip-up – (slight mistake) *n* упуще́ние, опло́шность; (of memory) прова́л па́мяти; (of the tongue) обмо́лвка, огово́рка

large – *prefix* крупно- ~-calbre *adj* крупнокали́берный
~-scale *adj* крупномасшта́бный

laser – *adj* ла́зерный, *n* ла́зер ~ indicator ла́зерный целеуказа́тель ~ rangefinder ла́зерный дальноме́р ~ ranging определе́ние да́льности с по́мощью ла́зерного дальноме́ра

last, to ~ про/дли́ться last-ditch (attempt) – *adj* отча́янный
lasting *adj* про́чный ~ peace *n* про́чный мир

latecomer – *n* опозда́вший
lateral shift (of troops, reserves, etc, and chess) – *n* рокиро́вка

Latin – *adj* Лати́нский
~ America *n, geo* Лати́нская Аме́рика ~ American *adj* Латиноамерика́нский ~ culture *n, soc* лати́нщина
~ scholar латини́ст Latinization *n, soc* латиниза́ция Latinize *vt* латинизи́ровать *pf & impf*

latitude *n* широта́ ~ 25 degees N 25 гра́дусов се́верной широты́
latitudinal *adj* широ́тный

latrine – убо́рная, отхо́жее ме́сто

AN ENGLISH - RUSSIAN DIGEST OF
MILITARY, POLITICAL & SOCIAL TERMS

launch - *adj* пусковóй, *n* пуск
~ pad пусковóй стол, стáртовая платфóрма/площáдка
~ silo пусковáя шáхта no notice ~ пуск без заблаговрéменного предупреждéния ~ a counterattack *vi* поднимáться *impf*, подня́ться *pf* в контратáку
~ an attack поднимáться, подня́ться в атáку; атаковáть
~ on warning (LOW) *n, nuc, pol* концéпция «зáпуска« пóсле предупреждéния single ~ одинóчный пуск
unauthorized ~ несанкциони́рованный пуск
underwater ~ подвóдный пуск

launcher - *n* (rocket) стáртовая *или* пусковáя устанóвка
grenade ~ *n* гранатомёт mobile ~ подви́жная пусковáя устанóвка self-propelled (SP) ~ самохóдная пусковáя устанóвка tracked ~ гу́сеничная пусковáя устанóвка
wheeled ~ колёсная пусковáя устанóвка

laundering - *n* сти́рка laundry and bath *adj* бáнно-прáчечный

law - *n* закóн
~ and order *n* поря́док, закóнность *f* и поря́док
~ of probability *n* теóрия вероя́тностей
~ of diminishing returns *sci* закóн сокращáющихся дохóдов
~ of supply and demand *n, econ* закóн спрóса и предложéния
~-abiding *adj* законопослу́шный ~-breaker *n* правонаруши́тель *m*
~-enforcement agencies правоохрани́тельные óрганы
above the ~ вы́ше закóна
break the ~ нарушáть *impf*, нару́шить *pf* закóн
declare martial ~ объявля́ть *impf*, объяви́ть *pf* воéнное положéние keep the ~ соблюдáть *impf* закóн
in international ~ по международному прáву
pass a ~ принимáть *impf*, приня́ть *pf* закóн
rule of ~ правопоря́док
take the ~ into one's own hands поступáть *impf*, поступи́ть *pf* самочи́нно violate the ~ нарушáть *impf*, нару́шить *pf* закóн
within the ~ в рáмках закóна
bring a lawsuit against so возбуждáть *impf*, возбуди́ть *pf* судéбное дéло прóтив когó-н.
lawlessness *n* беззакóнность *f*

layoffs - *n, bus* увольнéния

AN ENGLISH - RUSSIAN DIGEST OF MILITARY, POLITICAL & SOCIAL TERMS

lead - *adj* свинцо́вый, *n, sci* свине́ц
leader, column or convoy ~ колонновожа́тый   leader, ringleader *n* глава́рь *m*   leadership руково́дство, управле́ние + i.
collective ~ коллекти́вное руково́дство
~ on a collective basis руково́дство на коллекти́вной осно́ве
troop ~ руково́дство/управле́ние войска́ми
leading, taking; (coll, elec) wiring, wires *n* прово́дка

leaflets - *npl* листо́вки, лету́чки   drop ~ сбра́сывать *impf*, сбро́сить *pf* листо́вки

leak - *n* уте́чка
oil ~ течь *f* ма́сла   security ~ разглаше́ние вое́нной та́йны
leakage, seepage *n* проса́чивание
leakproof, airtight *adj* гермети́ческий, безуте́чный

leapfrogging - *tac* движе́ние перека́том

leave, furlough - *n, mil* о́тпуск, побы́вка
~ of absence (бессро́чный) о́тпуск; о́тпуск по семе́йным обстоя́тельствам
come home on ~ прие́хать домо́й на побы́вку
grant ~ увольня́ть *impf*, уво́лить *pf* в о́тпуск
lebensraum - *Ge pol, 1930 - 1945* «жи́зненное простра́нство«

left - *prefix* лево-
~-hander *n* левша́
~ left(wing) Labor (Br) *n, pol* леволейбори́стский
~ (wing) radical *adj, pol* леворадикали́стский
~ (wing) revisionist *adj, pol* леворевизиони́стский
~ (wing) reform *adj, pol* левореформи́стский
extreme ~ *adj, pol* левоэкстреми́стский
shift or move to the ~ *pol* по/леве́ть *pf/impf*
leftism *n, pol* левизна́   leftist, ~s *adj, pol* лева́цкий, *ns* лева́к; *npl* ле́вые   center-leftist *adj* левоцентри́стский
radical ~ левоэкстреми́ст
the ultra-left *n* кра́йне ле́вый   ultra-leftism *n* лева́чество

legal - *adj* зако́нный, правово́й, юриди́ческий
~ system, judiciary *n* судоустро́йство
legalization *n* легализа́ция, узаконе́ние
legalize *vt* легализи́ровать *pf & impf* узаконя́ть *impf, also*

AN ENGLISH - RUSSIAN DIGEST OF
MILITARY, POLITICAL & SOCIAL TERMS

узако́нивать; узакони́ть *pf*
be legalized *vi* легализи́роваться *pf & impf, vi* легализи́роваться,
узаконя́ться *impf, also* узако́ниваться; узакони́ться *pf*
legalized *adj* узако́ненный

legate - *n, pol, rel* лега́т
legislate - издава́ть *impf*, изда́ть *pf* зако́ны legislation
законода́тельство legislative *adj* законода́тельный
legitimist - *n* легитими́ст legitimization *n* узаконе́ние,
легитима́ция
legitimize узако́нивать *impf*, узако́нить *pf*

lemming - *n* ле́мминг

Lend-Lease - *n, US, WWII* ленд-ли́з Lend-Lease act зако́н о
ленд-ли́зе
Leninism - *n, Sov pol* ленини́зм Leninist *adj, Sov pol* ле́нинский,
n ле́нинец

letter - *n* письмо́
~ bomb бо́мба в конве́рте; письмо́ начинённое взрывча́ткой
~ of recommendation рекоменда́тельное письмо́
cover ~ сопроводи́тельное письмо́

levee, embankment - *n* на́бережная
level - *n* у́ровень *m* parity ~ ра́вный у́ровень чи́сленности

liaison - *n* связь *f* взаимоде́йствия
air ~ связь взаимоде́йствия авиа́ции
artillery ~ связь взаимоде́йствия артилле́рии
staff ~ связь взаимоде́йствия штабо́в
liable, man ~ for call-up (including reserves) *n, mil*
военнообя́занный

liar - *n* лгун, лжец notorious ~ заве́домый лжец, изве́стный лгун
liberated - *adj* освобождённый
liberation, release, emanicipation *n* освобожде́ние

lie - лгать *impf*, солга́ть *pf, n* ложь *f*
~ low (stay out of sight) притаи́ться *pf*, затаи́ться *pf*
~ to someone's face лгать в глаза́ кому́
blatant ~ на́глая ложь obvious ~ заве́домая ложь

AN ENGLISH - RUSSIAN DIGEST OF MILITARY, POLITICAL & SOCIAL TERMS

white ~, fib невинная ложь pack of lies сплошная ложь

life - жизнь *f* ~-and-death *adj* жизненно важный, решающий
~ support system *n, med* система жизнеобеспечия
in private/public ~ в частной/общественной жизни
service ~ (equipment, etc) срок службы

liftoff - *n* сход, сходить *impf*

light - *adj* световой, *n* свет, освещение
~-proof *adj* светонепроницаемый ~-year *n, sci* световой год
black-out driving ~ *n* фара маскировочного света
artificial ~, lighting, illumination искусственное освещение

limit - *n* предел, *bus* лимит ~ of advance *n, mil* конечный рубёж
~ of endurance предел выносливости upper/lower ~
минимум/максимум upper/lower ~ минимум/ максимум

line - *adj* линейный, *n* линия, путь *m*, рубёж
~ of communication (LOC) *US mil* линия связи
~ crosser *n, mil* перебёжчик
~ of departure *mil* исходный рубёж; исходная линия
~ of least resistance линия наименьшего сопротивления
~ of march *mil* путь движения
~ of sight линия визирования
assault ~, ~ of departure *mil* рубёж атаки, исходная линия атаку; исходный рубёж
boundary ~ *mil* разграничительная линия
close air support (CAS) coordination ~ рубёж координации непосредственной авиационной поддержки
early warning radar ~ линия раннего предупреждения
Distant Early Warning ~ (DEW line) линия «Дью«; линия ДРЛО
final coordination ~ конечный рубёж координации final defensive ~ (FDL) конечный рубёж обороны
fire coordination ~ (FCL) линия координации огня
subscriber's ~ *mil commo* абонентская линия
fire ~ рубёж огня, огневой рубёж
fire-no fire ~ рубёж открытия и прекращения огня
fire support coordination ~ (FSCL) рубёж координации огневой поддержки
forward ~ of troops (FLOT) передний край своих войск
gun-target ~ линия «орудие-цель«

AN ENGLISH – RUSSIAN DIGEST OF
MILITARY, POLITICAL & SOCIAL TERMS

lateral ~s of commo рокáдные пути свя́зи
phase ~ (PL) рубéж регули́рования
picket ~ пози́ция сторожевóго охранéния
restrictive fire ~ рубéж ограничéния огня́
skirmish ~ стрелкóвая ли́ния
supply ~ путь снабжéния *или* подвóза
support coordination ~ рубéж координáции поддéржки
gridline ли́ния координáтной сéтки

linkage – *pol, fig* ли́нкидж, поли́тика «увя́зок« (увя́зка)

list – *n* спи́сок, пéречень *m, avn, nav;* (banking, tilting) крен, дать крен black ~ *n, mil* чёрный спи́сок casualty ~ *n, mil* спи́сок потéрь gray ~ *n, mil* сéрый спи́сок target ~ *n, mil* кáрточка целей white ~ *n, mil* бéлый спи́сок

lit, illuminated – *adj* освещённый moon-lit освещённый лунóй star-lit освещённый звёздами

literacy – *n* грáмотность *f*
litigant – *n, leg* тя́жущийся
littoral, seaside – *adj* примóрский, *n* примóрье
live broadcast – *n* прямóй эфи́р

living – *n* жизнь *f*
~ at others' expense *n* иждивéнство ~ conditions улóвия жи́зни
~ standard *n* жи́зненный ýровень ~ wage прожи́точный
ми́нимум cost of ~ стóимость *f* жи́зни
earn one's ~ зарабáтывать *impf*, заработáть *pf* себé на жизнь
long/short lived *adj* долгоживýщий, короткоживýщий

load – *n* груз, нагрýзка, *fig* брéмя; грузи́ть *impf*, погрузи́ть *pf* на + acc ~-bearing *adj* грузоподъёмный ~-bearing element *n* несýщий элемéнт maximum ~ capability максимáльный перевози́мый груз organic ~ *mil* тáбельный груз oversized ~ негабари́тный груз palletized ~ груз на поддóнах unit basic ~ *n, mil* штáтное тáбельное имýщество useful ~ полéзная нагрýзка
loader (crewman) *n, mil* заряжáющий, *freight, person* грýзчик

loafer – *n* бездéльник *m*, бездéльница *f*
lock-out – *n, pol* локáут, локаути́ровать *pf & impf*
lone wolf, unsocial person – *n, soc* бирю́к

AN ENGLISH - RUSSIAN DIGEST OF MILITARY, POLITICAL & SOCIAL TERMS

lobby - n, pol лобби, заниматься лоббированием
lobbyer, lobbyist n лоббист lobbying n лоббирование

local - adj местный ~ authority местные власти
locality - n местность f localize vt локализовать pf & impf
location, sound ~ n, mil звукометрия target ~ n поиск цели

lock on , to ~ - n захват, захватывать impf, захватать pf
lock-on (radar) - n захват цели

Lockerbie affair (Scotland, 1988) - n «дело Локерби»
locomotive - n, rr локомотив
diesel ~ n тепловоз electric ~ n электровоз steam n паровоз

logbook - n формуляр; эксплуатационные документы
logistical, supply - adj хозяйственный
logistics n, mil материально-техническое обеспечение

Londoner - n лондонец m, лондонка
loner - n coll, soc бирюк, одиночка m,f
long-range adj дальний, (ammo) дальнобойный, avn
дальнего действия; (forcast, policy, etc) adj долгосрочный

longitudinal - adj продольный longitudinally adv в меридиональном направлении

loop - n линия, сеть; hotloop, mil , commo постоянно действующая линия связи loophole n, fig лазейка
loot - n добыча, награбление; грабить impf, разграбить pf
looter n грабитель looting n грабёж, мародёвство

lose - vt терять impf, потерять pf
~ control to терять, потерять управление ~ one's bearings терять ориентировку ~ one's life гибнуть impf, погибнуть pf
loser (a failure) n неудачник

loss - adj убыточный, adv убыточно, n потери ~ of life потери убитыми
losses - npl, mil потери collateral ~ косвенные потери combat ~ боевые потери inflict heavy ~ on the enemy наносить тяжёлые потери противнику irreplaceable ~ незаменимые, безвозвратные потери overall ~ общие потери

AN ENGLISH - RUSSIAN DIGEST OF
MILITARY, POLITICAL & SOCIAL TERMS

preventable ~ предотврати́мые поте́ри
sale at a ~ убы́точная торго́вля
suffer ~ нести́ *impf*, понести́ *pf*, поте́ри

lot - *n* па́ртия, се́рия
ammo ~ па́ртия боеприпа́сов
parking ~ парк; ме́сто стоя́нки

lottery - *adj* лотере́йный, *n* лотере́я, лото́ *indecl*
~ player лото́шник
~ ticket *n* лотере́йный биле́т

loudspeaker - *n* громкоговори́тель *m*
love-hate relationship - *n* любо́вь- не́нависть *f*

low - *prefix* мало-, низко-
~ on fuel *n* недоста́ток горю́чего
~-frequency *adj* низкочасто́тный
~-lying *adj* ни́зменный
~-lying areas ни́зменности *fpl*
~-paid *adj, econ* низкоопла́чиваемый
~-powered *adj* маломо́щный
lowland *n* ни́зменность, низина́
lowlander *n* жи́тель низи́н

loyalist - *n, pol* лояли́ст

lubricate, grease, oil - *vt* ма́зать *impf*, на/по/ма́зать *pf*
lubricated, oiled *adj* прома́сленный
lubrication *n* сма́зка

Luftwaffe - *WW II, Ge mil* лю́фтваффе

lull - *n* зати́шье, операти́вная па́уза

luminous - *adj* люминесце́нтный

lure - *vt* зама́нивать *impf*, замани́ть *pf; n* зама́нчивость *f*

lynch - *n* линч, линчева́ть *pf & impf*
~ law *n* зако́н и́ли суд ли́нча

AN ENGLISH - RUSSIAN DIGEST OF MILITARY, POLITICAL & SOCIAL TERMS

M

Machiavellian - *adj, pol* макиавéллевский

machine - *n* механи́зм, маши́на
~-tool *adj* станкостройтельный ~-tool industry *n* станкостроéние ditching ~ *n* канавокопáтель drilling ~ *n* сверли́льный станóк entrenching ~ траншéйная маши́на doom's day ~ «маши́на сýдного дня́» earth digging, excavating ~ землерóйная маши́на entrenching ~ *n* траншеекопáтель *m* heart-lung ~ *n* аппарáт «сердце-лёгкие« hoisting ~ *n* подъёмная маши́на pile driver ~ сваезабóйная маши́на
pipe bending ~ трубоги́бочная маши́на
pipe laying ~ трубоуклáдочная маши́на
vending ~ *n* автомáт ~ gunner *n* пулемётчик
machinery *n* тéхника **machinist** *n* машини́ст

made-up, fictitious - *adj* вы́думанный
Mafia - *lit* мáфия, *fig* кли́ка **Mafioso** *lit* мафиóзи

magazine - *n, mil* магази́н
banana type ~ рожкóвый магази́н
carousel type ~ магази́н карасéльного типа drum type ~ барабáнный магази́н magazine fed ~ с магази́ной подачей; магази́нная подáча

mail - *n* пóчта, посылáть *impf*, послáть *pf* по пóчте
~ order *n* закáз по пóчте ~ order business *n* посы́лторг
~ sender *n* адресáнт ~ recipient, addressee *n* адресáт
maim - *vt* калéчить *impf*, искалéчить *pf* **maiming, mutilation** *n* увéче

main effort - *n, mil* глáвный удáр **main frame computer** - *n* большáя ЭВМ

maintenance - *n* техни́ческое обслýживание и ремóнт
~ manual руковóдство *или* инстрýкция по эксплуатáции/ по ухóду и ремóнту ~ schedule реглáмент техни́ческого обслýживания ~ unit *n* ремóнтное подразделéние
crew ~ техни́ческое обслýживание си́лами экипáжа/расчёта cyclical ~ техни́ческое обслýживание по цикли́ческому мéтоду depot ~ заводскóй ремóнт

AN ENGLISH – RUSSIAN DIGEST OF MILITARY, POLITICAL & SOCIAL TERMS

direct support ~ непосре́дственное техни́ческое обслу́живание
general support ~ о́бщее техни́ческое обслу́живание
major overhaul ~ кру́пный/капита́льный ремо́нт
preventive ~ n профилакти́ческое техобслу́живание; пла́ново-предупреди́тельное техобслу́живание
scheduled ~ пла́новое техобслу́живание

majority – n большинство́
~ decision реше́ние, при́нятое большинство́м голосо́в
not by/by a ~ margin не/значи́тельным большинство́м
left-wing ~ ле́вое большинство́
overwhelming ~ подавля́ющее большинство́
required ~ тре́буемое большинство́
right-wing ~ пра́вое большинство́
silent ~ US pol молчали́вое большинство́
simple ~ просто́е большинство́
by a two-thirds ~ большинство́м в две трети
command a ~ по́льзоваться подде́ржкой большинства́
large ~ незначи́тельным большинство́м
constitute a ~ составля́ть большинство́ симуля́нтка

make – с/де́лать pf/impf
~ believe, pretend вы́думывать impf, вы́думать pf
~ or take a stand ока́зывать impf, оказа́ть pf сопротивле́ние
makeshift adj подру́чный, вре́менный

malaria – adj, med маляри́йный, n маляри́я
male nurse – n, med медбра́т
malfunction – n неиспра́вность, заде́ржка механи́зма
malinger – симули́ровать pf & impf malingerer n симуля́нт m
malicious, spiteful, bad-tempered – adj зло́бный
malnourishment – n недоеда́ние
mammal – n млекопита́ющее

manage – vi управля́ть, руководи́ть, заве́довать all impf + I; води́ть impf, вести́ pf n хозя́йство, хозя́йствовать impf, хозя́йничать impf manageable adj выполни́мый
manager, master of ceremonies n распоряди́тель

management – экономи́ческий, хозя́йственный, n хозя́йство, n управле́ние ~ planner n хозя́йственник good ~ n распоряди́тельность f micro ~ n чрезме́рный контро́ль и вмеша́тельство

AN ENGLISH - RUSSIAN DIGEST OF MILITARY, POLITICAL & SOCIAL TERMS

economic ~ n, econ хозя́йствование
intel ~ and collection управле́ние, сбо́ром разве́дывательных да́нных
internal affairs ~ управле́ние вну́тренними дела́ми
manager n, coll управде́л, управле́нец m; управле́нца f; as a n управля́ющий; заве́дующий (чем)
managerial adj управле́нческий
managing, control, controlling adj управля́ющий

man or staff - mil (crews, units) комплектова́ть impf, укомплектова́ть pf; avn пилоти́ровать impf
~-packed (carried) n вью́чная перено́ска
~-hour n, bus челове́ко-час
~-hunt n ро́зыск, полице́йская обла́ва
~-made, artificial - adj иску́сственный
~ the guns обслу́живать impf, обслужи́ть pf ору́дия
condemned ~ n сме́ртник
manned avn, adj пилоти́руемый, (crews, units) укомплекто́ванный
manpower n рабо́чая си́ла

mandated territory - n, leg, UN подманда́тная террито́рия

maneuver - n манёвр; маневри́ровать impf, сманеври́ровать pf
~ space манёвренное простра́нство attack ~ манёвр в наступле́нии decoy, deception ~ отвлека́ющий/ло́жный манёвр
enveloping ~ n охва́т, охва́тывающий манёвр
evasive ~ манёвр уклоне́ния от удара execute a ~ осуществля́ть impf, осуществи́ть pf манёвр hammer and anvil ~ манёвр «мо́лот и накова́льня«
lateral ~ манёвр вдоль фро́нта on ~s на манёврах
pre-emptive spoiling ~ упрежда́ющий манёвр
retrograde ~ отступа́тельный манёвр
maneuverability n манёвренность f, маневрспосо́бность f
maneuverable adj манёвренный

manifest - n, bus лист, pol манифе́ст
air ~ полётный лист freight ~ грузово́й манифе́ст

manned - adj, avn пилоти́руемый; (staffed) adj укомплекто́ванный ~ space station n пилоти́руемая орбита́льная ста́нция

AN ENGLISH – RUSSIAN DIGEST OF
MILITARY, POLITICAL & SOCIAL TERMS

manning – *n* укомплектова́ние
~ and equiping укомплектова́ние вооружённых сил
man-of-war vessel, warship *n* вое́нный кора́бль

manpower – *n* рабо́чая си́ла
~ fluctuation, fluidity *n* теку́честь *f* рабо́чей си́лы
~ intensive *n*, *soc*, *mil* тре́бующий бо́льшего коли́чества ли́чного
соста́ва (ЛС) ~ surplus *n* изли́шек рабо́чей си́лы

manslaughter *n* уби́йство по неосторо́жности,
непредумы́шленное уби́йство
mantrap *n* западня́

manual (printed material) – *n* уста́в, наставле́ние
~ (physical means) *adj* ручно́й ~ labor ручно́й труд
~ override *n* ручно́е отклоне́ние instruction ~ *n* па́спорт
training ~ *n* наставле́ние по боево́й подгото́вке

manufacture, production – *n* вы́работка, выраба́тывать *impf*,
вы́работать *pf*; (produce) изготовля́ть *impf*, изгото́вить *pf*, изготовле́ние;
(on a large scale) *n* произво́дство, производи́ть *impf*, произвести́ *pf*
manufactured goods *npl* промтова́ры

manufacturing – *adj* обраба́тывающий
~ industry *n* обраба́тывающая промы́шленность
~ town *n* промы́шленный го́род

Maoism – *n*, *Ch pol* маои́зм Maoist *adj*, *pol* маои́стский

map – *adj* картографи́ческий, *n* ка́рта
~ legend, key *n* обозначе́ния, усло́вные ~-maker *n* карто́граф
~-reading чте́ние карт ~ symbol *n* топографи́ческий усло́вный
знак contour ~ ко́нтурная ка́рта
intermediate scale ~ средне-масшта́бная ка́рта
large scale ~ крупномасшта́бная ка́рта
make, draw a ~ картографи́ровать *impf*
out of scale, off scale ~ внемасшта́бная ка́рта
post/plot on a ~ наноси́ть *impf*, нанести́ *pf* обстано́вку на ка́рту
relief ~ рельéфная ка́рта rough sketch ~ *n* кроки́
route ~ маршру́тная ка́рта situation ~ ка́рта обстано́вки
sketch ~ (of both sides' dispositions) отчётная ка́рта, кроки́
small scale ~ мелкомасшта́бная ка́рта

AN ENGLISH - RUSSIAN DIGEST OF MILITARY, POLITICAL & SOCIAL TERMS

strip ~ маршру́тная ка́рта
1/100,00 scale ~ *n, mil* километро́вка
1/50,000 scale ~ *n, mil* полукилометро́вка
topographical ~ топографи́ческая ка́рта

Maquis (WW II Fr resistance movement) - *n* маки́
maraude, pillage, loot - мародёрствовать *impf*
marauding, looting, pillaging *adj* мародёрский, *n* мародёрство

march - *n* ма́рш
blackout ~ ма́рш в усло́виях светомаскиро́вки
interrupted ~ ло́манный ма́рш forced ~ форси́рованный ма́рш

margin - *n* (extra amount) запа́с, коэффицие́нт
~ of error допусти́мая погре́шность by a narrow ~ с небольши́м преиму́ществом safety ~ запа́с про́чности

marine, merchant ~ - *n, econ, mil* торго́вый флот
marines *n, mil* морска́я пехо́та

maritime, marine - *adj* морско́й ~ law морско́е пра́во
~ powers *n, mil, pol* морски́е держа́вы

mark - *n* моде́ль *f*, ориенти́р, отме́тка; обознача́ть *impf*, маркирова́ть *impf* overshoot the ~ стреля́ть *impf* с перелётом
cat eyes blackout ~ *mil* затемнённая за́дняя фа́ра

marker - *n* знак обозначе́ния, указа́тель
infrared ~ *mil* инфракра́сный (ИК) фона́рь
panel ~ *mil* опознава́тельное сигна́льное полотни́ще

market ~ *adj* ры́ночный, *n* ры́нок
~ demand *n* ры́ночный спрос ~ economy opponent *n* антиры́ночник ~ forces *nfpl* ры́ночные си́лы
bear ~ ры́нок бы́ков black ~ «чёрный ры́нок«
bull ~ ры́нок медведе́й Common Market *n, econ* Общий ры́нок
second-hand ~ барахо́лка marketability *n* това́рность *f*
second-hand marketeer барахо́льщик marketing *n, econ* ма́ркетинг

marksman - *n* стрело́к marksmanship *n* стрелко́вая подгото́вка
Marshallization of Europe (post WW II) *n, econ, pol* маршаллиза́ция Евро́па

AN ENGLISH – RUSSIAN DIGEST OF
MILITARY, POLITICAL & SOCIAL TERMS

martial law – *n, mil* вое́нное положе́ние
impose/lift ~ law вводи́ть *impf*, ввести́ *pf*, отменя́ть *impf* отмени́ть *pf* вое́нное положе́ние

martyr – *n, rel* му́ченик *m*, му́ченица *f*   **martyrology** *n, rel* мартироло́г   **martyrdom** му́ченичество   **suffer ~** быть му́чеником

Marxism-Leninism – *n, pol* маркси́зм-ленини́зм
Marxist *adj* маркси́стский, *n* маркси́ст *m*, маркси́стка

mass – *adj* ма́ссовый   **~ arrests** ма́ссовые аре́сты
~ **burial** ма́ссовое захороне́ние
~ **grave** бра́тская моги́ла
~ **media (news)** сре́дство ма́ссовой информа́ций (СМИ)
~ **meeting** *coll* массо́вка
~ **production** *n, bus* ма́ссовое произво́дство
massed *adj* масси́рованный

massacre – *lit, vt* перебива́ть *impf*, переби́ть *pf*, *n* бо́йня, резня́

massing – *n, mil* масси́рование
~ **of fires** масси́рование огня́
~ **of forces** масси́рование сил и средств

mastery – *n* (authority) власть, (knowledge) владе́ние, (supremacy) госпо́дство, (skill) мастерство́
~ **of the seas** госпо́дство на мо́ре
gain the ~ of добива́ться *impf*, доби́ться *pf* госпо́дства над + *i*.

matchmaker – *n* сва́ха; сват (also the term for the son-in-law or daughter-in-law's father)

material – *n* материа́л, вещество́   **building ~** строи́тельный материа́л   **war ~** боево́е иму́щество   **~s at** *or* **on hand** *npl* подру́чные сре́дства   **materialism** *n, soc* вещи́зм

mating (linking, joining together) – *n* пристыкова́ние
matrix – *n* ма́трица

Mauser – *n, Ge* Ма́узер
maximize – максима́льно увели́чивать *impf*, максима́льно увели́чить *pf*

AN ENGLISH – RUSSIAN DIGEST OF MILITARY, POLITICAL & SOCIAL TERMS

maximum load capability *n* максима́льный перевози́мый груз
May Day parade – *n, pol* первома́йский пара́д

means – *n* сре́дство
~ of enemy attack сре́дство нападе́ния проти́вника
~ of suppression *n* спо́соб подавле́ния

measures – *nfpl* ме́ры
concealment ~ ме́ры маскиро́вки; мероприя́тия по скры́тию
confidence building ~ ме́ры по укрепле́ния дове́рия
cost-cutting ~ ме́ры по сокраще́нию расхо́дов
effect harassing ~ наноси́ть *impf* беспоко́ящие ме́ры
incentive ~ ме́ры поощре́ния
preventive ~, precautions *n* профила́ктика
precautionary ~ ме́ры предосторо́жности
punitive ~ ме́ры уголо́вного наказа́ния safety ~ ме́ры безопа́стности measured *adj* измере́нный measuring *n* измере́ние

Mecca – *lit/fig* Ме́кка
make a pilgrimage to ~ отправля́ться на пало́мничество в Ме́кку

mechanic – *n* мотори́ст mechanism *n* механи́зм, устро́йство
mechanization *n* механиза́ция, машиниза́ция
mechanize *vt, (vi)* механизи́ровать(ся) *pf & impf;* машинизи́ровать *pf & impf*

medal – *n* меда́ль *f,* о́рден
Bronze Star Medal о́рден «Бро́нзовая звезда́«
Distinguished Service Cross Medal крест «За выдаю́щиеся заслу́ги«
Joint Service Medal «Благода́рственная« меда́ль за слу́жбу в объединённых о́рганах ВС
Medal of Honor о́рден почёта
Meritorious Service Medal меда́ль «За осо́бые заслу́ги в слу́жбе«
Navy Commendation Medal «Благода́рственная« меда́ль за слу́жбу в ВМС
Navy Cross Medal Вое́нно-морско́й крест
Silver Star Medal о́рден «Сере́бряная звезда́«
Vietnam Service Medal меда́ль «За слу́жбу во Вьетна́ме«

AN ENGLISH – RUSSIAN DIGEST OF MILITARY, POLITICAL & SOCIAL TERMS

mediate – посре́дничать *impf*
mediated *adj* посре́днический   mediation *n* посре́дничество, опосре́дствование   mediator *n* посре́дник

medical – *adj* лече́бный, медици́нский
~ assistance *n* лече́бная по́мощь   ~ ethics *n* деонтоло́гия
~ triage *n* медици́нская сортиро́вка ра́неных
medicine – *adj* медици́нский, *n* медици́на
emergency ~ *n* неотло́жная медици́нская по́мощь

medium – *prefix* средно-, *adj* сре́дний, *n* среда́
~-calibre *adj* среднекали́берный   ~-scale *adj* среднемасшта́бный
~-term *adj* среднесро́чный

meeting, mass-~, rally – *adj* митинго́вый, *n* ми́тинг
emergency ~ *n* лету́чка
hold a mass-~, meeting *or* rally митингова́ть *impf*
record minutes of a ~ протоколи́ровать *pf & impf*

megalopolis – *n, soc* го́род-гига́нт   megatonnage – мегатонна́ж
Mein Kampf (Hitler biography) – «Ма́йн ка́мпф«/«Моя́ борьба́«

member – *n* член   crew ~ член экипа́жа
most active ~s акти́в   membership *adj* чле́нский, *n* чле́нство
~ fees, dues взно́сы

memorandum – *n* мемора́ндум; служе́бная запи́ска
~ of understanding мемора́ндум о взаимопонима́нии
Menshevik – *adj* меньшеви́стский, *n* меньшеви́к
mentally handicapped – *adj* у́мственно отста́лый
mentor – *n* наста́вник, ме́нтор
mercantile – *adj* торго́вый   mercantilism *n, econ hist* меркантили́зм   mercantilist *n, econ* меркантили́ст
mercenary, soldier of fortune – *n* наёмник, наёмный солда́т

merchant – *adj* купе́ческий, *n* купе́ц
~s (collective plural) *n* купе́чество   ~ marine, fleet *n* торго́вый флот
mercy killing; to euthanize – *n* эйтана́зия, эйтанази́ровать *impf*

meridian – *n* меридиа́н
magnetic ~ магни́тный меридиа́н   true ~ и́стинный меридиа́н

AN ENGLISH - RUSSIAN DIGEST OF MILITARY, POLITICAL & SOCIAL TERMS

message – *n* депе́ша, донесе́ние, посла́ние, сообще́ние
coded ~ зашифро́ванное сообще́ние, кодогра́ма
~ center *n* пункт сбо́ра донесе́ний ~ in the clear сообще́ние откры́тым те́кстом multiaddress, multisubscriber ~ многоа́дресная депе́ша plain text ~ донесе́ние, передава́емое откры́тым те́кстом radio ~ *n* радиодонесе́ние
messenger *n* вестово́й, курье́р, посы́льный, as a *n* по́сланный, связно́й
messiah – *n, gen, rel* месси́я messianic *adj* мессиа́нский
messianism *n* мессиа́нство
meteorologist – *n, wea* метеоро́лог
meter – *n* счётчик, дозиме́тр
MI 5/6 (Br intelligence) – *n* Эм ай 5/6
metric – *adj* метри́ческий

micro – *prefix* ми́кро-
microcircuitry *n* микросхе́ма microdot *n* микрото́чка microfiche *n* микрофи́ша microfilming микрофильми́рование

middle-aged – *n* сре́дних лет
MiG – *Ru avn* МиГ (Микоя́н и Гуре́вич)
mil (compass point) – *n* ты́сячная, мил
miles per hour – ми́ля в час mileage, distance covered; run, race (sport) – *n* пробе́г

milepost – *n* верстово́й столб
militancy – *n* войнственность *f*, боевы́е ка́чества

militarism – *n* вое́нщина, милитари́зм
militarist *n* милитари́ст
militarists, military clique *n* вое́нщина militaristic *adj* милитаристи́ческий militarization *n* милитариза́ия
militarize милитаризова́ть *pf* & *impf*

military – *adj* вое́нный; *n* вое́нные (collective pl)
~ and civil defence assets *npl* ресу́рсы вооружённых сил и гражда́нской оборо́ны ~ district *n* вое́нный о́круг
~ industrial complex *n* вое́нно-промы́шленный ко́мплекс
~ intervention or interference вое́нное вмеша́тельство
~ law вое́нное пра́во; военноуголо́вное пра́во
~ liaison mission вое́нная ми́ссия свя́зи и взаимоде́йствия
~ matters, affairs вое́нное де́ло ~ necessity вое́нная необходи́мость

AN ENGLISH - RUSSIAN DIGEST OF
MILITARY, POLITICAL & SOCIAL TERMS

~ operations вое́нные де́йствия
~ parity вое́нный парите́т   ~ presence вое́нное прису́тствие
~ ruse вое́нная хи́трость ~ science вое́нная нау́ка
~ school student, cadet курса́нт ~ spending вое́нные расхо́ды
~ takeover вое́нный переворо́т с захва́том вла́сти
~ training *adj* вое́нно- уче́бный   ~ unit во́инская часть

milk, powdered ~ – *n* сухо́е молоко́ ~ yield, capacity *adj* удо́йный, *n* удо́йность *f*

millenium bug – *n, comp* пробле́ма 2000 го́да
minaret – *n, Isl* минаре́т

mine – *n* (excavation) ша́хта, рудни́к, копь;
~ (excavate coal/ore) добыва́ть *impf* , добы́ть *pf* у́голь/руду́
go down into the ~ спусти́ться *pf* в ша́хту

mine (landmine) – *adj* ми́нный, *n, mil* ми́на
~ clearing plow ми́ный трал плу́жного ти́па
~ clearing roller та́нковый катко́вый ми́нный тра́лер
~ probe ми́нный щуп
~ stake *n* ве́ха для обозначе́ния замини́рованного уча́стка
aerial ~ laying *n* постано́вка минозагражде́ний с самолёта
antipersonnel ~ *n* противопехо́тная ми́на
antitank ~   противота́нковая ми́на bouncing betty
~ выпры́гивающая ми́на marking ~s обозначе́ние мин
surface laid ~ ми́на, устана́вливаемая на грунт
mineclearing *n* размини́рование, размини́ровать *pf*
mine-detector (apparatus), (sapper) *n, mil* миноиска́тель
mined *adj* мини́рованный

minefield – *n* ми́нное по́ле
~ lane *n* прохо́д в ми́нном по́ле
~ record *n* отчётная ка́рточка по ми́нному по́лю
airscattered ~ ми́нное по́ле, устана́вливаемое «внабро́с« с самолётов artillery delivered ~ ми́нное по́ле, устана́вливаемое с по́мощью артиллери́йской систе́мы high-density ~ ми́нное по́ле высо́кой пло́тности install a ~ устана́вливать ми́нное по́ле
low density ~ ми́нное по́ле ма́лой пло́тности
manually emplaced ~ ми́нное по́ле устана́вливаемое вручну́ю
mixed ~ ми́нное по́ле из противопехо́тных и противота́нковых мин   penetrate a ~ преодолева́ть ми́нное по́ле

AN ENGLISH – RUSSIAN DIGEST OF
MILITARY, POLITICAL & SOCIAL TERMS

record a ~ составля́ть формуля́р/план ми́нного по́ля
remote controlled ~ управля́емое ми́нное по́ле
remove a ~ снима́ть *impf*, снять *pf* ми́нное по́ле; размини́ровать *pf* уча́сток
minelayer (army vehicle and naval vessel) *n* ми́нный загради́тель
minelaying vehicle *n* маши́на с ми́нным загради́телем
miner, mineworker *adj* горня́цкий, шахтёрский; *n* горня́к, шахтёр (coal, etc), золотоиска́тель (gold)
minesweeper *n, nav* тра́льщик   minesweeping *n* трале́ние

mining *prefix* горно-, *adj* горный, горнодобыва́ющий, горнопромы́шленный, добыва́ющи, *n* го́рное де́ло
~ area *adj* горнопромы́шленный
~ industry *n* горнодобыва́ющая промы́шленность, горнору́дная промы́шленность   ~ town *n* шахтёрский го́род

mini – *prefix* мини-   minicomputer *n* миникомпью́тер
ministry *n, pol* министе́рство   ministerial *adj* министе́рский
ministerial guidance *n, pol* министе́рская директи́ва
minority – *n* меньшинство́   national ~ *n* нацменьшинство́

minutes, record the ~ протоколи́ровать *impf*, запротоколи́ровать *pf & impf; coll* запротоко́лить

MIRV – *n, mil, nuc* «МИРВ«
miscellaneous – *adj* сме́шанный, разнообра́зный
misdemeanor – *n, leg* просту́пок; суде́бно наказу́емый просту́пок

misinform – дезинформи́ровать *pf & impf*   misinformation *n* дезинформа́ция   misinformative, misleading *adj* дезинформацио́нный

misrepresent – *vt* искажа́ть *impf*, исказ́ить *pf*
~ the facts искажа́ть фа́кты
misrepresentation of the facts *n* искаже́ние фа́ктов

miss – *n* про́мах, *vi* прома́хиваться *impf*, промахну́ться *pf*
a near ~ *lit* попада́ние вблизи́ це́ли; *fig* бли́зкая дога́дка

missile – *n, mil* раке́та, снаря́д
~ crewman *n* раке́тчик   ~ delivered *or* carried доставля́емый раке́той

AN ENGLISH – RUSSIAN DIGEST OF
MILITARY, POLITICAL & SOCIAL TERMS

~ equipped оснащённый ракетами
air-to-air ~ ракета класса «воздух-воздух«
airlaunched cruise ~ (ALCM) крылатая ракета воздушного базирования cruise ~ крылатая ракета
fiber optic guided ~ ракета с волоконно-оптической системой наведения finned ~ оперённый снаряд
intermediate range ballistic ~ (IRBM) БР промежуточной дальности land-based ~ system наземный ракетный комплекс
land-based mobile ~ system подвижный наземный ракетный комплекс range of ~ зона досягаемости ракет
radar seeking standoff ~ ПРЛР, запускаемая вне зоны поражения ПВО submarine launched cruise ~ КР, запускаемая с ПЛ; ракета подводного пуска
subsurface-to-subsurface ~ ракета класса «ПЛ-ПЛ«
subsurface-to-surface ~ ракета класса «ПЛ-поверхность«
surface-to-air (SAM) ~ ракета класса зенитная управляемая ракета (ЗУР) surface-to-surface ~ ракета класса «поверхность – поверхность« Tomahawk cruise ~ крылатая ракета «томагавк«   tube launched anti-tank ~ ПТУР, запускаемая из трубы-контейнера unfired ~ незапущенная ракета
unguided ~ неуправляемая ракета
wire-controlled управляемая по проводам ракета

missing in action – без вести пропавший
~ (MIA) presumed dead пропавший без вести предположительно погибший

mission – *n, mil* задача, миссия, *bus* командировка
~ readiness готовность *f* к выполнению задачи
~ recall *n* приказ/сигнал о прекращении выполнения задачи
abort a ~ прекращать *impf*, прекратить *pf* задачи
aerial recon and photographic ~ *n* авиационная разведка с фотографированием
air interdiction ~ задача по изоляции района боевых действий
airlift ~ задача на переброску по воздуху
all terrain/weather ~ задача/любого типа/любой местности/для любой погоды
be prepared ~ задача «быть в готовности«
blocking ~ задача по задержанию продвижения противника
bombing ~ задача на бомбометание
carry out a ~ выполнять задачи

AN ENGLISH – RUSSIAN DIGEST OF MILITARY, POLITICAL & SOCIAL TERMS

CAS ~ задáча по непосрéдственной авиациóнной поддéржке
counterbattery fire ~ задáча по контрбатарéйной стрельбé
dispatch on a ~ *bus, mil* командировáть *pf & impf*
fact-finding ~ мúссия по выяснéнию фáктов/обстоя́тельств
fire ~ огневáя задáча
hit-and-run ~ задáча по бы́строму нанесéнию удáра и немéдленному отхóду (от цéли, протúвника, итд)
implied ~ задáча выполня́емая во исполнéние глáвной задáчи
interception ~ задáча на перехвáт
interdiction ~ задáча по изоля́ции пóля бóя
on-call ~ *n* вы́лет по вы́зову
preplanned ~ *n* заблаговрéменно спланúрованная задáча
SEAD ~ (suppression of enemy air defenses) *mil* задáча по подавлéнию срéдств ПВО
seek-and-destroy ~ задáча по пóиску и уничтожéнию протúвника
takeover a ~ брать на себя́ выполнéние задáчи
training ~ учéбно-боевóе задáние

missionary – *adj* миссионéрский, *n* миссионéр ~ work *n, rel* миссионéрство
misting up – *n, wea* запотевáние mitigating – *adj* смягчáющий

mobility – *n* манёвренность *f*, поворóтливость *f*, подвúжность *f*
mobilize *vt* мобилизовáть *pf & impf* mobilized *adj* мобилизóванный

mobster – *n* бандúт
mock-up – *n* макéт model – *n* макéт, образéц
modernization – *n* модернизáция modernize модернизúровать *pf & impf*

Mohammedan – *n, rel,* магометáнин *m*, магометáнка *f* Mohammedanism *n* магометáнство

molotov cocktail – *n* буты́лка с зажигáтельной смéсью

momentum – *n* темп ~ of advance темп наступлéния
~ of attack темп наступлéния, темп атáки

monastic order – *n, rel* монáшеский óрден monasticism *n, rel* монáшество

AN ENGLISH - RUSSIAN DIGEST OF
MILITARY, POLITICAL & SOCIAL TERMS

money launderer - «отмыва́тель де́нег« ~ laundering n, econ отмыва́ние де́нег
Mongol-Tatars - n, hist тата́ро-монго́лы Mongol (Tatar) yoke n, hist монго́льское и́го

monitor - n (person) контролёр, (radio) суха́ч; подслу́шивать impf monitoring n слеже́ние, монито́ринг, commo контро́ль m свя́зи, контро́льное подслу́шивание
monk - n, rel мона́х
monopolize - vt монополизи́ровать pf & impf

moon - adj лу́нный, n луна́ full ~ полнолу́ние
land on the ~ прилуни́ться pf
moonlanding (1969) n вы́садка на Луну́; прилуне́ние
moonless adj безлу́нный moonlight n лу́нный свет, шаба́шничать impf; by ~ при луне́ moonlighter n, bus, soc халту́рщик; pej шаба́шник moonlighting n, bus, soc халту́ра
moonlit adj за́литый лу́нным све́том
moonshine, hootch n, coll самого́н moonshot n за́пуск на луну́

Moor - n мавр m, маврита́нка f Moorish adj ма́врский, маврита́нский

mop up - n, mil очища́ть impf от проти́вника; прочёсывать райо́н
moped - n мотопе́д
moralize - морализи́ровать impf

moratorium - n, pol морато́рий
extend a ~ продлева́ть impf, продли́ть pf морато́рий
impose a ~ объявля́ть impf, объяви́ть pf морато́рий
nuclear weapons test ~ морато́рий на испыта́ние я́дерного ору́жия join a ~ присоедини́ться к морато́рию
place a ~ on the deployment of intermediate-range missiles in Europe ввести́ морато́рий на развёртывание
раке́т сре́дней да́льности

morale - n мора́льный дух
morphine - n, med мо́рфий
Morse code - n а́збука Мо́рзе, coll морзя́нка
Morse code signaller n, commo морзи́ст
mortality, death-rate - n сме́ртность f

AN ENGLISH - RUSSIAN DIGEST OF MILITARY, POLITICAL & SOCIAL TERMS

mortar – *adj, mil* мортирный, *n, mil* мортира to ~ *mil* обстреливать *impf*, обстрелять *pf* миномётным огнём
mortarman *n* миномётчик
Moslem – *adj, rel* мусульманский; *n, rel* мусульманин *m*, мусульманка; мусульмане *pl*

mosque – *n, rel* мечеть *f*
most favorite nation status (MFN) – *n, econ, pol* режим наибольшего благоприятствования
mothball fleet – *n, nav* «законсервированные суда»
put into mothballs ставить *impf*, поставить *pf* на консервацию

motor – *n* мотор, *prefix* мото-
~ boat *n* мотобот ~ vehicle inspection *n* техосмотр
motoring *n* автомобилизм
motorist *n* моторист (also engine mechanic)
motorization *n* моторизация motorize моторизовать
motorized *adj* моторизованный
motorcycle club *n* мотоклуб ~ factory *n* мотозавод
impf

mountainous – *adj* гористый mounted – *adj, mil* конный
movable, mobile – *adj* движущийся, подвижный
move, movement *n* движение on the ~ в движении, во время движения

movement – *n, sci, soc* движение, ход
anti-alcohol ~ антиалкогольное движение
logistical ~ *npl* снабженческие перевозки
long-range ~ передвижение на большое расстояние
off-road ~ движение по бездорожью
peace ~ движение сторонников мира
pincer ~ двойной охват; захват в клещи

muezzin – *Isl call to prayer; n, rel* муэдзин
mufti – *n, Isl* муфтий
mugger – *n, soc* уличный грабитель mugging *n* грабёж
mujahideen; mujahedin – *n, Is* муджахид, муджахиды

multi – *prefix* много-
multibarrel(ed) *adj, mil* многоствольный
multifuel *adj* многотопливный multilateral *adj, pol* многосторонний

AN ENGLISH - RUSSIAN DIGEST OF MILITARY, POLITICAL & SOCIAL TERMS

multimegatonnage *adj* многомегато́нный; *n, mil* многомегато́наж
multinational *adj* многонациона́лный ~ formation многонациона́лное формирова́ние
multiparty *adj, pol* многопарти́йный **multiphase** *adj* многофа́зный
multiplexing *n* уплотне́ние **multipurpose** *adj* многоцелво́й, универса́лный

mumps – *n, med* сви́нка
municipal, urban – *adj* городско́й, муниципа́льный
~ **employee** *n* коммуна́льник **municipality** *n* муниципалите́т

munitions – *n, mil* боеприпа́сы
advanced ~ *n, mil* усоверше́нствованные боеприпа́сы
antiriot ~ *n, soc* боеприпа́сы для полице́йских де́йствий
fire-and-forget ~ *n, mil* самонаводя́щиеся средства пораже́ния; боеприпа́сые, применя́емые по при́нципу «выстрел-забыл«
flechette ~ *n, mil* кассе́тные боеприпа́сы с стрелкови́дными БЭ
high explosive ~ *n, mil* противопехо́тные оско́лочно-фуга́сные боеприпа́сы **precision guided** ~ *n, mil* высокото́чные управля́емые боеприпа́сы

murder – *n* уби́йство
attempted ~ попы́тка уби́йства
charge so with a ~ **of so** обвиня́ть *impf*, обвини́ть *pf* в соверше́нии уби́йства кого-либо
commit a ~ **of so** соверши́ть *pf* уби́йство кого-либо
premeditated, first degree ~ преднаме́ренное *или* предумы́шленное уби́йство
murderer *n* уби́йца *m, f*
murderess же́нщина-уби́йца

murk, gloom – *adj* мгли́стый, *n* мгла
mushroom cloud – *n, mil* грибови́дное о́блако, ато́мный гриб
music, country & western ~ – *n, soc* ка́нтри **soul** ~ со́ул
Muscovite – *n* москви́ч *m*, москви́чка *f*

AN ENGLISH – RUSSIAN DIGEST OF MILITARY, POLITICAL & SOCIAL TERMS

Muslim – *n, rel, adj* мусульма́нский, *n* мусульма́нин; мусульма́не *pl*
- **Druse** – *adj* дру́зский, *n* друз, *npl* дру́зы
- **Shiite** – *adj* шии́тский, *n* шии́т, *npl* шии́ты
- **Sufi** – *adj* суфи́стский, *n*, шии́т, *npl* суфи́сты
- **Sunni** – *adj* сунни́тский, *n* сунни́т, *npl* сунни́ты

mustard gas – *n, chem, mil* ипри́т
mutilation – *n* уве́чье

mutiny – *n* бунт, восста́ние, мяте́ж; *n* бунтова́ть *impf*, взбунтова́ть *pf*

mutual – *prefix* взаимно-, *adj* взаи́мный
~ **assured destruction (MAD)** *n, US mil, pol* взаи́мное гаранти́рованное уничтоже́ние
~ **assured retaliation** *n, mil, pol* взаи́мные гаранти́рованные отве́тные уда́ры

AN ENGLISH – RUSSIAN DIGEST OF MILITARY, POLITICAL & SOCIAL TERMS

N

nagger – *n, soc* брюзга́ *m, f* nagging *n* брюзжа́ние, приди́рки, *coll* пилёж
napalm – *adj* напа́лмовый, *n* напа́лм

narrow – *adj* у́зкий
~, limited *adj* ограни́ченный ~-gauged *adj, rr* узкоколе́йный
~-minded person ограни́ченный челове́к

nation –*n* страна́
host ~ принима́ющая страна́
host ~ support подде́ржка принима́ющей страны́
lead ~ веду́щая страна́
troop-contributing ~ страна́ выделя́ющая континге́нт во́йск

national – *adj* национа́льный
~ figure *n, soc* ви́дный де́ятель
~ security goals *n, pol* це́ли национа́льной безопа́сности

National Aeronautics and Space Administration (NASA) *n, US aeron* Национа́льное управле́ние по аэрона́втике и иссле́дованию косми́ческого простра́нства (НАСА)
National Broadcasting Company (NBC) *US* Национа́льная веща́тельная компа́ния

nationalism *n* национали́зм   nationalist *n* национали́ст
nationalization *n, soc, econ* национализа́ция, огосударствле́ние
nationalized *adj* национализи́рованный
nationalize *vt* огосударствля́ть *impf;* национализи́ровать *pf & impf* denationalization *n* разгосударствле́ние

NATO – *adj, mil, pol* на́товский, *n* НАТО ~ member applicant претенде́нт на чле́нство в НАТО
~ member nation *n* на́товец ~ military command structure *n* структу́ра вое́нного кома́ндования НАТО ~ peacekeepers на́товские миротво́рцы ~ troops на́товские войска́
~-wide exercise на́товские крупномасшта́бные уче́ния
~ Membership Action Plan (1999) *n, pol* План де́йствий по подгото́ке к чле́нству в НАТО

natural – *adj, sci* есте́ственный ~ calamity or disaster *n* стихи́йное бе́дствие

AN ENGLISH - RUSSIAN DIGEST OF MILITARY, POLITICAL & SOCIAL TERMS

~ history *n, bio* естествознáние ~ selection *n, bio* естéственный отбóр naturalize *vt* (citizenship) натурализовáть *pf & impf*

nautical - *adj* морскóй
~ chart *n, nav* морскáя кáрта ~ mile *n, nav* морскáя мúля

naval - *adj* морскóй, флóтский
~ airbase морскáя авиабáза ~ air recon морскáя авиаразвéдка
~ amphibious assault *adj* морскóй десáнтный; *n* морскóй десáнт
~ commander *n* флотовóдец ~ fire support, gunnery *n, mil* корабéльная поддéржка dept of ~ affairs *n, mil* морскóе вéдомство

navigable - *adj* судохóдный navigability *n* судохóдность *f*
navigation - *adj* навигациóнный, *n* (skill) навигáция, (process) управлéние (кораблём, самолётом, итд); (ship passage) судохóдство ~ by landmarks навигáция по назéмным ориентúрам

navy - *n, mil* воéнно-морскóй флот
~ yard *n* воéнная верфь merchant ~ or marine *n* торгóвый флот, *abbrev* торгфлóт
Royal Navy *n, Br* Англúйский ВМФ (воéнно-морскóй флот)
serve in the ~ служúть *impf*, послужúть *pf* во *или* на флóте
tanker fleet наливнóй *или* тáнкерный флот

Nazi - *adj, WW II, Ge pol* нацúстский, *n* нацúст, нацúстка; гúтлеровский, *n* гúтлеровец Nazism *n* нацúзм

NBC environment - *n, mil* ХБР обстанóвка
Neanderthal - *n, anthro* неандертáлец
near-by *adj* близлежáщий

needs, requirements - *nfpl* нýжды, потрéбности
needy *adj, n* нуждáющийся needy, the *npl* нуждáющиеся, беднотá

negative - *adj* отрицáтельный
neglect - *n* упущéние, халáтность *f*

negligence - *n* небрéжность *f* criminal ~ престýпная небрéжность gross ~ грýбая небрéжность, упущéние,

AN ENGLISH – RUSSIAN DIGEST OF MILITARY, POLITICAL & SOCIAL TERMS

халáтность *f* negligent *adj* небрéжный

negotiate – вестú *impf*, повестú *pf* переговóры о + *prep*
~ an obstacle преодолевáть *impf*, преодолéть *pf* препя́тствие
negotiable terms, conditions *n* услóвия котóрые мóгут служúть предмéтом переговóров
negotiator *n* учáстник переговóров, представúтель *m*

neighboring – *adj* сосéдний neighborhood *n* сосéдство

neo – *prefix* нео-
~-Nazi *adj* неонацúстский
~-Nazi/s *n, Ge hist* неонацúст *m*, неонацúстка *f*; неонацúсты *pl*
~-Fascist *adj* неофашúстский, *n, hist* неофашúст *m*, неофашúстка *f* ~-isolationism *n* неоизоляционúзм

neon – *adj* неóновый, *n* неóн nepotism – *n* непотúзм, кумовствó

net – *mil commo* связь *f* по сéти; циркуля́рная связь
"~ call" *mil commo* «всéм» ~ control station (NCS) *mil commo* ведýщая/ведóмая стáнция *mil commo*
~ communications, net call циркуля́рная передáча; циркуля́рный, позывнóй
ADA warning ~ *n, mil* сеть *f* свя́зи оповещéния срéдств ПВО antitorpedo ~ *n, mil* противоторпéдная сеть
communications ~ *n* решётка свя́зи
fire coordination ~ *n* радиосéть огневóго взаимодéйствия
jamproofed ~ помехоустóйчивая свя́зь
secure voice ~ *mil commo* сеть засекрéченной радиосвя́зи
ship-to-shore *mil commo*
~ свя́зь лúнии «корáбль-берег«
shore-to-ship ~ *mil commo* связь лúнии «берег-корáбль«

network – *n* сеть *f*, common use ~ óбщая сеть свя́зи
deceptive radio net/network лóжная радиосéть
power ~ *elec* питáющая сеть road ~ дорóжная сеть

neutrality – *n* нейтралитéт benevolent ~ благожелáтельный нейтралитéт maintain ~ соблюдáть *impf*, соблюстú *pf* нейтралитéт neutralize нейтрализовáть *pf & impf*

New World – *n, hist* Нóвый Свéт

AN ENGLISH - RUSSIAN DIGEST OF MILITARY, POLITICAL & SOCIAL TERMS

New York Stock Exchange (NYSE); the Big Board *n, US econ* Нью-йо́ркская фо́ндовая би́ржа

news – *n* но́вости
~ coverage (radio/TV/newsprint) освеще́ние/по ради́о/по телеви́дению/в печа́ти ~ flash э́кстренное сообще́ние ~ item *n* информа́ция ~ media *npl* сре́дства ма́ссовой информа́ции ~ reporter *n* хроникёр ~ summary *n* сво́дка новосте́й ~ value *n* собы́тийная це́нность
newscaster *n* ди́ктор, радиокоммента́тор

newspaper – *adj* газе́тный, *n* газе́та
editorial board of a ~ реда́кция газе́ты
government (controlled) ~ прави́тельственная газе́та
publish a ~ издава́ть *impf*, изда́ть *pf* газе́ту
shut down a ~ закрыва́ть *impf*, закры́ть *pf* газе́ту
newspaperman, newsman, journalist *n* газе́тчик
newsworthy досто́йный освеще́ния в сре́дствах ма́ссовой информации

night – *adj* ночно́й, *n* ночь
~-blindness *n, med* кури́ная слепота́
~ conditions ночны́е усло́вия ~ drill вече́рние уче́бные сбо́ры
~ exercise ночно́е уче́ние ~ fighting ночно́й бой
~ halt, shelter *n* ночле́г, ночёвка ~ position *n* ночна́я пози́ция
~ vision ночно́е ви́дение at ~ *adv* но́чью
infra-red ~ weapon sight ночно́й прице́л
spend the ~, overnight ночева́ть *impf*, переночева́ть *pf*

nitroglycerin – *n* нитроглицери́н
no first use of nuclear weapons – *n* неприменéние ЯО пéрвыми
Nobel prize – *n, sci* Но́белевская пре́мия
nocturnal – *adj* ночно́й
noise-suppressing – *adj* помехоподавля́ющий
nomad, nomadic – *adj* кочево́й, *n* коче́вник; нома́д

no-man's land – *n, mil* ниче́йная земля́, ничья́ земля́
nomenclature – *n, lit* номенклату́ра; *fig* (term for the Soviet elite)
nominee – *n* кандида́т

non – *prefix* не-, вне-
non-aggression pact *n, pol* догово́р о ненападе́нии

AN ENGLISH - RUSSIAN DIGEST OF MILITARY, POLITICAL & SOCIAL TERMS

non-issue *n* невопро́с
non-addictive не вызыва́ющий привыка́ния
non-aligned *adj* неприсоедини́вшийся
non-alignment movement движе́ние неприсоедине́ния
non-attendance *n* про́пуск
non-biodegradable неразлага́емый микрооргани́зами
non-belligerent *adj* невою́ющий
non-combatant *adj* несража́ющийся
non-compliance *n* несоблюде́ние, невыполне́ние
non-conformity несоблюде́ние, неподчине́ние
non-essential *adj* несуще́ственный
non-flammable *adj* невоспламеня́ющийся, невоспламеня́емый
non-governmental organization (NGO) неправи́тельственная организа́ция
non-interference *n* невмеша́тельство
non-organic *adj* нешта́тный, нета́бельный
non-Orthodox *adj* иносла́вный
non-parliamentary *adj, pol* внепарла́ментский
non-party *adj, pol* внепарти́йный
non-payment *n, bus* неплатёж, неупла́та
non-persistent (agent, etc.) *adj* несто́йкий (несто́йкое вещество́, итд)
non-proliferation *n* нераспростране́ние (я́дерного ору́жия)
non-recoverable *adj* невозврати́мый
non-resistance *n* непротивле́ние (кому/чему)
non-Russian *adj* нерусский
non-skid *adj* нескользя́щий
non-starter *n, coll* мёртвый но́мер
non-stop *adj* (vehicles, etc) безостано́вочный; (aircraft, flight, etc) беспоса́дочный; (continuous) непреры́вный
non-toxic *adj* нетокси́чный
non-violence *n* отка́з от примене́ния наси́льственных ме́тодов
non-white *adj, soc* небе́лый   non-violent *adj* ненаси́льственный
non-working *adj* нетрудя́щийся

normalize – *vt, (vi)* нормализова́ть(ся) *pf & impf*

north – *adj* се́верный, *n* се́вер   grid ~ се́вер се́тки
magnetic ~ магни́тный се́вер   true ~ и́стинный се́вер
~-west *adj* североза́падный, *n* се́веро-за́пад   ~-east *adj* северовосто́чный, *n* се́веро-восто́к   northerner (resident) *n* северя́нин *m*, северя́нка *f*

AN ENGLISH – RUSSIAN DIGEST OF MILITARY, POLITICAL & SOCIAL TERMS

nose (front) – *adj* носовóй
no-strings – *adj, coll* безоговóрочный
not in use, not current – *adj* неупотребительный

note – *n* нóта, расписка
diplomatic ~ *n* дипломатическая нóта
promissary ~ *n* долговáя расписка
written ~ *n* письменное извещéние
notebook *n* записная книжка

notice, until further ~ – до осóбого распоряжéния
notification of next of kin – *n* извещéние ближáйщих рóдственников notify уведомлять *impf*, увéдомить *pf*; оповещáть *impf*, оповестить *pf*
notional – *adj* воображáемый, мнимый

nuclear – *adj* ядерный
~ arms freeze advocate *n* сторóнник идéи заморáживания ЯО
~ arms freeze resolution *n* резолюция о «заморáживании« запáсов ядерного оружия ~ arms race *n, mil, pol* гóнка ядерных вооружéний ~ blackmail ядерный шантáж ~ deterrent *n* срéдство ядерного устрашéния ~ family *n, soc* нуклеáрная /мáлая семья ~-free *adj* безъядерный ~ night *n, sci* ядерная ночь
~-powered vessel *n* атомохóд
~ stalemate ядерный тупик ~ proliferation *n* ядерное распространéние
~ strike force ядерный кулáк ~ triad ядерная триáда
~ umbrella ядерный «зóнтик« ~ winter ядерная зимá
enemy ~ strike ядерный удáр противника
seek ~ superiority стремиться к ядерному превосхóдству

number, serial ~ *n, mil* порядковый нóмер
numerically inferior – слабéе в численности

nun – *n, rel* монáшенка, монáхиня nunnery *n, rel* жéнский монастырь Nuncio, Papal ~ – *n, rel* пáпский нýнций

nutrition – *n* питáние nutritional *adj* питáтельный

AN ENGLISH – RUSSIAN DIGEST OF MILITARY, POLITICAL & SOCIAL TERMS

O

oath – *n* прися́га
administer an ~ to so; put so under ~ приводи́ть *impf*, привести́ *pf* кого́-н. к прися́ге
take an ~ присяга́ть *impf*, присягну́ть *pf*, дава́ть *impf*, дать *pf* кля́тву under ~ под прися́гой

obedience – *n* повинове́ние obedient *adj* послу́шный, пре́данный
obese – *adj*, *med* ту́чный obesity *n* ту́чность *f*
obey *vi (impf and pf in the past tense)* повинова́ться + d.
~ orders повинова́ться прика́зам
obituary – *n* некроло́г

objective, target, aim, construction project – *n* объе́кт
assault ~ объе́кт ата́ки, цель
bombing ~, target объе́кт бомбомета́ния, объе́кт нападе́ния

observation – *n* наблюде́ние 24-hour ~ круглосу́точное наблюде́ние aerial ~ авианаблюде́ние, авиаразве́дка
all-round ~ круговое наблюде́ние from the air ~ возду́шное наблюде́ние radar ~ радиолокацио́нная разве́дка
visual ~ визуа́льное наблюде́ние, опти́ческая разве́дка

observer – *n* наблюда́тель
aerial artillery ~ возду́шный артиллери́йский наблюда́тель; корректиро́вщик flank ~ *n* боково́й наблюда́тельный пункт НП
forward ~ post *n* передово́й НП ground ~ *n* назе́мный НП
stay behind ~ *n* НП в тылу́ проти́вника

obstacle – *n* прегра́да, препя́тствие, загражде́ние
~ in depth по́ле загражде́ния ~ removal *n* разгражде́ние, устране́ние препя́тствий beach ~ противодеса́нтное загражде́ние, берегово́е препя́тствие, загражде́ние
concertina, barbed wire ~ *n* про́волока внабро́с; *n* про́волочная спира́ль floating ~ пла́вающие препя́тствия
ground ~ назе́мные загражде́ния mine ~ ми́нное загражде́ние
portable ~ *n* лёгкая прегра́да
remove ~s разгражда́ть *impf*, разгради́ть *pf*
underwater ~ подво́дное загражде́ние
underwater log ~ *n* загражде́ние из брёвен под водо́й

AN ENGLISH – RUSSIAN DIGEST OF MILITARY, POLITICAL & SOCIAL TERMS

Oceania – *n, geo* Океа́ния
Occident – *n, geo* за́пад occidental *adj* за́падный

occupational – *adj* профессиона́льный
~ accident *n, soc* произво́дственный несча́стный слу́чай
~ risk *n, med, soc* произво́дственный риск ~ therapy *n, med* трудотерапи́я

occupier – *n, mil, soc* захва́тчик
odd, even – *adj* (numbers) нечётный, чётный
the odds are in our favor переве́с/в на́шу по́льзу/на наше́й стороне́

off duty – вне слу́жбы, свобо́дный от слу́жбы
off-the-cuff *adj* импровизи́рованный, неподгото́вленный
off-limits *adj* закры́тый
off-loading *n* вы́грузка
off-peak *adj* внепи́ковый off-peak hours часы́ зати́шья
off the march *mil* с хо́да
off-the-record *adv* неофициа́льно, *adj* неофициа́льный

office (position, service) – *n* до́лжность, пост, слу́жба; (premises) конто́ра, канцеля́рия, бюро́
~ equipment *n* оргте́хника ~ work *n, bus* делопроизво́дство
branch ~ *n, bus* филиа́л, отделе́ние
enter ~ вступа́ть *impf*, вступи́ть *pf* в до́лжность *f*
hold ~ занима́ть пост
inquiry ~, information bureau *n* спра́вочное бюро́
leave, resign one's ~ уйти́ *pf* с до́лжности
lost and found ~ бюро́/стол нахо́док
recruiting ~ *n, mil* призывно́й пункт
tenure of ~, period of ~ пребыва́ние на посту́
term of ~ *n* срок полномо́чий, легислату́ра

officer – *adj* офице́рский, *n* офице́р
~ candidate *n* кандида́т в офице́ры ~ corps *n* офице́рский соста́в ~ in charge of *n* замести́тель команди́ра
~ of the day *n* дежу́рный по карау́лам acting ~ *n* исполня́ющий обя́занности офице́ра action ~ офице́р-исполни́тель
assistant operations ~ помо́щник офице́ра операти́вного отде́ла
certifying ~ аттесту́ющий офице́р chief of staff ~ ста́рший

AN ENGLISH - RUSSIAN DIGEST OF
MILITARY, POLITICAL & SOCIAL TERMS

офице́р шта́ба customs ~ *n* тамо́женный чино́вник
duty, operations ~ операти́вный дежу́рный
non-commissioned ~ *n* унтерофице́р petty ~ *n, nav* старшина́
public relations ~ офице́р по информа́ции
regular ~ ка́дровый офице́р
staff duty ~ дежу́рный по шта́бу
supply ~ офице́р по снабже́нию
technical ~ офице́р техни́ческой слу́жбы
warrant ~ *Ru mil* пра́порщик, *US* уо́рент-офице́р

official - *adj* должностно́й, *n* должностно́е лицо́; чино́вник, слу́жащий ~ instructions *n* должностна́я инстру́кция
~ duties служе́бные обя́занности
~ position *n* служе́бное положе́ние
~s, functionaries должностны́е ли́ца
government ~s *n* прави́тельственные чино́вники
госуда́рственные слу́жащие
top-level ~ *mpl* руководя́щие рабо́тники
officialdom *n* чино́вничество

offshore - *adj* морско́й
OGPU (United State Political Directorate, successor to the Cheka; Sov) - ОГПУ *indecl* Объединённое госуда́рственное полити́ческое управле́ние

oil - *prefix* нефте, *adj* нефтяно́й;
n ма́сло, *impf* масли́ть, на/по/масли́ть *pf*
~ and gas *adj* нефтега́зовый ~-bearing, -rich *adj* нефтено́сный
~ derrick *n* нефтяна́я вы́шка ~ extracting, producing *adj* нефтедобыва́ющий ~ extraction, production *n* нефтедобы́ча
~ field *n* нефтепро́мысел ~-gusher *n* нефтяно́й фонта́н
~ industry worker *n* нефтя́ник
~ lubrication system *n* маслосисте́ма
~ man, owner *n* нефтепромы́шленник
~ or petrodollars *nmpl* нефтедо́ллары
~or petroleum industry *n* нефтепромы́шленность *f*
~ pipeline *n* маслопрово́д, нефтепрово́д
~ processing, refining *adj* нефтеперераба́тывающий, нефтеперего́нный ~ producing *adj* нефтедобыва́ющий
~ refinery *n* нефтеперераба́тывающий заво́д
~ refining *n* нефтеперерабо́тка
~ refining industry *n* нефтеперераба́тывающая промы́шленность

AN ENGLISH - RUSSIAN DIGEST OF MILITARY, POLITICAL & SOCIAL TERMS

~ resistant *adj* маслоупо́рный   ~ rig, derrick *n* нефтяна́я вы́шка
~-slick *n* нефтяна́я плёнка на воде́
~ spill *environ* авари́йный разли́в не́фти
~ tank *n* нефтяна́я цисте́рна ~-tanker (ship) *n* та́нкер, (vehicle) нефтево́з ~ worker *n* нефтя́ник
crude ~ нефть-сыре́ц oily *adj* ма́сленый

olive branch (peace symbol) - *n* оли́ковая ве́твь

Olympic - *adj* олимпи́йский
~ games, the Olympics, Olympiad *n* Олимпиа́да
~ contestant, participant *n* олимпи́ец

omit - (neglect) упуска́ть *impf*, упусти́ть *pf*
(leave out) пропуска́ть *impf*, пропусти́ть *pf*
omission *n* про́пуск, упуще́ние

omni - *prefix* все-, везде-
omnidirectional *adj* всенапра́вленный
omnipotent *adj* всемогу́щий
omnipresent *adj* вездесу́щий
omnivorous *adj* всея́дный

OMON (Sov special interior police force) - ОМОН (Отря́д мили́ции осо́бого назначе́ния); member(s) омо́новец *m*, омо́новцы *mpl*

on - в, на, по
~ a case by case basis по при́нципу рассмотре́ния ка́ждого конкре́тного слу́чая ~ a need to know basis по при́нципу служе́бной необходи́мости *f*
~ a sustained basis в тече́ние продолжи́тельного пери́ода
~ all fours ползко́м, на четвере́ньках
~-board *adj* бортово́й ~ call по вы́зову, по тре́боваиню
~ call basis по при́нципу по зая́вке ~-duty *adj* дежу́рный
~ foot пешко́м, в пе́шем строю́
~ hand (quantity, etc.) нали́чный, подру́чный
~ land на су́ше ~ site на ме́сте
~ target по це́ли ~ the move с хо́ду
"~ the way!" (fire command) «вы́стрел!»

oncology - *n, med* онколо́гия

AN ENGLISH – RUSSIAN DIGEST OF MILITARY, POLITICAL & SOCIAL TERMS

oncoming (traffic, etc) – *adj* встре́чный, наступа́ющий, приближа́ющийся
one by one – *adv* поодино́чке
one-piece – *adj* це́льный

ongoing – *adj* непреры́вный, постоя́ный, иду́щий, продолжа́ющийся
operating – *adj* рабо́чий ~instructions инстру́кция по эксплуата́ции

operation – *n, mil* опера́ция, де́йствие; *med* опера́ция; *tech* рабо́та, эксплуата́ция ~ order (OPORD) *n* боево́й прика́з
army group ~ фронтова́я опера́ция
combat ~ *n* боево́е де́йствие
contingency ~ *n, mil* опера́ция в осо́бой обстано́вке
large-scale, major ~ кру́пная опера́ция
trouble-free ~ *n* безотка́зная рабо́та
operational diagram *n* опрогра́мма
operational readiness *n* боева́я гото́вность

operations (process) – *npl* опера́ции
combined ~ *n, mil* сме́шанные опера́ции
conduct of ~ *n, mil* проведе́ние опера́ций
joint ~ *npl* совме́стные де́йствия joint ~ area *n, mil* зо́на объединённых боевы́х де́йствий rescue ~ *npl* спаса́тельные рабо́ты special ~ *npl* спецопера́ции special-~ force си́лы спецопера́ции supply ~ *n* рабо́та по снабже́нию

operator – *n* опера́тор heightfinder ~ *n, mil* высотоме́рщик
instrument ~ *n* прибори́ст radio ~ *n* ради́ст radar ~ *n* лока́торщик, радиометри́ст voice ~ *n* слуха́ч
rangefinder ~ дальноме́рщик
telephone switchboard ~ телефони́ст коммута́тора

opinion, public ~ *n, soc* обще́ственное мне́ние
Opolchenia (Ru militia) – *n* ополче́ние member of ~ *n* ополче́нец
opposing – *adj* противостоя́щий
opposite *adj* противополо́жный oppositionist *n* оппозиционе́р

oppress – угнета́ть *impf*
oppressive *adj* угнета́тельский oppressor *n* угнета́тель
oppressed *adj* прорабощённый, угнетённый

AN ENGLISH – RUSSIAN DIGEST OF MILITARY, POLITICAL & SOCIAL TERMS

oppression *n* угнете́ние

optical – *adj* опти́ческий, зри́тельный ~ illusion *n* опти́ческий обма́н, обма́н зре́ния optician, optometrist *n* о́птик
optimum – *adj* оптима́льный

option – *n* вы́бор optional *adj* необяза́тельный, факультати́вный
orchard – *n, agric* сад
orchestrate – *vt, fig* организова́ть *impf*, сорганизова́ть *pf;* компонова́ть *impf*, скомпонова́ть *pf*

order – *n* прика́з, приказа́ние, распоряже́ние, кома́нда
~, system, regime *n, pol* строй
~ a move прика́з на перебро́ску, на передислока́цию
~ of battle (formation) *n, mil* боево́й поря́док
~ of march *n* ма́ршевый поря́док
~ or requisition form *n* требова́тельная ве́домость *f*
convey an ~ доводи́ть прика́з до све́дения
cut an ~ оформля́ть *impf*, офо́рмить *pf* прика́з
deliver an ~ доста́вить прика́з
deployment ~ прика́з на развёртывание чего
distribute an ~ рассыла́ть прика́з
in staggered ~ в ша́хматном поря́дке
initial movement ~ предвари́тельный прика́з на ма́рш
launch ~ кома́нда на пу́ск
operation ~ (OPORD) боево́й прика́з
recall ~ прика́з о возвраще́нии
rescind an ~ отменя́ь/отмени́ть прика́з
scramble ~ *avn, mil* прика́з на сро́чный вы́лет по трево́ге
standby ~ прика́з о гото́вности к де́йствиям
standing ~s *n, mil* прика́з-инстру́кция (постоя́нно де́йствующий)
travel ~s *npl* проездны́е докуме́нты troop movement ~ прика́з на перево́зку войск under ~s при исполне́нии служе́бных обя́занностей under the ~s (of) подчинённый, при́данный
verbal ~ у́стный прика́з, слове́сное приказа́ние
warning ~ *n* предвари́тельное распоряже́ние
written ~ пи́сьменный прика́з

order, medal – *adj* о́рденский, *n* о́рден
~, medal recipient ордено́сец
decorated with an ~ *adj* орденоно́сный

AN ENGLISH – RUSSIAN DIGEST OF
MILITARY, POLITICAL & SOCIAL TERMS

ordnance – *n, ammo* боеприпа́сы; (hardware, equipment) боева́я те́хника; вооруже́ние; сре́дство пораже́ния; боевы́е техни́ческие сре́дства
inert ~ *npl, ammo* боеприпа́сы, начинённые ине́ртными ВВ

ore – *n* руда́
~-bearing *adj* ру́дный ~-dressing factory *n* го́рно-обогати́тельный комбина́т ~-enrichment, enriching *adj* го́рно-обогати́тельный ~-field *n* ру́дный бассе́йн

organ, body – *n* о́рган parent ~ возглавля́ющий о́рган
legislative ~ законода́тельный о́рган subversive ~ подрывно́й о́рган representative ~ представи́тельный о́рган

organic – *adj, mil* та́бельный, шта́тный
organization – *n* организа́ция organizing committee *n* оргкомите́т

organizational *adj* шта́тный, та́бельный
~ department *n* орготде́л ~ work *n* орграбо́та
organized *adj* организо́ванный
~ crime *n, soc* организо́ванная престу́пность
~ employment, recruitment *n* оргнабо́р

original – *n* по́длинник originator – *n* инициа́тор

orient – *adj* восто́чный, *n* восто́к
~ one's self; find one's bearings *lit/fig, vi* ориенти́роваться *pf & impf* orientation point *n* ориенти́рная то́чка

oriental – *adj* восто́чный ~ expert *n* востокове́д, *coll* восто́чник, ориентали́ст ~ studies *n* востокове́дение, ориентали́стика
of oriental studies *adj* востокове́дный
orientalist *n* востокове́д

orphan – *adj* сиро́тский *n*, сирота́ *m, f*
become an ~ о/сироте́ть pf/*impf* orphaned *adj* осироте́лый
an ~ child *n* осироте́вший ребёнок
orphanage *n* прию́т для сиро́т orphanhood *n* сиро́тство

Ottoman (Turkey, 1300) – *adj* оттома́нский; *n* оттома́н; *adj* осма́нский, *n* осма́н

AN ENGLISH - RUSSIAN DIGEST OF MILITARY, POLITICAL & SOCIAL TERMS

out -
~ of bounds *adj* запрещённый ~ of condition не в фо́рме
~ of control вне контро́ля ~ of date устаре́лый, старомо́дный
~ of hand, get ~ вы́йти *pf* из-под контро́ля ~ of order не в поря́дке, в неиспра́вном состоя́нии; неиспра́вный ~ of range вне досяга́емости ~ of work *adj* безрабо́тный

outage - *n* переры́в, безде́йствие
outcome, result - *n* порожде́ние, (result) результа́т, (issue) исхо́д (consequence) сле́дствие, после́дствие
outdoor (vs indoor) - *adj* нару́жный
outer - *adj* вне́шний, нару́жный ~ casing *n* нару́жный кожу́х
outgoing (from position) - *mil* уходя́щий, исходя́щий
outflank - *mil* заходи́ть *impf*, зайти́ *pf* с фла́нга
out-general - *vt* превзойти́ *pf* в вое́нном иску́сство
outgun - достига́ть *impf*, дости́чь *pf* огнево́го превосхо́дства

outlaw - *n* лицо́, объя́вленное вне зако́на
vt объявля́ть *impf* объяви́ть *pf* вне зако́на
~ weapons объявля́ть *impf*, объяви́ть *pf* ору́жие вне зако́на

outlay - *n* изде́ржки *fpl*, затра́ты *fpl*
outline, sketch, draft, study - *n* эски́з ~, design, plan *n* предначерта́ние, чертёж
outlook - *npl* ви́ды на бу́дущее, перспекти́ва, то́чка зре́ния
outmaneuver, outfox, outwit - *coll, fig* перехитри́ть *pf*
outpatient clinic - *n, med* поликли́ника
outpost - *n, mil* аванпо́ст, заста́ва, сторожево́е охране́ние, форпо́ст combat, fighting ~ *n, mil* боево́е охране́ние
security ~ - *n, mil* охране́ние
output - *npl* (data) выходны́е да́нные; отда́ча annual ~ годова́я вы́работка
outrange - превосходи́ть *impf*, превзойти́ *pf* в да́льности
outrank - быть ста́ршим по зва́нию
outrun, outstrip - обгоня́ть *impf*, опережа́ть *impf*
outside and inside - *adv* вовне́ и внутри́
outside influence - *n* влия́ние извне́, посторо́ннее влия́ние
outskirts (of town) - *n* окра́ина, предме́стье
outworks - *n, mil* передовы́е оборони́тельные сооруже́ния

overall - *adj* о́бщий, по́лный
~ dimensions *npl* габари́тные разме́ры

AN ENGLISH - RUSSIAN DIGEST OF MILITARY, POLITICAL & SOCIAL TERMS

overcentralization – *n* чрезмéрная централизáция управлéния
overdose – *n, med* передозирóвка
overdue – *adj* просрóченный
overeager – *adj* слúшком усéрдный
overemphasize – *n* излúшне подчёркивать *impf*, подчеркнýть *pf*
overexposure to radiation – *n* дóза облучéния вы́ше предéльно допустúмой

overflight – *n* пролёт, пролетáть *impf*, пролетéть *pf*
overgrown – *adj* зарóсший
overhaul and repair – *n* пóлная разбóрка и ремóнт; капитáльный ремóнт

overhead gun pit – *n* орудúйный окóп с перекры́тием
overhead expenses – *n, bus* накладны́е расхóды
overkill – *n* многокрáтное поражéние *или* уничтожéние; сверхистреблéние   overland – на сýше

overlap – перекрывáть *impf*, совпадáть *impf*; *n* дублúрование в дéятельности   fire ~ *n* перекры́тие зон огня́ «внаклáдку«
radar coverage ~ *n* перекры́тие зон наблюдéния РЛС
overlapping *n* дублúрование, параллелúзм, повторéние

overlay – *n, mil* схéма на кáльке   enemy disposition ~ схéма боевóго поря́дка протúвника   fire support ~ схéма огня́ поддéрживающих срéдств   logistics ~ схéма обстанóвки по ты́лу   operational ~ схéма-прикáз   operations map ~ оперáтивная кáрта, схéма оперáтивной обстанóвки с кáрты
situational ~ схéма обстанóвки   service support ~ схéма тыловóго обеспечéния   situation ~ схéма обстанóвки
target ~ схéма цéлей

overload, overburden – *vt* перегружáть *impf*, перегрузúть *pf*, *n* перегрýзка   work ~ перегрýзка задáч   commo ~ *n* перегрýзка срéдств свя́зи
overmanned – что-л. перегрýжен людьмú   overmanning *n* раздувáние штáтов
overpopulated – *adj* перенаселённый   overpopulation *n* перенаселéние
override, overrule – отвергáть *impf*, отвергнýть *pf*, отклоня́ть *impf*, отклонúть *pf*, не принимáть *impf*, приня́ть *pf* во внимáние

AN ENGLISH - RUSSIAN DIGEST OF MILITARY, POLITICAL & SOCIAL TERMS

~ someone's authority не признава́ть *impf*, не призна́ть *pf* чьего авторите́та
overrun - *vt, mil* захва́тывать *impf*, захвати́ть *pf*; занима́ть *impf*, заня́ть *pf*
overseas - *adj* замо́рский, загрании́чный, заокеа́нский; на замо́рских террито́риях

overshoot - *avn* перелёт при поса́дке, перелете́ть *pf* при поса́дке ~ the mark *lit* взять *pf* вы́ше це́ли, *fig* преувели́чивать *impf*, преувели́чить *pf*

oversight (supervision) - *n* надзо́р; (lack of) недосмо́тр, упуще́ние oversimplify - слишком упроща́ть *impf*, упрости́ть *pf*
oversized - сли́шком/о́чень большо́го разме́ра
overstock - *n* изли́шний запа́с
overstrength - изли́шний ЛС

overt - *adj* несекре́тный, откры́тый
overtake - обгоня́ть *impf*, обогна́ть *pf*; догоня́ть *impf*, догна́ть *pf*; опережа́ть *impf*, опереди́ть *pf*
overthrow - *lit/fig* ниспроверже́ние, пораже́ние; ниспрове́ргать *impf*, ниспрове́ргнуть *pf*; побежда́ть *impf*, победи́ть *pf*; поража́ть *impf*, порази́ть *pf*
overture - *n* попы́тка, инициати́ва peace ~ *n, pol* попы́тка примире́ния

overwatch - *n, mil* наблюде́ние
overwhelm - *vt* сокруша́ть *impf*, сокруши́ть *pf*; подавля́ть *impf*, подави́ть *pf* ~ing majority *n* подавля́ющее большинство́

ownerless - *adj* бесхо́зный

oxide - *n, sci* о́кись
oxidation *n* окисле́ние oxidize *vt(vi)* окисля́ть(ся)

oxygen - *n* кислоро́д
~ mask *n, med* кислоро́дная ма́ска
~ tent *n, med* кислоро́дная пала́тка

ozone - *adj* озо́новый, *n* озо́н
~ friendly не повреждающий озо́новый слой
~ hole *n* «озо́нная дыра́«
~ layer *n* озо́новый слой

AN ENGLISH – RUSSIAN DIGEST OF MILITARY, POLITICAL & SOCIAL TERMS

P

pacifism – *n* пацифи́зм pacifist *adj* пацифи́стский, *n* пацифи́ст
pacify (rebels) *vt* усмиря́ть *impf*, усмири́ть *pf*

pack, pile, stack, stow – укла́дывать *impf*, уложи́ть *pf*
pack up, packing up *n, sl* свёртывание
packer *n* упако́вщик
packing, piling, stacking, stowing *n* укла́дка

packet, first-aid ~ *n* санита́рный паке́т

pact – *n, pol* пакт conclude a ~ заключи́ть пакт
non-aggression ~ пакт о ненападе́нии withdraw from a ~ вы́йти из па́кта

pad – *n* площа́дка fueling ~ топливозапра́вочная площа́дка
helicopter ~ поса́дочная площа́дка
launch, launching ~ пускова́я площа́дка

Palestine – *n* Палести́на
~ Liberation Front PLO *n, pol* Организа́ция освобожде́ния Палести́ны (ООП) Palestinian *adj* палести́нский, *n* Палести́нец *m*, Палести́нка *f*

palletize – укла́дывать *impf*, уложи́ть *pf* на поддо́ны
palletized *adj* устано́вленный на поддо́не

Palm Sunday – *n, rel* Ве́рбное воскресе́ние

Pan – *prefix* пан-
~-African *adj, pol* панафрика́нский
~-Africanism *n, pol* панафрикани́зм
~-American *adj, pol* панамерика́нский
~-Americanism *n* панамерикани́зм
~-Arabic *adj* панара́бский
~-Arabism *n, pol* панараби́зм
~-Asiatic *adj, pol* паназиа́тский
~-European *adj, pol* панъевропе́йский
~-German *adj, pol* пангерма́нский
~-Germanism *n, pol* пангермани́зм
~-Islamic *adj, pol* панислами́стский

AN ENGLISH – RUSSIAN DIGEST OF MILITARY, POLITICAL & SOCIAL TERMS

~-Islamism *n, pol* панисламизм

panel – *n, mil* полотнище, панель *f*, щит, щиток
air-ground recognition ~ сигнальное полотнище для опознавания
control ~ *n* пуьлт управления
display ~ индикаторная панель наземных войск с воздуха
identification ~ опознавательное полотнище
instrument ~ приборная доска, приборная панель
luminescent ~ светящееся сигнальное полотнище
switchboard ~ коммутационная панель, распределительная доска

panic – *n* паника ~-mongering *adj* паникёрский
to be ~-stricken, to ~ паникёрствовать *impf only, coll* паниковать
papacy – *n, rel* папство papal *adj* папский

paper, papers – *n* документ *ms*, документы *mpl*
~ shredder *n* бумагорезка
concept ~ документ с изложением концепции/замысла
identification ~s документы, удостоверяющие личность
staff a ~ through согласовывать *impf*, согласовать *pf* документ со всеми штабными инстанциями
par, at ~ – *econ* альпари

parachute drop – *n, mil* парашютный десант

parade – *adj* парадный, *n* парад
celebratory ~ праздничный, торжественный парад
May Day ~ *Sov* первомайский парад

paradigm – *n* парадигма
paralyze – *lit, fig* парализовать *pf/impf* paralyzed *adj* парализованный
paramilitary – *adj* полувоенный
paraphernalia, hardware – *n* боевая техника
paraphrase – пересказывать *impf*, пересказать *pf*; перефразировать *pf & impf*; *n* пересказ, перефраза

pardon – *leg* помиловать *pf*; *n, leg* помилование, прошение о помиловании
grant a ~ даровать *pf & impf*, помилование, удовлетворять *impf*, удовлетворить *pf* прошение или аппелляцию

AN ENGLISH – RUSSIAN DIGEST OF MILITARY, POLITICAL & SOCIAL TERMS

granted ~ освобождённый под честное слово

parentage – *n* отцовство *m*, материнство *f*
pariah – *n, lit/fig* пария
paramilitary – *adj* полувоенный

parity – *n, econ, mil* паритет, равенство
conventional ~ паритет в области обычных/неядерных вооружений   nuclear ~ ядерный паритет

park, bridging – ~ мостовой парк

Parliament – *n, Br pol* парламент
lower house of ~ (House of Commons) нижняя палата парламента
upper house of ~ (House of Lords) верхняя палата парламента
parliamentarian (member) *n* парламентарий
parliamentary *adj* парламентский

parolee – *n, leg* освобождённый под честное слово

part – *n* часть *f*   component ~ составная часть   spare ~ запасная часть, запчасть   part-timer *n, bus* почасовик

partial eclipse – *n, sci* неполное затмение
partisan movement – *n, mil* партизанщина
Partnership for Peace – *NATO, pol* «Партнёрство ради мира«

party – *prefix* парт-, *adj* партийный, *mil, pol* партия, команда;
~ disciplinary action *n* партвзыскание
~ member *n* партиец   ~ membership card партбилет
~ organizer *n* парторг   bridging ~ мостовая команда
damage control ~ аварийно-спасательная команда
inner-~ *adj* внутрипартийный   opposition ~ оппозиционная партия
Ba'ath Party (Syria, Iraq; socialist party) партия баас
Green Party *Ge pol* партия «зелёных«
raiding ~ рейдерская группа
third ~ третье лицо *или* сторона

pass, overtake – *n* обгон, обгонять *impf*, обогнать *pf*
"no passing" ! обгон запрещён !

AN ENGLISH - RUSSIAN DIGEST OF MILITARY, POLITICAL & SOCIAL TERMS

pass-fail, go-no go (training) *n* ме́тод прове́рки «вы́полнено-невы́полнено«

passage - *n* прохо́д
~ through a contaminated area *n, mil* прохо́д в уча́стке зараже́ния clear a ~ *n, mil* проде́лывать *impf* прохо́д conduct a ~ of lines *n, mil* проходи́ть че́рез боевы́е поря́дки свои́х войск conduct a forward ~ of lines *n, mil* проходи́ть че́рез боевы́е поря́дки свои́х войск с вы́ходом в расположе́ние проти́вника conduct a rearward ~ of lines *n, mil* проходи́ть че́рез боевы́е поря́дки с вы́ходом из расположе́ния проти́вника

pasteurize - *sci* пастеризова́ть *pf & impf* pasteurized *adj* пастеризо́ванный
patent - *n* пате́нт ~ office *n* пате́нтное бюро́ take out a ~ for st патентова́ть *impf*, запатентова́ть *pf*

Pathet Lao (Laotian Communist Party) - *n, pol* па́тет-ла́о

patient - *adj & as a n, med* больно́й
in-patient *adj* стациона́рный, ко́ечный; *n* стациона́рный больно́й; ко́ечный больно́й
out-patient *adj* амбулато́рный, амбулато́рный больно́й

patriarch - *n, rel* патриа́рхия, патриарха́т
patriarchal *adj* патриарха́льный patriarchate *n, rel* патриа́ршество

patrol - *adj* патру́льный; *n* патру́ль *m*, дозо́рный, дозо́р; *vt* патрули́ровать + i. *(impf only)*
~ ship *n* сторожево́й кора́бль advance, forward ~ головно́й дозо́р combat air ~ боево́й возду́шный патру́ль
engineer recon ~ инжене́рный разве́дывательный дозо́р
fighting ~ боево́й дозо́р patrolling патрули́рование
flank ~ боково́й дозо́р

patronize - патрони́ровать *impf*
pauper - *n, soc* па́упер pauperization *n* паупериза́ция
pauperization *n* паупериза́ция pauperism *n* паупери́зм
pave - *vt* мости́ть *impf*, вы́/замости́ть *pf*
paved *adj* мощёный, вы́мощенный (road) paver *n* мости́льщик
pawn-shop - *n* ломба́рд, заложи́ть в ломба́рд

AN ENGLISH – RUSSIAN DIGEST OF MILITARY, POLITICAL & SOCIAL TERMS

Pax Americana – *n, pol* «Пакс Америка́на«

pay – *n* пла́та, зарпла́та
~ and allowances *n* де́нежное дово́льствие back ~ пла́та за́дним число́м
basic ~ о́клад payday *n* платёжный день
payload *econ, mil* груз   bomb ~ *n, mil* бо́мбовый груз
paymaster *n* казначе́й

payment – *n* платёж
apply for ~ *vi* обраща́ться за платежо́м balance of ~s платёжный бала́нс late ~ просро́ченный платёж payola, bribery, graft *n* по́дкуп, взя́тка

peace – *n* мир
~-building *n, pol* построе́ние ми́ра ~ camp *n* городо́к ми́ра
~ movement *n* движе́ние сторо́нников ми́ра
Peace Corps (US) *n* «ко́рпус ми́ра«
peaceful coexistence *n, pol* ми́рное сосуществова́ние
peacekeeper, UN *n* страж ми́ра
peacekeeping *adj* миротво́рческий, *n* миротво́рчество
~ force, UN *n, pol* войска́ ООН по поддержа́нию мира
~ operation *n, mil, pol* миротво́рческая опера́ция
peaceloving *adj* миролюби́вый
peacemaker *n* миротво́рец, примири́тель
peacemaking *adj* миротво́рческий, примири́тельный
peacetime environment *n* обстано́вка ми́рного вре́мени

Pearl Harbor in Hawaii – *n, geo* Пёрл-Ха́рбор на Гава́йях

peasant, poor ~ – *adj* бедня́цкий, *n* бедня́к *m*, бедня́чка *f* ;
poor peasants (collective) бедня́чество

pedophile – *n* педофи́л   pedophilia *n* педофили́я
peephole – *n* смотрова́я щель; амбразу́ра
pen pusher – *n* писа́ка

penal – *adj* уголо́вный
~ code уголо́вный ко́декс
~ laws уголо́вное пра́во ~ offence уголо́вное преступле́ние

pending – *adj* рассма́триваемый, нерешённый, назаключённый

AN ENGLISH – RUSSIAN DIGEST OF MILITARY, POLITICAL & SOCIAL TERMS

penetrable – *adj* пробива́емый, проница́емый
penetrating *adj* пробивно́й

penetration *n* проникнове́ние, *mil* проры́в
~ aids *npl* сре́дства обеспе́чения проры́ва
armored ~ проры́в та́нков
make a ~ осуществля́ть *impf*, осуществи́ть *pf* проры́в
eliminate a ~ ликвиди́ровать *pf & impf* проры́в
exploit a ~ развива́ть *impf*, разви́ть *pf* проры́в
seal off a ~ изоли́ровать *pf & impf* проры́в

penetrator – *n, mil* серде́чник
arrowlike ~ стрелови́дный серде́чник
depleted uranium ~ серде́чник из обеднённого ура́на

peninsula – *n* полуо́стров Iberian ~ ибери́йский полуо́стров
peninsular *adj* полуостровно́й

pension – *n* пе́нсия
disability ~ пе́нсия по нетрудоспосо́бности/инвали́дности
go on ~ увольня́ть *impf*, уво́лить *pf* на пе́нсию old age ~ пе́нсия по ста́рости   widow's ~ вдо́вья пе́нсия pensioner *n* пенсионе́р

Pentecost – *n, rel* Пятидеся́тница Pentecostalist *n, rel* Пятидеся́тник
Pentagon – *n, mil* Пентаго́н Pentateuch – *n, rel* Пятикни́жие

people, the common ~ – *n* простонаро́дье
~s liberation *adj* наро́дно-освободи́тельный
~s liberation army *n, pol* наро́дно-освободи́тельная а́рмия
~s republic *n* наро́дная респу́блика

per diem – в де́нь; су́точные де́ньги
per man-day/hour в челове́ко-день/в челове́ко-час
per workday в трудоде́нь *m*

percussion – *adj* уда́рный
Perestroika (restructuring, reconstruction or rebuilding) – *n, Ru pol* перестро́йка

performance evaluation – *n* оце́нка успева́емости
perigee – *n* периге́й

AN ENGLISH – RUSSIAN DIGEST OF
MILITARY, POLITICAL & SOCIAL TERMS

perimeter – *n* грани́ца, обво́д, окру́жность *f*, пере́дний край,
пери́метр ~ defense оборони́тельный обво́д

period – *n* пери́од
cool off ~ (people) пери́од охлажде́ния, *tech* пери́од сниже́ния
температу́ры drill ~ *mil* пери́од уче́бных сбо́ров
trial ~ испыта́тельный пери́од

periscope – *n* визи́р
perishable – *adj* скоропо́ртящийся perishability *n* по́рча
perjurer – *n* лжесвиде́тель perjury *n* лжесвиде́тельство
commit ~ дава́ть ло́жные показа́ния под прися́гой
permissiveness – *n*, *soc* вседозво́ленность *f*

persecute – *vt* пресле́довать *impf*
persecution *n* пресле́дование, гоне́ние suffer ~ *vi* подверга́ться
impf, подве́ргну́ться *pf* гоне́ниям

persistence – *n* упо́рство, сто́йкость *f* persistent *adj* сто́йкий,
упо́рный

person – *n* лицо́, челове́к
~ with a complaint; plaintiff *leg* жа́лобщик
displaced ~s *pol* перемещённые ли́ца
injured ~ *adj*, *as a n* пострада́вший left handed ~ *n* левша́
like minded ~ *n* единомы́шленник private ~ ча́стное лицо́
right handed ~ *n* правша́ stateless ~ *leg* лицо́ без гражда́нства
very important ~ (VIP) ва́жное лицо́

persona grata *n, pol* персо́на гра́та persona non grata *n, pol*
персо́на нон гра́та
personal – *adj* ли́чный, персона́льный ~ immunity *n*
неприкоснове́нность *f* ли́чности ~ rights ли́чные права́

personnel – *n* ли́чный соста́в; персона́л ~ department *n* отде́л
ка́дров (ОК) ~ strength чи́сленный соста́в
enlisted ~ *n* военнослу́жащие рядово́го соста́ва,
военнослу́жащие сержа́нтского соста́ва
filler ~ ЛС пополне́ния general officer ~ генера́льский соста́в
on duty ~ дежу́рный соста́в organic ~ шта́тный соста́в
regular ~ ка́дровый соста́в support ~ обслу́живающий персона́л

AN ENGLISH – RUSSIAN DIGEST OF MILITARY, POLITICAL & SOCIAL TERMS

и́ли соста́в; вспомога́тельный персона́л, соста́в
technical assistance ~ вспомога́тельный техни́ческий соста́в

pesticide – *n* пестици́д

petition – *n* проше́ние, заявле́ние, про́сьба, пети́ция, хода́тайство; хода́тайствовать *impf*, похода́тайствовать *pf* о + p., *or* за + a.
~ for appeal про́сьба об апелля́ции   petitioner, mediator *n* хода́тай   petitioning, pleading, entreaty *n* хода́тайство

petro – *prefix* нефте-
~ chemical *adj* нефтехими́ческий   ~dollars *npl* нефтедо́ллары
petrol *adj* бензи́новый, бензи́н *n*

petty, minor, small *prefix* мелко-
~-bourgeois *adj* мелкобуржуа́зный
~, small owner, proprieter *adj* мелкособ́ственнический
~, small peasant *adj* мелкокрестья́нский

phalanx – *n, hist, mil* фала́нга

phase – *n* эта́п, фа́за
~ in (weapons, personnel, etc) принима́ть *impf*, приня́ть *pf* на вооруже́ние   ~ out (weapons, personnel, etc) снима́ть *impf*, сня́ть *pf* с вооруже́ния
alert ~ эта́п гото́вности   attack ~ эта́п нападе́ния
buildup ~ эта́п сосредото́чения
consolidation and reorganization ~ эта́п закрепле́ния за́нятых пози́ций и перегруппиро́вки войск   initial ~ исхо́дная ста́дия
launch ~ эта́п пу́ска   standby ~ эта́п предвари́тельной гото́вности

phased – *adj* поэта́пный, фази́рованный
~ approach поэта́пный подхо́д   ~ disarmament *n* разоруже́ние по эта́пам   ~ settlement поэта́пное урегули́рование
phaseline *n* рубе́ж   first ~ рубе́ж на пе́рвом эта́пе наступле́ния

philanthropist – *n* филантро́п
philanthropic *adj* человеколюби́вый, филантро́пический
philanthropy *n* человеколю́бие, филантро́пия
philosophize – филосо́фствовать *impf*

AN ENGLISH – RUSSIAN DIGEST OF MILITARY, POLITICAL & SOCIAL TERMS

phone answering machine – *n* автоотве́тчик

photo – *n* фотосни́мок,
~ interpreter *n* дешифрова́льщик фотосни́мков
aerial ~ аэрофотосни́мок, аэрофотографи́рование
aerial ~ analysis *n* дешифри́рование аэрофотосни́мков
intelligence ~ *n* фоторазве́дка
IR ~ *n* фотографи́рование в ИК луча́х
photocopy or photostat снима́ть *impf,* снять *pf* фотоко́пию
photography *n* фотографи́рование
air photograph *n* аэрофотосъёмка

physical training (PT) – *n* физкульту́ра, физзаря́дка, физподгото́вка
physically handicapped *adj* физи́чески отста́лый

pickax – *n* киркомоты́га
pickpocket – *n, soc* карма́нник, карма́нщик
pie chart – *n, bus* кругова́я/се́кторная диагра́мма
piecemeal – *adv* по́рознь, по частя́м

pig – *adj* свино́й, *n* свинья́
~ breeder *n* свиново́д ~ breeding *adj* свиново́дческий
~husbandry, raising *n, agric* свиново́дство

pilfer – ворова́ть *impf,* таска́ть *impf* pilferer *n* ме́лкий жу́лик, вори́шка *m, f* pilferage *n* ме́лкая кра́жа

pilgrim – *n, rel* пало́мник pilgrimage *n* пало́мничество
make a ~ to Lourdes *vi* отправля́ться *impf* отпра́виться *pf* на пало́мничество в Лурд

pillage, maraud – мародёрствовать *impf*
pillager *n* мародёр pillaging, marauding *adj* мародёрский, *n* мародёрство
pillbox, concrete ~ *n* бето́нная огнева́я то́чка

pilot – *adj,* ло́цманский, *fig* про́бный; *n* (of a ship) ло́цман, *avn* лётчик, пило́т; *lit/fig* пилоти́ровать *impf*
glider ~ *n* планори́ст
suicide ~ *n* лётчик-сме́ртник
pilotless *adj* беспило́тный

AN ENGLISH – RUSSIAN DIGEST OF MILITARY, POLITICAL & SOCIAL TERMS

pin down – прижима́ть *impf*, прижа́ть *pf* к земле́
~ an advance заде́рживать *impf*, задержа́ть *pf*
pincer movement – *n, mil* захва́т в кле́щи
pinpoint, precise – *adj* то́чечный

pipe – *n* трубка́, труба́
by-pass ~ обво́дная труба́ exhaust ~ выпускна́я, выхлопна́я труба́ overflow ~ сливна́я труба́ pipelayer *n* трубоукла́дчик
pipeline *n* трубопрово́д

piston (powered) – *adj* поршнево́й, *n* по́ршень
pitch, tar – *n* дёготь *m* pitch tents разбива́ть *impf*, разби́ть *pf* пала́тки pitching camp разби́вка ла́геря

placebo – *n, med* плаце́бо plaintiff – *n, leg* жа́лобшик, исте́ц

plan – *n* план; плани́ровать *impf*, заплани́ровать *pf*; проекти́ровать *impf*, спроекти́ровать *pf*
admin ~ *mil* план по ты́лу, план рабо́ты ты́ла
collection ~ *mil* план сбо́ра разве́дывательной информа́ции
contingency ~ *mil* план де́йствий в осо́бой обстано́вке; план чрезвыча́йных мер deception ~ *mil* план мероприя́тий по введе́нию проти́вника в заблужде́ние
devise, develop a ~ приду́мывать *impf*, приду́мать *pf* план; разраба́тывать *impf*, разрабо́тать план
emergency ~ план мероприя́тий в чрезвыча́йной обстано́вке
Five Year Plan *n, Sov, econ* пятиле́тний план
generic ~ типово́й план loading ~ план погру́зки
logistics ~ *mil* план тылово́го обеспе́чения
multi-agency ~ междуве́домственный план
plane – *n* самолёт ~ crash *n* разби́лся самолёт; *n* авиакатастро́фа seaplane *n* гидросамолёт

planned – *adj* спроекти́рованный
~ drop zone райо́н, наме́ченный для вы́броски/вы́садки возду́шного деса́нта ~ economy *Sov econ* пла́новое хозя́йство
planner *bus, mil* лицо́, ве́дающее плани́рованием, планови́к; плани́рующий о́рган, проекти́ровщик, планови́к

planning – *adj* плани́рующий, *n* плани́рование
~ bodies *npl* плани́рующие о́рганы
backward ~ *mil* плани́рование в обра́тном поря́дке

AN ENGLISH – RUSSIAN DIGEST OF MILITARY, POLITICAL & SOCIAL TERMS

collection ~ *mil* плани́рование де́йствий разве́дки по сбо́ру *чего*
concurrent ~ *mil* одновреме́нное плани́рование
contingency ~ *mil* плани́рование де́йствий в осо́бой обстано́вке
formal ~ централизо́ванное плани́рование
long-term ~ перспекти́вное плани́рование
reverse *or* backward ~ *mil* плани́рование в обра́тном поря́дке
top-down ~ *mil* плани́рование «све́рху-вниз«

plant, factory – *n* заво́д, устано́вка
aircraft assembly ~ самолётосбо́рочный заво́д
heating ~ отопи́тельная устано́вка
ship assembly ~ корабельносбо́рочный заво́д
tank assembly ~ танкосбо́рочный заво́д water distilling ~ *n* водопресни́тель water treatment ~ *n* водоочи́стная устано́вка

planted – *adj, agr* са́женый

platoon – *adj, mil* взводно́й, *n, mil* взво́д
~ leader *as a n* взво́дный recovery ~ взво́д эвакуа́ций и восстановле́ния by ~s *adv* повзво́дно

plead not/guilty – *leg* признава́ть *impf*, призна́ть *pf* себя́ не/вино́вным
plebiscite – *n, pol* плебисци́т conduct a ~ проводи́ть *impf*, провести́ *pf* плебисци́т
Pledge of Allegiance – *n, US soc* кля́тва ве́рности
plenipotentiary – *as a n, pol* уполномо́чный, представи́тель (полпре́д), *as a n* уполномо́ченный

plotter – (device/person) – *n, mil* планше́т/планшети́ст; маши́на для построе́ния гра́фиков; устро́йство отображе́ния; (intrigue) заговорщик *m*, заговорщица *f* fallout prediction ~ *mil, chem* картосхе́ма с прогно́зом радиацио́нной обстано́вки
firing ~ *mil, art* огнево́й планше́т

plow – *adj, agric, mil* плу́жный; *n* плуг, *n, mil* плу́жный траншееекопа́тель ~ begin to ~ запаха́ть *impf* mineclearing ~ *n* ми́нный трал плу́жного ти́па plowing ~ *or* arable land *n, agric* запа́шка

ploy – *n* уло́вка, хи́трость, манёвр, ход
plug a proposal – насто́йчиво выдвига́ть *impf*, вы́двинуть *pf* одно́ и то́ же предложе́ние

AN ENGLISH - RUSSIAN DIGEST OF MILITARY, POLITICAL & SOCIAL TERMS

ply - *n* слой five-ply ~ *adj* пятислойный
plywood, veneer *n* фанера, переклейка

pod (container) - *n* контейнер
electronic countermeasures (ECM) ~ подвесной контейнер с аппаратурой (РЭП) rocket ~ подвесной контейнер с ракетами

poetic justice - *n* справедливое возмездие

pogrom (Jewish massacre) - *adj, Eur* погромный; *n, hist* погром
~ participant *n* погромщик *m*, погромщица *f*

point - *n* точка, пункт
~ of contact точка прикосновения ~ man *n, mil* головной дозорный aiming ~ точка прицеливания assembly ~ пункт сбора boiling ~ *n, sci* точка кипения
bulk breakdown ~ распределительный пункт
cannibalization ~ пункт демонтажа повреждённых машин
casualty clearing ~ медицинский эвакуационный пункт
decon ~ дегазационный пункт disinfection ~ (NBC) пункт обеззараживания forward staging ~ передовой этапный пункт
freezing-~ *sci* точка замерзания
melting-~ *n* температура плавления, точка плавления
orientation ~ *n* ориентирная точка
reference ~, (map) bench mark *n* рэпер
refueling ~ *n* разливочный пункт rendezvous ~ *n* место встречи
supply distribution ~ обменный пункт transfer ~ перевалочный, передаточный пункт triangulation ~ *n* ориентир засечки
unloading ~ разгрузочный пункт vulnerable ~ уязвимый пункт
point-blank *adj* категорический, резкий fire ~ стрелять в упор

poison-pen letter - *n* анонимка

POL (petroleum, oil, lubricants) - *mil* ГСМ POL distribution point *n* разливочный пункт горючего
Polonization - *n, pol* полонизация Polonize *vt* полонизировать *pf/impf*

polar - *adj* заполярный ~ regions *n* заполярье
polarize *vt* делить *impf*, разделить *pf, lit/fig, vt, (vi)* поляризовать(ся) *pf & impf*

AN ENGLISH – RUSSIAN DIGEST OF
MILITARY, POLITICAL & SOCIAL TERMS

police – *n* полицейский
~ action *n, pol* «действия по наведению порядка«
~ dog *n* розыскная собака   ~ officer полицейский
~ state полицейское правительство
~ woman женщина-полицейский   policing *n* надзор, контроль *m*

policy, politics – *n* политика
~ of isolation политика изоляция
~ of supply side economics   политика снабжения деньгами
~ makers *n* руководящие круги
appeasement ~ (Eng, pre-WW II) политика «умиротворения«
arm twisting ~ политика «выкручивания рук«
bipartisan ~ двухпартийная политика   brinkmanship ~ политика балансирования на грани войны   big stick ~ политика «большой дубинки«   carrot-and-the-stick ~ политика «кнута и пряника«
cloak and dagger ~ политика «плаща и кинжала«
containment ~ политика сдерживания
checks and balance ~ политика сдерживания и равновесия
give and take ~ политика «взаимных уступок«
gunboat ~ политика канонерок
independent, go it alone ~ независивая политика
laissez-faire ~ политика невмешательства
linkage ~ политика «увязок«
nonalignment ~ политика неучастия в блоках; политика неприсоединения к блокам
"open door policy" политика «открытых дверей«
scorched earth ~ политика «выжженной земли«
sectarian ~s сектанство в политике
see-saw ~ неустойчивая/колеблющаяся/непоследовательная политика
shifts in foreign ~ *n* сдвиги, изменения во внешей политике
stop-and-go ~ политика «стой-иди«
two-tracked, dual ~ двойственная политика
wait-and-see ~ выжидательная политика

Politburo – *n, Sov pol* политбюро

political – *adj* политический
~ convict *n* политкаторжанин *m*, политкаторжанка *f*
~ defector *n* невозвращенец   ~ reliability *n* благонадёжность *f*
~ science *n* политология   ~ scientist *n* политолог

AN ENGLISH - RUSSIAN DIGEST OF MILITARY, POLITICAL & SOCIAL TERMS

test for ~ reliability *n* проверка политической благонадёжностьи
politically correct (PC) *adj, US, soc* политкорректный
politician *n* политик; *pej* политикан
politico-military situation *n* военно-политическая обстановка
politics политика party ~ партийная политика
pork barrel ~ политика «бочка с салом«; «казённый пирог«

politruk (Sov pol instructor, teacher & party representative attached to military units, WW II) – *n* политрук

pollutant – *n* загрязняющее вещество pollution *n* загрязнение
pollster *n, soc* лицо, производящее опрос общественного мнения
pontoon – *adj* понтонный, *n, mil* понтон
~ bridge понтонный мост pontoonier *n, mil* понтонёр

pool – *n* резерв
equipment ~ резерв техники labor ~ резерв рабочей силы
manpower ~ резерв ЛС replacement ~ резерв пополнения

poor – *adj* бедный grow, become ~ об/нищать *pf/impf*
~ man бедняк, *coll, collective* голытба
working ~ годные бедняки к работе

popular front – *n, pol* народный фронт

populated – *adj* населённый
densely-~ *adj* густонаселённый sparsely -~ *adj* малонаселюнный
population, indigenous, native ~ коренное население
~ explosion *n, soc* демографический взрыв
overpopulated *adj, soc* перенаселённый
overpopulation *n, soc* перенаселение

populism (narodnik movement) – *n, Ru hist* народничество
populist *adj* народнический, *n* народник, популистский; *US pol* популист

pork barrel – *n, pol* «бочка салом«/«казённый пирог«
porous – *adj* пористый porosity *n* пористость *f*
portability – *n* портативность *f*
air ~ авиатранспортабельность *f* portable *adj* переносный, носимый, портативный, передвижной

AN ENGLISH – RUSSIAN DIGEST OF MILITARY, POLITICAL & SOCIAL TERMS

position – *soc, mil* пози́ция, положе́ние
alternate ~ запасна́я пози́ция concealed ~ укры́тая пози́ция
concealed fire ~ скры́тая огнева́я пози́ция covering
~ прикрыва́ющая пози́ция delaying ~ пози́ция/рубе́ж для
сде́рживающих де́йствий drop ~ or point *n* то́чка вы́броски
duty ~ *n* до́лжность *f*; служе́бное положе́ние
(не тре́бующая специа́льной подгото́вки)
entrenched ~ укреплённая пози́ция fall back ~ *n, dip* запасно́й
вариа́нт final assault ~ *n* рубе́ж ата́ки
forward staging ~ *n* передово́й эта́пный пу́нкт
indirect fire ~ закры́тая огнева́я пози́ция
main battle ~ *n* основно́й райо́н боевы́х де́йствий
occupy an assembly ~ занима́ть исхо́дное положе́ние
original, start ~ исхо́дная пози́ция
outflank a ~ обходи́ть *impf,* обойти́ *pf* пози́цию с фла́нга
prone ~ положе́ние для стрельбы́ лёжа
standing (fire) ~ положе́ние для стрельбы́ сто́я (с упо́ром)
stationary, static ~ станциона́рная пози́ция
subsequent ~ после́довательно располо́женные пози́ции/рубежи́
supplemental firing ~ дополни́тельная огнева́я пози́ция
tactical ~ *n* размеще́ние во́йск на пози́циях
take up a ~ занима́ть пози́цию 360 degree ~ пози́ция для
кругово́й оборо́ны travel ~ похо́дное положе́ние
turret down ~ положе́ние «та́нк в око́пе«

post –*prefix* пост-, по́сле-; *n* пункт
~-graduate *adj* аспира́нтский, *n* аспира́нт
~-graduate study, studies аспиранту́ра
~-revolutionary *adj* послереволюцио́нный
~-Soviet *adj* постсове́тский ~-war *adj* послевое́нный
listening/observation ~ (LP/OP) пост наблюде́ния и
подслу́шивания observation ~ *n, mil* наблюда́тельный пункт
(НБ) air OP *n, mil* самолёт-корректиро́вщик

posthumous *adj* посме́ртный
potable water – *n* питьева́я вода́
pot-head, pot smoker – *n, soc* марихуа́нец

poverty – *adj, lit/fig* убо́гий, *n* нищета́, убо́гость *f*
growing ~ *n, soc* расту́щая нищета́ live in ~ бе́дствовать *impf*
powder, propellant – *adj* порохово́й, *n* по́рох

AN ENGLISH - RUSSIAN DIGEST OF MILITARY, POLITICAL & SOCIAL TERMS

~ keg *lit/fig* пороховáя бóчка smokeless ~ бездьíмный пóрох
fast-burning ~ быстрогоря́щий пóрох
flashless ~ беспламенный пóрох

power - *n, pol* держáва, мощь,
~ behind the scenes *n* тáйная пружи́на ~ outlet *n, elect* розéтка
cobelligerent ~ *n, pol* сою́зное вою́ющее госудáрство
fighting ~ боевáя мощь, си́ла
Great Powers, the ~ *n, pol* вели́кие держáвы
hitting ~ удáрная си́ла industrial ~ индустриáльная держáва
land ~ *n, pol* сухопу́тная держáва
non-nuclear ~ нея́дерная держáва occupying ~ *n, mil, pol* оккупи́рующая держáва peace-loving ~ миролюби́вáя держáва
sea ~ *n, nav* морскáя держáва
victorious ~ держáва-победи́тельница
Western powers *n, pol* зáпадные держáвы
world ~ *n, pol* мировáя держáва

practice - *adj* учéбный practicable, practical, realistic, realizable, real *adj* реáльный workable plan реáльный план

praetorian guard - *n, hist* преториáнская гвáрдия, преториáнцы
pragmatism - *n* прагмати́зм

pre - *prefix* пред-
prearrange организóвывать *impf*, организовáть *pf* зарáнее
prearrangement предвари́тельная подготóвка/договорённость *f*
precautionary, preventive *adj, bus, med* профилакти́ческий
~ measures *n* мéры предосторóжности, профилáктика *coll*

precedence - *n* старши́нство, имéть прáво на старшинствó; быть стáрше когó по звáнию precedent *n* прецедéнт precise, clear-cut *adj* чёткий precondition *n* предвари́тельное услóвие
predominance, establish установля́ть *impf*, установи́ть *pf* своё госпóдство preeminence *n* превосхóдство
preemptive strike *n, mil* предупреждáющий удáр
prefabricated *adj* сбóрный preferential terms, on ~ на льгóтных услóвиях pre-feudal *adj* дофеодáльный
pregnant, become ~ берéменеть *impf*, заберéменеть *pf*
prelaunch *adj* предпусковóй pre-marital *adj* добрáчный
prenuptial *adj* добрáчный pre-October *adj* дооктя́брьский
prepacked *adj* расфасóванный

AN ENGLISH - RUSSIAN DIGEST OF MILITARY, POLITICAL & SOCIAL TERMS

preparedness, state of training *n* подготóвленность *f*
preparatory *adj* приготовительный preparation *n* приготовлéние
preplanned *adj* запланированный
preponderance *n* перевéс, преимýщество
preposition equipment and stocks *n* заблаговрéменное складирование тéхники и запáсов
prepositioning *n* предварительное размещéние
preprogrammed *adj* прогрáммный

pre-reform *adj* дорефóрменный pre-revolutionary *adj* дореволюциóнный
pre-school *adj* дошкóльный pre-schooler *n* дошкóльник

Presbyterian - *adj, rel* пресвитериáнский, *n* пресвитериáнство

presidency -*n* президéнтство
president, outgoing (from office) - *n* президéнт, покидáющий свой пост в связи с истечéним срóка полномóчий
presidential executive order *n* президéнтский *или* исполнительный укáз

pre-socialist *adj* досоциалистический pre-Soviet period *n* досовéтский перйод
press, the ~ - *n* прéсса ~ review *n* обзóр печáти ~ release *n* сообщéние для печáти

pressurize - *vt* герметизировать *impf* pressurized *adj* герметический
prevail - превалировать *impf*
preventive *or* first strike - *n, mil* упреждáющий удáр

price - *n* цена
artificially lowered ~s дéмпинговые цéны
free market ~s конъюнктýрные цéны
rise in ~ *n* удорожáние, удорожáть *impf*, удорожить *pf*
reduce ~s удешевлять *impf*, удешевить *pf*
reduction of ~s удешевлéние

priesthood - *n, rel* свящéнство
prime minister - *n* премьéр-министр prime mover *n* тягáч, транспортёр

AN ENGLISH – RUSSIAN DIGEST OF MILITARY, POLITICAL & SOCIAL TERMS

primogeniture – *n, leg* первородство
prioritize – устанавливать *impf*, установить *pf* приоритеты; распределять приоритеты

priority – *n* приоритет, (commo precedence) "срочная"
~ list *n, mil* перечень очерёдности *f*, выполнения задач
have first ~ in supply *vi* обеспечиваться *impf*, обеспечиться *pf* в впервую очередь
have low ~ in supply *vi* обеспечиваться, в последнюю очередь

first *or* highest ~ самый неотложный приоритет, самая неотложная забота
top ~ самый неотложный приоритет, самая неотложная забота

prison – *adj* тюремный, *n* тюрьма
~ break *n* побег из тюрьмы ~ sentence *n* тюремный срок
~-breaking *n* побег из тюрьмы
be in ~ for murder быть в тюрьме за убийство
imprison заключать *impf*, заключить *pf* в тюрьму
imprisonment *n* тюремное заключение
he was sentenced to life ~ его приговорили к пожизненному заключению

prisoner – *as a n* арестованный, заключёный, пленный *m*;
(taken for interrogation) язык ~ of conscience узник совести
~ of war (POW) *adj* военнопленный ~ of war camp лагерь для военнопленных ~ sentenced to death *n, soc* смертник
be taken prisoner попасть в плен   take prisoner взять в плен

private – *adj* частный ~ sector *n* частный сектор ~ practice *n* частная практика
~-ownership *n* частнособственнический
privately-owned *adj* частновладельческий
privatization *n, econ, pol* приватизация
privatize *vt* приватизировать *pf & impf*

privilege, attorney-client ~ – *n, leg* право клиента на конфиденциальность общения с адвокатом
privileged *adj* привилегированный ~ person *coll* льготник

AN ENGLISH – RUSSIAN DIGEST OF MILITARY, POLITICAL & SOCIAL TERMS

pro – *prefix* про-
pro-American *adj* проамерика́нский
pro-British *adj* пробрита́нский
pro rata *adv* пропорциона́льно, в соотве́тствии с чем
proactive *adj* де́йственный
probation (employment) – пери́од стажиро́вки, испыта́тельный пери́од; стаж probationary *adj* испыта́тельный

procedure – *n* режи́м, процеду́ра screening ~ режи́м/ процеду́ра прове́рки rules of ~ пра́вила процеду́ры
processing – *n* обрабо́тка data ~ обрабо́тка да́нных/ информа́ции

procrastinator – *n* копу́н, копу́ша
procrastination *n* промедле́ние проволо́чка, оття́гивание

procure, pander, pimp – *vt* сво́дничать *impf*
procurer *n* поставщи́к, (panderer, pimp) *n* сво́дник
procuring, pandering, pimping *n* сво́дничество

product – *n, bus, econ* проду́кт
gross domestic ~ (GDP) *n, econ* валово́й вну́тренный проду́кт
gross national ~ (GNP) *n, econ* валово́й национа́льной проду́кт; валово́й проду́кт страны́ (ВПС)

production – *n* (manufacture) проду́кция
line ~ *n* пото́чная ли́ния mass ~ ма́ссовая проду́кция
sharp rise in ~ круто́й подъём произво́дство
productive *adj* производи́тельный
productivity (rate of production) *n* производи́тельность *f*
(efficiency, productiveness) *n* продукти́вность *f*

professional – *adj* ка́дровый
profiteer – *n* бары́шник profiteering *n* бары́шничество

program – *n* програ́мма
austerity ~ програ́мма жёсткой эконо́мики
cost-effectiveness ~ програ́мма иссле́дования экономи́ческокй эффекти́вности
crash ~ уско́ренная програ́мма
current affairs TV ~ тележурна́л
giveaway ~ програ́мма даровых/безвозме́здных поставок

AN ENGLISH - RUSSIAN DIGEST OF MILITARY, POLITICAL & SOCIAL TERMS

projectile – *n, mil* снаря́д
armor piercing ~ (AP) бронебо́йный снаря́д
flechette ~ снаря́д со стрелови́дными поража́ющими элеме́нтами high explosive (HE) ~ оско́лочно-фуга́сный снаря́д high explosive antitank (HEAT) ~ ПТ кумуляти́вный снаря́д illuminating ~ освети́тельный снаря́д
incendiary ~ зажига́тельный снаря́д
laser guided ~ снаря́д с ла́зерным наведе́нием
minescattering ~ снара́д с минаразбра́сывающей КБЧ
multiple warhead artillery ~ артиллери́йский снаря́д с КБЧ
multipurpose ~ многоцелево́й снаря́д
neutron ~ нейтро́нный снаря́д practice ~ практи́ческий
SABOT depleted uranium ~ снаря́д с отделя́ющимся поддо́ном и серде́чником из обеднённого ура́на
projector, overhead ~ – *n* кодоско́п

proletarian – *adj* пролета́рский, *n* пролета́риат
proliferation – *n* распростране́ние
promising – *adj* перспекти́вный, многобеща́ющий
promotion – *n* повыше́ние, присвое́ние зва́ния

proof – *n* доказа́тельство, дока́зывание;
burden of ~ *leg, n* бре́мя доказа́тельств valid ~ *n* ве́ское доказа́тельство fire-proof *adj* огнесто́йкий flame-proof *adj* огнесто́йкий heat-proof *adj* жаросто́йкий
jamproof *adj* помехозащищённый leak-proof *adj* непроница́емый moistureproof *adj* влагонепроница́емый
oil-proof *adj* маслосто́йкий shatter-proof *adj* небью́щийся
shell-proof *adj* противоснаря́дный
shock-proof *adj* виброст́ойкий, ударосто́йкий
sound-proof *adj* звуконепроница́емый vibration-proof *adj* виброусто́йчивый water-proof *adj* водозащищённый

propaganda – *adj* агитацио́нный, *n* агита́ция; *adj* пропаганди́ческий, пропага́ндный; *n* пропага́нда
propagandist пропаганди́ст propagandize *vt* пропаганди́ровать *impf*

property – *n* иму́щество
personal ~, chattels дви́жимость *f*, дви́жимое иму́щество; недви́жимое иму́щество (real estate, realty)
prosecution – *n* суде́бное пресле́дование prosecutor *n* прокуро́р

AN ENGLISH – RUSSIAN DIGEST OF MILITARY, POLITICAL & SOCIAL TERMS

prospect – изы́скивать *impf,* изыска́ть *pf* + а; иска́ть + а.
~ for silver иска́ть зо́лото
prospecting, investigation, research, survey *adj* изыска́тельский, *n* изыска́ние   prospector *n* изыска́тель

protect endangered species – защища́ть *impf,* защити́ть *pf* вымира́ющие ви́ды
protective *adj* защи́тный   ~ tariff *n, econ* протекцио́ный тари́ф
protectionism *n* протекциони́зм   protectionist *n* сторо́нник протекциони́зма
protectorate, be under a ~ *pol* находи́ться под протектора́том

protégé – *n* ста́вленник, протеже́ *indecl*
protest – заявля́ть *impf,* заяви́ть *pf* проте́ст; *n* проте́ст, возраже́ние   protestor *n* протесту́ющий
protocol – *adj* протко́льный, *n* протоко́л
prototype – *n* первоо́браз

provide, supply – поставля́ть *impf,* поста́вить *pf*
provider, supplier, caterer *n* поставщи́к

provisional – *adj* вре́менный, непостоя́нный
~ government *n* вре́менное прави́тельство
Provisional arm of the IRA Вре́менное крыло́ ИРА *f, indecl*
provisions *n* прови́зия *no pl*   to provision снабди́ть *pf* прови́зей
provisioning *n, mil* обеспе́чение пита́ния

proximity – *n* бли́зость *f,* сосе́дство   in (close) ~ вблизи́/ побли́зости от + g.; ря́дом с + i.
proxy (authorization) – *n* дове́ренность *f,* полномо́чие, (person) полномо́чный представи́тель   by ~ по дове́ренности

pseudo – *prefix* лже-
~-democracy *n* лжедемокра́тия   ~-science *n* лженау́ка

public – *adj* обще́ственный, *n* обще́ственность *f,* наро́д
~ enemy *n, soc* враг наро́да   ~ good *n* обще́ственное бла́го
~ opinion *n* обще́ственное мне́ние   ~ reprimand *n* обще́ственное порица́ние   ~ relations взаимоотноше́ние с клиенту́рой, рекла́ма
~ relations officer *n* нача́льник/сотру́дник отде́ла информа́ции
~ sector *n* обще́ственный се́ктор   ~ service *n* госуда́рственная слу́жба

AN ENGLISH - RUSSIAN DIGEST OF MILITARY, POLITICAL & SOCIAL TERMS

at ~ cost на ка казённый счёт
in the ~ interest в интере́сах о́бщества или госуда́рства

Pulitzer Prize – *n* Пу́литцеровская пре́мия
pull strings – *fig/coll* нажима́ть *impf*, нажа́ть *pf* на все кно́пки
pull up stakes – *vi* снима́ться *impf*, сня́ться *pf* с пози́ции

punishment, capital ~ – *n* сме́ртная казнь
institute capital ~ вводить *impf*, ввести́ *pf* сме́ртную казнь
reinstate capital ~ восстана́вливать *impf*, восстанови́ть *pf* сме́ртную казнь

punitive – *adj* кара́тельный
~ battalion *n*, *Sov mil* кара́тельный батальо́н
~ expedition *n* кара́тельная экспеди́ция

punk (punk rocker) – *adj* па́нковый, *n*, *soc* панк

purchase – *adj* заку́почный, *n* заку́пка ~ price *n* заку́почная цена́
purchased, bought *adj* заку́пно́й purchasing *n* заку́почный

push-button – *n* нажи́мная кно́пка
~ operation ввод в де́йствие нажа́тием кно́пки
~ warfare *n*, *mil* «кно́почная« война́

put into effect – вводи́ть *impf*, ввести́ в де́йствие
put into operation вводи́ть, ввести́ в эксплуата́цию
put into service вводи́ть, ввести́ в эксплуата́цию
put out of action выводи́ть *impf*, вы́вести *pf* из стро́я; вы́шедший из стро́я
put under arrest посади́ть под аре́ст

putsch – *n*, *pol* путч
~ member who attempted to overthrow Gorbachev, Aug, 1991 – *n* гэкачепи́ст
~ participant(s) *npl* пучи́ст(ы) armed ~ *n* вооружённый путч
Pyrrhic victory – *n*, *hist* пи́ррова побе́да

AN ENGLISH - RUSSIAN DIGEST OF MILITARY, POLITICAL & SOCIAL TERMS

Q

quadripartite, four-party – *adj, pol* четырёхсторо́нний
quadruple – *adj* учетверённый
Quai d'Orsay (Fr Foreign ministry) – *n, pol* Министе́рство иностра́нных дел Фра́нции

qualified, skilled – *adj* компете́нтный, квалифици́рованный
qualifying *adj* уточня́ющий   quality control inspector *n* ка́чественник   quality of life *n* у́ровень жи́зни

quantify – *vt* определя́ть *impf*, определи́ть *pf* коли́чество; выража́ть *impf*, вы́разить *pf* коли́чество
quarantine – *n, med* каранти́н; подверга́ть каранти́ну
quarry – *n* каменоло́мня

quarter, to ask for/receive ~ – проси́ть *impf*, попроси́ть *pf* поща́ды; получа́ть *impf*, получи́ть *pf* поща́ду
quartering *n, mil* размеще́ние, расквартирова́ние
~ party *n, mil* гру́ппа расквартирова́ния
quartermaster *adj* интенда́нтский, *n, mil* интенда́нт
~ service интенда́нтство

quasi – *prefix* квази-, полу-   ~-military *adj* полувое́нный
Quebec – *adj, geo* квебе́кский, *n* Квебе́к
quest – *n* по́иск

question – *n* вопро́с, (interrogate) допра́шивать *impf*, допроси́ть *pf*; расспра́шивать *impf*, расспроси́ть *pf*
~ under debate обсужда́емый/рассма́триваемый вопро́с
questioner *n* интервьюе́р
questioning *n* допро́с, опро́с, расспро́с
questionnaire *n* анке́та, вопро́сник, опро́сный лист

quick – *prefix* быстро-
~-acting, operating *adj* быстроде́йствующий
~-drying *adj* быстросо́хнущий
~-firing *adj* скоростре́льный
~-frozen *adj* быстрозаморо́женный

quid pro quo – *n* услу́га за услу́гу
Quisling (WW II) – *n, hist, pol, soc* кви́слинг

AN ENGLISH - RUSSIAN DIGEST OF MILITARY, POLITICAL & SOCIAL TERMS

quit one's job - увольня́ться *impf*, уво́литься *pf*

quiz - *n* (interrogation) опро́с; (entertainment) викторина; лорни́ровать *pf & impf*

quote - *n* цита́та; цити́ровать *impf*, процити́ровать *pf*

quota - кво́та, ли́мит
set a ~ or limit лимити́ровать *pf & impf*
daily ~ *n* су́точная но́рма
production ~ *n* но́рма вы́работки

quotient - *n* ча́стное
IQ ~ *n* и́ндекс у́мственных спосо́бностей

AN ENGLISH - RUSSIAN DIGEST OF MILITARY, POLITICAL & SOCIAL TERMS

R

race – *n* ра́са
~ *or* run *n, sport* пробе́г arms ~ го́нка вооруже́ния cycle ~ *n* велого́нка human ~ *n* род людско́й master ~ (Nazi Ge) ра́са госпо́д

Rada (national assemblies in Ukraine, Byelorussia, Lithuania) – *n, pol* Ра́да

radar – *n, mil* РЛ наведе́ние
~ jamming immunity *n* помехозащищённость *f*
~ mask *n, mil* радиолокацио́нная (РЛ) ма́ска
~ operator *n, mil* лока́торщик
airborne ~ *n, mil* бортова́я радиолокаци́онная ста́нция
dummy ~ station *n, mil* ло́жная радиосе́ть
fire control ~ *n, mil* радиолокацио́нная ста́нция оруди́йной наво́дки
missile tracking ~ *n, mil* РЛС наведе́ния раке́т
radarproof защищённый от радиолокацио́нного обнаруже́ния
look up/down ~ *n, mil* РЛС ни́жнего/ве́рхнего обзо́ра
side looking ~ *n, mil* РЛС боково́го обзо́ра
target acquisition ~ *n, mil* радиолокацио́нная ста́нция обнаруже́ния це́лей (РЛС)
360 degree ~ РЛС кругово́го обзо́ра
track and guidance ~ РЛС сопровожде́ния и наведе́ния
radiac meter *n, mil* дози́метр, дозиметри́ческиий прибо́р

radiation – *n* излуче́ние, облуче́ние, радиа́ция
~ hardened *n, mil* защищённый от радиа́ции/облуче́ния
~ sickness *n, sci* лучева́я боле́знь
alpha ~ mask *n* радиолокацио́нная (РЛ) ма́ска – а́льфа-излуче́ние background ~ *n* фо́новая радиа́ция, фо́новое излуче́ние beta ~ *n* бе́та-излуче́ние
gamma ~ mask *n* радиолокаци́онная (РЛ) ма́ска – га́мма-излуче́ние
heat ~ mask радиолокацио́нная (РЛ) ма́ска – теплово́е излуче́ние
pulse nuclear ~ mask радиолокацио́нная (РЛ) ма́ска – и́мпульсное излуче́ние
residual ~ *n* оста́точная радиа́ция

AN ENGLISH - RUSSIAN DIGEST OF MILITARY, POLITICAL & SOCIAL TERMS

radio - *n* ра́дио, *prefix* радио-, передава́ть *impf*, переда́ть *pf* по ра́дио;ради́ровать *pf/impf* ~ broadcaster *n* радиожурнали́ст
~ direction bearing *n*, *mil* радиопе́ленг ~ direction finder *n*, *mil commo* радиопеленга́тор ~ frequency *adj* радиочасто́тный
~ intercept, interception *n*, *mil commo* радиоперехва́т, радиоподслу́шивание ~ listening silence *n*, *mil* радиомолча́ние
~ or wireless operator *n*, *mil* ради́ст
~-relay *adj* радиореле́йный ~ set *n*, *mil* радиоустано́вка, радиоаппара́т ~ vectoring *n*, *mil* радиопеленга́ция
equip with *or* install a ~ радиофици́ровать *pf/impf*
equiping or installing a ~ радиофика́ция
jam a ~ transmitter *n*, *mil commo* глуши́ть радиопереда́тчик
manpack ~ *n* ра́нцевая радиоста́нция
multichannel ~ *n*, *mil commo* многокана́льная радиоста́нция
one/two-way ~ communication *n*, *mil commo* одно́/дву/сторо́нняя ли́ния радиосвя́зи raise a ~ station устана́вливать *impf*, установи́ть *pf* связь с радиоста́нцией
remote ~ *n*, *mil commo* ра́ция с выносны́м/дистанцио́нным управле́нием
remote a ~ *n*, *mil commo* подключа́ть *impf*, подключи́ть радиоста́нцию
RTO (radio-telephone operator) - *n*, *mil commo* ради́ст
RTO intercept *n*, *mil commo* ради́ст-перехва́тчик
frequency hopping ~ station *n*, *mil commo* радиоста́нция с мгнове́нной перестро́йкой часто́т
set up a ~ station *n*, *mil commo pf* развора́чивать *impf*, разверну́ть радиоста́нцию
dismantle a ~ station *n*, *mil commo* свора́чивать *impf*, сверну́ть *pf* радиоста́нцию

radioactive - *adj* радиоакти́вный radioactivity *n* радиоакти́вность *f*
radius - *n* ра́диус ~ of action ра́диус де́йствия
bursting ~ ра́диус разлёта оско́лков lethal ~ ра́диус сплошно́го пораже́ния turning ~ ра́диус поворо́та

raft - *n* плот, паро́м
rage, to ~ - свире́пствовать *impf* rags - *n* тряпьё

raid - *n* набе́г, налёт, рейд; води́ть *impf*, провести́, вести́ *pf*, рейд air ~ возду́шный налёт
airmobile ~ *adj* аэромоби́льный, *n* возду́шно-штурмово́й рейд

AN ENGLISH - RUSSIAN DIGEST OF MILITARY, POLITICAL & SOCIAL TERMS

diversionary ~ отвлека́ющий налёт rear area ~ рейд *или* налёт в тыл
railcar – *n* железнодоро́жный ваго́н (freight)
railhead *n* коне́чная ста́нция вы́грузки, вы́грузочная ста́нция

railroad – *adj* железнодоро́жный, *n* желе́зная доро́га
~ derailment *n* сход с ре́льсов ~ junction *n* железнодоро́жный у́зел ~ transport *n* железнодоро́жная перево́зка
~ turntable *n* поворо́тный круг
double track ~ двухколе́йная желе́зная доро́га
narrow gauge ~ узкоколе́йная желе́зная доро́га
single track ~ одноколе́йная желе́зная доро́га
railwayman *n* железнодоро́жник

rally – *n* сбор; собира́ть *impf*, собра́ть *pf* в строй
Ramadan (Islamic Holy Day) – *n, rel* рамаза́н; рамада́н
ramification – *n, pol, soc* разветвле́ние

range – *n* (distance) да́льность *f*, диста́нция, (to a target) да́льность *f*, расстоя́ние
~ card *n, mil* ка́рточка для стрельбы́, ка́рточка за́писи стрельбы́; стрелько́вая ка́рточка
~ of an aircraft *n* да́льность полёта самолёта
~ of fire *n, mil* да́льность стрельбы́, ра́диус де́йствия + g.
~ of view *n* да́льность ви́димости
~ of temperature *n* диапазо́н температу́р
~ practice *n, mil* уче́бная стрельба́
at short ~ с бли́жнего де́йствия
at long ~ с да́льнего де́йствия
be out of ~ of our guns *mil* быть вне досяга́емости на́ших ору́дий driving ~ or course *n* автодро́м, танкодро́м
dry fire ~ *n, mil* уче́бный полиго́н для имитацио́нных стрельб
find the ~ *mil* определя́ть *impf*, определи́ть *pf* да́льность
firing ~ *n, mil* полиго́н, стре́льбище
frequency ~ *radio n* диапазо́н часто́т
line of sight ~ да́льность прямо́й ви́димости
maximum effective ~ (firing) да́льность наибо́лее действи́тельного огня́
medium ~ *n, mil* сре́дней да́льности
out of ~ вне досяга́емости
point-blank ~ *n, mil* да́льность прямо́го вы́стрела
standoff ~ *n, mil* да́льность примене́ния огневы́х сре́дств вне

AN ENGLISH - RUSSIAN DIGEST OF MILITARY, POLITICAL & SOCIAL TERMS

зо́ны досяга́емости
striking ~ *n, mil* досяга́емость *f*; ра́диус пораже́ния
within ~ *mil* в преде́лах досяга́емости

rangefinder – *n, mil* да́льномер
coincidence ~ дальноме́р двойно́го изображе́ния
laser ~ ла́зерный дальноме́р **passive ~** дальноме́р пасси́вного ти́па **stereoscopic ~** стереоскопи́ческий дальноме́р

ranger, rangers – *n, US mil* «ре́йнджер/«ре́йнджеры«
ranging *adj* пристре́лочный, *n* пристре́лка, пристре́лка да́льности

rank, class – *n* ранг ~ **and file** *n, mil* рядово́й и сержа́нтский соста́в
rape – *n* изнаси́лование, из/наси́ловать *pf/impf*
rapid – *adj* стреми́тельный **rapidity** *n* стреми́тельность *f*
rappelling – *n* спуск по кана́ту со скалы́
rapprochement – *n, pol* сближе́ние
rash, hasty – *adj* необду́манный, опроме́тчивый
ratchet (tool) – *n* храпови́к

rate – *n* темп
~ of fire темп стрельбы́
~ of resupply *n* но́рма снабже́ния
mortality ~ *n* сме́ртность *f* **sick ~** *n* заболева́емость *f*
success ~ *n* успева́емость *f* **survival ~** *n* выжива́емость *f*
turnover ~ *n* обора́чиваемость *f* **performance ~** оце́нка успева́емости **rating** *n* оце́нка

ratification – *n* ратифика́ция **ratify** *vt* ратифици́ровать *pf & impf*
ratio – *n* отноше́ние, соотноше́ние, коэффицие́нт
desired force ~ *mil* жела́емое соотноше́ние сил и сре́дств

ration – *n* да́ча, паёк, рацио́н
~ book забо́рная кни́жка **~ card** *n* продово́льственная ка́рточка

rationalize – (make more efficient) рационализи́ровать *pf & impf*; (find, give reasons for) обосно́вывать *impf*, обоснова́ть *pf*, опра́вдывать *impf*, оправда́ть *pf*
rationing – *n* норми́рование, нормиро́вка, рациони́рование, распределе́ние по ка́рточкам

AN ENGLISH – RUSSIAN DIGEST OF MILITARY, POLITICAL & SOCIAL TERMS

raw materials – *n, econ* сырьё

reactionary – *adj* реакцио́нный, реакционе́рный; *n* реакционе́р
reachable – *adj* достижи́мый
readable – *adj* удобочита́емый   readership *n* чита́тельство
reading, a ~ *n* чте́ние
readiness – *n* гото́вность *f*   battle ~ *n* боеспосо́бность *f*

real estate, realty – *n* недви́жимое иму́щество
realign – *vt* перестра́ивать *impf,* перестро́ить *pf*
realignment *n* выра́внивание, перестро́йка
Realpolitik – *n, US dip., 1970s* реалисти́ческая поли́тика

reap – *vt* жать *impf,* сжать *pf;* пожина́ть *impf,* пожа́ть *pf*
reaper (machine) *n* жа́тка, *person* жнец *m,* жни́ца *f*
Grim Reaper *n* ста́рая с косо́й

reaping, harvesting *n* жа́тва   reappraisal – *n* переоце́нка

rear – *adj* за́дний
~ area protection and defence *n, mil* охра́на и оборо́на ты́ла
~ area soldier *n, mil* тылови́к
~ echelon *n, mil* второ́й эшело́н
~ entrance *n* чёрный ход
in the ~ в тылу́   to the ~ of позади́ + g.
rearguard *n* арьега́рд   rearguard action *n* арьега́рдный бой
rearward *adj* тылово́й, за́дний   rearwards *adv* в тыл, наза́д

rearm – *vt* довооружа́ть *impf,* довооружи́ть *pf; vi*
довооружа́ться; довооружи́ться *pf*   rearmament *n* довооруже́ние
reason; real, underlying ~ – *n* подоплёка

reassign – *vt* назнача́ть *impf,* назна́чить *pf* на друго́е ме́сто;
переводи́ть *impf,* перевести́ *pf;* перераспределя́ть *impf,*
перераспредели́ть *pf*
reassignment *n* перево́д, перераспределе́ние

rebel (against gov) – *adj* повста́нческий, бунта́рский
n повста́нец, мяте́жник, бунтовщи́к *m,* бунтовщи́ца *f;* бунта́рь;
vi восстава́ть *impf,* восста́ть *pf* ; бунтова́ть, *vi* взбунтова́ться
rebellious *adj* восста́вший, мяте́жный, повста́нческий
rebellion *n* бунт, восста́ние, мяте́ж

AN ENGLISH – RUSSIAN DIGEST OF MILITARY, POLITICAL & SOCIAL TERMS

rebroadcast – *n, commo* трансля́ция rebroadcasting *n* радиотрансля́ция

rebuild, reconstruct, re-design, re-shape, reorganize *vt* перестра́ивать *impf,* перестро́ить *pf*
rebuilding, reconstructing, re-designing, re-shaping, reorganizing *or* reforming – *adj* перестро́ечный, *n* перестро́йка; *pol, econ* perestroika
recalibration – *n* повто́рная калибро́вка
recall an ambassador – отзыва́ть *impf,* отозва́ть *pf* посла́
recall, call back (mission) отзыва́ть, отозва́ть по́сле + g.
recap, recapitulation – *n* повторе́ние
recapitulate – *vt* повторя́ть *impf,* повтори́ть *pf*
receipt – (receiving) *n* получе́ние on ~ of the news по получе́нии изве́стия
recent – *adj* неда́вний
recession – *n, econ* спад
recidivism – *n* рецидиви́ст recidivist *n* рециди́в

reciprocal – *adj* взаи́мный, обою́дный reciprocate *vt* отвеча́ть *impf,* отве́тить *pf* взаи́мностью reciprocation *n* отве́тное де́йствие, обме́н reciprocity *n* взаи́мность *f* взаимоде́йствие

reckless – *adj* безрассу́дный, опроме́тчивый, отча́янный
recklessness *n* безрассу́дность *f,* опроме́тчивость *f,* отча́янность *f*
reclassification – *n* перево́д в другу́ю катего́рию, реклассифика́ция, пересортиро́вка
reclassify *vt* переводи́ть *impf,* перевести́ *pf* в другу́ю катего́рию; пересортиро́вывать *impf,* пересортирова́ть *pf;* переклассифици́ровать *pf & impf*

recognition – *n* призна́ние grant ~ предоста́вить призна́ние
recoil – *adj* безотка́тный, *n* отка́т recoilless без отда́чи
recommendation – рекомендова́ть *pf/impf; also* по/от/рекомендова́ть *pf; n* рекоменда́ция at your ~ по ва́шей рекоменда́цию

recon – *adj* разве́дывательный, *n, mil* разве́дка, рекогносциро́вка разве́дывать *impf,* рекогносци́ровать
~ by fire *n, mil* разве́дка огнём   ~ in force разве́дка бо́ем
~ in depth разве́дка в глубину́

AN ENGLISH – RUSSIAN DIGEST OF MILITARY, POLITICAL & SOCIAL TERMS

air ~ авиаразве́дка area ~ разве́дка райо́на
battle ~ боева́я разве́дка commander's ~ команди́рская рекогносциро́вка dead area ~ разве́дка мёртвых простра́нств
hasty ~ уско́реная разве́дка joint ~ совме́стная разве́дка
long-range ~ да́льняя разве́дка naval air ~ морска́я авиаразве́дка on-sight ~ рекогносциро́вка
route ~ разве́дка маршрута terrain ~ разведка ме́стности

reconciliation – *n* примире́ние, ула́живание
recondition – *vt* ремонти́ровать *impf*, отремонти́ровать *pf*
reconnoitred – *adj* разве́данный

reconsolidation – *n, mil* восстановле́ние систе́мы оборони́тельных сооруже́ний и закрепле́ние
reconstruction, restorative – *adj* восстанови́тельный, *n* восстановле́ние; (construction) переустро́йство

record – *adj* реко́рдный, *n* (written) за́пись *f*, учёт посеща́емости; *vt* (written, also fig) запи́сывать *impf*, записа́ть *pf*; протоколи́ровать *impf*, запротоколи́ровать *pf*
~-breaking *adj* реко́рдный
attendance ~ *n* посеща́емость *f,* учёт посеща́емости
recording (of sound, TV) *n* видеоза́пись, звукоза́пись

recovery (vehicle) *n* восстановле́ние, ремо́нт
recoverability – *n* восстана́вливаемость *f*

recruit – *n* новобра́нец, *vt* вербова́ть *impf*, завербова́ть *pf;* набира́ть *impf,* набра́ть *pf*; призыва́ть *impf*, призва́ть *pf*
recruiter *n* вербо́вщик
recruiting *adj* вербо́вочный, *n* вербо́вка
~ office *n* вербо́вочный пункт
~ sergeant сержа́нт по вербо́вке на вое́нную слу́жбу

recur – (repeatedly) *vi* повторя́ться *impf*, повтори́ться
recurrence *n* повторе́ние recurrent *adj* повторя́ющийся

recycle – *n* (glass, scrap metal, etc) утилиза́ция, перерабо́тка, утилизи́ровать *pf & impf;* рециркули́ровать *pf/impf*
recycled paper *n* бума́га из ути́ля recycling *n* рециркуля́ция, повто́рное испо́льзование, перерабо́тка

AN ENGLISH - RUSSIAN DIGEST OF MILITARY, POLITICAL & SOCIAL TERMS

Red Cross - *n* Кра́сный Кре́ст
Red Crescent (Islamic) *n* Кра́сный Полуме́сяц
Red Guards *n, Ch pol* кра́сные охра́нники
red tape *n, coll* канцеля́рщина, *coll* казёнщина

redeploy - *vt*, (*vi*) передислоци́ровать(ся) *pf & impf*; перегруппиро́вывать(ся) *impf*, перегруппирова́ть(ся)
redeployment (of mil troops, units) *n* перебази́рование, перегруппиро́вка, передислока́ция

redcoat (British soldier) - *n, hist* «кра́сный мунди́р« (брита́нский солда́т)
redistribute - *vt* перераспределя́ть *impf*, перераспредели́ть *pf*
redistribution *n* перераспределе́ние
redoubt - *mil, hist* реду́т

reduce - уменьша́ть *impf*, уме́ньшить *pf*
~ in ranks понижа́ть *impf*, пони́зить *pf* в зва́нии
~ speed убавля́ть *impf*, уба́вить ход

reduction - *n* сокраще́ние
unilateral ~ of military forces односторо́ннее сокраще́ние чи́сленности войск

re-elect - перевыбира́ть *impf*, перевы́брать *pf*

re-embark - *mil, vt* (people) вновь сажа́ть, посади́ть; (cargo) вновь грузи́ть *impf*, погрузи́ть на кора́бль, итд; *vi* возвраща́ться *impf*, возврати́ться на борт
re-embarkation *n* возвраще́ние на борт, поса́дка

re-enlist - *vi* поступа́ть *impf*, поступи́ть *pf* на сверхсро́чную слу́жбу re-enlistment *n* поступле́ние на сверхсро́чную слу́жбу
re-entry - *n* вход, возвра́т в атмосфе́ру
re-equipping - *n* переобору́дование, переснаряже́ние
referral - *n* направле́ние referendum *n, pol* рефере́ндум
refill - *n* дозапра́вка refinery (oil) - *n* нефтеочисти́тельный заво́д
refit - *n* переобо́рка, переобору́дование; переобору́довать *pf & impf*, за́ново экипирова́ть *pf & impf*
reflective - *adj* светоотража́ющий
reforestation - *n* восстановле́ние лесны́х масси́вов

AN ENGLISH – RUSSIAN DIGEST OF MILITARY, POLITICAL & SOCIAL TERMS

reform – *n* (improvement, correction) рефóрма; (form, reshape again) переформирóвывать *impf,* переформирóвать *pf*
~ **school** *n* исправи́тельная шкóла

refuel – дозаправля́ть *impf,* дозапрáвить *pf* горю́чим *или* тóпливом; пополня́ть *impf,* попóлнить *pf* запáсы тóплива
refueler *n* бензозапрáвщик, топливозапрáвщик
refuelling *n* дозапрáвка

refuge – *n* убéжище **seek** ~ искáть *impf* убéжище
refugee *n* бéженец *m,* бéженка ~ **camp** *n* лáгерь бéженцев
political ~ *n, pol* политэмигрáнт *m,* политэмигрáнтка *f*

refusal – *n* откáз
refuse – *n* отбрóсы ~ **dump** *n* свáлка **refusenik** *n, Sov pol* откáзник *m,* откáзница *f*

regency – *n* рéгентство **regent** *n* рéгент **prince regent** *n* принц рéгент
regime – *n* режи́м, строй **under the old** ~ при стáром режи́ме

regiment – *n, mil* полк **regimental** *adj* полковóй

register – *adj* регистрациóнный, за/регистри́ровать *pf/impf;*
mil пристрéливать *impf,* пристреля́ть *pf; n* (also registry) регистрáция
~ **oneself** за/регистри́роваться

regroup – *vt,* (vi) перегруппирóвывать(ся) *impf,* перегруппировáть(ся)
regrouping *n* перегруппирóвка сил
regular – *adj* кáдровый, *n* кадрови́к

regulated – *adj* управля́емый **well** ~ хорошó управля́емый
regulation – *adj* устáвный; *n* инстру́кция, наставлéние, устáв, прáвила **against** ~ в нарушéние прáвил *или* устáва
blackout ~ прáвила затемнéния **drill** ~ строевóй устáв
field ~**s** полевóй устáв **military** ~**s** воéнный *или* вóинский устáв

rehash, repetition – *n* перепéв
rehearsal, dress ~ – *n* генерáльная репети́ция

AN ENGLISH - RUSSIAN DIGEST OF
MILITARY, POLITICAL & SOCIAL TERMS

Reichstag – *n, Ge, pol* рейхстáг   Reichswehr – *n, Ge mil, post WW I* рейхсвéр

reinforced – *adj* усúленный, подкреплённый
~-concrete *adj* железобетóнный
reinforcements *n* подкреплéние, пополнéние, усилéние

reissue – *n* повтóрная вы́дача, повторно выдавáть *impf*, повтóрно вы́дать *pf*
relationship – *n* взаимоотношéние
relative – *adj* относúтельный

relay – *adj, commo* ретрансляциóнный, *n* ретрансляция, ретранслúровать *pf & impf* ~ station *n* радиорелéйная стáнция (РРС); промежýточная стáнция

relevance – *n* знáчимость *f*, вáжность *f*
reliability – *n* надёжность *f* functional ~ функционáльная надёжность operational ~ эксплуатациóнная надёжность

relief (shift change) – *n* замéна, смéна; сменя́ть *impf*, сменúть *pf* ~ of sentries смéна часовы́х ~ of troops смéна войск
~ fund for flood victims фонд пóмощи жéртвам наводнéния

reload, reloading – *n* заря́дка, перезаряжáние; перезаряжáть *impf*, перезаряди́ть *pf*
relinquish (a position) – *mil* оставля́ть *impf*, остáвить позúцию, покидáть *impf*, покúнуть *pf* позúцию

remilitarization – *n* ремилитаризúровать *pf & impf*
remilitarize *vt* ремилитаризáция
remnants – *nmpl* остáтки разби́тых частéй

remote – *adj* дáльний, удалённый, дистанциóнный
~ control *n* радиотелеуправлéние; (аппарáтура) дистанциóнного управлéния ~ piloted drone *n* телепилотúруемый ЛА

Renault company – *Fr ind* фúрма «Ренó«
render equipment unusable – приводúть *impf*, привестú *pf* оборýдование в непригóдное состоя́ние
renovator – *n* реставрáтор   renovation *n* обновлéние, восстановлéние
renown, celebrated – *adj* прослáвленный

AN ENGLISH – RUSSIAN DIGEST OF
MILITARY, POLITICAL & SOCIAL TERMS

reorganize – *n* реорганизáция, *vt, (vi)* реорганизóвывать *impf*, реорганизовáть *pf*

repair – *n* попрáвка, поправля́ть *impf*, попрáвить *pf*; *n* почи́н, починя́ть *impf*, починúть *pf*; *n* ремóнт, ремонти́ровать *pf & impf*, *also* отремонти́ровать ~ **and recovery** *n, mil* восстановлéние
base, major ~ *n, mil* капитáльный ремóнт
emergency ~ **team** *n* летýчка **factory** ~ заводскóй ремóнт
first line ~ *n, mil* ремóнт пéрвого эшелóна
forward ~ **team** *n, mil* передовáя ремóнтная летýчка
minor ~ мéлкий ремóнт **on-going** ~ текýщий ремóнт
urgent ~ срóчный ремóнт **workshop** ~ мастерскóй ремóнт

repatriate – *n* репатриáнт *m*, репатриáнтка *f*; репатри́ровать *pf & impf* **repatriation** *n* репатриáция
repeated – *adj* неоднокрáтный
rephrase – *vt* перефрази́ровать *pf & impf*
replacements – *n* восполнéние, замéна, пополнéние, смéна
replay, instant ~ – *n* повтóр

repopulate – *vt* зáново заселя́ть *impf*, засели́ть *pf*
repopulation *n* втори́чное заселéние

report – *n, mil* доклáд, доносéние, изложéние, отчёт, рáпорт, свóдка, сообщéние, (newspaper) репортáж; (verbally) рапортовáть *pf & impf*
~ **(to)** доклáдывать *impf*, доложи́ть *pf*; сообщáть *impf*, сообщи́ть обстанóвку; рапортовáть *pf & impf*
~ **for duty (to)** *mil* заявля́ться *impf*, заяви́ться на слýжбу
~ **on the situation** *mil* доклáдывать, доложи́ть обстанóвку
~ **period** *n, mil* отчётный перúод
confidential ~ *n, mil* аттестáция
conflicting ~**s** противоречи́вые сообщéния
consolidate ~**s** *n, mil* обобщáть *impf* донесéния
contact ~ *n, mil* доклáд об обнаружéнии проти́вника
contradictory ~**s** противоречи́вые сообщéния
daily equipment status ~ *n, mil* сýточное донесéние о состоя́нии материáльной чáсти
daily strength ~ *n, mil* ежеднéвная свóдка о чи́сленности ЛС
damage assessment ~ *n, mil* донесéние о стéпени разрушéния объéкта **damage** ~ *n, mil* отчёт об ущéрбе
follow up ~ *n, mil* повтóрное донесéние

AN ENGLISH – RUSSIAN DIGEST OF MILITARY, POLITICAL & SOCIAL TERMS

intelligence ~ *n, mil* разве́дывательное донесе́ние
manning ~ *n, mil* строево́й ра́порт
material status ~ *n, mil* донесе́ние о состоя́нии материа́льной ча́сти   medical situation ~ *n, mil* донесе́ние о ме́дико-санита́рной обстано́вке
meteorological ~ *n* метеосво́дка, метсво́дка, прогно́з
operational readiness ~ *n, mil* донесе́ние о состоя́нии боево́й гото́вности   progress ~ *n* отчёт о хо́де
quarterly ~ *n, mil* кварта́льный отчёт
routine ~ сро́чное донесе́ние
situation ~ *n, mil* операти́вная сво́дка, донесе́ние об обстано́вке
strength ~ *n, mil* спи́сочная чи́сленность
unit ~ *n, mil* донесе́ние ча́сти
vehicle status ~ *n, mil* донесе́ние о техни́ческом состоя́нии средств
weather ~ *n, mil* метеосво́дка, метсво́дка, прогно́з

reportage – *n* репорта́ж   reportedly *adv* по сообще́ниям, (allegedly) я́кобы   reporter *n* докла́дчик
reporting (act of ~, appearance) – *n* я́вка
~ body *n* о́рган, представля́ющий докла́д
~ as ordered!" *n, mil* »по ва́шему приказа́нию при́был!«
~ for duty!" *n, mil* «при́был на дежу́рство!«

reposition – меня́ть *impf only* пози́ции, перемеща́ться *impf*, перемести́ться *pf* на но́вые пози́ции; *vt, (vi)* передислоци́ровать(ся) *pf & impf*

Representatives, House of ~ *US pol* пала́та представи́телей
repression – *n* подавле́ние, репре́ссия   repressive *adj* репресси́вный
reprieve – *n, leg* отме́на *или* заме́на пригово́ра

reprimand, to ~ – дава́ть *impf*, де́лать *impf*, сде́лать *pf* вы́говор
letter of ~ *n* пи́сьменный вы́говор   verbal ~ *n* у́стный вы́говор

reprisal – *n* распра́ва, репре́ссалия, возме́здие   by way of ~ в отме́стку   conduct a ~ наноси́ть *impf*, нанести́ *pf* отве́тный уда́р

reptilian – *adj, bio* пресмыка́ющийся
reptile *n, bio* пресмыка́ющееся

AN ENGLISH – RUSSIAN DIGEST OF MILITARY, POLITICAL & SOCIAL TERMS

republic – *n* респу́блика
Fifth Republic – *Fr pol* Пя́тая респу́блика
German Democratic Republic (GDR) *Ge pol* Герма́нская Демократи́ческая Респу́блика (ГДР)
Third Republic *Fr pol* Тре́тья респу́блика
republican *adj* республика́нский, *n, US pol* республика́нец *m*, республика́нка *f*

request – *n* зая́вка, тре́бование, про́сьба, запро́с
~ for an early meeting тре́бование о сро́чном созы́ве заседа́ния
airlift ~ зая́вка на возду́шную перево́зку
airstrike ~ зая́вка на уда́р с во́здуха
cancel a ~ отменя́ть *impf*, отмени́ть *pf*, аннули́ровать *pf & impf* про́сьбу, зая́вку consider a ~ рассма́тривать *impf*, рассмотре́ть *pf* про́сьбу follow up a ~ проверя́ть *impf*, прове́рить *pf* удовлетворе́ние зая́вки grant a ~ удовлетворя́ть *impf*, удовлетвори́ть *pf* про́сьбу
make a ~ составля́ть *impf*, соста́вить *pf* зая́вку, *vi* обраща́ться *impf*, обрати́ться *pf* с про́сьбой

required, requisite, necessary – *adj* потре́бный
requirement *n* потре́бность *f*

requisition – *n* зая́вка, реквизи́ция; реквизи́ровать *pf & impf*
back order ~ неудовлетворённая зая́вка
rescind a ~ (to) отменя́ть *impf*, отмени́ть *pf* зая́вку

reroute – *commo* создава́ть *impf*, созда́ть *pf* обходны́е кана́лы, (traffic, etc) направля́ть *impf*, напра́вить *pf* по друго́му маршру́ту
rescue – *adj* спаса́тельный, *n* спасе́ние; спаса́ть *impf*, спасти́ *pf*
~ attempt *n* попы́тка спасти́ ~ team *n* спасотря́д

research – *n, sci* изыска́ние, иссле́дование
~and development (R&D) *n* нау́чно-иссле́довательская рабо́та; иссле́дование и разрабо́тка

reserve – *mil, adj* запа́сный, резе́рвный; *n* запа́с, резе́рв
ammo ~ запа́с боеприпа́сов battle ~ боезапа́с
be in ~ быва́ть *impf*, быть в запа́с fuel ~ запа́с то́плива
reserves *n, mil, adj* резе́рвы
bring up ~s подтя́гивать *impf*, подтяну́ть *pf* резе́рвы

AN ENGLISH - RUSSIAN DIGEST OF
MILITARY, POLITICAL & SOCIAL TERMS

call out the ~ выводи́ть *impf*, вы́вести *pf* из резе́рва
pin down, tie up enemy ~s ско́вывать резе́рвы проти́вника
shift, switch ~s перебра́сывать *impf*, перебро́сить *pf* резе́рв
reservist *n, mil* резерви́ст, *coll* запа́сник

residual – *adj* оста́точный

resign, retire – отказа́ться от до́лжности; уходи́ть в отста́вку
resignation *n* (surrender) сда́ча
hand in one's ~ подава́ть *impf*, пода́ть *pf* заявле́ние об отста́вке/ухо́де; (resigning from office) отста́вка

resistance – *n* сопротивле́ние ~ movement *n, mil* движе́ние сопротивле́ния tough ~ *n, mil* опо́рное сопротивле́ние

resistant – *adj* сопротивля́ющийся, сто́йкий
drought ~ *adj* засухоусто́йчивый
wear-~, hard-wearing износосто́йкий
resister *n, pol* сопротивля́ющийся, уча́стник движе́ния сопротивле́ния

resort to arbitration – обраща́ться *impf*, обрати́ться *pf* к третейскому суду́
resort to force прибега́ть *impf*, прибегну́ть *pf, vi* обраща́ться к си́ле

resources – *npl* ресу́рсы
~ consumption *n* ресурсопотребле́ние
natural ~s есте́ственные ресу́рсы/бога́тства, приро́дные бога́тства resource-savings *adj* ресурсосберега́ющий
food ~ *npl* продово́льственные ресу́рсы
proven natural ~ *npl* разве́данные запа́сы
raw ~ *ns* сырьё

resounding, staggering, stunning – *adj* потряса́ющий
respite, a breatk *or* breather – *n* переды́шка
respondent – *as a n* опро́шенный

responsibility – *n* отве́тственность *f*
assume the ~ взять на себя́ отве́тственность
take full ~ for someone/something *vi* руча́ться *impf*, поручи́ться *pf* за кого́; руча́ться что голово́й

AN ENGLISH – RUSSIAN DIGEST OF MILITARY, POLITICAL & SOCIAL TERMS

make someone responsible for so, st возлагáть *impf*, возложи́ть *pf* осветствéнность *f* на когó, за что

rest, one day ~ – *n* днёвка   restatement – *n* повтóрное заявлéние

restraint – *n* ограничéние, сдéрживание
~ on conventional arms *n* ограничéние/сдéрживание обы́чных вооружéний   impose ~s вводи́ть *impf*, ввести́ *pf* ограничéния

restricted area – *n, avn* зóна, запрéтная для полётов
restrictive, limiting *adj* ограничи́тельный
restrictive fire plan *n, mil* план ограни́ченного ведéния стрéльбы

résumé – *n* (summary) свóдка, (personal) резюмé *indecl*
retain – удéрживать *impf*, удержáть *pf;* сохраня́ть *impf*, сохрани́ть *pf*

retire (from work) – выходи́ть *impf*, вы́йти *pf* в отстáвку; увольня́ться *impf*, уволи́ться *pf* в отстáвку
retired officer *n* отставнóй офицéр; отставни́к
retirement *adj* отставнóй, *n* отстáвка, вы́ход в отстáвку; увольнéние в отстáвку; *n* вы́ход/ухóд на пéнсию
mandatory ~ вы́нужденное увольнéние

retroactive – *adj* имéющий обрáтное дéйствие *или* обрáтную си́лу   retrofit – *n* модификáция, модернизáция
return – *adj* обрáтный   ~ load, shipment обрáтный груз
reveille – *n* побýдка

revenge, take ~ on so – отомсти́ть комý-л
revenge-seeking – *adj* реванши́стский
review, after action ~ – итóг, разбóр резулытáтов (учéния, стрéльбы, маневров, итд)   in-depth ~ детáльный разбóр
revolutionize – (stir up a revolution, transform) революциони́зировать *pf & impf*
revolutions per minute/second/hour (RPM, RPS, RPH) *n* оборóт в минýту/секýнду/час
rice-growing, *n, agric* рисовóдство

rich – *adj* богáтый   ~ harvest богáтый урожáй   ~ in minerals богáтый полéзными ископáемыми   ~ in woods богáтый лесáмый
~ soil *n* плодорóдная пóчва

AN ENGLISH - RUSSIAN DIGEST OF
MILITARY, POLITICAL & SOCIAL TERMS

ricochet - *n* рикошéт, *vi* рикошéтировать *impf* ~ fire стрельбá на рикошéтах
riffraff - *n* шпанá; подóнки *mpl* óбщества

rifle - *adj* стрелкóвый
rifled (gun barrels) *adj, mil* нарезнóй, с нарéзкой rifleman *n* стрелóк   motorized ~ мотострелóк

right - *n, leg, soc* прáво
~ of self-defence прáво на идивидуáльную самооборóну
arrogate a ~ to one's self присвáивать *impf*, присвóить *pf* себé прáво   consumer ~s защита прав потребителей
fishing (fishery) ~s прáво на рыбную лóвлю
generally accepted ~ общепризнанное прáво
give up a ~ *n* откáз от правá   inalienable ~ неотъéмлемое прáво
inherent ~ неотъéмлемое прáво   insist on one's ~s отстáивать *impf*, отстоять *pf* свой правá   maintain the ~ присвáивать *impf* себé прáво   oil ~s прáво на добычу/разрабóтку нéфти
personal, individual ~s лйчные правá
special drawing ~s SDR *econ, pol* специáльные правá заимствования

rightist - *adj & n, pol* прáвый   rigid - *lit* жёстский, *fig* негйбкий

river - *adj* речнóй, *n* рекá ~ transport worker - *n* речнйк

road - *n* дорóга
~ access *n* подъезднóй путь
~ clearance *n* разрешéние на движéние по дорóге
~ craters *nfpl*ворóнки на дорóге
~ crossing *n* переéзд
artery ~ *n* магистрáль *f*
corderoy ~ *n* бревéнчатая гать *f*
dirt, unimproved, unsurfaced ~ грунтовáя дорóга
flooded section of a ~ затóпленный учáсток дорóги
gravel ~ гравийная дорóга
hard surfaced ~ *n* усовершéнствованое шоссé
improved ~ усовершéнствованная/улýчшенная дорóга
lack of ~s; impassable roads *adj* бездорóжный, *n* бездорóже
lateral ~ попрéчный путь
log ~ бревéнчатая дорóга

AN ENGLISH - RUSSIAN DIGEST OF MILITARY, POLITICAL & SOCIAL TERMS

main ~ большáк, магистрáль f
one-way ~ дорóга с односторóнним движéнием
paved, serfaced ~ мощёная дорóга, одéтая дорóга
secondary ~ вспомогáтельная дорóга
trees planted along the ~ зелёные насаждéния вдоль дорóга
two way ~ дорóга с двусторóнним движéнием
roadhead n конéчно-вы́грузочный пукнт
roadside adj придорóжный
roadworthy в испрáвном состоя́нии

robber - n граби́тель
robotics - adj робототехни́ческий, n робóтика, ро́ботéхника
robotization n роботизáция robotized adj роботизи́рованный
rock-crusher - n камнедроби́лка

rocket - n, mil ракéта, реакти́вный снаря́д
~ fire, barrage n, mil обстрéл ракéтами ~ in firing position n, mil ракéта готóвая к спýску ~ launch site n, mil ракéтодрóм
~ launcher n, mil реакти́вная устанóвка ~ specialist n, mil ракéтчик fin stabilized ~ n, mil оперённая ракéта
free flight ~ n, mil неуправля́емая ракéта
French Excocet antiship ~ n, Fr mil францýзская ракéта «Эксосéт«
HEAT (high explosive anti-tank) ~ n, mil кумуляти́вный снаря́д, кумуляти́вная минагранáта Jericho ~ (Israel) n, mil ракéта «Иерихóн« M-X ~ n, US mil ракéта «мх«
Midgetman ~ n, US mil ракéта «Миджитмэ́н«
MIRVed ~ n, mil ракéта, оснащённая разделя́ющейся головнóй чáстью (РГЧ)
MLRS/MRL n, mil многоствóльная реакти́вная устанóвка
multiple warhead ~ n, mil ракéта с кассéтной боевóй чáстью
Patriot ~ n, US mil ракéта «Пáтриот« Pershing ~ n, US mil ракéта «Пéршинг«
single/two/three stage ~ n, mil одноступéнчатая/двухступéнчатая/трёхступéнчатая ракéта
standoff ~ n, mil ракéта «воздух-земля́« запускáемая за предéлами зóны объекти́ва ПВО
Trident ~ n, US mil ракéта «Трáйдент« Walleye ~ n, US mil «Уóллай« rocketry ракéтная тéхника

"roger" - mil, commo «пóнял«
roll-call - n, mil повéрка, перекли́чка

AN ENGLISH - RUSSIAN DIGEST OF MILITARY, POLITICAL & SOCIAL TERMS

Roman Catholic - *adj, rel* римско- католический
Romanovs (last Czarist dynasty) - *n, Ru hist* Романовы
rope, tow or towing ~ *n* буксир, буксирный трос; бечева

roster - *n* график, лист, расписание, список
duty ~ *n* лист нарядов; расписание дежурства
guard ~ лист учёта нарядов в караул
rot, decay - *vi* гнить *impf*, сгнить *pf*, *n* гниение

round, shell - *n, mil* ammo выстрел, снаряд, патрон
armor defeating ~ *n, mil* выстрел с бронебойным снарядом
beehive ~ *n, mil* кассетный снаряд
chemical ~ *n, mil* химический снаряд
flechette ~ *n, mil* патрон/снаряд со стреловидными поражаюшими элементами
grenade launcher ~ *n, mil* гранатомётный выстрел
HEAT ~ *n, mil* выстрел с кумулятивным ПТ снарядом
HEP ~ *n, mil* осколочно-фугасные выстрел
inert ~ *n, mil* учебный выстрел
main gun ~ *n, mil* пушечный выстрел
SABOT ~ *n, mil* выстрел с кинетическим оперённым бронебойным снарядом с отделяющимся поддоном

roundout - *n, mil* дополнение, доукомплектование
~ unit *npl* доукомплектование части подразделениями резерва до штатной численности/НГ (доукомплектование Национальной гвардии)

rotation (duty) - *n, mil* замена, перемещение (ЛС, частей)
end of tour ~ *n, mil* замена ЛС по завершении периода службы
overseas ~ *n, mil* замена ЛС в войсках на заморских территориях

rout - *n, mil* разгром, разгромить *pf*, обращать *impf*, обратить *pf* в бегство

route - *adj* маршрутный, путевой; *n* маршрут, направление, путь *m* adjacent ~ *n, mil* смежный путь
alternate ~ *n, mil* путь обхода cleared ~ *n, mil* маршрут освобождённый от противника counterattack ~ *n, mil* направление контратаки evacuation ~ *n, mil, soc* путь эвакуации get away ~ *n, mil, soc* путь отхода

AN ENGLISH - RUSSIAN DIGEST OF MILITARY, POLITICAL & SOCIAL TERMS

helicopter flight ~ *n, mil* маршру́т/полоса́/коридо́р/полёта вертолётов indirect ~ *n, mil* обходно́й путь
logistic ~ *n, mil* путь подво́за
main supply ~ (MSR) *n, US mil* основно́й путь подво́за
supply ~ *n, mil* путь подво́за withdrawal ~ *n, mil* путь отхо́да
routed, (defeated) *adj, mil* разгро́мленный

routine - *n* рути́на; (commo traffic priority) "обыкнове́нная"
royalist, ~s - *n, hist, pol* роялист, роялисты
RTO (radio-telephone operator) - *n, mil* ради́ст
individual RTO communication idiosyncracies *n* индивидуа́льный по́черк ради́стов

rubberized - *adj* прорези́ненный
rudimentary in embryo, rudimentary fashion - в зача́точном состоя́нии
rules, unwritten ~ - *npl* непи́саные пра́вила
ruling classes *n, soc* пра́вящие кла́ссы

rumor/rumors - *n* слу́х/слу́хи enemy started ~ слу́хи, распуска́емые проти́вником

run - *n* репети́ция, трениро́вка
~ for a third term *pol* идти́ на тре́тий срок
~ for elections выдвига́ть *impf*, вы́двинуть *pf* в депута́ты
~ idle (engine) *n* холосто́й ход
bombing ~ боево́й курс
dry ~ трениро́вка; стрельба́ холосты́ми вы́стрелами
dummy ~ про́бный захо́д
live fire ~ *n* стрельба́ с хо́ду на стре́льбище
strafing ~ *n* захо́д на ата́ку с бре́ющего полёта
target ~ *n* захо́д на це́ль, ата́ка це́ли
wet ~ трениро́вка в усло́виях, приближённых к боевы́м
running (mechanical) *n* ход
silent ~ (submarine) *n* бесшу́мность *f* хо́да
runway *n, avn* взлётно-поса́дочная полоса́

rural, country, village - *adj* се́льский

ruse - *n* вое́нная хи́трость, уло́вка
tactical ~ такти́ческое ухищре́ние
rush (infantry) - *n* бросо́к

AN ENGLISH – RUSSIAN DIGEST OF MILITARY, POLITICAL & SOCIAL TERMS

Russia – *n* Росси́я
Holy ~ Свята́я Русь

Russian *adj* ру́сский
~-speaking *adj* русскоязы́чный
~ studies *n* руси́стика

Russianess *n* ру́сскость *f*
Russification *n* русифика́ция
Russify, Russianize русифици́ровать *pf & impf*, обруси́ть *pf*
Russophile *n* русофи́л *m*, русофи́лка *f*
Russophobia *n* русофо́бия

rust – *n* ржа́вчина, ржа́веть *impf*, поржа́веть *pf*
rustproof *adj* нержаве́ющий, коррозиеусто́йчивый

rustler – *n* (horses) конокра́д (cattle) *n* скотокра́д, угоня́ющий скот

rye – *adj, agric* ржано́й, *n* рожь

AN ENGLISH – RUSSIAN DIGEST OF MILITARY, POLITICAL & SOCIAL TERMS

S

saber-rattling – *n, pol* бряца́ние ору́жием

sabotage – *n* вреди́тельство, диве́рсия, сабота́ж; саботи́ровать *pf & impf*, *coll* сабота́жничать, *fig* срыва́ть *impf*, сорва́ть *pf*
saboteur, diversionist *n* диверса́нт, сабота́жник, вреди́тель *m*
acts of ~ диврсио́нные а́кты

sacrificial – *adj* же́ртвенный
sacrilege – *n, rel* святота́тство commit ~ святота́тствовать *impf*
sacrilegious *adj* святота́тственный

safe – *adj* безопа́сный ~ conduct pass *n* охра́нная гра́мота
~ house (espionage) *n* я́вочная кварти́ра (ЯК)
burgler-proof ~ *n* сейф, кото́рый невозмо́жно взлома́ть
safeguard clause *n* защища́ющая огово́рка

safety – *n* безопа́сность *f* ~ margin коэффицие́нт безопа́сности
~ net *n, soc* «страхо́вочная се́тка« road ~ безопа́сность у́личного движе́ния

Saigon regime (South Vietnam) – *n, pol* Сайго́нский, южновьетна́мский режи́м

sailor, Baltic fleet ~ *n, Ru nav* черномо́рец
Pacific fleet ~ – *n, Ru nav* тихоокеа́нец

salary, basic pay – *n* окла́д
salient – *n, mil* вы́ступ ли́нии; клин; уча́сток прорыва

salute – *n* салю́т
give a ~ отдава́ть *impf* честь *f*
fire a ~ производи́ть *impf*, произвести́ *pf* салю́т
return a ~ отвеча́ть *impf*, отве́тить *pf* на отда́ние че́сти

salvage – *adj* ути́льный, *n* спасённое иму́щество, спасённый груз; сбор ути́ля, ути́ль-сырья́ ~ collector n ути́льщик
salvo – *adj* за́лповый, ~ fire обстре́л за́лпами

Samaritan – *n, rel* самаритя́нин *m*, самаритя́нка *f*
good ~ *n* до́брый самаритя́нин

AN ENGLISH - RUSSIAN DIGEST OF MILITARY, POLITICAL & SOCIAL TERMS

sanction - *econ, mil, pol* санкциони́ровать *pf* & *impf, n, pl* са́нкция, са́нкции *npl* contractual ~s *npl* договорные са́нкции impose ~s наложи́ть са́нкции lift trade ~s against so снять *impf,* снима́ть *pf* торго́вые са́нкции про́тив кого-л punitive ~s *npl* кара́тельные са́нкции

samurai - *adj, Ja* самура́йский, *n* самура́й

sand - *adj* песча́ный, *n* песо́к
~-bar *n* песча́ная о́тмель ~-bed *n* песча́ный пласт
~-pit, quarry *n* песча́ный карье́р sandstorm *n* песча́ная бу́ря

Sandinista Front (Nicaragua) - *pol* сандини́стский фро́нт
sapper - *n, mil* сапёр
sarin - зари́н (OB)

satellite - *adj* спу́тниковый, *n* спу́тник
~ communication спу́тниковая связь ~ hookup, linkup *n* телемо́ст hunter-killer ~ спу́тник-истреби́тель spy ~ спу́тник-шпио́н

satrap - *n, hist, pol* сатра́п satrapy *n, hist, pol* сатра́пия
saturation - *n* насыще́ние, перенасыще́ние

saw - *n* (tool) пила́, пили́ть *impf,* распи́ливать or распили́ть *pf*
sawing *adj* лесопи́льный
sawmill *n* лесопи́лка, лесопи́льный заво́д

scale - *n* масшта́б, шкала́
~ model - уме́ньшенная, масшта́бная моде́ль
centigrade ~ шкала́ Це́льсия
large ~ conflict конфли́кт большо́го масшта́ба
on a large/small ~ в большо́м/ма́лом масшта́бе
scaled down в уме́ньшенном масшта́бе
scales of justice (US) *npl* весы́ правосу́дия

scandalize - *vt* шоки́ровать *impf*
scapegoat - *n* козёл отпуще́ния

scare - *n* па́ника; боя́знь *f*
bomb ~ *n* бомбобоя́знь
tank ~ *n* танкобоя́знь

AN ENGLISH – RUSSIAN DIGEST OF MILITARY, POLITICAL & SOCIAL TERMS

scenario – *n* сцена́рий, *fig* вариа́нт, сцена́рий
worst-case ~ наиху́дший вариа́нт *или* сцена́рий
shack (hut) – *n* лачу́га

schedule – *n* (plan, timetable) план, расписа́ние
according to ~ *or* time-table соотве́тственно пла́ну, по расписа́нию ahead of ~, early *adj* досро́чный
be behind ~ запа́здывать *impf* запозда́ть *pf* от гра́фика
be up to ~ не отстава́ть *impf*, не отста́ть от гра́фика
be ahead of ~ опережа́ть *impf*, опереди́ть *pf*
flight ~ расписа́ние самолётов full ~ больша́я програ́мма
on ~ во́время, то́чно work ~ гра́фик рабо́ты

scholastic – *adj* шко́льный, уче́бный

school – *n* шко́ла, учи́лище
~ desegregation десегрега́ция школ ~ dropout *n* недоу́чка
evening, night ~ вече́рняя шко́ла member of a ~ course, attendee *n* курса́нт military ~ вое́нное учи́лище of ~ age шко́льного во́зраста teach ~ учи́тельствовать *impf* technical ~ *n* профтехучи́лище, те́хникум trade ~ профессиона́льное учи́лище

scorer – *n* учётчик scoring *n* подсчёт попада́ний
scramble – *n, mil avn* взлёт scrambler *n* (telephone) засекре́чиватель; автомати́ческое шифрова́льное устро́йство
scrap – *n* (metal) обло́мок, лом, металлоло́мка; (food) оста́тки; (knowledge, conversation) обры́вки *mpl* to be scrapped пойти́ на слом
screening procedure – *n* режи́м *или* процеду́ра прове́рки
scriptural – *adj* библе́йский scripture – *n, rel* свяще́нное писа́ние
scrounger, sponger, parasite (fig) – *n, coll* дармое́д
Schutzstaffel member (S.S.) – *WW II Ge mil adj* эсэ́совский, *n* эсэ́совец
scuba – *n* ску́ба, аквала́нг ~ diver *n* плове́ц/ныря́льщик со ску́бой scum (riffraf) – *npl* подо́нки ~ of the earth подо́нки о́бщества
Scythian – *adj* ски́фский, *n* скиф *m*, ски́фка *f*

sea – *adj, soc, mil, pol* морско́й, *n* мо́ре ~-bed *n* морско́е дно
~ control *n* госпо́дство на мо́ре ~ denial *n* изоля́ция морско́го райо́на

AN ENGLISH – RUSSIAN DIGEST OF MILITARY, POLITICAL & SOCIAL TERMS

~-lane *n* морской путь, морские коммуникации
~ mile *n* морская миля
~ power морская мощь inland ~ закрытое море
on the high ~s в открытом море open ~ открытое море
seagoing (ships) *adj* мореходный
seamanship *n* искусство мореплавания
seaquake *n* моретрясение
seasick, be ~ кого укачивать *impf*, укачать *pf*
seasickness *n* морская болезнь seaside *n* морское побережье
seaworthiness *n* мореходность *f*, годность к плаванию
seaworthy *adj* мореходный, годный к плаванию

seamless – *adj* бесшовный

search – *n* обыск; обыскивать *impf*, обыскать *pf*
~ a house обыскивать дом
~ a prisoner *vt* подвергать *impf*, подвергнуть *pf* арестованного обыску ~ a prisoner of war обыскивать пленного
~ and rescue *adj* аварийно-спасательный
~ for st/so искать *impf* что-н/кого-н
~ warrant *n* ордер на обыск conduct a ~ произвести *impf*, произвести *pf* обыск searcher *n* искатель *m*, искательница *f*
searchlight, anti-aircraft *n* зенитный прожектор ~ operator *n, mil* прожекторист

season – *n* сезон the four ~s четыре времени года
seasonal *adj* сезонный

SEATO (South-East Asia Treaty Organization) – *n, pol* СЕАТО Организация договора юго-восточной Азии

secede – *pol, vt* выходить из + *g*; *vi* отделяться *impf*, отделиться *pf*, отлагаться *impf*, отложиться *pf*
secession *n, pol* отложение, отделение от + *g*.; выход из + *g*.
secessionist *n, pol* сепаратист

second – *adj* второй ~-best *adj* не самый лучший, *inferior* второразрядный, (quality) второсортный ~-class *adj* второклассный ~-class citizens граждане второго сорта
~-generation *n* второго поколения ~-hand dealer *n* перекупщик
~-hand information *n* информация из вторых рук

AN ENGLISH – RUSSIAN DIGEST OF MILITARY, POLITICAL & SOCIAL TERMS

~-hand, used, worn , *coll* де́ржаный; поде́ржанный
~-rate (goods) *adj* второсо́ртный, непервокла́ссный

secret – *adj* та́йный, *n* та́йна
~ police *n* та́йная поли́ция   ~ service *n* секре́тная слу́жба
classify as ~ засекре́чивать *impf*, засекре́тить *pf; (also to give access to secret documents, to admit to secret work)*
keep a ~, keep st as a ~ держа́ть в та́йне, храни́ть *impf* та́йну
classified as ~ с гри́фом «секре́тно«
top-~ *adj* сверхсекре́тный

Secretary-General, UN – *n, pol* Генера́льный секрета́рь ООН
Secretary of Defense *n, US pol* мини́стр оборо́ны, США
Secretary of State *n, US pol* госсекрета́рь

sectarian – *adj* секта́нтский, *n* секта́нт *m*, секта́нтка *f*
sectarianism *n, soc* секта́нтство

section/group leader – *as a n* звеньево́й *m*, звеньева́я   *f*
sectionalism *n, pol, soc* группо́вщи́на, ме́стничество, секта́нтство

sector – *n* се́ктор   public/private ~ *n* обще́ственный/ча́стный се́ктор

secular – *adj* све́тский
~ education *n* све́тское образова́ние   ~ government *n* све́тское госуда́рство   secularism *n* секуляри́зм   secularization *n* секуляриза́ция   secularize *vt* секуляризова́ть *pf & impf*

secure – *adj* надёжный, про́чный   make ~ закрепля́ть *impf,* закрепи́ть *pf*   ~ from interruption свобо́дный от поме́х
~ voice net *n* сеть засекре́ченной радиосвя́зи   secured *adj* защи́тный, обеспе́ченный

security – *n* безопа́стность *f*
~ classification *n* гриф секре́тности
~ clearance *n* прове́рка на благонадёжность *f*/до́пуск к секре́тной рабо́те   ~ device *n* предохрани́тель *m*
~ from attack безопа́стность *f*   ~ guard *n* охра́нник
Security Council of the U.N. *n* Сове́т Безопа́сности ООН
he is a ~ risk он неблагонадёжен

AN ENGLISH – RUSSIAN DIGEST OF MILITARY, POLITICAL & SOCIAL TERMS

segregationalist *n* сторо́нник сегрега́ции
segregation, racial ~ – *n* ра́совая сегрега́ция
school desegregation десегрега́ция школ

Sejm (Polish parliament; Middle Ages – today) – *n* сейм

selective – *adj* вы́борочный
~ approach вы́борочный подхо́д
~ strikes уда́ры, наноси́мые по вы́борочным це́лям

self – *prefix* сам-, сама́-, само́-, сами́-
self-adjusting *adj* самоприспоса́бливающийся
self-defeating сам себя́ сводя́щий на нёт
self-destruct *vi* самоликвиди́роваться *pf & impf*
self-destruct, timed ~ device *n* самоликвидатор с дистанцио́нным взрыва́телем
self-examination, introspection самоана́лиз
self-destruction *n* самоликвида́ция, самоуничтоже́ние
self-determination *n, pol* самоопределе́ние
self-educated man, woman *n* самоу́чка
self-effacing держа́вщийся в тени́
self-employed рабо́тающий на себя́, рабо́тающий не по на́йму
self-financing *n* самофинанси́рование
self-governing *adj* самоуправля́ющийся
self-help *n* самопо́мощь *f*
self-immolation *n* самосожже́ние
self-inflicted injury *or* wound *n* членовреди́тельство; нанесённая ра́на самому́ себе́, нанесе́ние себе́ поврежде́ние
self-righteous *adj* ха́нжеский   self-righteousness *n* ха́нжество
self-starter *n* самопу́ск
self-sufficient *adj* обеспе́ченный всем необходи́мым; спосо́бный к самостоя́тельным де́йствиям; автоно́мный име́ющий свои́ сре́дста   sell-out, political – *n* полити́ческое преда́тельство

semi – *prefix* полу-
~-annual *adj* полугодово́й   ~-automatic *adj* полуавтомати́ческий, *n* (machine gun) полуавтома́т   ~-darkness *n* полутьма́
~-nomad *n* полукоче́вник   ~-nomadic *adj* полукочево́й   ~-trailor *n* полуприце́п

senator – US *po n* сена́тор   senatorial *adj* сена́торский

AN ENGLISH – RUSSIAN DIGEST OF MILITARY, POLITICAL & SOCIAL TERMS

senior – *adj* ста́рший, *n*, *soc* старшеку́рсник
~ grade officers ста́рший офице́рский соста́в
seniority *n* старшинство́ by ~ *adv* по старшинству́

senseless – *adj* бессмы́сленный
sensing – *n* зонди́рование, наблюде́ние

sensor – *n* да́тчик; прибо́р обнаруже́ния
remote ~ *n* дистанцио́нное зонди́рование

sentenced – *adj* приговорённый
~ to death быть приговорённым к сме́ртной ка́зни

separation – *n* отделе́ние, разделе́ние
~ of church and state *US pol* отделе́ние це́ркви от госуда́рства
~ of powers *US pol* разделе́ние власте́й/полномо́чий
separatism *n, pol* сепарати́зм separatist *adj* сепарати́стский, *n* сепарати́ст

serf – *n, Ru hist* крепостно́й *m* serfdom *n* крепостни́чество; крепостно́е пра́во
serial number – *n* ли́чный но́мер, поря́дковый но́мер

sermon – *n, rel* про́поведь *f*
Sermon on the Mount *n, rel* Наго́рная про́поведь

servant – *n, lit, fig* слуга́ *m, f*
civil ~ *n* госуда́рственный слу́жащий public ~s *n* должностны́е ли́ца
serve, staff, operate *vt* обслу́живать *impf*, обслужи́ть *pf*

service *n* обеспе́чение, обслу́живание, слу́жба; обслу́живать *impf*, обслу́жить *pf*
~ chevrons *n* нарука́вная наши́вка   ~ life *n, tech* срок слу́жбы
~ staff, attendants обслу́живающий персона́л   ~ station *n* пункт обслу́живания civil ~ госуда́рственная слу́жба
meritorious ~ выдаю́щиеся заслу́ги по слу́жбе
on active duty or ~ на действи́тельной слу́жбе
preventive maintenance ~s *n* профилакти́ческое обслу́живание и ремо́нт
serviceability *n* го́дность *f*, приго́дность *f*
serviceable *adj* (useful) поле́зный, го́дный, приго́дный; (durable) про́чный

AN ENGLISH - RUSSIAN DIGEST OF MILITARY, POLITICAL & SOCIAL TERMS

set, kit, outfit (buildings, equipment, etc) – *n* комплéкт, кóмплекс, набóр, агрегáт, устанóвка
~ of individual equipment комплéкт
~ the record straight вносúть *impf* попрáвку в протокóл *или* докумéнт
demolition ~ комплéкт для подрывны́х рабóт
bridge assembly ~ комплéкт мостострои́тельных средст
regulation camouflage net ~ комплéкт снаряжéния
repair ~ ремóнтный комплéкт
tool ~ комплéкт инструмéнтов

settlement, colony – *n* поселéние
penal ~ or colony *n* кáторжная/исправи́тельная колóния
settler, colonist *n* поселéнец

shah – *n, pol* шах
shake-up – *n, lit/fig, pol* перетасóвка
shaman – *n* шамáн   shamanism *n* шамáнство
shanty – *n* (hut) хибáрка   town *n* трущóбный посёлок

SHAPE (Supreme Headquarters Allied Powers Europe) – *n, mil, pol* штаб Верхóвного глáвного комáндования ОВС НАТО в Еврóпе
sharecropper – *n, agric* испóльщик, издóльщик   sharecropping *n* испóльщина

shari'ah (Islamic law code) – *n, rel* шариáт
sharp, "he is ~ !" – *coll* он хитёр !
sharpshooter *n* мéткий стрелóк
sheep raising, husbandry – *n, agric* овцевóдство
sheik – *n* шейх   sheikdom *n* шéйхство
shelf life – *n* срок гóдности (храни́мых предмéтов тéхники и иму́щества)
shell-shock – конту́зить   shell-shocked *mil* страдáющий воéнным неврóзом/ конту́женный

shelter – *n* убéжище, укры́тие
be under ~ находи́ться в укры́тии   bomb proof ~ *n* бомбоубéжище   warm up ~ укры́тие для обогревáния

shift – *vt*, (*vi*) перебази́ровать(ся) *no impf*   shifting *n* перенóс
~ fortunes of war изменя́ющаяся воéнная обстанóвка
~ of fires *n* перенóс огня́

AN ENGLISH – RUSSIAN DIGEST OF MILITARY, POLITICAL & SOCIAL TERMS

Shintoism – *n, rel* синтоизм Shintoist *adj* синтоистский, *n* синтоист

ship – *n, mil* корабль *m*, катер, судно
~ armed with rockets корабль вооружённый реактивным оружием ~ building *adj* судостроительный, *n* кораблестроение
anti-submarine ~ противолодочный корабль
cable laying ~ *n* кабельное судно
dredger ~ *n* землечерпалка
guided missile ~ ракетный корабль
hospital ~ *n* госпитальное судно
landing ~, boat десантный корабль, *n* катер
merchant ~, vessel торговый корабль, торговое судно
messenger ~ *or* craft посыльный катер
minelayer ~ *n* минный заградитель
minesweeper ~ *n* тральщик
nuclear powered ~ корабль с атомным двигателем
patrol ~ сторожевой корабль
rescue ~ спасательное судно
roll on, roll off (ro-ro ship) ~ трейлерное судно
target ~ *n* корабль-цель
unidentified ~ неопознанное судно
shipwreck *n* кораблекрушение
shipwrecked survivor *n* потерпевший кораблекрушение

shoal – *n* перекат

shock – *n* (jar or blow) толчок, удар; *elec* ударять *impf*, ударить *pf* ~-brigade *n, Sov econ* ударная бригада
~-proof *adj* удароcтойкий, виброcтойкий ~ tactics *mil* тактика сокрушительных ударов ~ wave *n, sci* ударная волна
~-worker *n, Sov econ* ударник *m*, ударница *f*

shogun, ~s – *n, Ja hist* сёгун, сёгуны
shogunate *n, Ja hist* сёгунат

shoot – стрелять *impf* в + acc, по + d.
~, fire at random стрелять на авось *или* наугад
~ on sight стрелять без предупреждения
~ to kill стрелять наверняка
shootdown, knock down *vt* сбивать *impf*, сбить *pf* ; *vt* перестреливать *impf*, перестрелять *pf*

AN ENGLISH – RUSSIAN DIGEST OF MILITARY, POLITICAL & SOCIAL TERMS

shooter *as a n* стреляющий   shootout *n* огневой бой, перестрелка

shopkeeper, retailer – *n* лавочник   shoplifter – *n* магазинный вор
shoplifting *n* воровство с прилавки *или* в магазинах

shoreward – *adv* к берегу

short crew, short staffed – *n* сокращённый состав
shortage, shortfall, lack, want *n* недостаток, *coll* нехватка, недостача
fill a ~ восполнять *impf*, восполнить *pf* нехватку
shortsighted – *adj* недальновидный

showdown – *n* решающий момент; откровенное признание
head for a ~ *vi* стремиться *impf*, стремиться *pf* к окончательному урегулированию спорного вопроса

shrapnel – *n* шрапнель *f*, обломки

sick, the ~ – *npl* больные
~ leave *n, mil* отпуск по болезни   be on ~ leave быть на бюллетене   ~ man больной
~ rate *n* болезненность *f*, заболеваемость *f*
fall ~ заболевать *impf,* заболеть *pf*

side effect – *n* побочное действие
side issue, sidebar *n* дополнительный вопрос
sideways, to one side *adv* вбок

siege – *adj* осадный, *n* осада
~ artillery осадная артиллерия
state of ~ осадное положение   impose a state of ~ вводить *impf*, ввести *pf* осадное положение   lift a state of ~ отменять *impf*, отменить *pf* осадное положение   proclaim a state of ~ объявлять *impf*, объявить *pf* осадное положение

sight, line of – по линии визирования
sign on/off – *n, commo* начало/окончание передачи
signal – *n* сигнал, *vi* сигнализировать *pf & impf*

AN ENGLISH – RUSSIAN DIGEST OF MILITARY, POLITICAL & SOCIAL TERMS

~ apparatus *n* сигнализа́тор air-raid ~ сигна́л возду́шной трево́ги at a prearranged ~ по усло́вленному зна́ку/сигна́лу call ~ вы́зовно́й сигна́л destruct ~ сигна́л на подры́в distress ~ сигна́л бе́дствия hand and arm ~ сигна́л руко́й signaler, signal-man *n* сигна́льщик, *mil* связи́ст
signaling *n* сигнализа́ция

signatory – *n, leg* подписа́вший signature – *n* сигнату́ра, по́дпись *f* decoy ~ сигнату́ра ло́жной це́ли electric ~ радиоэлектро́нная сигнату́ра radar ~ РЛ сигнату́ра

Sikh – *n, rel* сикх Sikhism *n, rel* сикхи́зм
silence, break ~ – *mil commo* наруша́ть молча́ние
silencer *n* глуши́тель *m*
silhouette – *adj* силуэ́тный, *n* силуэ́т be ~d against the horizon *vi* вырисо́вываться *impf*, вы́рисоваться *pf* на горизо́нте
Silicon Valley – *US bus* Силико́новая доли́на
simplified, over-simplified – *adj* упрощённый

simulate – модели́ровать *pf & impf*, (feign) симули́ровать *pf & impf*; изобража́ть *impf*, изобрази́ть *pf*; (pretend to be) притворя́ться *impf*, притвори́ться *pf* ~d flight *n* модели́рованный *или* усло́вный полёт

simulation – *n* имита́ция, имити́рование, модели́рование, (imitatation for training purposes) воспроизведе́ние
computer ~ модели́рование с по́мощью ЭВМ
noise ~ *n, mil* шумова́я звукомаскиро́вка; имита́ция шумо́в

simulator *n* имита́тор, тренажёр, уче́бное устро́йство, модели́рующее *или* имити́рующее устро́йство
flight ~ имита́тор полёта

sin – *n, rel* грех sinful *adj* грехо́вный
single – *adj* одино́чный ~ lane одино́чный прохо́д ~ parent мать/оте́ц одино́чка

Sino- *prefix* кита́йско-
Sino-American *adj* кита́йско-америка́нский Sino-Vietnamese *adj* кита́йско-вьетна́мский Sinocentrism *n, pol* китаецентри́зм
Sinologist *n, pol* китаеве́д, китаи́ст; сино́лог
Sinology *n* китаеве́дение, китаи́стика

AN ENGLISH - RUSSIAN DIGEST OF MILITARY, POLITICAL & SOCIAL TERMS

Sinicize, Sinify *Ch pol* китаизи́ровать *impf*

siren - *n* сире́на
Sistine Chapel - *n, rel* Сиксти́нская капе́лла
sisterhood - *n, fig & rel* се́стринская о́бщи́на

site - *n* ме́сто, пози́ция, пу́нкт, устано́вка
~ protection ~ *n* систе́ма охра́ны объе́кта
landfill ~ ме́сто захороне́ния отхо́дов
training ~ *n* уче́бное по́ле unsurveyed ~ пози́ция без топогеодези́ческой съёмки water decon ~ устано́вка для обеззара́живания воды́
siting *n* развёртывание на пози́циях, расположе́ние

situated on the other side of the lake - *adj* заозёрный

situation - *n, mil* обстано́вка, положе́ние
appreciation of the ~ *n, mil* оце́нка обстано́вки
enemy ~ положе́ние проти́вника
changing military ~ изменя́ющаяся вое́нная обстано́вка

fluid ~ быстроменя́ющаяся обстано́вка friendly ~ положе́ние свои́х войск
get the ~ in hand контроли́ровать *impf*, проконтроли́ровать *pf* обстано́вку initial ~ исхо́дная обстано́вка
keep someone advised of the ~ информи́ровать *pf & impf* кого́ об обстано́вке monitor the ~ следи́ть за обстано́вкой
peacetime ~ обстано́вка ми́рного вре́мени
rapidly changing ~ быстроменя́ющаяся обстано́вка
reverse the ~ изменя́ть *impf* обстано́вку в свою́ по́льзу
special ~ чрезвыча́йная (осо́бая) обстано́вка
tactical ~ боева́я обстано́вка threat ~ угрожа́емая обстано́вка
volatile ~ быстроменя́ющаяся обстано́вка
wartime ~ обстано́вка вое́нного вре́мени

size - *n* кали́бр, разме́р, чи́сленность *f*
~ of forces чи́сленность *f* ВС brigade ~ брига́дного соста́ва
division ~ дивизио́нного соста́ва target ~ разме́р це́ли

sketch - кроки́ровать *impf* ~, study, draft, outline *n* эски́з
skeleton crew/staff - *n* минима́льный экипа́ж/штат

AN ENGLISH – RUSSIAN DIGEST OF MILITARY, POLITICAL & SOCIAL TERMS

ski – *adj* лы́жный, *n* лы́жа
~ equipment лы́жный инвента́рь, лы́жное иму́щество
~ stretcher лы́жно-носи́лочная устано́вка
~ track, trail, run *n* лыжня́   ~ tracks лы́жные следы́
skier лы́жник

skid, in a ~ (vehicle) – *adv* ю́зом   skinheads – *npl* , *soc* скины́

skilled – *adj* иску́сный; (well-trained) квалифици́рованный, о́пытный
~ labor квалифици́рованная рабо́та
skillful *adj* иску́сный, ло́вкий, о́пытный, уме́лый

skin – *adj, med* ко́жа, *n* ко́жный
skirmish – *n, fig & mil* сты́чка, перестре́лка, схва́тка; *vi, mil* перестре́ливаться *impf*, перестреля́ться *pf*

skyjacker – *n* возду́шный террори́ст   skyjacking *soc, pol* уго́н самолётов, возду́шный террори́зм   skyline *n* ли́ния горизо́нта

slack period – *n, bus* глуха́я пора́

Slav – *adj* славя́нский
Slavicist *n, soc* славянове́д   Slavistics *n, soc* славянове́дение
Slavophile *adj* славянофи́льский, *n* славянофи́л   Slavophobe *n, soc* славянофо́б   Slavonic studies *n, soc* славянове́дение
Slavs, Slavdom *n* славя́не, славя́нство

slave – *n* раб, раба́, рабы́
~ owner рабовладе́лец *m*, рабовладе́льца *f*   ~ owning *adj* рабовладе́льческий   ~ trade *n* работорго́вля
~ trader, slaver (person) *n* работорго́вец
slavery *n* ра́бство
enslave, turn into a serf *vt* закрепоща́ть *impf*, закрепости́ть *pf*
enslavement – *n* закрепоще́ние

sleeping bag – *n* спа́льник   slingload – *n* подвесно́й груз

slit – *n, mil* про́рез, разре́з   firing ~ *n, mil* бойни́ца, амбразу́ра
slurry – *n, mil, NBC* дегазацио́нный раство́р

AN ENGLISH - RUSSIAN DIGEST OF
MILITARY, POLITICAL & SOCIAL TERMS

small, minor, petty - *prefix* мелко-
~ owner, proprieter *adj* мелкособственнический
~ peasant *adj* мелкокрестьянский
~-town *adj* провинциальный

smithereens, to ~ - *coll* вдребезги

smokescreen - *n* дымовая завеса
~ laid down by the enemy дымовая завеса, поставленная противником   area ~ *n* задымление района
lay down a ~ ставить *impf*, поставить *pf* завесу дыма; ставить, поставить дымовую завесу; задымлять *impf*, задымить *pf*
smokescreening *n* маскировка дымом
smokeless *adj* бездымный

smoothbore - *adj* гладкоствольный

smuggle - *n* провоз контрабанды, провозить *impf*, провезти *pf*
~ so into a home тайно засылать кого в дом
snafu - *n, US coll* неразбериха, путаница
snag, hitch, delay - *n, coll* проволочка
snake - *n* змея   rattlesnake *n* гремучая змея
sniping - *n* снайперская стрельба
snowplow - *n* снегоуборочная машина   snow tractor *n* снегоход

social - *prefix* соц-, *adj* общественный, социальный
~ class *n* социальный класс   ~ estate *adj* сословный, *n* сословие
~ evil or scourge (alcoholism, etc) *n* бич общества
~ insurance *n* соцстрах   ~ outcast *n* изгой
~ sciences *n, soc* обществоведение   ~ scientist *n* обществовед
~ security/welfare *n* социальное обеспечение (*abbrev* собес)
~ structure *n, soc* общественное устройство
~ work *n* социальная работа   ~ worker *n* социальный работник
Social Democrat *n, Eur pol party* эс-дэ
Social Democrat (member) *Eur, pol* эсдек
Social Revolutionary *adj, Ru pol* эсеровский, *n n, Ru pol* эсер, эсерка *m, f*   socialist party *n, pol* соцпартия

society - *n, soc* общество
affluent ~ общество изобилия; процветающее общество
cashless ~ общество без наличных денег
John Birch Society *US, pol, soc* общество Джона Берча

AN ENGLISH – RUSSIAN DIGEST OF MILITARY, POLITICAL & SOCIAL TERMS

socioeconomic *adj* социа́льно-экономи́ческий
sociopolitical *adj* о́бщественно-полити́ческий

SOI (Signal Operating Instructions) – *n, mil commo* радиода́нные

soil – *adj* по́чвенный, *n* по́чва   soft ~ *or* ground мя́гкий грунт
soldier, front-line ~ – *n, mil* фронтови́к, строеви́к
solid-state – *adj, tech* твердоте́льный
solstice, winter/summer ~ – *n* солнцестоя́ние, ле́тнее ~/зи́мнее ~

Son of God – *n, rel* Сын бо́жий
sonic boom – *n* све́рхзвуково́й хлопо́к
sophisticated techniques – *n* сло́жная те́хника
sophmore – *n* студе́нт - второку́рсник
sorghum – *n, agric, indecl* со́рго
sortie, take off (flight) – *n* вы́лет   conduct a ~ води́ть *impf*, вести́ *pf*, вы́лет
sorting – *adj* сортиро́вочный   sorting, grading *n* сортиро́вка
SOS – *n* радиосигна́л бе́дствия

sound – *adj* звуково́й, *n* звук
~ barrier *n, sci* звуково́й барье́р   ~-conducting *adj* звукопрово́дный   ~ locator *n, mil* звукоула́вливатель
~ pick-up *n, mil* звукосъёмник   ~-proof *adj* звуконепроница́емый
~ or radio intercept *n* звукоснима́тель   ~ recording *n* звукоза́пись
f   member of a sound-locating or ranging unit *n, mil* звукови́к

soup kitchn – *n, soc* беспла́тная столо́вая, беспла́тный пита́тельный пункт   source – *n* исто́к

sovereign – *adj pol, leg* суверéнный   ~ rights суверéнные права́
~ state суверéнное госуда́рство   sovereignty *n, pol* суверените́т

Soviet – *adj* сове́тский, *prefix* сове́тско-
~-American *adj* сове́тско-америка́нский
~-Cuban *adj* сове́тско-куби́нский
~-West German *adj* сове́тско-западногерма́нский
~ Military Intelligence (GRU) *n, Sov* Гла́вное разве́дывательное управле́ние (ГРУ)
former ~ republics *n, pol* бли́жнее зарубе́жье
Supreme Soviet of the USSR Верхо́вный Сове́т СССР
Sovietize *vt* советизи́ровать *pf/impf*

AN ENGLISH - RUSSIAN DIGEST OF MILITARY, POLITICAL & SOCIAL TERMS

Sovietologist *n, soc* совето́лог Sovietology *n* советоло́гия

sow - (seed) по/се́ять *pf/impf* sower *n* (person) се́ятель (machine) *m* се́ялка sowing *adj* посевно́й, ~, *also* crops *n* посе́в, засе́в
spare - *adj* запасно́й, запа́сный ~ part *n* запасна́я часть; *abbrev* запча́сть

space - *n* интерва́л, ко́смос, промежу́ток, простра́нство, расстоя́ние ~-based laser defense возду́шно-косми́ческая ла́зерная систе́ма ПКО ~ exploration, astronautics *n, sci* космона́втика ~ shuttle *n* «спейс шаттл», косми́ческий лета́тельный аппара́т (КЛА); космолёт
~ technology *n* космоте́хника, космотехноло́гия
~ vehicle launch site *n, tech* космодро́м
dead ~ *art* мёртвое простра́нство
Space Age *n* косми́ческий век

Spartan - *adj, hist* спарта́нский, *n* спарта́нец
spawning - *n, bio* не́рест ~ ground *n* нерести́лище

special - *prefix* спец-, *adj* специа́льный
~ correspondent *n* спецко́р ~ course *n* спецку́рс
~ flight *n, avn* спецре́йс ~ interests group *npl* круги́, ока́зывающие влия́ние на поли́тику ~ service *n, abbrev* спецслу́жба ~ treatment point (NBC) *n, mil* пункт специа́льной обрабо́тки (ПуСО)
specialist in international affairs or law *n, leg* междунаро́дник
specialization *n* специализа́ция
specialize in *vi* специализи́роваться *pf & impf* (в + p. *or* по + d.)
specialized *adj* специа́льные позна́ния

spendthrift - *n, soc* транжи́р *m*, транжи́рка *f*
to be a ~, blow, squander транжи́рить *impf*, растранжи́рить *pf*
spetznaz - *n, Ru, Sov mil* спецна́з; (member) спецна́зовец *m*
spokesman - *n* выступа́ющий; докла́дчик

sphere - *n* сфе́ра ~ of influence *n, pol* сфе́ра влия́ния
~ of interest *n, pol* сфе́ра интере́сов

split the bracket - *mil, art* полови́нить *pf* ви́лку
squadron - *mil avn* эскадри́лья, *nav* эска́дра

AN ENGLISH – RUSSIAN DIGEST OF
MILITARY, POLITICAL & SOCIAL TERMS

sponger, parasite *n, soc* тунея́дец sponging *n, soc* тунея́дство
to sponge, be a parasite тунея́дствовать *impf*

squatter (illegal occupant) – *n, soc* сква́ттер

stabilize – *vt, (vi)* стабилизи́ровать(ся) *pf & impf* stabilized *adj*
стабилизи́рованный stable *adj* стаби́льный

staff – *adj* штабно́й, *n* штаб
~ assistance штабно́е обеспе́чение ~ duty слу́жба штабо́в,
штабна́я до́лжность ~ headquarters штаб-кварти́ра
~ organizational procedures поря́док рабо́ты шта́ба
~ training *n* подгото́вка штабо́в ~ work штабна́я рабо́та
chief of ~ *n* нача́льник шта́ба combined arms ~ общевойсково́й
штаб general ~ геншта́б general ~ officer генштаби́ст
higher ~ вышестоя́щий штаб integrated ~ интегри́рованный
штаб joint ~ межвидово́й штаб logistical ~ штаб ты́ла
planning ~ плани́рующий штаб reduced ~ сокращённый соста́в
temporary ~ переме́нный соста́в member of a permanent ~,
experienced, skilled, *mil* regular *adj* ка́дровый, *n* кадрови́к

stage (phase) – *n* эта́п
staging area *n, mil* промежу́точный райо́н сосредото́чения
stagflation (US econ, 1970s) – *n, econ* стагфля́ция
stagnate – *vi* стагни́роваться *impf & pf*, (water) *adj* стоя́чий,
(sluggish) *adj* засто́йный stagnation – *n* стагна́ция
stake (marker) – *n* ве́ха
stalemate, nuclear – *n, mil, pol* я́дерный тупи́к
stampede – *n* (cattle) бе́гство врассыпну́ю; (people) ма́ссовое,
пани́ческое бе́гство
STANAG (NATO Standardization Agreement) – *n, mil* соглаше́ние
НАТО о стандартиза́ция (СТАНАГ)

standard of living – *n, soc* жи́зненная у́ровень
standardize норми́рова́ть *pf & impf* standardized *adj*, типово́й,
норми́рованный standards and specifications *const* но́рмы и
пра́вила

stand to – *n, mil* преду́треняя но́чная трево́га
standby, to ~ находи́ться в состоя́нии гото́вности
standing operational procedures (SOP) постоя́нно
де́йствующая инстру́кция; постоя́нный поря́док де́йствий

AN ENGLISH - RUSSIAN DIGEST OF MILITARY, POLITICAL & SOCIAL TERMS

standoff, standstill - *n* взаймное прекращéние дéйствий
starboard - *adj, nav* прáвый, *n* прáвый борт
start - *n, sport* старт; пуск, зáпуск ~ point *n* исхóдная тóчка
starvation - измóр starve out, reduce by ~ взять измóром

state - *prefix* гос-; *n* (condition) состояние, положéние; *n, pol* штат
~-and-collective farm *adj, Sov* госудáрственно-колхóзный
~ budget *n, abbrev* госбюджéт ~ capitalism *n, abbrev* госкапитализм ~ committee *n, abbrev* госкомитéт
~ control *n* госконтрóль *m*, госудáрственный контрóль
~ farm *n, Sov* госхóз ~/government agency, institution *n* госудáрство- учреждéние ~-monopoly *adj* госудáрственно-монополистический ~ of affairs *n* положéние дéл
~ of emergency *n* чрезвычáйное положéние (ЧП)
~ of readiness *n* состояние войны ~ of siege *n* осáдное положéние ~ planning committee *n, abbrev* госплáн
~ *or* public sector *n* госсéктор
State Department *n, US* госдепартáмент
State Planning Committee of the RSFSR *n, Sov, pol* Госплáн РСФСР aggressor ~ *n* госудáрство-агрéссор
buffer-~ *n, pol* бýферное госудáрство member-~ *or* nation госудáрство-член participant-~ *or* nation госудáрство- учáстник
puppet ~ марионéточное госудáрство
transgressor ~ *n* госудáрство- правонарушитель
statehood *n, pol* стáтус госудáрства, госудáрственность *f*

stateless - *adj* не имéющий граждáнства ~ person *n* апатрид *m*, апатридка *f* stateside находящийся в США statesman *adj* госудáрственный leading statesmen *npl* руководящие госудáрственные дéятели state system *n, pol* госудáрственность

station - *n* пункт, стáнция; (troops) дислоцировать *pf & impf*
advanced clearing ~ *n, mil, med* передовóй эвакуациóнный пункт
bath ~ *n, mil* помывочное отделéние
calling ~ *commo* вызывáющий абонéнт
clearing ~ *n, med, mil* распределительный эвакопýнкт (РЭП)
gas ~ *n* заправочная стáнция manned space ~ обитáемая космическая стáнция mobile dressing ~ *n, med* летýчка
receiving ~ *n* адресáт tracking ~ *n, mil, radar* стáнция слежéния
traffic control ~ пункт регулирования движéния

AN ENGLISH – RUSSIAN DIGEST OF
MILITARY, POLITICAL & SOCIAL TERMS

transfer ~ транзи́тный пункт
vehicle decon ~ ста́нция обезвре́живания тра́нспорта

stationing – *n, mil* дислока́ция войск, бази́рование войск
~ of air forces бази́рование авиа́ции ~ of forces agreement
(SOFA) *n, US pol* соглаше́ние о ста́тусе войск

statistician – *n* стати́стик statistics *n* стати́стика statistical *adj*
статисти́ческий

status – *n* состоя́ние, положе́ние, ста́тус
~ quo – *n* ста́тус-кво́/существу́ющее положе́ние
~ ante bellum положе́ние до нача́ла войны́
absent ~ чи́слящийся отсу́тствующим
air alert ~ состоя́ние/сте́пень *f* боево́й гото́вности (ЛА)
active ~ *n* действи́тельная слу́жба
ammunition ~ обеспе́ченность *f* боеприпа́сами
combat alert ~ состоя́ние боево́й гото́вности
detached ~ *n* откомандирова́ние; нахожде́ние вне ча́сти
duty ~ *n* действи́тельная слу́жба
fuel ~ обеспе́ченность *f* горю́чим/то́пливом
full operational ~ по́лное введе́ние в строй; состоя́ние по́лной
боево́й гото́вности; по́лная гото́вность к эксплуата́ции
operational ~ состояние гото́вности к выполне́нию зада́ч

steal – ворова́ть *impf,* сворова́ть *pf*; красть *impf,* укра́сть *pf*
stealing *n* воровство́

steel – *n* сталь *f* ~ output *n* произво́дство стали
~ works, plant *n* сталелите́йный заво́д stainless ~ нержаве́ющая
сталь
steepness – *n* крутизна́
steering committee – *n, bus, soc* руководя́щий комите́т

step-brother – *n* сво́дный брат step-daughter *n* па́дчерица
step-father *n* о́тчим step-mother *n* ма́чеха
step-sister *n* сво́дная сестра́ step-son *n* па́сынок
steppe – *adj* степно́й, *n* степь *f* ~ dweller *n* степня́к

stigma – *n* позо́р, пятно́, клеймо́ stigmatization *n* клейме́ние
stigmatize *vt* клейми́ть *impf,* заклейми́ть *pf,* поноси́ть *impf*

AN ENGLISH - RUSSIAN DIGEST OF MILITARY, POLITICAL & SOCIAL TERMS

stipulate - *vt* обусло́вливать *impf*, обусло́вить *pf;* огова́ривать *impf*, оговори́ть *pf* stipulation *n* обусло́вливание
stockade - *n, mil* палиса́д stockbroker - *n, bus* биржеви́к
stockpile - *vt, (vi)*нака́пливать(ся) *impf*, накопля́ть(ся) *pf*, склади́ровать *pf & impf*

stolen - *adj* воро́ванный, кра́деный ~ goods кра́деные, покра́жа (also theft)
stopover (travel) - *n* остано́вка в пути́
store, stock, lay in a stock of запаса́ть *impf*, запасти́ *pf* + a. or g.
storm - *mil* штурмова́ть, брать *impf*, взять *pf* шту́рмом
~ trooper (Ge, 1921-25) *as a n* штурмово́й, штурмови́к
~ tactics (blitz, crash program) *n* штурмовщи́на
storming of the Bastille (Fr, 1789) *n, hist* взя́тие Басти́лии

stow away - (on ship) е́хать за́йцем, (also, to hitchhike by automobile) е́хать за́йцем *n* безбиле́тный пассажи́р, "за́яц"

strafe - *n* ата́ка и́ли нанесе́ние уда́ра с бре́ющего полёта, обстре́ливать *impf*, обстреля́ть *pf*
straggler - *n, mil* отста́вший солда́т, отста́вший от свое́й ча́сти

strategic - *adj* стратеги́ческий ~ lift *avn, nav* стратеги́ческая перебро́ска ~ materials стратеги́ческое сырё

strategist - *n* страте́г armchair ~ кабине́тный страте́г
strategy - *n* страте́гия
Blue Water ~ *n, US nav, pol* океа́нская страте́гия
grand ~ больша́я страте́гия
second strike ~ страте́гия уничтоже́ния проти́вника отве́тным уда́ром total war ~ страте́гия «тота́льной войны́«

stratosphere - *n, wea* стратосфе́ра
streamlined - *adj* удобообтека́емый
street, un/blocked - не/заблоки́рованнаяся у́лица

strength - *n* си́ла bring up to ~ *mil* комплектова́ть *impf*, укомплектова́ть *pf* not up to ~ недоукомплекто́ванный

stretcher - *n, med* носи́лки ~ bearer *n, mil* санита́р-носи́льщик

AN ENGLISH – RUSSIAN DIGEST OF MILITARY, POLITICAL & SOCIAL TERMS

strike – *adj* стачечный, забастовочный; *n* стачка, забастовка;
go on ~ забастовать *pf*
general ~ всеобщая забастовка hunger ~ голодная забастовка
solidarity ~ забастовка солидарности wildcat ~ неофициальная забастовка ~-breaker *n* штрейкбрехер ~-breaking *n, bus, soc* штрейкбрехерство ~ distance *n* досягаемость *f*, расстояние возможного удара
striker *n* стачечник, забастовщик striking force – *n, mil* ударная группа

stringent – *adj* строгий, точный
stroke – *n, med* инсульт
strongpoint, stronghold – *n* опорный пункт

structure – *n* сооружение, постройка
reinforced concrete ~ *n* железобетонная постройка

struggle – *n* борьба, битва
~ for supremacy *vi* борóтся *impf*, биться *impf* за установление превосходства ~ to stop the arms race борьба/борóтся за прекращение гонки вооружений

studies, study, learning, training – *n* учёба
area ~ *adj* страноведческий, *n* страноведение specialist in area ~ *n* страновед study, sketch, draft, outline *n* эскиз

stumbling block – *n, fig, pol* камень *m* преткновения
Sturmabteilung (Nazi, SA) – *n, Ge interwar mil, pol* штурмовые отряды (СА)

sub – *prefix* под-, суб-
sub-plot *n* побочная сюжетная линия
subcaliber *adj* подкалиберный subcarpathian *adj* подкарпацкий
subcommittee *n* подкомитет, подкоммисия subhuman *adj* недочеловеческий, *n* недочеловек subject to *or* on condition при условии чего subject matter тематика

submarine – *n, nav* подводная лодка (ПЛ)
~ launched подводного пуска ~ combat partrol *n* боевое патрулирование anti-submarine depth charge ныряющий заряд ASW ~ *n* противолодочная ПЛ
attack ~ *n* (многоцелевая) ударная ПЛ

AN ENGLISH - RUSSIAN DIGEST OF
MILITARY, POLITICAL & SOCIAL TERMS

cruise missile equipped ~ подво́дная ло́дка с крыла́тыми раке́тами   diesel powered ~ ди́зельная ПЛ
disabled ~ авари́йная подво́дная ло́дка
distressed ~ подво́дная ло́дка, потерпе́вшая бе́дствие
nuclear powered ~ а́томная ПЛ
Poseidon armed ~ *US nav* ПЛ - носи́тель раке́т «Посейдо́н«
Trident armed ~ *US nav* ПЛ - носи́тель раке́т «Тра́йдент«
submariner *n* подво́дник

submerge - *vt, (vi)* затопля́ть(ся) *impf*, затопи́ть(ся) *pf*, погружа́ться *impf*, погрузи́ться *pf*
submerged в подво́дном положе́нии; подво́дный

subordinate - *adj* подчинённый
subpacket - *n* субпаке́т
subpoena - *n* пове́стка в суд, вызыва́ть *impf*, вы́звать *pf* в суд

subscriber - *n mil commo* абоне́нт
high priority ~ *n, mil commo* высокоприорите́тный абоне́нт

subsection - *n* подсе́кция
subside - сти́хать *impf*, сти́хнуть *pf*

subsidize - *vt* субсиди́ровать *pf & impf* subsidy *n* субси́дия, посо́бие, дота́ция
subsistence - *n* дово́льствие
subsonic - *adj* дозвуково́й
subspecies - *n* подви́д, разнови́дность *f*

substitute; ersatz - *adj* суррога́тный, *n* суррога́т
one for one ~ *n* заме́на по при́нципу «оди́н за одного́«
subtropical *adj* субтропи́ческий
subunit *n, mil* подразделе́ние (section, squad, battery, company to battalions and squadrons)

suburb - *n* при́город, предме́стье suburban *adj* при́городный
suburbanite *n* жи́тель, жи́тельница при́города; за́городный жи́тель

subversive - *adj* подрывно́й
~ activities подрывна́я де́ятельность
~ and terrorist *adj* диверсио́нно-террористи́ческий

AN ENGLISH - RUSSIAN DIGEST OF
MILITARY, POLITICAL & SOCIAL TERMS

subvert, undermine – подрывáть *impf*, подорвáть *pf* + *a*
subway entrance – *n* вхóд в метрó
subzero temperatures – *npl* мúнусовые температýры

success rate – *n* успевáемость *f*
Sudetenland – *n, Czech geo* Судéтская óбласть

sue – предъявлять *impf*, предъявúть *pf* иск; искáть по судý
~ and be sued искáть и отвечáть *impf*

Sufi (adherent) – *n, rel* суфúст Sufism *n, rel* суфúзм
sufferer – *adj, med* потерпéвший; пострадáвший

suffrage (vote) – *n* гóлос; избирáтельное прáво
female ~ избирáтельное прáво для жéнщин
universal ~ всеóбщее избирáтельное прáво
suffragette – *US, hist, soc* суфражúстка
~ movement *n* суфражúзм

suicide – *n* самоубúйство, кончáть *impf* самоубúйством,
(person) *n* самоубúйца *m,f*

Sukhoi – *n, Ru avn* Сухóй, *abbrev* Су
sultan – *n, pol* султáн sultanate *n* султанáт

summarize – *vt* суммúровать *pf & impf*; резюмúровать *pf & impf*
summary *n* свóдка, крáткое изложéние, конспéкт, резюмé,
реферáт ~ of operations *n, mil* оператúвная свóдка

summit conference – *n, pol* совещáние/встрéча на вы́сшем
ýровне ~ talks *npl* переговóры на вы́сшем ýровне

sunburn, suntan – *n* загáр
supercede so – заменять *impf*, вытеснять *impf* когó

super – *prefix* сверх-, супер-
superpower *n, pol* сверхдержáва
supersonic *adj* сверхзвуковóй
superstar *n, soc* суперзвездá
superstructure (ship) *n, nav* надстрóйка

AN ENGLISH - RUSSIAN DIGEST OF MILITARY, POLITICAL & SOCIAL TERMS

superiority - *n* превосхо́дство, переве́с
numerical ~ чи́сленный переве́с gain the upper hand взять переве́с the odds are in our favor переве́с/в на́шу по́льзу/на на́шей стороне́ air ~ *mil avn* превосхо́дство в во́здухе marked ~ я́вное превосхо́дство numerical ~ чи́сленное превосхо́дство overwhelming ~ подавля́ющее превосхо́дство

supervise - *vt* надзира́ть *impf* за + i.; наблюда́ть за + i.
supervisor *n* надсмо́трщик *m*, надсмо́трщи ца *f*
supervision *n* надсмо́тр/надзо́р за + i.
supervisory *adj* надзира́ющий, наблюда́ющий

supper, the Last Supper - *n, rel* Та́йная ве́черя
supplier - *n* запра́шивающая сторона́; снабже́нец

supplies - *npl* снабже́ния, ресу́рсы
energy ~ *npl* энергоресу́рсы
food ~ *npl* продово́льственные ресу́рсы
prepacked ~ предме́ты снабже́ния в упако́вке/та́ре
run short of ~ истоща́ть *impf* запа́сы
supply, backing, maintenance, provision, replenishment, security *n* обеспече́ние

supply - *adj, econ, US mil* снабже́нческий, *n* снабже́ние; обеспе́чение, поста́вка, пода́ча ~ and demand *n, econ* спрос и предложе́ние ~ dump *n, mil* полево́й склад ~ item *n* предме́т снабже́ния demand exceeds ~ *n* спрос превыша́ет предложе́ние five day ~ of stocks *n* пятису́точный запа́с предме́тов снабже́ния
have first priority in ~ *mil, vi* обеспе́чиваться *impf* в впе́рвую о́чередь
have low priority in ~ *mil* обеспе́чиваться в после́днюю о́чередь *f*
in short ~ *adj, econ* дефици́тный, недоста́точный

support - *n* обеспе́чение, обслу́живание
combat survice ~ тылово́е обеспе́чение войск
disease control ~ противоэпидеми́ческое обеспече́ние
engineer инжене́рное обеспече́ние
fire ~ огнево́е обеспе́чение; огнева́я подде́ржка
fire ~ between the LD and the OBJ огнева́я подде́ржка при движе́нии с исхо́дного рубежа́ и до подхо́да к объе́кту
labor ~ обеспе́чение рабо́чей си́лой
logistical ~ материа́льное обеспе́чение

AN ENGLISH – RUSSIAN DIGEST OF MILITARY, POLITICAL & SOCIAL TERMS

logistics ~ тыловóе обеспечéние
main supply route (MSR) глáвный путь снабжéния
maintenance, technical ~ технúческое услужúвание
medical ~ лечéбное обеспечéние
verbal ~ *n* словéсная поддéржка

supported – *adj* обеспéчиваемый ~ **troops** *n* обеспéчиваемые войскá **supporter** *n* (of a cause, motion) сторóнник *m*, сторóнница *f;* привéрженец, (sports) болéльщик

supporting – *adj* обеспéчивающий, поддéрживающий
~ **service** обеспéчивающая часть ~ **unit** обеспéчивающая слýжба

suppression – *n* подавлéние
ADA ~ *n, mil* подавлéние систéмы ПВО
counter battery ~ *n, mil, arty* контрбатарéйная борьбá
~ **of enemy air defences (SEAD)** *n* преодолéни противовоздýшной оборóны

supranational – *adj* наднационáльный

supremacy – *n* верховéнство, госпóдство, превосхóдство
Supreme Court – *US leg* Верхóвный суд

surface – *adj* назéмный, надвóдной
~ **blast** назéмный взрыв ~ **ship** надвóдной корáбль
surfacing (submarines, etc) *n* всплы́тие

surgery – *n, med* хирургúя, операция
brain ~ хирургúя головнóго мóзга
closed heart ~ операция на закрытом сéрдце
corrective ~ востановúтельная/пластúческая операция
heart ~ хирургúя сéрдца **major** ~ большáя хирургúя
maxillofacial ~ челюстно-лицевáя хирургúя
minor ~ мáлая хирургúя
open heart ~ операция на откры́том сéрдце
pediatric ~ дéтская хирургúя
plastic ~ пластúческая хирургúя

surplus – *adj* избы́точный, *n* избы́ток
~, **glut** *adj, econ* затовáренный; *n, econ* затóваренность *f,* затовáривание

AN ENGLISH – RUSSIAN DIGEST OF MILITARY, POLITICAL & SOCIAL TERMS

surveillance – *n* наблюде́ние, слёжка
above water ~ *mil* наблюде́ние за возду́шным надво́дным простра́нством
all altitude ~ *mil* наблюде́ние за во́здухом во всём диапазо́не высо́т below water ~ *mil* подво́дное наблюде́ние

survey – межева́ть *impf*, топографи́ческая съёмка
surveyor *n* землеме́р, межеви́к, съёмщик surveying *n* межёвка, межева́ние land ~ геоде́зия

survivability – *n* живу́честь *f* C3 ~ живу́честь систе́мы руково́дства, управле́ния и свя́зи

survival – *n* выжива́ние
~ of the fittest выжива́ние наибо́лее приспосо́бленных
~ rate *n* выжива́емость *f* guaranteed ~ гаранти́рованное выжива́ние survive, to ~ пережива́ть *impf*, пережи́ть *pf*, оста́ться в живы́х survivor *n* спа́сшийся survivor *n* уцеле́вший

suspect, a ~ – *leg as a n* подозрева́емый; подозри́тельное лицо́
suspension – *n* вре́менное прекраще́ние/приостановле́ние
swamp, to (boat, etc) – затопля́ть *impf,* затопи́ть *pf* ло́дку

swarm (only in phrase) – кишмя́ кише́ть
~ of ants *n* муравьи́ный ро́й
~ of bees *n* пчели́ный ро́й
~ of locusts *n* ста́я саранчи́

swastika – *n* сва́стика
sweep – *n, mil* по́йск swept-back wing *n, avn* стрелови́дное крыло́
swimmer – *n* плове́ц underwater demolition ~ боево́й плове́ц-подрывни́к

switchboard – *n, mil* коммута́тор, коммутацио́нный щит
common user ~ – коммута́тор о́бщего по́льзования
cordless ~ бесшнурово́й коммута́тор
field telephone ~ полево́й телефо́нный коммута́тор
nonsecure ~ коммута́тор без аппарату́ры автомати́ческого засекре́чивания информа́ции secure ~ коммута́тор с аппарату́рой автомати́ческого засекре́чивания инфора́мции

AN ENGLISH – RUSSIAN DIGEST OF
MILITARY, POLITICAL & SOCIAL TERMS

symposium – симпо́зиум convene a ~ созыва́ть *impf*, созва́ть *pf* симпо́зиум
synagogue – *n, rel* синаго́га
synchronization – *n* синхронизи́ровать *pf & impf* synchronize *vt* синхрониза́ция
synod – *n, rel* сино́д synodal *adj, rel* синода́льный

system – *n* систе́ма, ко́мплекс; (order, structure) *n* строй
all-weather ~ всепого́дный ко́мплекс
automated control ~ систе́ма автомати́ческого управле́ния
(САУ) conveyor-belt ~ конве́йерная систе́ма
fail-safe ~ *n* самоотключа́ющаяся систе́ма
forward based ~ систе́ма передово́го бази́рования
high level antiaircraft ~ высоковысо́тная систе́ма
противосамолётной оборо́ны
illumination ~ систе́ма освеще́ния/облуче́ния/подсве́тки
immune ~ *med* имму́ная систе́ма
integrated fire control ~ ко́мплексная систе́ма управле́ния огнём
low-level antiaircraft ~ маловысо́тная систе́м
противосамолётной оборо́ны
rear based ~ систе́ма тылово́го бази́рования
scatterable mine ~ систе́ма устано́вки мин «вабро́с«
state ~ *n, pol* госуда́рственность *f*
trench ~ систе́ма транше́й
warning ~ систе́ма обнаруже́ния
wire-control ~ систе́ма с управле́нием по провода́м
wiring ~ систе́ма прово́дки

systemization – *n* систематиза́ция
systemize – *vt* систематизи́ровать *pf & impf*

AN ENGLISH – RUSSIAN DIGEST OF
MILITARY, POLITICAL & SOCIAL TERMS

T

table (various meanings) – *n* код, расписа́ние, табли́ца
~s of organization *mil, npl* шта́ты
at the bargaining ~ *pol* за сто́лом перегово́ров
conversion ~ табли́ца перево́да мер, табли́ца эквивале́нтов
loading ~ *rr* табли́ца норм загру́зки

tactical – *adj* такти́ческий
~ exercise without troops (TEWT) *n, mil* такти́ческие заня́тия в
по́ле без во́йск; такти́ческая лету́чка
~ formation (units from brigade to corps to battle groups, aircraft
carriers, etc) *n, mil* соедине́ние
tactician *n, mil* та́ктик

tactics – *n* та́ктика
battlefield ~ та́ктика боя; та́ктика де́йствий на по́ле бо́я
deception ~ та́ктика введе́ния проти́вника в заблужде́ние
hit-and-run ~ та́ктика нанесе́ния коро́тких уда́ров
foot dragging ~ *pol, soc* та́ктика проволо́чек
maneuver ~ манёвренная та́ктика
scorched earth ~ та́ктика «вы́женной земли«
show of force ~ та́ктика демонстра́ции си́лы
small unit ~ та́ктика ме́лких подразделе́ний
steamroller ~ та́ктика нажи́ма, та́ктика де́йствий в
расчленённом строю́

taiga – *n, Ru geo* тайга́ ~ dweller *n* таёжник *m*, таёжница *f*
tail finned – с опере́нием

take – брать *impf*, взять *pf*
~ a bearing (to) брать, взять направле́ние и́ли пе́ленг,
пеленгова́ть, пеленги́ровать *impf & pf*; запеленгова́ть *pf*
~ a toll of the enemy наноси́ть проти́внику тяжёлые поте́ри в
живо́й си́ле ~ by assault *or* storm брать *impf*, взять *pf* с бо́я,
брать, взять шту́рмом ~ by surprise засти́гнуть врасплох
~ off *avn* взлёт; взлета́ть *impf*, взлете́ть *pf*
taking apart *n* разбо́рка
taking away *n* сня́тие

Taliban (Afghanistan) – *n* тали́бы
Talmud – *n, rel* Талму́д Talmudic *adj* талмуди́ческий

AN ENGLISH – RUSSIAN DIGEST OF MILITARY, POLITICAL & SOCIAL TERMS

tame, to – укрощáть *impf*, укротить *pf*
Tamil separatist (Sri Lanka) – *n, pol* тамильский сепаратист

tank – *n* тáнк; бак, цистéрна (liquids)
~ carried infantry посáженная на тáнки пехóта
~ equipped with a mine plow танк с ножевым трáлом
~-gunnery *adj* танко-стрелкóвый, *n* тáнко-стрельковáя тренирóвка
~ heavy (force structure) с преобладáнием тáнков
~ mounted устанóвленный на тáнке ~ on excercises тáнки на учéниях
~-proof *adj* танконедоступный ~ traversible *adj* танкодоступный
~ with mounted infantry танк с десáнтом
fire from a ~ вести *impf*, повести *pf* огóнь из тáнка
knocked out ~ подбитый танк
main battle ~ основнóй боевóй танк
mine clearing ~ танк трáльщик
put a ~ out of action выводить танк из стрóя
remote-controlled ~ телеуправляемый танк
think ~ *soc, econ, pol* «мозговóй центр«
tanker *vessel* тáнкер, *veh* автоцистéрна; (tank crewman) танкист

Taoism – *n, rel* даосизм   tar – *n* смолá

target – *n, mil* цéль *f*
~ designation *n* целеуказáние
~ destruction поражéние цéли
~ located by aerial observation цéль обнаруженная воздушным наблюдéнием ~ located by aerial photography цéл обнаруженная аэрофотосъёмкой ~ overkill многокрáтная поражённая цéль ~ reference number нóмер цéли
alternate ~ дополнительная цéль defiladed ~ закрытая цéль
high priority ~ первоочерёдная цéль lead ~ ведущая цéль
live ~ реальная цéль low flying ~ низколетящая цéль
moving ~ движущаяся цéль neutralized ~ подáвленная цéль
opportunity ~ неплáновая цéль over the horizon ~ загоризóнтная цéль priority ~ первоочерёдная цéль
secondary ~ второстепéнная цéль sequential ~ послéдующая цéль skylined ~ надгоризóнтная цéль
superhardened ~ сверхзащищённая цéль suspected
~ предполагáемая цéль targeted, directed *adj* прицéльный

AN ENGLISH – RUSSIAN DIGEST OF
MILITARY, POLITICAL & SOCIAL TERMS

tariff, statutory price – *n* та́кса
at the black market rate по чёрной та́ксе

task – *n* зада́ча
daily ~ су́точная зада́ча
implied ~s зада́чи, вытека́ющие из конкре́тной обстано́вкой
immediate ~ ближа́йшая *или* очередна́я зада́ча
intermediate ~ промежу́точная зада́ча
main ~ основна́я зада́ча
mission essential ~ основна́я ча́стная зада́ча
opportunity ~ внепла́новая зада́ча
specific ~ ча́стная зада́ча
specified ~ зада́ча, поста́вленная в прика́зе, конкре́тная зада́ча
subsidiary ~ *nav* второстепе́нная зада́ча
supply ~ зада́ние по подво́зу

task force (TF) – *n, mil* (вре́менная) *n* операти́вная гру́ппа
~ organization *n, mil* организа́ция обеспе́чения де́йствия ВМС
aircraft carrier ~ *n, nav* авиано́сное уда́рное соедине́ние
amphibious ~ *n, nav* деса́нтное операти́вное соедине́ние
carrier ~ *n, nav* авиано́сное уда́рное соедине́ние
coalition ~ *n, mil, pol* коалицио́нная группиро́вка войск
combined arms ~ *n, mil* общевойскова́я операти́вно-такти́ческая гру́ппа
joint ~ *n, mil* объединённая операти́вная (такти́ческая) гру́ппа
marine amphibious ~ *n, mil* операти́вное соедине́ние деса́нтных сил, МП

tasking – *n* программи́рование, разрабо́тка и постано́вка зада́ч
~ by higher headquarters постано́вка зада́ч, поста́вленных вышестоя́щими штаба́ми

TASS (Ru news) – ТАСС, Телегра́фное аге́нство Сове́тского Сою́за
tattoo – *n* татуиро́вка, *vt* татуи́ровать *pf & impf* to get a ~ *vi* татуи́роваться

tax – *adj, bus* нало́говый, *n* нало́г; облага́ть *impf*, обложи́ть нало́гом ~ collector *n* сбо́рщик нало́гов ~ evasion уклоне́ние от нало́гов ~ exempt *or* free освобождённый от упла́ты нало́гов ~ man *n* нало́говый инспе́ктор ~ payer *n* налогоплате́льщик
after ~ за вы́четом нало́га income ~ подохо́дный нало́г

AN ENGLISH - RUSSIAN DIGEST OF MILITARY, POLITICAL & SOCIAL TERMS

payroll ~ нало́г на зарпла́ту
value added ~ (VAT) нало́г на доба́вленнию сто́имость (НДС)
taxable подлежа́щий облаже́нию нало́гов; облага́емый нало́гом
taxation *n* налогооблаже́ние
untaxed *n* необлага́емый нало́гом

tea - *n* чай
~ grower *n* чаево́д ~ growing *n* чаево́дство to drink ~ *coll* чаёничать, *coll* ча́йничать

team - *n, mil* гру́ппа, кома́нда
assault ~ уда́рная/атаку́ющая гру́ппа
combined arms ~ общевойскова́я гру́ппа
contact ~ конта́ктная гру́ппа
damage assessment ~ гру́ппа оце́нки сте́пени поврежде́ния вое́нной те́хники fire fighting ~ *n* пожа́рная кома́нда
graves regisration ~ похоро́нная кома́нда
ground laser locater designator ~ кома́нда назе́мных ла́зерных наво́дчиков
host nation support ~ гру́ппа тылово́го обеспе́чения, вы́деленная страно́й пребыва́ния во́йск
hunter-killer ~ поиско́во-уда́рная гру́ппа
long range recon ~ гру́ппа глуби́нной разве́дки
maneuver ~ манёвренная гру́ппа mine laying ~ гру́ппа мини́рования mine recovery ~ гру́ппа размини́рования
search and rescue ~ поиско́во-спаса́тельная кома́нда/гру́ппа
teamwork *n* сла́женность *f*, сла́женная рабо́та; срабо́танность *f*, взаимоде́йствие

teardown (equipment) - *n* свёртывание; свёртывать *impf*, сверну́ть *pf* ~ (maintenance) *n* демонта́ж, демонти́ровать *pf & impf*
technical, training college *n* те́хникум technique *n* ме́тод, процеду́ра, спо́соб, те́хника technocrat *n* технокра́т
Teheran Conference (WW II) - *n, pol* Тегера́нская конфере́нция

telecommunication satellite - *n* спу́тник свя́зи
telecommunications *n* электросвя́зь *f*
telephone, battary operated ~ *n* батаре́йный телефо́н

template - *n, US mil* этало́нная схе́ма, шабло́н, трафаре́т
doctrinal ~ *n, US mil* графи́ческое прогнози́рование де́йствий до́ктрины

AN ENGLISH - RUSSIAN DIGEST OF MILITARY, POLITICAL & SOCIAL TERMS

event ~ n, US mil эталóнная схéма оптимáльных дéйствий для конкрéтного вариáнта операции
situation ~ n, US mil эталóнная схéма оптимáльных дéйствий для конкрéтного вариáнта обстанóвки
templating - n, US mil графи́ческое прогнози́рование дéйствий

tempo - n темп   tenent-farmer - n фéрмер-арендáтор
tenant, lodger - n жилéц m, жильцá; квартиронанимáтель
tenant, lessee, surveyor съёмщик

terrain - n мéстность f, рельéф
dominating ~ feature госпóдствующий мéстный рельéф
enemy held ~ n территóрия, захвáченная проти́вником
key ~ feature такти́чески вáжный мéстный рельéф
negotiate difficult ~ продвигáться по труднопроходи́мой мéстности   restrictive, broken ~ пересечённая мéстность
rough ~ труднопроходи́мая мéстность, труднодосту́пная мéстность

territory, leased ~ - n арендóванная территóрия   mandated ~ n, pol подмандáтная территóрия
terrorization - n терроризи́рование   terrorize терроризи́ровать pf & impf; терроризовáть pf & impf

test - n испытáние, контрóль m, прóба, провéрка
~ case n показáтельный слу́чай
~ explosion of a nuclear device n испытáтельный взрыв я́дерного устрóйства   ~ run (dry run, rehearsal) n испытáтельный прогóн
~ pilot n лётчик-испытáтель   ~ tube baby n «проби́рочный« ребёнок   ~ well n, oil развéдочная сквáжина
carbon-dating ~ n (рáдио)углерóдный анáлиз
diagnostic ~ n диагности́ческий анáлиз
endurance ~ n испытáние выно́сливости
fatigue ~ испытáние на устáлость
"go-no go" ~ n провéрка по при́нципу "да-нет"
trial ~ прóбное испытáние
vehicle testing ground автодрóм

Testament, the Old and New ~ - n, rel Вéтхий, Нóвый завéт
Teuton - n, Ge hist тевтóн   Teutonic adj тевтóнский
textbook, manual - n учéбник

AN ENGLISH – RUSSIAN DIGEST OF MILITARY, POLITICAL & SOCIAL TERMS

textile – *adj* текстильный ~ **worker** *n* текстильщик *m*, текстильщица *f* **textiles** *n*, *collective pl* текстиль *no pl*

Thames river – *n, geo* Темза

theatre – *n* театр
~ **of operations** *n, mil* район боевых действий
~ **of war** *n, mil* театр войны
~ **or drama attendee** *n, soc* театрал

theft – *n* воровство
theological *adj* богословский **theology** *n* богословие
theorist – *n* теоретик **theorize** теоретизировать *impf*
therapy, occupational ~ *n, med* трудотерапия
thermonuclear – *adj* термоядерный
thickness – *adj* толщина **armor** ~ толщина брони
thieve – *n* вор *m*, воровка *f*
think tank – soc, *econ, pol* «мозговой центр«

third – *adj* третий
~-**rate** *adj* третьесортный ~ **world** *n, pol* третий мир
Third Reich *n, Ge pol* Третий рейх

threat – *n* угроза ~ **situation** *n* угрожаемый положение
growing ~ растущая угроза

three – *prefix* трёх
~-**day** *adj* трёхдневный ~-**dimensional** *adj* трёхмерный
~-**field system** *n, agric* трёхполье
~-**hour** *adj* трёхчасовой ~-**tier or layer** *adj* трёхслойный
~-**mile limit (territorial waters)** *n* граница трёхмильной полосы/зоны ~-**tonner (truck)** *n* трёхтонка
~-**wheeled** *adj* трёхколёстный ~-**year** *adj* трёхгодичный, трёхлетний

threshold – *n* пороговый уровень *m* **security** ~ *n* порог безопастности
Tiananmen Square (1989) – *n, Ch pol* Тяньаньмэнь

time – *n* время
~ **limit** *n* предельный *или* твёрдый срок ~ **limit expiration, delay** *n* просрочка ~ **on target** *mil* время нанесения удара по цели
~ **on station** время службы в одном месте

AN ENGLISH – RUSSIAN DIGEST OF MILITARY, POLITICAL & SOCIAL TERMS

~ table гра́фик; календа́рный план
~ tested вы́державший прове́рку вре́менем
~ zone *n* часово́й пояс comply with a ~ limit *vi* укла́дываться *impf*, уложи́ться *pf* в предло́женный срок
daylight savings ~ *n* ле́тнее вре́мя
Eastern Standard ~ поясно́е вре́мя восто́чных шта́тов (США)
engine idle ~ вре́мя рабо́ты дви́гателя вхолосту́ю
estimated ~ of arrival расчётное вре́мя прибыва́ния
estimated ~ of departure расчётное вре́мя отправле́ния
estimated ~ of intercept расчётное вре́мя перехва́та
exceed the ~ limit просро́чивать *impf*, просро́чить *pf*
extend a ~ limit продлева́ть *impf*, продли́ть *pf* преде́льный срок
Father Time де́душка-вре́мя
flash-bang ~ *mil, art* промежу́ток вре́мени от вспы́шки до зву́ка вы́стрела Greenwich Mean ~ сре́днее гри́нвичское вре́мя
in the day/night ~ в дневно́е/ночно́е вре́мя
intercept ~ вре́мя перехва́та це́ли
launch ~ вре́мя пу́ска
loiter ~ *mil* вре́мя пребыва́ния в зо́не ожида́ния
mission loiter ~ *mil* вре́мя нахожде́ния (ЛА) в во́здухе при выполне́нии зада́чи
Mountain Standard ~ поясно́е вре́мя го́рных шта́тов (США)
off duty ~ внеслуже́бное вре́мя prior warning ~ вре́мя ра́ннего предупрежде́ния recovery ~ вре́мя на восстановле́ние
repair ~ срок ремо́нта
timed well то́чно, хорошо́ рассчи́танный
timely, in good time, opportune *adj* заблаговре́менный
turnaround ~ вре́мя обора́чиваемости
waste of ~ поте́ря времён
within the ~ limit в преде́лах сро́ка
Zulu ~ гри́нвичское вре́мя

tinned goods – (no singular) *npl* консе́рвы
tiptoe, on ~ *adv* на цы́почках
title – *n* наименова́ние

tobacco – *n* таба́к
~ chain smoker *n* табакома́н ~ grower *adj* табаково́дческий, *n* табаково́д ~ growing *n* табаково́дство
~ lobby *n* таба́чное ло́бби
~ worker *n* таба́чник *m*, таба́чница *f*

AN ENGLISH – RUSSIAN DIGEST OF MILITARY, POLITICAL & SOCIAL TERMS

token – *n* си́мвол, знак ~ **resistance** *n* ви́димость *f* сопротивле́ния

tomorrow's – *adj* завтра́шний
tonnage – *n* тонна́ж; (cargo-carrying capacity) грузоподъёмность *f* в то́ннах, тонна́ж судо́в

gross registered ~ бру́тто зарегистри́рованный тонна́ж
tool – *n* инструме́нт

bench ~ слеса́рный инструме́нт **bending** ~ ги́бочный инструме́нт **carpenters** ~ пло́тничный инструме́нт
chisel ~ *n* зуби́ло **clamping** ~ зажи́мный инструме́нт
entrenching ~ ша́нцевый инструме́нт **hand** ~ ме́лкий *или* ручно́й инструме́нт **machine** ~ *n* стано́к
multipurpose ~ *adj* универса́льный инструме́нт
toolbox *n* рунду́к; я́щик для инструме́нтов

top secret – *adj* сверхсекре́тный, *crypto* соверше́нно секре́тно

topographer – *n* топо́граф **topographical surveys** топографи́ческие изыска́ния **topography** *n* топогра́фия

torque – *n* враще́ние, крутя́щий моме́нт
torpedo – *adj* торпе́дный, *n* торпе́да; торпеди́ровать *pf & impf*

torture – *n* пы́тка, истяза́ние; истяза́ть *impf;* пыта́ть *impf*, попыта́ть *pf*; му́чить *impf*, за/из/му́чить *pf* ~ **chamber** *n* засте́нок **torturer** *n* истяза́тель, мучи́тель *m*, пала́ч

Tory (Eng conservative) – *indecl* тори ~ **leader** ли́дер тори
totalitarian – *adj* тоталита́рный **totalitarianism** *n* тоталитари́зм

touch – *n* соприкоснове́ние, конта́кт
be in ~ **with the enemy** находи́ться в соприкоснове́нии с проти́вником **lose** ~ **with the enemy** *vt* теря́ть *impf,* потеря́ть *pf* соприкоснове́ние с проти́вником

tour of duty – *n* пери́од слу́жбы

tow – букси́ровать *impf* ~ **away** отбукси́ровать; *n* букси́ровка
can I give you a ~? взять вас на букси́р? ~ **bar** сте́ржень

AN ENGLISH - RUSSIAN DIGEST OF MILITARY, POLITICAL & SOCIAL TERMS

~ hook тяговый крюк   towed *adj* буксируемый

tower (commo, electric, etc) - *n* мачта
town, small ~, township - *adj* городской, *n* городок

toxic - *adj* токсичный   toxicity *n* токсичность *f*
~, incapacitating dose токсическая доза   toxin токсин
bacteriological ~ бактериальный токсин
biological ~ биологический токсин   botulism ~ токсин, вызывающий ботулизм   incapacitating ~ токсин, выводящий из строя   lethal ~ летальный, смертельный токсин
toxicologist *n* токсиколог   toxicology *n* токсикология
traceable (to follow) - *adj* прослеживаемый

track (mark) - *n* след, *vt* выслеживать *impf*, выследить *pf* за + i.; следить за + i.
leave ~ s in the snow оставить след на снегу
tracked (vehicle) *adj* гусеничный   aircraft was ~ by radar путь самолёта проследили с помощью радара
tracker *n* (hunter) охотник, (dog) собака-ищейка

tracking - *n* сопровождение
~ station (radar) *n* станция слежения   active ~ *n* активное сопровождение   infrared ~ *n* сопровождение по инфракрасному излучению (ИК)

traction - *adj* тяговый, *n* тяга
tractor-driven *adj* на тракторной тяге
tractor-driver *n* тракторист *m*, трактористка *f*

trade, commerce - *adj, bus* торговый, *n* торговля; торговать *impf*
only ~ delegation *n* торговое представительство, торгпредство
~ gap *n, econ* дефицит торгового баланса
~ off *n* компромиссное решение   ~ mission *n* торгпредство
~ representative *n* торговое представитель, торгпред
~ secret *n* профессиональный секрет
~ union *n* тред-юнион   ~ unionism *n* тред-юнионизм   ~ unionist *n* тред-юнионист   clandestine arms ~ тайная торговля оружием
mail-order ~, firm посылочная торговля, фирма

trader, merchant - *n* торговец   tradesman, trader, merchant *n* торговец, small ~ *adj* торгашеский, *n* торгаш

AN ENGLISH - RUSSIAN DIGEST OF MILITARY, POLITICAL & SOCIAL TERMS

tradeswoman, stall-holder, street trader *n* торго́вка
trading, bargaining *n* торг   small ~ *n* торга́шество

traffic - *n* движе́ние, связь
~ control point *n* пу́нкт регули́рования движе́ния
~-jam, congestion *n* зато́р у́личного движе́ния
~ light *n* светофо́р   clandestine arms ~ *n* та́йная торго́вля ору́жием   dummy radio ~ *n* ло́жный связь; радиообме́н
one-way ~ *n* однопу́тное движе́ние   radio ~ *n* радиосвя́зь
cross country ~ проходи́мость ме́стности на бездоро́же
trafficability *n* проходи́мость *f*
two-way ~ двухсторо́ннее движе́ние
trafficer, drug ~, dealer торго́вец нарко́тиками

trailer (cargo, etc) - *n* прице́п
low-boy ~ низкора́мный прице́п   multiple axle ~ многоо́сный прице́п   single axle ~ однооcный прице́п
water ~ прице́п-водоцисте́рна

train, traffic - *adj* поездно́й, *n* по́езд; *n, mil* обо́з
baggage ~ *n* вещево́й обо́з   corps ~ *n* корпусно́й обо́з
field ~ *n* полево́й обо́з   troop ~ *n* во́инский эшело́н

trainable - облада́ющий потенциа́льной возмо́жностью обуче́ния
trained, well ~ *adj* вы́ученный, обу́ченный, подгото́вленный
trainee - *adj* обуча́емый, *n* стажёр   be a ~ *vi* стажирова́ться *impf* ~ probationary period *n* стажиро́вка
trainer (person or device) *n* тренажёр

training - *adj* трениро́вочный, уче́бный; *n* трениро́вка, заня́тие, обуче́ние, подгото́вка   ~ methods *n* мето́дика подгото́вки
~ probationary period *n* стажиро́вка   accelerated ~ уско́ренная подгото́вка   additional, further ~ переподгото́вка
advanced ~ повы́шенная подгото́вка
basic ~ *mil* нача́льное обуче́ние, основно́й курс боево́й подгото́вки   common skills ~ *mil* о́бщая специа́льная подгото́вка
counter-insurgency ~ *mil* обуче́ние де́йствиям про́тив повста́нческих сил   crash ~ интенси́вное обуче́ние   cross ~ *mil* переподгото́вка   demonstration ~ показно́е заня́тие
formalized ~ программи́рованное обуче́ние
go-no-go (pass-fail) ~ обуче́ние с оце́нкой результа́тов по при́нципу «сдал-не сдал«

AN ENGLISH - RUSSIAN DIGEST OF MILITARY, POLITICAL & SOCIAL TERMS

individual ~ индивидуáльная подготóвка обучéние, одинóчное занятие indoor ~ клáссное занятие
officers ~ командúрские занятие
on-the-job ~ (OJT) обучéние на рабóчем местé
one-on-one ~ индивидуáльная подготóвка в пáрах
orientation ~ ознакомúтельное обучéние
overview ~ обучéние по обзóрным тéмам
phased ~ поэтáпное *или* послéдовательное обучéние
physical ~ физúческая подготóвка
remedial ~ дополнúтельные занятия
scheduled ~ плáновая подготóвка
training apparatus, simulator *n* тренажёр flight simulator *n* лётный тренажёр

traitor – *n* измéнник, предáтель *m*, предáтельница *f* become a ~ стать предáтелем turn ~ оказáться *pf* предáтельем

treacherous *adj* предáтельский treachery *n* предáтельство
trajectory – *n* траектóрия

transatlantic – *adj* заатлантúческий, трансатлантúческий
Transcaucasian – *adj* закавкáзский
Transcaucasia *n* Закавкáзье
transcontinental railway – *n, US hist* трансконтинентáльная желéзная дорóга

transfer (troops) – *vt* перебрáсывать *impf*, перебрóсить *pf*, *n* перебрóска
transit, unimpeded – *n* беспрепятственный проéзд через территóрию трéтьего госудáрства

translucent – *adj* просвéчивающий

transmission – *n* передáча
~ in the clear *n, mil commo* открытая передáча
secure burst ~ *n, mil commo* засекрéченная радиосвязь корóткими гр́уппами úмульсов transmitter *n* передáтчик
jamming ~ передáтчик помéх

transnational corporation – *n, econ* транснационáльная корпорáция, межнационáльная корпорáция

AN ENGLISH – RUSSIAN DIGEST OF MILITARY, POLITICAL & SOCIAL TERMS

transoceanic *adj* заокеа́нский ~ countries замо́рские/ заокеа́нские стра́ны

transport – *adj* тра́нспортный, *n* тра́нспорт, транспортиро́вка, перево́зка; перевози́ть *impf*, перевезти́; транспорти́ровать *pf & impf* ~ worker *n* тра́нспортник
animal or animal drawn ~ гужево́й тра́нспорт
over the snow ~ снегохо́дный тра́нспорт
pack ~ вьючный тра́нспорт   refrigerated ~ *n* хладотра́нспорт
sea ~ морско́й тра́нспорт   transportable *adj* перевози́мый, передвижо́й

transportation – *n* перево́зка, транспортиро́вка
bulk ~ беста́рная транспортиро́вка
water ~ во́дная перево́зка

transporter – *n, veh* транспортёр, *worker* тра́нспортник
tank ~ та́нковый транспортёр

trap – *n* лову́шка
booby ~ ми́на-лову́шка, ми́на-сюрпри́з; взрывно́й сюрпри́з

traversing – *adj* (turret, etc) поворо́тный

trawl, mine-sweep – *adj* тра́льный, тра́ловый; *n* трал, тра́лить *impf*
trawler (fishing, minesweeper) *n* тра́льщик   **trawling** *n* тра́ление

treachery – *n* вероло́мство, преда́тельство, изме́на

treatment – *n, med* лече́ние, *soc* отноше́ние
cruel & inhuman ~ жесто́кое и бесчелове́чное отноше́ние
hospital ~ стациона́рное лече́ние   kid glove ~ то́нкое/не́жное обраще́ние   outpatient ~ амбулато́рное лече́ние
red carpet ~ *n* встре́ча с наивы́сшими по́честями

treaty – *n* догово́р
~ ammendment *n* попра́вка к догово́ру
~ coming into effect вступле́ние догово́ра в си́лу
~ monitoring наблюда́ть за исполне́нием догово́ра
~ of alliance сою́зный догово́р
~ of friendship, cooperation and mutual assistance догово́р о дру́жбе, сотру́дничестве и взаи́мной по́мощи

AN ENGLISH - RUSSIAN DIGEST OF MILITARY, POLITICAL & SOCIAL TERMS

~ of neutrality and non-aggression договóр о нейтралитéте и
ammended ~ испрáвленный договóр
bilateral ~ двусторо́нный договóр
breach of ~ нарушéние услóвий договóра
equitable, equal ~ равнопрáвный договóр
enter, conclude a ~ заключáть *impf*, заключи́ть *pf* договóр
inequitable ~ неравнопрáвный договóр
multilateral, multiparty ~ многосторо́нний договóр
non-aggression ~ договóр о нападéнии
peace ~ ми́рный договóр
trade ~ договóр о торгóвле
unilateral renunciation of a ~ односторóнный откáз от договóра
withdraw from a ~ вы́йти из договóра

tree planting, tree plantation − *n* древонасаждéние
treeless *adj* лишённый дерéвьев
treetop *n* верху́шка дéрева

trench − *adj* траншéйный, *n* траншéя, *adj* окóпный, *n* окóп
~ digger *n* окопокопáтель, траншеекопáтель *m*
~ warfare *n* окóпная войнá
communication ~ *n* ход сообщéния
covered ~ *n* прикры́тый окóп

trend − *n* тендéнция
short-term ~ крáткая/срóчная/врéменная тендéнция
long-term ~ дóлгая тендéнция

trial balloon − *n* прóбный шар
bench ~ *n, leg* судéбный процéсс без прися́жных
float a ~ *pol* пускáть прóбный шар
witch ~ *n* суд над вéдьмами

triangulation (radar) − *n, mil* треугóльник засéчек
Triassic − *adj, geo* триáсовый

tribal − *adj* племеннóй ~ chiefs *n* племенны́е вожди́
tribe − *n* плéмя settled ~s осéдлые племенá
twelve ~s of Israel *n, hist* двенáдцать колéн израи́левых
cattle-breeding ~s *npl* скотовóдческие племенá
tribalism *n* племеннóй строй tribesmen *npl* члéны плéмени

AN ENGLISH - RUSSIAN DIGEST OF MILITARY, POLITICAL & SOCIAL TERMS

tribunal - *n* трибунáл
International War Crimes Tribunal (UN) междунарóдный воéнный трибунáл (ООН)

trichinosis - *n, med* трихинóз
trifle - *n* пустяк trifling, trivial *adj* пустякóвый

trigger - *n* спусковóй крючóк squeeze the ~ нажимáть на спусковóй крючóк trigger-happy ~ воúнственный

trilateral, tripartite - *adj, pol* трёхсторóнний

triple - *adj* тройнóй, утрóенный; *vt, (vi)* утрáивать(ся) *impf*, утрóить(ся) *pf* tripled *adj* утрóенный

tripod - *n* тренóга, тренóжник
triumvir - *n, pol* триумвúр triumvirate триумвирáт
trivialize - *vt* опошлять *impf*, опошлить *pf*
Trojan horse - *n, hist* Троянский конь

troops - *mil unit* батарéя, войскá, пехóта, рóта
~ dispersal *n* рассредотóчение войск
~ leading procedures *n* порядок дéйствий командúра по управлéнию войскáми (при планúровании и выполнéнии боевóй задáчи)
admin and supply ~s тыловые войскá
replacement ~s запасные войскá
trooper *n, mil* кавалерúст, пехотúнец, танкúст

Trotskyism - *n, Sov hist, pol* троцкúзм Trotskyist *n, pol* троцкúст *m*, троцкúстка *f*

troublemaker - *n* смутьян, (child) прокáзник
troubleshoot *pol* улáживание конфлúкта
troubleshooter *n, pol* специáльный уполнемóченный по улáживанию конфлúкта troubling *adj* беспокóйный

truce, armistice - *n, mil* перемúрие

truck - *n* грузовóй автомобúль, грузовáя машúна, грузовúк
~ fleet автопáрк fuel ~ *n* топливозаправщик
motorpool ~ *n* автопáрк forklift ~ *n* вúлочный автопогрузчик
refer ~ *n* авторефрижерáтор

AN ENGLISH - RUSSIAN DIGEST OF MILITARY, POLITICAL & SOCIAL TERMS

ten wheeler ~ n десятиколёсный трáнспортный грузовúк úли автомобúль m
three-ton ~ n трёхтóнка

trumped-up, faked-up – adj сфабрикóванный
~ charge n сфабрикóванное обвинéние

tuberculosis – n, med туберкулёз
tuberculosis specialist n, med туберкулёзник
a tubercular patient n туберкулёзник

tumbling – n кувыркáние

tune (instrument, commo) – vt настрáивать impf, настрóить pf
~ an engine регулúровать impf урегулúровать pf машúну
tuned adj настрóенный

tunnel, underground mining ~ мúнная галерéя
turbine – adj турбúнный n, tech турбúна
turbo-prop adj, avn, tech турбовинтовóй

Turk – n тýрок m, турчáнка f
Turkic adj тюркский Turkish adj турéцкий
Young Turks (post WW I Turkish hist, pol) adj младотурéцкий n, младотýрки

turn in (equipment, ammunition, etc) – n сдáча (имýщества, боеприпáсов, итд)
~ over vt перевёртывать impf, перевернýть pf
~ inside out перевёртывать, перевернýть наизнáнку
turnabout, an about face n, pol поворóт кругóм
turning moment n в сáмый решáющий момéнт
turning point n поворóтный пункт
turns, by ~ adv поочерёдно
taken in ~ , proceeding by ~ adj поочерёдный

turret – adj бáшенный, турéльный; n бáшня, турéль f

TV announcer – n телеведýщий
~ viewer телезритéль

twin-engined – adj двухмотóрный

AN ENGLISH – RUSSIAN DIGEST OF MILITARY, POLITICAL & SOCIAL TERMS

two – *prefix* дву-, двух-
~-axled *adj* двухо́сный   ~-staged *adj* двухступе́нчатый
~-stroke *adj* двухта́ктный
~-ton *adj* двухцве́тный
~-way *n* двусторо́ннее движе́ние

type – *n* вид
~ of burst вид взры́ва
~ of troops вид во́йск

typhus – *n, med* тиф

tyrannize over, torment – тира́нить *impf;* тира́нствовать *impf* над
tyranny *n* тира́нство
tyrant *n* тира́н

tyre – *n* ши́на
self-sealing *n* гусмати́к, гусмати́ческая ши́на
solid *n* банда́ж, спллошна́я ши́на

AN ENGLISH - RUSSIAN DIGEST OF MILITARY, POLITICAL & SOCIAL TERMS

U

UFO - *n, soc* неопо́знаный лета́ющий объе́кт (НЛО)
ufologist *n* нло́лог
Ukrainian separatist - *n* самості́йник
Ulster Defense Regiment - *n, Irish* полк защи́ты О́льстера
ulterior - *adj* скры́тый, невы́раженный ~ motive за́дняя мысль, моти́в

ultimate - *adj* оконча́тельный, после́дний
~ end or purpose *n* коне́чная цель ~ weapon *n* абсолю́тное ору́жие ultimatum *n* ультима́тум

ultras (extremist, left or right) - *n, pol* у́льтра; челове́к кра́йних взгля́дов

un- *prefix* не-
UN - *adj* оо́новский UN peacekeeping force *n, pol* войска́ ООН по поддержа́нию ми́ра
unacceptable *adj* неприе́млемый unaimed *adj* неприце́льный/ ненаведённый unallocated *adj* непри́данный, неназна́ченный
un-American *adj* антиамерика́нский unanimous *adj* единогла́сный unapproachable *adj* непристу́пный
unarmed *adj* безору́жный ~ combat *n* самозащи́та без ору́жия; *abbrev, indecl* са́мбо
unattainable *adj* недостижи́мый
unauthenticated *adj* неудостове́ренный unauthorized *adj* несанкциони́рованный/ неправомо́чный unavoidable *adj* неизбе́жный, немину́емый unbalanced *adj* неравноме́рный
unbearable, unendurable *adj* несно́сный unbeaten *adj* неби́тый, (unsurpassed) непревзойдённый uncharted *adj, nav* не отме́ченный на ка́рте unclear, indistinct (commo *adj* невня́тный
uncommitted (unexpended, spent) ~ to battle) не введённый в бой, *adj* неизрасхо́дованный uncompromising *adj* неусту́пчивый
unconcealed *adj* нескрыва́емый
unconditional surrender (WWII) *n* безогово́рочная капитуля́ция
unconfirmed *adj* неподтверждённый/неутверждённый
unconquered *adj* непобеждённый, непокорённый
uncontaminated *adj* незаражённый
unconventional warfare *n* не/обы́чная война́
unconventional forces *n* не/обы́чные войска́

AN ENGLISH – RUSSIAN DIGEST OF MILITARY, POLITICAL & SOCIAL TERMS

uncoordinated *adj* несогласо́ванный/без координа́ции
uncultivated *adj, agric* невозде́ланный
undecipherable не поддаю́щийся расширо́вке
undeclared war не/объя́вленная война́
undemanding *adj* нетре́бовательный

under – *prefix* под-
~ pain of death под стра́хом сме́рти underfed *adj* недоко́рмленный, недоеда́ющий ~ orders по прика́зу
~ terms of the agreement по усло́виям соглаше́ния
~ repair *n* в ремо́нте ~ suspicion под подозре́нием
~ the rules согла́сно уста́ву ~ torture под пы́тками
~ way на ходу́

underdog *n, fig, soc* неуда́чник, побеждённая сторона́

underground *adj* подзе́мный, подпо́льный, *n* подпо́лье
~ (groups, culture, etc) *n, soc, mil* андеграу́нд
~ organization *n, soc, mil* подпо́льная организа́ция
~ member *n, mil, soc* подпо́льщик go ~ уйти́ в подпо́лье
~ worker (waterworks, etc) *n* подпо́льщик

underemployment *n, bus* непо́лная за́нятость
underestimation of the enemy *n* недооце́нка проти́вника
underhanded dealings *npl* та́йные про́иски; закули́сные интри́ги; закули́сная меха́ника
undermanned *adj* недоукомплекто́ванный
undermining *n* подко́п, подры́в
underpopulated *adj* малонаселённый
underproduction *n* недовы́работка, недопроизво́дство
undersecretary *n* замести́тель/помо́щник мини́стра
underside *n* низ, ни́жняя сторона́ *или* пове́рхность
understaffed *adj* недоукомплекто́ванный по шта́ту
understrength *adj* недоукомплекто́ванный
undersupplied *adj* неснабжа́емый по но́рме
undeserved *adj* незаслу́женный undetected *adj n* необнару́женный undeterred *adj* не поколе́бленный/отпу́гнутый

undeveloped *adj* неразвито́й
an ~ country слаборазви́тая страна́ ~ land необрабо́танная земля́ un/drinkable *adj* не/приго́дный для питья́
un/edible *adj* не/съедо́бный

AN ENGLISH - RUSSIAN DIGEST OF MILITARY, POLITICAL & SOCIAL TERMS

unemployed - *adj* безрабо́тный hard core ~ *n* хрони́ческие безрабо́тные unemployment *n* безрабо́тица

unencouraging *adj* неутеши́тельный
unentrenched *adj* неокопа́вшийся
unequipped *adj* неснаряжённый, неподгото́вленный, неприспосо́бленный unexpired *adj* неисте́кший unexploded *adj* неразорва́вшийся unfit *adj* непригодный unfordable *adj* непроходи́мый вброд unguided *adj* неуправля́емый
unidentified *adj* неопо́знанный unintentional *adj* неумы́шленный
uninhabitable *adj* непригодный для жилья́
uninhabited *adj* необита́емый

union bashing - *n, soc* избие́ние, ущемле́ние профсою́зов
Union of Independent States (CIS) *n* Сою́з незави́симых Госуда́рств (СНГ); *adj, coll* эсэнго́вский
unirradiated - *adj* необлучённый

unit - *n, mil* часть *f*
~-oriented в соста́ве ча́сти attached ~ при́данная часть
bomb disposal ~ часть по обезвре́живанию неразорва́вшихся бомб combat in/effective ~ *n, mil* не/спосо́бная часть
combined-arms ~ *n, mil* общевойскова́я часть
flanking ~ обходя́шая часть
headquarters ~ *n* штабно́е подразделе́ние
incoming/outgoing ~ сменя́ющая/сменя́емая часть
supporting ~ подде́рживающая часть

United Arab Republic (Egypt and Syria, 1958-61) - *n, pol* Объединённая Ара́бская Респу́блика
United Front (Marxist) *n, pol* еди́ный фронт United Kingdom *n, pol* Соединённое Короле́вство United Nations Charter *n, pol* уста́в ООН
unity of command *n, mil* единонача́лие
Unity Party (Marxist) *n, pol* еди́нство па́ртии

universal - *adj* всео́бщий, универса́льный
~ education *n* всео́бщее обуче́ние (всео́буч)
~ military service *n* всео́бщая во́инская пови́нность *f*
~ military training *n* всео́бщее вое́нное обуче́ние (всео́буч)
~ suffrage *n* всео́бщее избира́тельное пра́во
universe *n* вселе́нная; мир

AN ENGLISH – RUSSIAN DIGEST OF MILITARY, POLITICAL & SOCIAL TERMS

unjammable (frequencies) *adj* помехозащищённый
Unknown Soldier *n, US mil* Неизве́стный солда́т
unload – *vi* выгружа́ться *impf*, вы́грузиться *pf*
unloaded *adj* незаря́женный   unloading *adj* разгру́зочный, *n* (goods, freight) вы́грузка, разгру́зка, (weapons) разряжа́ние
unlock отпира́ть *impf*, отпере́ть *pf*
unmanageable *adj* неуправля́емый
unnavigable *adj nav* несудохо́дный, *avn* нелётный
un-officer like недосто́йный офице́ра
unprecedented, unheard of *adj* неслы́ханный
unprovoked *adj* неспровоци́рованный
unproved *adj* недоказу́емый   unrequested *adj* непро́шенный
unsatisfactory *adj* неудовлетвори́тельный
unscheduled *adj* незаплани́рованный
unseasoned (inexperienced) *adj* необстре́лянный, незакалённый; не име́ющий боево́го о́пыта
unseaworthy *adj* непригодный к пла́ванию
unserviceable *adj* брако́вочный, неиспра́вный, него́дный, непригодный
unsinkable *adj* труднозатопля́емый
unsung *adj* невоспе́тый   unsupported *adj* без подде́ржки; неподде́рживаемый   unsympathetic *adj* несочу́вствующий
untaxed *adj* необло́женный   unthinkable *adj* немы́слимый
untouchables (India, soc) *npl* «неприкаса́емые»
untrained *adj* необу́ченный
unverifiable *adj* не поддаю́щийся прове́рке
unverified *adj* непрове́ренный
unwilling *adj* нежела́ющий

up, upwards – *adv* ввысь
~-and-coming; promising *adj* многообеща́ющий, перспекти́вный
~ of вы́ше + g.   ~-to-date equipment *n* совреме́нная те́хника
~-to-date information *n* после́дние да́нные
~-wind *adv* про́тив ве́тра

upgrade, update (equipment) – *n* модерниза́ция, усоверше́нствования; модернизи́ровать *pf & impf*; соверше́нствовать *impf*, усоверше́нствовать *pf*

upheaval – *n, fig, pol* переворо́т
upper/lower house (Congress, Parliament, etc) *n, pol* ни́жняя/ве́рхняя пала́та

AN ENGLISH – RUSSIAN DIGEST OF MILITARY, POLITICAL & SOCIAL TERMS

uprising, rebellion, revolt – *n* восста́ние
armed ~ вооружённое восста́ние
peasant ~s крестья́нские восста́ния
upstream (place) вверх по тече́нию, (motion) про́тив тече́ния;
up-wind *n adv* про́тив ве́тра

urban (city, municipal) – *adj* городско́й
~ or city dweller *adj, as a n* городско́й
urbanization *n* урбаниза́ция
urbanize урбанизи́ровать *pf & impf*

urgency – *n* неотло́жность *f*, сро́чность *f*
matter of ~ *n* в сро́чном поря́дке
urgent *adj* неотло́жный, сро́чный

urinalysis – *n, med* ана́лиз мочи́

use, application – *n* примене́ние
follow on ~ после́дующее примене́ние
one-time ~ or one occasion (only) *adj* ра́зовый, ра́зового по́льзования

used, worn, second-hand *adj, coll* де́ржаный
user-friendly удо́бный в употребле́нии

usurer – *n* ростовщи́к *m*, ростовщи́ца *f*
usurious *adj* ростовщи́ческий
usury *n* ростовщи́чество

usurp – узурпи́ровать *pf & impf*
usurper *n* узурпа́тор
usurpation *n* узурпа́ция

Ustashi (Croatian Fascists, 1929-45) – *n, mil, pol* усташи́

utilitarian – *adj* утилита́рный
utilities, public ~ коммуна́льные услу́ги *fpl*

AN ENGLISH - RUSSIAN DIGEST OF MILITARY, POLITICAL & SOCIAL TERMS

V

V1, V2 rocket (Ge WW II "Vengeance weapon") - *n, mil* крыла́тая раке́та Фау -1; Фау -2
V-E/V-J Day - *mil, US, WWII* День Побе́ды над Герма́нией/Япо́нией

vaccine - *n, med* вакци́на
vacuum - *n, sci* ва́куум
vagrant - *n, soc* бродя́га
valedictory - *adj* проща́льный

valid - *adj* (sound) ве́ский, обосно́ванный
~ objections убеди́тельные возраже́ния
~ reasons ве́ские до́воды
validate подтвержда́ть *impf,* подтверди́ть *pf,* утвержда́ть *impf,* утверди́ть *pf* validating *adj* оправда́тельный
validity of a treaty *n* действи́тельность *f* догово́ра

valuable - *adj* стоя́щий
value added tax; VAT - *n, econ* нало́г на доба́вленную сто́имость
vantage ground or point - *n* вы́годная пози́ция
variable - *adj* изме́нчивый, меня́ющийся, непостоя́нный, переме́нный
vassal - *adj* васса́льный *n* васса́л vassalage *n* вассалите́т
Vatican City - *n, geo, pol, rel* (госуда́рство-го́род) Ватика́н
vector - *n* ве́ктор, курс, направле́ние

vegetable - *adj* овощно́й, *n* о́вощ
vegetarian *n* вегетариа́нец vegetation *adj* расти́тельный, *n* расти́тельность *f,* расте́ние

vehicle - *n* автомаши́на; автомоби́ль *m*
~-mounted *adj* устано́вленный на БМ
all-terrain ~ *n* вездехо́д, вездехо́дная маши́на
ambulance ~ санита́рный автомоби́ль
amphibious ~ водохо́дная автомаши́на
broken-down ~ *n* авари́йка cargo, freight ~ грузово́й автомоби́ль
combat ~ боева́я маши́на conduct ~ recovery *n* проведе́ние ремо́нтно-восстанови́тельных рабо́т
convoy escort ~ *n, nav* эско́ртный кора́бль
damaged ~ (in combat) подби́тая маши́на, (accidental)

AN ENGLISH – RUSSIAN DIGEST OF MILITARY, POLITICAL & SOCIAL TERMS

разбитая машина, аварийная машина
dump truck ~ *n* самосвал
earth-moving ~ транспортная машина для землеройных работ
fuel-supply ~ *n* топливозаправщик
flat-bed ~ *n* автомобиль-платформа grader ~ *n* грейдер
heavy equipment transporter ~ *n* транспортёр тяжёлой техники
Jagdpanzer ~ (Ge, WWII) *n* истребитель танков
lead ~ головная машина
lunar ~ *n* луноход
maintenace, recovery ~ *n* ремонтная летучка, аварийная летучка
mine-clearing ~ *n* танк- тральщик
missile ~ *n* ракета-носитель *m*
pipelayer ~ *n* трубоукладчик
remotely piloted ~ (RPV) *n* дистанционно управляемый ЛА; беспилотный ЛА steam shovel ~ землеройная машина
tracked armored ~ бронированная гусеничная машина
trenching ~ *n* канавокопатель
van ~ *n* фургон
wheeled towing ~ *n* колёсный тягач
winch truck ~ *n* автолебёдка
vehicular *adj* перевозочный

velocity – *n* скорость *f* impact ~ ударная скорость

venture, undertaking – *n* затея, затевать, *impf*, затеять *pf*
verbal – *adj* устный verbatim *adj* дословный, слово в слово
verifiable – *adj* поддающийся проверке verification *n* проверка
verify проверять *impf*, проверить *pf;* выверять *impf*, выверить *pf;* подтверждать *impf*, подтвердить *pf*
vernal – *adj* весенний

version – *n* вариант modernized ~ *adj* модернизированный
very important person, VIP – *n* высокопоставленное лицо
vessel, nuclear-powered ~– *n* атомоход
vest, body armor – *n* бронежилет

Vichy supporter(s), members (WW II) – *Fr mil* вишист(ы)
Vickers (Br Firm) – *n* «Виккерс«

victim – *n* жертва, пострадавший, потерпевший
cancer ~ *n* потерпевший от рака fire ~ *n* потерпевший от пожара

AN ENGLISH - RUSSIAN DIGEST OF
MILITARY, POLITICAL & SOCIAL TERMS

victimization *n* преследование
victimize подвергать *impf*, подвергнуть *pf* преследованию

victorious - *adj* победный, торжествующий
victory *n* победа   decisive ~ решающая победа
gain, win a ~ одерживать *impf*, одержать *pf* победу

video - *prefix* видео-
~ recorder *n* видеомагнитофон
~ viewing device *n* видеопросмотровое устройство
videoteleconference *n* видеотелефоновстреча

Viennese - *adj* венский
Viet Cong (1960s-1980s) - *n* Вьет-конг
Vietminh (1940-1950s) *n* Вьет-минь *m*
Vietnamization of the war (1970s) *n, US mil, pol* «вьетнамизация» войны

view - *n* вид
close-up ~ вид крупным планом   field of ~ *n* обзор
viewer *n* визир   viewfinder визир, *n* видеоискатель *m*

vigilante - *n* дружинник
village, rural - *prefix* сель-, *adj* сельский, *n* село

visibility, all around ~; 360 degree ~ *n* круговой обзор
limited ~ *n* ограниченная видимость

village mockup - *n* макет населённого пункта
village soviet *n* сельсовет

visit - *n* визит   courtesy ~ визит   return ~ ответный визит
social ~ светский визит

visualization *n* визуализация, визуальное отображение

Vlasov, A.A (WW II, Ru general defector to the Nazis) - Власов, A.A.
Vlasov's (WW II, Ge controlled anticommunist) army member, supporter *n* власовец, власовка *f*

vogue - *n* мода   in ~ в моде

AN ENGLISH - RUSSIAN DIGEST OF MILITARY, POLITICAL & SOCIAL TERMS

voice - *n* го́лос
~ mail *n* голосова́я по́чта
~ phone *n* ларингофо́н
~ scrambler *n* телефо́нный шифра́тор
affirmative ~ *n* го́лос «да«
dissenting ~ *n* го́лос «про́тив«

volatility - *adj* лету́чий, *n* лету́честь *f*

Volga - *adj* во́лжский, Во́лга
native of the ~ region *n* волжа́нин *m*, волжа́нка *f*

Volksdeutsche - *n, Ge* «Фольксдо́йче«
Volksturm (WW II Ge Army reservists, 1944-45) Фольксшту́рм
volume of fire - *n* пло́тность *f* огня́
VTOL (vertical takeoff and landing) aircraft - *npl* «пры́гающие« самолёты (самолёты с вертика́льным взлётом и поса́дкой)

vote - *n* го́лос, голосова́ние; голосова́ть *impf*, проголосова́ть *pf* ~ for голосова́ть за + a.
~ against голосова́ть про́тив + g.
nationwide ~ *n* всенаро́дное голосова́ние
no ~ го́лос про́тив
put to the ~, ~ on голосова́ть
tie ~ *n* ра́вное число́ голосо́в
yes ~ го́лос за
voter *n, pol* избира́тель *m*, избира́тельница *f*
voting qualification избира́тельный ценз

Vulcan (20/30 mm 6 barrel gun) - *n, US mil* «вулка́н«

vulnerability - *n* уязви́мость *f*

1st strike ~ уязви́мость от пе́рвого я́дерного уда́ра
vulnerable *adj* уязви́мый

AN ENGLISH – RUSSIAN DIGEST OF MILITARY, POLITICAL & SOCIAL TERMS

W

wage earner – *n* наёмный рабо́чий; корми́лец

wait, wait-and-see, temporize выжида́ть *impf*, вы́ждать *pf*
~ list *n* спи́сок очередников́
waiting, waiting-and-seeing, temporizing *adj* выжида́тельный, *n* выжида́ние play a ~ game занима́ть *impf* выжида́тельную пози́цию

wake; in the ~ of someone's policy – в фарва́тере чьей поли́тики
Walkman ® radio – *n* пле́ер walkover, easy win – *n* лёгкая побе́да

war – *n* война́
~ by proxy; proxy warfare война́, веду́щаяся тре́тьей стороно́й; война́ «чужи́ми рука́ми« ~ crime *n* вое́нное преступле́ние ~ footing *n* вое́нное положе́ние; боева́я гото́вность ~ on two fronts война́ на два фро́нта ~ of attrition война́ на истоще́ние ~ of conquest завоева́тельная война́
~ of extermination война́ на уничтоже́ние
~ of limited objectives война́ с ограни́ченными це́лями
all-out ~ всео́бщая война́ civil ~ гражда́нская война́
colonial ~ колониа́льная война́
conduct, wage ~ вести́ *impf*, по вести́ *pf* боевы́е де́йствия
counterinsurgency ~ *n* противоповста́нческие де́йствия
declaration of war ~ *n* объявле́ние войны́ кому́
fight a losing ~ вести́ заве́домо про́игранную войну́
fight a winning ~ вести́ вы́игрышную войну́
full scale ~ всео́бщая война́ general war всео́бщая война́
go to ~ вступа́ть в войну́ large-scale ~ крупномасшта́бная война́ price ~ *econ* «война́ цен«
prisoner of ~ *n* военнопле́нный protracted ~ затяжна́я война́
push button ~ кно́почная война́
set off, unleash ~ развя́зывать *impf*, развяза́ть *pf* войну́
Star Wars – «звёздные во́йны« un/declared war не/объя́вленная война́

warfare – война́, боевы́е/вое́нные де́йствия
antisatellite ~ *n* противоспу́тниковая война́ antisubmarine ~ *n* борьба́ с наво́дными корабля́ми coalition ~ коалицио́нная война́
push button ~ «кно́почная« война́ trench ~ око́пная/позицио́нная война́

AN ENGLISH - RUSSIAN DIGEST OF
MILITARY, POLITICAL & SOCIAL TERMS

warfooting, put on a ~ приводи́ть *impf*, привести́ *pf* в состоя́ние боево́й гото́вности

wargame *n* вое́нная игра́
board ~ вое́нная игра́ на ка́ртах и схе́мах
sand box ~ вое́нные уче́ния с маке́тами-схе́мами на песке́

warhead *n* боеголо́вка, боева́я ча́сть warlike *adj* во́инственный
warlord *n* вое́нный дикта́тор warmonger; a saber-rattler *n* поджига́тель войны́

warning - *n* предупрежде́ние, предосторо́жность *f*
early ~ *n* ра́ннее предупрежде́ние air-raid ~ *n* возу́шная трево́га
~, notice, notice in advance, notification *n* предуведомле́ние

warrant, bench - *n, leg* распоряже́ние суда́
warring factions - *npl* вражду́ющие сто́роны
warrior, fighter - *n* бое́ц
Warsaw - *adj* Варша́вский, *n* Варша́ва
wartime - *n* вое́нное вре́мя
waste, wastage - *n* отбро́сы, отхо́ды

water - *adj* во́дный, *n* вода́; (aquatic) водяно́й
~-bearing *adj* водоно́сный
~-borne (cargo) *adj* доставля́емый водо́й, перевози́мый по воде́
~ buffalo, trailor *n, mil* водоцисте́рна
~ carrier *n* водово́з ~ catchment *adj* водосбо́рный, *n* водосбо́р
~-collecting *adj, tech* водосбо́рный
~ conservancy, drainage, melioration, supply *adj* водномелиорати́вный ~ distribution *adj* водоразбо́рный
~ drainage system *adj* водосто́чный, водоотво́дный; *n* водосто́к, водоотво́д ~ fall *n* водопа́д ~ heater *n* водогре́йка
~ main *n* во́дная магистра́ль
~ management, resources, supplies *adj* водохозя́йственный, *n* во́дное хозя́йство ~-pipe *n* водопрово́дная труба́
~-proof *adj* (materials) водонепроница́емый, (articles) непромока́емый, гермети́ческий, водоупо́рный
~-repellent *adj* водоотта́лкивающий
~ reservoir *n* водовмести́лище, (natural or artificial) водоём
~-resistant *adj* водоупо́рный, водосто́йкий
~ source *n* водоисто́чник
~ storage capacity *adj* водоёмкий, *n* водоёмкость *f*

AN ENGLISH – RUSSIAN DIGEST OF
MILITARY, POLITICAL & SOCIAL TERMS

~ supply *n* водоснабжéние ~ pipe *or* main, plumbing *n* водопровóд ~ tower *n* водокáчка
~ treatment *n, med* (hydropathic treatment) водолечéние
boiled ~ *n* кипячёная водá coastal ~s *n* прибрéжные вóды
chlorinate ~ хлорировать *pf* & *impf* вóду
desalinate ~ *vt* опреснять *impf*, опреснить *pf* вóду
distilled ~ опреснённая водá fresh ~ прéсная водá
in international ~ *n* в международных вóдах potable ~ *n* питьевáя водá output of ~ supply system *n* производительность *f* водопровóда pumped ~ supply *n* механический водопровóд
salt ~ солёная водá stagnant ~ стоячая водá
survey of ~ resources *n* водохозяйственный кадáстр
tap ~ *n* сырáя водá territorial ~s *n* береговóе мóре

watered down text (treaty, etc) *n, pol* смягчённый вариáнт тéкста waterfall *n* водопáд
waterless *adj* безвóдный
waterlogged *adj* заболóченный (ground), мóкрый (wood)
waterproofing *n* герметизáция waters, coastal ~ *n* взмóрье
watershed *n* водораздéл watering place, pond, trough *n* водопóй
waterway *n* вóдный путь
watt – *n, elec* ватт wattage *n* вáттность *f*

weapon – *n* орýжие
~ of mass destruction орýжие мáссового уничтожéния
air-to-ground ~s орýжие клáсса «вóздух-земля«
conventional ~s обычные виды вооружéний
dirty (nuclear) ~ ядерное орýжие с радиоактивными осáдками
ground-to-air ~ орýжие клáсса «земля-вóздух«
microwave ~ сверхвысокочастóтное орýжие
multi-purpose ~ универсáльное/многоцелевóе орýжие
orbital ~ орбитáльное орýжие
outlaw ~s объявить орýжии вне закóна
partical beam ~ пучкóвое орýжие
second strike ~ орýжие для нанесéния отвéтного удáра
ship mounted ~ корабéльное орýжие
time delay ~ орýжие замéдленного дéйствия
unconventional ~ *n* необычные виды вооружéний
weaponry орýжие, вооружéние

wear – *n* (loss of quality) изнóс, снос; *vi* сноситься *pf*
~ down the enemy ослаблять *impf* противника

AN ENGLISH - RUSSIAN DIGEST OF
MILITARY, POLITICAL & SOCIAL TERMS

~ out vt сносить pf, vi сноситься pf; износить pf; истереться; сноситься
~ out the enemy изматывать impf, измотать pf противника
fair ~ and tear нормальный или естественный износ
worn-out (clothes, etc) adj изношенный, истёртый, потёртый, сносившийся

weather - n погода
~ permitting при благоприятной погоде in all ~ при любой погоде ~-proof погодоустойчивый

week - adj недельный, n неделя
~ day n будний день, n рабочий день
~ day off, a closed ~ day n выходной день
5-day ~ n пятидневка 7-day ~ n семидневка
in a ~s time в недельный срок for ~s at a time неделями
work a 40-hour ~ работать impf сорок часов в неделю
weekly adj еженедельный, adv еженедельно

weld - n шов, сварной шов; сваривать impf, сварить pf ~
together спаивать impf, спаять pf welded adj сварочный, сварной welder n сварщик welding n сварка spot ~ точечная сварка

welfare state - n государство всеобщего благосостояния или благоденствия

well, test ~ - n разведочная скважина well-founded adj обоснованный well-grounded adj обоснованный
well-spent adv рационально потраченный well-timed adj своевременный well-to-do, well off, prosperus adj состоятельный well-trained adj выученный, обученный

werewolf n оборотень m

west - adj западный West, the ~ pol Запад
West-African adj западноафриканский West-German adj западногерманский West-European adj западноевропейский
West Bank (Israel and Palestine) n западные берега
westerly adj (of wind) с запада, adv (westwards) к западу, на запад; n (wind) западный ветер

AN ENGLISH – RUSSIAN DIGEST OF MILITARY, POLITICAL & SOCIAL TERMS

Western European Union (WEU) *n, pol* Западноевропéйский Сою́з (ЗЕС) westerner (sb who is pro-western) *n, pol* зáпадник, (one who lives in the ~) *n* жи́тель зáпада
westernization *n* внедрéние зáпадного óбраза жи́зни
westernize внедря́ть *impf*, внедри́ть *pf* зáпадный óбраз жи́зни в + а.
westward, to the ~ к зáпаду, на зáпад

wharf – *adj* при́станский, *n* при́стань
wheat – *n, agric* пшени́ца summer/winter ~ яровáя/ози́мая пшени́ца
wheeled – *adj* колёсный; на колёсном ходу́
wheeler-dealer *n, coll* (кру́пный) делéц
whine, whining – *n* нытьё   whiner *n* ны́тик
whipping boy – *n, lit/fig* козёл отпущéния
whistle blower – *n, econ, pol* доно́счик/доно́счица

white – *adj* бéлый
~ collar crime *n* престу́пность «бéлых воротничко́в«; «беловоротничко́вая« престу́пность *f*
~-collar worker *as a n* слу́жащий ~ flag (of truce) *n* бéлый/парламентёрский флáг ~ paper *n, pol* бéлая кни́га
~ supremacist *n* сторо́нник госпо́дства бéлых
~ lie *n* ложь во спасéние
White emigre *adj* белоэмигрáнтский, *n* белоэмигрáнт
whitewash – *lit/fig* обеля́ть *impf*, обели́ть *pf*

wide range, wide ranging – *adj, commo* широкодиапазо́нный

widow *n, soc* вдовá   become a стать вдово́й, овдовéть
widowed *adj* вдо́вый   widowhood, widowerhood *n, soc* вдовство́
widower *n* вдовéц

wife, battered ~ – *n, soc* подвергáемая побо́ям женá
"wilco" – *mil commo* «бу́дет вы́полнено«
winch, hoist – *n* во́рот, лебёдка ~ truck автолебёдка

wind cone, sock – *n* ветроуказáтель *m*
windage – *n* снос вéтром; попрáвка на снос вéтром

window of opportunity – *n* окно́/пери́од возмо́жности

AN ENGLISH – RUSSIAN DIGEST OF MILITARY, POLITICAL & SOCIAL TERMS

wing – *n* крыло́ military ~ *n* вое́нное крыло́
left-~ *n, pol* ле́вый right-wing *adj* пра́вый

winter – *adj* зи́мний, *n* зима́; зимова́ть *impf*, перезимова́ть *или* прозимова́ть *pf*
~ quarters *n, mil* зи́мние кварти́ры
stay for the ~ оста́ться на зимо́вку
wintering, hibernation *n* зимо́вка
winterize *vt* приспоса́бливать *impf*, приспосо́бить *pf* для эксплуата́ции зимо́й

wire – *adj* про́волочный, *n* про́волока ~ controlled *n* управля́емый по провода́м barbed ~ колю́чая про́волока
barbed ~ obstacle *mil* загражде́ние из колю́чей про́волоки
by ~ по проводнико́вой свя́зи; по телефо́ну; по телегра́фу
lay out, install ~ *mil* прокла́дывать *impf* (телефо́нный) ка́бель *m*
reel in commo ~ *mil* сма́тывать *impf*, смота́ть *pf* ка́бель *m*
reel out commo ~ *mil* разма́тывать *impf*, размота́ть *pf* ка́бель
wireman *n, radio* связи́ст полево́й ли́нии; связи́ст проводнико́вой свя́зи
wiretapping *n, commo* перехва́т/подслу́шивание телефо́нных сообще́ний/разгово́ров

wise – *adj* му́дрый ~ guy, a know-it-all *n, US slang* "у́мник", всезна́йка ~ move *n* разу́мный шаг

wishful thinking – *n* приня́тие жела́емого за действи́тельное (су́щее)
wishy-washy (person) *n* вя́лый
witch hunt – *n, fig/pol* «охо́та за ве́дьмами«
withdraw – уходи́ть *impf*, уйти́ *pf*; отходи́ть *impf*, отойти́ *pf*; отводи́ть *impf*, отвести́ *pf* что

withdrawal – *n, mil* отступле́ние, отхо́д, вы́ход из бо́я
~ from contact with the enemy *n, mil* отхо́д в усло́виях соприкоснове́ния с проти́вником
~ not in contact with the enemy *n, mil* отхо́д войск при отсу́тствии акти́вных де́йствий со стороны́ проти́вника
bounding ~ *n, mil* отхо́д перека́тами под прикры́тием свои́х войск covered ~ *n, mil* отхо́д под прикры́тием свои́х войск
conduct a ~ отходи́ть, осуществля́ть *impf* отхо́д
deliberate ~ *n, mil* преднаме́ренный отхо́д

AN ENGLISH – RUSSIAN DIGEST OF MILITARY, POLITICAL & SOCIAL TERMS

fighting ~ *n, mil* отхо́д с бо́ем   forced ~ *n, mil* вы́нужденный отхо́д   phased, staged ~ *n, mil* планоме́рный отхо́д по эта́пам   withdrawing *adj* отходя́щий

"withering away of the State" (Marx) – *n, pol* «отмира́ние госуда́рства«

within range – в преде́лах досяга́емости   within reach в преде́лах досяга́емости   within the limits of... в преде́лах   within the tolerances... в преде́лах
without, from ~ *adv* извне́

woman – *n* же́нщина   ~ doctor *n* же́нщина-врач   ~ police officer же́нщина-полице́йский
women's liberation *or* emancipation *n* раскрепоще́ние же́нщин
~'s libber *n* боре́ц за права́/эмансипа́цию же́нщин   womanizer ба́бник, женолю́б

wood, wooden – *adj* деревя́нный
~ clearing (caused by a storm/ man made) *n* бурело́м, вы́рубка, лесно́й зава́л   wooded *adj* леси́стый   ~ steppe *n* лесосте́пь *f*
~ terrain *n* леси́стая ме́стность   ~ tundra *n* лесоту́ндра
marshy woodland *n* леси́сто- боло́тная ме́стность *f*
woods, forest *n* лес

work – *n* труд, рабо́та
~ capable, able-bodied *adj* трудоспосо́бный
~ cell *n* рабо́чая яче́йка   ~ conditions *npl* усло́вия труда́
~ for a living зараба́тывать *impf* себе́ на жизнь
~ for peace боро́ться *impf* за мир   ~ for the government рабо́тать *impf* на госуда́рственной слу́жбе   ~ force рабо́чая си́ла
~ load *n* нагру́зка   ~ movement рабо́чее движе́ние
~ one's way forward/backward *vi* пробива́ться *impf*, проби́ться *pf* вперёд/наза́д   ~ overtime рабо́тать сверхуро́чно перераба́тывать *impf*, перерабо́тать *pf*
clerical ~ канцеля́рская рабо́та
defensive ~s *n, mil* оборони́тельные сооруже́ния
office, clerical ~, record keeping *n, bus* делопроизво́дство
overtime ~ *n* перерабо́тка   shift ~ *n* сме́нность *f*; сме́нная рабо́та   short ~ week *n* непо́лная рабо́чая неде́ля
workaholic *n* работома́н *m*, работома́нка *f*, трудого́лик, трудого́личка

AN ENGLISH – RUSSIAN DIGEST OF MILITARY, POLITICAL & SOCIAL TERMS

workday *n* рабо́чий день
five/eight hour ~ пятичасово́й/восьмичасово́й рабо́чий день

worker – *n* рабо́тник ~s and peasant *adj* рабо́че-крестья́нский
blue collar, manual ~s рабо́тники физи́ческого труда́
farm ~s рабо́тники се́льского хозя́йства fast ~ скоростни́к
field ~s *n, mil* (construction) полево́е сооруже́ние
hard-~, toiler *n* тру́женик
manual ~ рабо́тник физи́ческого труда́ night ~ *n* вече́рник
production ~ *n* произво́дственник seasonal ~ сезо́нный рабо́тник
trade ~s, personnel тогро́вые рабо́тники transport ~s *n* тра́нстпортники
"Workers of the world, unite!" (Marx) «Пролета́рии всех стра́н, соединя́йтесь!«

working *adj* рабо́чий
~ class *n, soc,bus* рабо́чий класс ~ class families *n, soc* се́мьи рабо́чих ~ class movement рабо́чее движе́ние
~ time рабо́чее вре́мя ~ conditions усло́вия труда́
~ hours *n* рабо́чее вре́мя ~ party рабо́чая гру́ппа
~ week *n* рабо́чая неде́ля in ~ order в испра́вности

workshop, repairshop – *n* мастерска́я, парк, цех
tank ~ та́нко-ремо́нтная мастерска́я
truck-mounted ~ подви́жная мастерска́я

world – *n* мир, свет
~ affairs междунаро́дые дела́ ~ peace мир во всём ми́ре
~ power вели́кая держа́ва ~ outlook *adj* мировоззре́нческий, *n* мировоззре́ние worldwide web *n, comp* интерне́т; всеми́рная паути́на (веб) third world *n, pol* тре́тий мир
World Council of Churches (WCC) *n, rel* Всеми́рный Совет церкве́й (ВСУ)

worsen – *vt & (vi)* ухудша́ть(ся) *impf*, уху́дшить(ся) *pf*
worshipper – *n* моля́щийся
worthless – *adj* несто́ящий worthwhile *adj* сто́ящий
would-be (writer) – *n* челове́к, вообража́ющий себя́ (писа́телем)

wound, injure – *n* ра́нить *pf & impf*, ра́на, ране́ние
wounded *adj, med, n* ра́неный fatal ~ *n* смерте́льная ра́на

AN ENGLISH - RUSSIAN DIGEST OF
MILITARY, POLITICAL & SOCIAL TERMS

lacerated ~ *n* рва́ная ра́на
punctured ~ *n* ко́лотая ра́на
severely ~ *adj, n* тяжелора́неный
walking ~ *n* ходя́чий ра́неный

wreck (vehicle, person, etc) - *n* разва́лина, круше́ние
wreckage *n* обло́мки; (buildings) разва́лины
wrecker (recovery vehicle) *n* ремо́нто-эвакуацио́нная маши́на, маши́на техни́ческой по́мощи; (salvager) спаса́тель; *US* (repairer) рабо́чий авари́йно-ремо́нтной брига́ды

shipwreck *n* кораблекруше́ние
trainwreck *n* круше́ние по́езда

write off (equipment; loss) спи́сывать *impf* , списа́ть *pf* на слом
~ a car списа́ть маши́ну на слом

X

xenophobe - *n* ксенофо́б xenophobia *n* ксенофо́бия
xenophobic *adj* отлича́ющийся ксенофо́бией

Xerox ®, to ~ - ксерокопи́ровать *impf* , отксерокопи́ровать *pf*
X-rays - *n, med* рентге́новские лучи́

AN ENGLISH - RUSSIAN DIGEST OF MILITARY, POLITICAL & SOCIAL TERMS

Y

Yahweh − *n, rel, indecl* Яхве
yank − *sl* америка́шка, *m, f* yankee go home! *coll* я́нки во́н!
yard, freight ~ *n, rr* това́рный двор
marshalling ~ *n, rr* сортирво́чная ста́нция

year − *adj* го́дний, *n* год
~-round *adj* всесезо́нный
last ~'s, of last ~ *adj* прошлого́дний

yellow-skinned *adj* желтоко́жий

Yezhovschina (1930s, the great terror under NKVD chief Yezhov and Stalin) − *Sov hist* ежо́вщина
Yeltsinists (supporter(s) of Boris Yeltsin, Ru) − *Ru hist* е́льцини́ст, ельцини́сты
Yeltsinschina (period of rule under Yeltsin) *Ru hist* е́льцинщина

yes-man − *n* подпева́ла, подхали́м
yesterday - *adj* вчера́шний
yield, high/low (nuclear weapons) − *n* больша́я/ма́лая мо́щность

YMCA (Young Men's Christian Association) − *US, soc* Христиа́нский сою́з молоды́х люде́й
YWCA (Young Women's Christian Association) − *US, soc* Христиа́нский сою́з же́нской молодёжи

yoke − *n, lit, fig* и́го
bear, endure the ~ нести́ *pf* и́го
fall under the ~ *lit/fig* подпа́сть под и́го
Tatar ~ (overthrown by Ivan III in 1480) *Ru hist* тата́рское и́го
throw off the Tatar ~ сбра́сывать *impf,* сбро́сить *pf* тата́рское и́го/ярмо́ с себя́

yokel, hick − *n* дереве́нщина

young-looking − *n* моложа́вый
youngster *n* ма́льчик *m*
youth (collective) *n, lit* ю́ность, ю́нец *m*
(period or state) молодёжь

AN ENGLISH – RUSSIAN DIGEST OF MILITARY, POLITICAL & SOCIAL TERMS

Z

zealot – *n* фана́тик *m*, фанати́чка *f*; ревни́тель *m*, ревни́тельница *f*

zebra camoflage paint – *n* полоса́тая камуфля́жная окра́ска
Zen-Buddhism – *n, rel* дззн-буддиз́м
zenith – *n, lit, fig* зени́т; *fig* вы́сшая то́чка, расве́т

zero – *adj* нулево́й, *n* нуль *m*, ноль *m*
~ **an instrument** устана́вливать *impf*, установи́ть *pf* прибо́р на нуль   ~ **defects** *n* бездефе́ктность *f*
~ **gravity** *n* невесо́мость *f*
~ **hour** ча́с «ч«
~ **option** *pol* «нулево́й вариа́нт«
~-**sum game** игра́ с нулево́й су́ммой, с нулевы́м исхо́дом
~ **the rifle** устана́вливать *impf* прице́л винто́вки
ground ~ *nuc* эпице́нтр я́дерного взры́ва
ten degrees below ~ ми́нус де́сять гра́дусов, де́сять гра́дусов ни́же нуля́   **zeroed** *adj* пристре́лянный

zinc – *adj* ци́нковый, *n* ци́нк; оцинко́вывать *impf*, оцинкова́ть *pf*
Zionism *m, pol* сиони́зм   **Zionist** *adj* сиони́стский, *n* сиони́ст

zone – *adj* зона́льный, *n* зо́на, полоса́, райо́н
~ **of damage** зо́на пораже́ния   ~ **of operations** *n, mil* зо́на де́йствий   **air buffer** возду́шная бу́ферная зо́на
air landing ~ райо́н вы́садки деса́нта   **battle** ~ *mil* полоса́ боевы́х де́йствий   **buffer** ~ бу́ферная зо́на
contaminated ~ зо́на зараже́ния   **establishment of a nuclear weapons-free** ~ *n* созда́ни безъя́дерной зо́ны
exclusive fishing ~ исключи́тельная рыболо́вная зо́на
fortified ~ укреплённая полоса́   **impact** ~ *art* зо́на попада́ния
intercept ~ зо́на перехва́та   **killing** ~ зо́на пораже́ния
obstacle ~ полоса́ препя́тствий
lima (local) time ~ *n* часово́й по́яс ме́стного вре́мени
temperate ~ уме́рнные пояса́
time ~ поясно́е вре́мя, *n* часово́й по́яс
weapons free ~ *mil* зо́на неограни́ченного примене́ния ору́жия; зо́на, свобо́дная от ору́жия
zulu time ~ *n* сре́днее гри́нвичское вре́мя

AN ENGLISH – RUSSIAN DIGEST OF MILITARY, POLITICAL & SOCIAL TERMS

TOPOGRAPHICAL AND WEATHER TERMS

all-weather – *adj* всепого́дный   alpine – *adj* альпи́йский
arid – *adj* безво́дный   aridity *n* безво́дье
atmospheric pressure – *n* атмосфе́рное давле́ние
atoll – *n* ато́лл   avalanche – *adj* лави́нный, *n* лави́на

bad weather (wet) – *n* нена́стное вре́мя   berm – *n* бе́рма
bog, marsh, swamp – *n* топь *f*   blocks, stone, paving – *n* брусча́тка
breakwater – *n* волноло́м   breeze – *n* бриз

Carpathians (mountains) – *npl* Карпа́ты
causeway – *n* гре́бля   cave in, collapse – *n* обва́л, зава́л
cliff – *adj* скали́стый, *n* скала́, утёс

cloud – *n* о́блако   ~ seeding *n* скопле́ние облако́в
mushroom ~ *n* грибови́дное о́блако   cloudiness *n* о́блачность *f*; *fig* тума́нность *f*   cloudless – *adj* безо́блачный   cloudlessness *n* безо́блачность *f*   cloudy *adj* о́блачный

coastal strip, littoral – *n* прибре́жье   coastline – *n* берегова́я ли́ния
cobblestone – *n* булы́жник   corderoy road – *n* гать *f*
crack, crevice – *n* расще́лина   culvert – *n* труба́
cut – *n* вы́емка

dam – *n* плоти́на   defile – *n* дефиле́ *indecl*, уще́лье
delta – *n* де́льта   depression, hollow – *n* лощи́на
descent, sharp ~ - *n* круто́й сход
desert – *adj* пусты́нный, *n* пусты́ня;
desiccated – *adj* сушёный   dew point – *n* то́чка россы
dike – *n* плоти́на, да́мба   ditch – *n* ров, кана́ва
draft (of air) – *n* сквозня́к, сквозно́й ве́тер
drizzle – *n* мо́рось, и́зморось *f*; мороси́ть *impf*
drizzly – *adj* моросящий
drought – *adj* засу́шливый, *n* за́суха, бездо́ждье
dune – *n* дю́на   dust storm – *n* пы́льная бу́ря

earthquake – *n* землетрясе́ние
ecological disaster – *n* экологи́ческое бе́дствие
embankment, fill, level – *n* на́сыпь *f*, на́бережная

AN ENGLISH – RUSSIAN DIGEST OF MILITARY, POLITICAL & SOCIAL TERMS

erosion – *n* размы́в   erosive *adj* эрозио́нный, разъеда́ющий
estuary – *n* эстуа́рий, у́стье

fiord – *n* фио́рд, фьо́рд
flood – *n* наводне́ние   flooded *adj* зато́пленный
fog, dense – *n* тума́н   ~ shrouded – *n* закры́тый тума́ном
foggy *adj* тума́нный
folds in the terrain – *n* скла́дки ме́стности
foothills – *n* предго́рье   ford – *n* брод

forest – *adj* лесно́й
~ area *n* лесни́чество
~ clearing *n* поля́на   ~ fire лесно́й пожа́р   ~ protection *adj* лесозащи́тный   ~-steppe лесосте́пь *f*   ~-tundra лесоту́ндра
burnt out ~ горе́лый лес   coniferous ~ хво́йный лес
cut ~ вы́рубленный лес   deciduous ~ ли́ственный лес
pine ~ сосня́к   sparce ~ *n* ре́дкий лес
forested, heavily ~ леси́стая *или* ле́сная ме́стность
forester *n* лесни́к   forestry *n* лесово́дство, лесно́е хозя́йство
~ officer лесни́чий

freeze – *n* (frost) замора́живание, моро́з; замора́живать *impf*, заморо́зить *pf*
frost-bite – *n* обморо́жение, обмора́живние
frostbitten *adj* обморо́женный

gale – *n* шторм   gently sloping – *adj* поло́гий
glacier – *adj* ледо́вый, ледяно́й, *n* ледни́к   glacial era ледни́ковый пери́од   glutinous, viscous, boggy – *adj* вя́зкий
gorge – *n* уще́лье   grassy – *adj* травяни́стый
gravel – *n* гра́вий   greenery – *n* зе́лень
greenhouse effect – *n* тепли́чный парнико́вый эффе́кт

ground – *adj* назе́мный, *n* земля́, ме́стность *f*, грунт, по́чва
~ feature *n* ме́стный предме́т   clayish ~ *n* гли́нистый грунт
compact ~ пло́тный грунт, слежа́вшийся грунт
excavated ~ вы́нутый грунт   low lying ~ *n* низи́на
packed ~ пло́тный грунт   sandy ~ песча́ный грунт
sloping ~ *n* пока́тая ме́стность *f*   soft ~ мя́гкий *или* сла́бый грунт
stoney ~ камени́стый грунт   testing ~ *n* испыта́тельный полиго́н
thawed ~ та́лый грунт   unstable ~ неусто́йчивый грунт

AN ENGLISH - RUSSIAN DIGEST OF MILITARY, POLITICAL & SOCIAL TERMS

grove, small woodb - *n* ро́ща
gully - *n* ба́лка, волосто́к, рощи́на

hail, hailstorm - *n* гра́д, гра́дины   haze - *adj* мгли́стый, *n* мгла́; ды́мка
hilly - *adj* холми́стый   hillside *n* отко́с холма́, косого́р
hollow, basin - *n* котлови́на   humidity - *n* вла́жность *f*

ice - *adj* ледяно́й, *n* лёд
~ age *n, geo* леднико́вый пери́од ~-covered *adj* льди́стый
~ up or freeze up об/за/ледене́ва́ть *impf*, об/за/леденѐ́ть *pf*; (food) замора́живать *impf*, заморо́зить *pf* ~ drift дрейф льда́; ледохо́д ~ field ледяно́е по́ле ~ flow *n* льди́на, плаву́чая льди́на, ~-free *adj* свобо́дный ото льда́, незамерза́ющий
be covered with ~ об/за/леденѐ́лый, обледенѐ́вший; покры́тый льдом   black ~ *n* гололе́дица   iceberg *n* а́йсберг
icy, chilly *adj* леденя́щий, льди́стый   Ice Age *n* леднико́вый пери́од

inundated area - *n* зо́на затопле́ния
irrigate - *vt* ороша́ть *impf*, ороси́ть *pf*   irrigation *n* иррига́ция, ороше́ние
jet stream - *n* стру́йное тече́ние   jungle - джу́нгли *pl*
knoll, hillock - *n* со́пка

lagoon - *n* лагу́на
lake, other side of the ~ - *adj* заозёрный   lakeside *adj* приозёрный   landslide - *n* обва́л   lane, fire break - *n* про́сечка
ledge - *n* вы́ступ
lightening - *n* мо́лния   ball ~ *n* шарова́я мо́лния   heat ~ *n* зарни́ца
lowland - *adj* подго́рный, *n* ни́зменность *f*

marsh, bog, swamp - *n* топь *f*   marshy *adj* боло́тистый, то́пкий
massif, mountain mass - *n* масси́в   meteor shower *n* звездопа́д
mildew - *n* ми́льдью   mist - *adj* тума́нный, *n* тума́н; ды́мка, мгла́   moisture - *n* вла́га
moldy, mold - *adj* пле́сенный, *n* пле́сень
mossy and lichenous - *adj* мо́хово-лиша́йниковый
mountain range - *n* го́рный хребе́т, го́рный кряж

AN ENGLISH – RUSSIAN DIGEST OF
MILITARY, POLITICAL & SOCIAL TERMS

mud – грязь *f*, и́л
~ season – *n* распу́тица   muddy *adj* гря́зный, и́листый

oil slick – *n* нефтяна́я плёнка на воде́
ooze, oozy – *adj* и́листый, *n* ил
overcast (weather) – *adj* хму́рый, покры́тый
облака́ми; о́блачность *f*
overflow – *n* разли́в; *vi* перелива́ться *impf* перели́ться *pf* че́рез
что   overheat – *n* перегре́в; перегрева́ться *impf*, перегре́ться *pf*
overpass – *n* путепрово́д
overseas – за мо́рем from ~ из- за мо́ря
ozone friendly – не поврежда́ющий озо́новый слой

passable (for wheeled vehicles) – *adj* прое́зжий   path – *n* тропа́
permafrost – *n* ве́чная мерзлота́
pine ~ *adj* сосно́вый, *n* сосна́ ~ forest сосня́к
plateau – *n* плато́ *indecl* polar region – *n* заполя́рье
pollutant – *n* загрязня́ющее вещество́ pond – *n* пруд
porous – *adj* по́ристый precipitation – *n* оса́дки
pressure – *n* давле́ние high ~ area *n* о́бласть высо́кого давле́ния
puddle – *n* лу́жа

quagmire – *n, lit, fig* боло́то quarry – *n* карье́р

rain – *n* дождь *m*
heavy ~, shower *n* ли́вневые оса́дки incessant ~ *n* затяжно́й
дождь intermittent ~ *n* преры́вистый дождь rainforest *n*
тропи́ческий лес rainy weather *n* нена́стье

rapids – *n* быстрина́
ravine, gully – *adj* овра́жный, *n* овра́г, ба́лка, уще́лье
reef, reefs – *n* риф, ри́фы carried onto the ~s понесло́ на ри́фы

river ~ *adj* речно́й, *n* река́ navigable ~ судохо́дная река́ riverbed
n ру́сло реки́ ~ bend *n* изви́в ~ transport worker во́дник
~ Ruhr Рур, Ру́рская о́бласть

rocky – *adj* камени́стый, скали́стый
saddle – *n, topo* седлови́на; седло́
salt marsh – *n* солонча́к salt works, mines *npl* соляны́е
разрабо́тки

AN ENGLISH – RUSSIAN DIGEST OF MILITARY, POLITICAL & SOCIAL TERMS

sand flats – *n* ро́вные пески́ sandbank *n* песча́ная ба́нка
sandpit *n* песо́чница sandstorm *n* песча́ная бу́ря, смерч
sandy *adj* песча́ный

sea, choppy – *n* неспоко́йное мо́ре at ~ на́ мо́ре by the ~ у мо́ря shallow ~ мелково́дное мо́ре seaweeds *nfpl* во́доросли

season – *n* вре́мя сезо́на mud ~ *n* распу́тица
semidesert – *adj* полупусты́нный
shallow – *adj* мелково́дный, ме́лкий ~ water мелково́дье, ме́лкая вода́
shrub, bush – *n* куст silt, silty *adj* и́листый, *n* ил
sleet – *n* дождь *m* со сне́гом, крупа́ it is sleeting крупа́ сы́плет
slope – *n* накло́н, склон, укло́н, отко́с; косого́р
reverse ~ *n* обра́тный скат или укло́н
slush – *n* сля́коть *f* smog – *n* смог

snow – *adj* снегово́й, сне́жный, *n* снег
~ blindness *n* сне́жная слепота́ ~ bound *n* занесёный сне́гом
~ cover *n* сне́жный покро́в ~ covered *adj* оснежённый, *n* покры́тый сне́гом ~ removal *adj* снегоубо́рочный ~ whiteout сне́жная белизна́
be snowblinded страда́ть сне́жной слепото́й
snowdrift *n* сне́жный зано́с, сне́жный сугро́б snowfall *n* снегопа́д snowflakes *npl* сне́жинки snowplow *n* снегоочисти́тель snowshoes *npl* снегосту́пы snowstorm *n* мете́ль *f;* вью́га; сне́жная бу́ря snowy weather *n* сне́жная пого́да

soil – *adj* по́чвенный, *n* по́чва, грунт spring (water source) – *n* родни́к steppe-forest – *n* лесосте́пь *f*
stone, or paving blocks – *n* брусча́тка crushed ~ *n, ms* ще́бень *m,* щебня́ *mpl*
strait проли́в international ~ *n* междунаро́дный проли́в
strato-cumulus clouds – *npl* сло́йсто-кучевы́е облака́
stream – *n* руче́й supercooled, be ~ – *vi* переохлажда́ться
surf – *n* прибо́й swamp, bog, marsh – топь *f*

temperate – *adj* уме́ренный temperature inversion *n* инве́рсия температу́ры

AN ENGLISH – RUSSIAN DIGEST OF MILITARY, POLITICAL & SOCIAL TERMS

terrain – *n* ме́стность *f*
broken ~ пересечённая ме́стность
dominating ~ feature госпо́дствующий ме́стный рельеф
enemy held ~ *n* террито́рия, захва́ченная проти́вником
favorable ~ вы́годная ме́стность
forested and ~ marshy леси́сто-боло́тистая ме́стность
heavily broken ~ ре́зко пересечённая ме́стность
key ~ feature такти́чески ва́жный ме́стный рельеф
lightly broken ~ малопересечённая ме́стность

masking ~ feature маскиру́ющий ме́стный рельеф; есте́ственная маскиро́вка
montainous ~ гори́стая ме́стность
nature of the ~ хара́ктер ме́стности
negotiate difficult ~ продвига́ться по труднопроходи́мой ме́стности
restrictive, broken ~ пересечённая ме́стность
rough ~ труднопроходи́мая ме́стность, труднодосту́пная ме́стность
swampy ~ заболо́ченная ме́стность
wooded ~ лесна́я ме́стность

thaw – *n* о́ттепель *f* thermal convection – *n* терми́ческая конве́кция thicket – *n* за́росли, ча́ща thunder – *n* гром

tidal, rising tide – *adj* прили́вный tidal wave *n* прили́вная волна́
tide (rising/ebb) *n* прили́в/отли́в high ~ *n* по́лная вода́

timber – *n* лесоматериа́л, *also* wood pulp древеси́на; for harvesting *n* строево́й лес ~ cutting area *n* лесосе́ка ~ industry *n* лесово́дство ~ man, lumber jack *n* лесору́б ~ yard *n* дровяно́й склад ~ truck *n* лесово́з

tornado – *n* смерч

tree – *n* де́рево
~ grove *n* по́росль *f* ~ nursery *npl* лесны́е пито́мники
~ plantation *n* древонасажде́ние, расса́дник ~ top *n* верху́шка де́рева coniferous ~ хво́йное де́рево deciduous ~ ли́ственное де́рево pine ~ *adj* сосно́вый, *n* сосна́ pine forest *n* сосня́к

tributary – *n* прито́к tsunami – *n* цуна́ми

AN ENGLISH – RUSSIAN DIGEST OF MILITARY, POLITICAL & SOCIAL TERMS

tundra – *n* тундра wooded ~ *n* лесотундра
typhoon – *n* тайфун
undergrowth, saplings – *n* молодняк, подлесок
upland – нагорье undulating – холмистый
vegetation – *adj* растительный, *n* растение, вегетация
warm spell – *n* потепление
washout – *n* размыв

water – *adj* водный, *n* вода
~-bearing *adj* водоносный ~ catchment *adj* водосборный, *n* водосбор ~ conservancy, drainage, melioration, supply *adj* водно-мелиоративный ~ crossing commander *mil* комендант переправы ~ dam *n* плотина ~ distribution *adj* водоразборный ~ drainage system *adj* водосточный, *n* водосток ~ edge, boundary *n* урез воды ~ main *n* водная магистраль boiled ~ *n* кипячёная вода
coastal ~s *n* прибрежные воды chlorinate ~ *vt* хлорировать *impf & pf* воду desalinate ~ опреснять *impf* воду distilled ~ опреснённая вода fresh ~ *adj* пресноводный, пресная вода in international ~s *n* в международных водах potable ~ *n* питьевая вода salt ~ солёная вода stagnant ~ стоячая вода tap ~ *n* сырая вода
waterfall *n* водопад watershed *n* водораздел waterspout смерч

weather – *n* погода
~ a storm *n* выдерживать шторм ~ bound *adj* задержанный непогодой ~ permitting при благоприятной погоде
~ station *n* метеорологическая станция
~ worn *adj* пострадавший от непогоды
in all ~ в любую погоду, при любой погоде
in good ~ в хорошую погоду bad ~ *n* непогода
wet ~ *n* дождливая погода weathered, chapped *adj* обветренный
weatherman *n* синоптик weatherproof *adj* погодоустойчивый

weeds – *npl* сорняки (land type), водоросли (water type)
white out (snow) – *n* белая мгла

wind – *adj* ветреный, *n* ветер
~ cone, sock *n* ветроуказатель ~ direction направление ветра ~ gust порыв ветра ~ shift поворот ветра ~ speed скорость ветра cross ~ боковой ветер cross tail ~ попутно-боковой ветер down ~ по ветру leeward ~ *adj* подветренный

AN ENGLISH - RUSSIAN DIGEST OF
MILITARY, POLITICAL & SOCIAL TERMS

prevailing ~s госпо́дствующие ве́тры
upwind про́тив ве́тра
windstorm *n* бу́ря
windward, downwind *adj* наве́тренный

wood - *adj* деревя́нный
~ clearing (caused by a storm/ man made) *n* бурело́м, вы́рубка, лесно́й зава́л

wooded *adj* леси́стый
~ steppe *n* лесосте́пь *f*
~ terrain *n* леси́стая ме́стность *f*
~ tundra *n* лесоту́ндра

wooden *adj* деревя́нный
marshy woodland *n* леси́сто-боло́тная ме́стность
woodless, treeless *adj* безле́сный, *n* безле́сье
woods, forest *n* лес

AN ENGLISH – RUSSIAN DIGEST OF MILITARY, POLITICAL & SOCIAL TERMS

GEOGRAPHY

Country/Adjective/Male/Female

A

Абха́з/~ия/~ский/~ец/~ка — Abkhazia/~n (Georgia)
Австра́л/~ия/~и́йский/~и́ец/~и́йка — Australia/~n
А́встр/~ия/~и́йский/~и́ец/~и́йка — Austria/~n
Адиро́ндак — Adirondacks   Азиа́т/~ский/азиа́т/~ка — Asian
Азо́рские острова́ — the Azores
Алба́н/~ия/~ский/~ец/~ка — Albania/~n
Алеу́тские острова́ — the Aleutians
Алжи́р/~ский/~ец/~ка — Algeria/~n
Аллега́ны — Allegheny Mountains
А́льпы — the Alps
Америка́н/~ский/~ец/~ка — America/~n
Анатоли́йское побере́жье — Anatolian Coast
А́нглия/англи́йский/англича́н/~ин/~ка — England, English
Англича́не — the English (plural)
Анго́л/~а/ьский/~ец/~ка — Angola/~n
А́нды — the Andes   Антаркти́да — Antartica
Анти́льские острова́ — Antilles   Аппала́чи — Appalachian Mountains
Аппала́чское плато́ — Appalachian Plateau
Апенни́нский полуостров — Apennine Peninsula
Апенни́ны — Apennines   Ара́б/~ский/Ара́б/~ка — Arab
Арави́йский полуо́стров — Arabian Peninsula
Аргенти́н/~а/~ский/~ец/~ка Argentina/Argentinian
Арде́нны — the Ardennes
Арм/~е́ния/~я́нский/~яни́н/~я́нка — Armenia/~n
Артуа́ — Artois (Fr.)
Асси́рия/ассири́йский — Assyria/n
Асси́р/~и́ец/~и́йка — Assyrian
Азербайджа́н/~ский/~ец/~ка — Azerbaidjan/~ian
Афга́н/~иста́н/афга́н/~ский/~ец/~ка — Afghanistan/Afghan
А́фрика/африка́н/~ский/~ец/~ка — Africa/~n

AN ENGLISH – RUSSIAN DIGEST OF MILITARY, POLITICAL & SOCIAL TERMS

Б

Бага́мские острова́ — Bahama Islands
Балти́йское взмо́рье — Pomorze; Pomerania, southern Baltic Sea coast
Бангладе́ш/~ский/~ец/~ка — Bangladesh/~i

Баск/ба́скский/ба́ск/баско́нка — Basque
Бахре́йн — Bahrain
Башки́р/~ия/~ский/башки́р/~ка — Bashkiria/Bashkir
Белару́с/ь (f)/ский/белару́с/~ка — Belarus/Belorussian
Бе́льгия/бельги́/~йский/~ец/~йка — Belgi/~um/~an
Бели́з — Belize
Бе́льги/~я/~йский/~ец/~йка — Belg/~ium/~ian
Бени́/~нский/~ец/~йка — Benin
Бе́рег Слоно́вой Ко́сти — Ivory Coast
жи́тель Бе́рега Слоно́вой Ко́сти — inhabitant of Ivory Coast
Берму́дские острова́ — Bermuda
Би́рма/бирма́н/~ский/~ец/~ка — Burm/~a/~ese
Боге́м/~ия/~ский/~ец/~ка — Bohemia/~n
Болга́р/~ия/~ский/~ин/~ка — Bulgaria/~n
Боли́в/~ия/~ийский/~иец/~ийка — Bolivia/~n
Бо́сния/босни́йский/~ец/босни́йка — Bosnia/~n
Ботсва́н/~а/~ский — Botswana/~n жи́тель Ботсва́ны — citizen of Botswana
Брази́л/~ия/~ьский/~ьец/~ья́нка — Brasil/~ian
Брета́нь — Brittany (Fr.) Бруне́й — Brunei
Буру́нди/бурунди́йский — Burundi/~an жи́тель Буру́нди — citizen of Burundian
Буря́т/~ия/~ский/буря́т/~ка — Buryatia/Buryat
Брита́н/~ский/~ец/~ка — Brit/~ain/~ish/Briton Брита́нские острова́ — the British Isles
Буркина́-Фасо́ — Burkina Faso

AN ENGLISH – RUSSIAN DIGEST OF MILITARY, POLITICAL & SOCIAL TERMS

В

Вавило́н/~ский/~ец/~ка — Babylon/~ian
Валли́йский/валли́/~ец/~йка/~йцы — Welsh
Вануа́ту — Vanuatu   Варя́г/варя́жский — Varangian
Вели́кие равни́ны — the Great Plains   Великобрита́ния — Great Britain
Ве́нгрия/венге́рский/ве́нгр/венге́рка — Hungar/~y/~ian
Венесуэ́л/~а/~ьский/~ец/~ка — Venezuala/~n
Ве́рхняя Во́льта — Upper Volta
Вьетна́м/~ский/~ец/~ка — Vietnam/~ese
Воге́зы — Vosges (Fr)

Г

Гайа́н/~а/~ский/~ец/~ка — Guyana/Guyanese
Гаи́ти — (indecl) Haiti   Гаитя́н/~ский/~ин/~ка — Haitian
Гаитя́не — Haitians
Гали́с/~ия/~и́йский/~и́ец/~и́йка — Galicia/~n (Spain)
Гали́ц/~ия/~и́йский — Galicia/n (E. Europe)
Галича́н/~ин/~ка/~е — Galician (E. Europe)
Га́н/~а/~ский/~ец/~ка — Ghan/~a/~aian
Гватема́л/~а/~ьский/~ец/~ка — Guatemala/~n
Гвин/~е́я/~е́йский/~е́ец/~е́йка — Guinea/~n
Герма́ния — Germany   Ге́ссен/~ский — Hesse/Hessian
Гимала́и/гимала́йский — Himalaya/~s/~n
Голла́нд/~ия/~ец/~ка — Holland/Dutch/~man/~woman
Гола́нские высоты́ — Golan Heights
Гондура́с/~ский/~ец/~ка — Hondura/~s/~n
Гонко́нг — Hong Kong   Го́ры Ка́тскилл — the Catskills
Гре́/~ция/~ческий/~к/~ча́нка — Greece/Greek
Гренла́нд/~ия/~ский/~ец/~ка — Greenland/~ic/~er
Гру́зи/~я/грузи́н/~ский/грузи́н/~ка — Georgia/~n
Гуа́м —Guam

AN ENGLISH – RUSSIAN DIGEST OF MILITARY, POLITICAL & SOCIAL TERMS

Д

Дагеста́н/дагеста́н ский/~ец/~ка — Dagestan Далма́ция — Dalmatia
Да́ния — Denmark Дардане́ллы — the Dardanelles
Да́т/да́тский/~ча́нин/~ча́нка — Danish/Dane Джибу́ти — Djibouti
Дне́пр/дне́про́вский — the Dniester/adj. Дне́стр/дне́стро́вский — the Dnieper/adj.
Доминика́нская Респу́блика — Dominican Republic
Дуна́й/придуна́йский — the Danube/*adj*

Е

Евра́з/~ия/~и́йский/~и́ец/~и́йка — Eurasia/~n
Евро́па/европе́йский/европе́ец/европе́йка — Europe/~an
Еги́пет/~ский/египтя́н/~ин/~ка — Egypt/~ian Египтя́не — Egyptians

И

Ибери́йские го́ры — the Iberian Mountains
Ибе́р/~ия/~и́ец/~и́йка — Iberia/~n
Иводзи́ма — Iwo Jima Йе́мен/~ский/~ец/~ка — Yemen/Yemeni
Изра́иль (m)/изра́ильский — Israel/~i Израильтя́н/~ин/~ка — Israeli Израильтя́не — Israelis
Ингуш/~е́тия/ингу́ш/~ский/ингу́ш/~ка — Ingush Republic/Ingushi
Инде́йский/инде́ец/индиа́нка — (American) Indian Инди́йский океа́н — Indian Ocean Инд/~ия/~и́йский/~и́ец/~иа́нка — India/~n Инду́с/~ский/инду́с/~ка — Hindu
Иорда́н/~ия/~ский/~ец/~ка — Jordan/~ian
Ира́к/~ский/жи́тель Ирака — Iraq/Iraqi
Ира́н/~ский/~ец/~ка — Iran/~ian
Ирла́нд/~ия/~ский/~ец/~ка — Ireland/Irish
Исла́нд/~ия/~ский/~ец/~ка — Iceland/~ic/~er
Ита́л/~ия/~ья́нский/~ья́нец/~ья́нка — Italy/Italian

AN ENGLISH – RUSSIAN DIGEST OF MILITARY, POLITICAL & SOCIAL TERMS

Забайка́л/~ье/~ьский/~ец/~ка — Transbaikal
Заво́лжье/заво́лжский — Transvolga
Закавка́з/~ье/~ский/~ец/~ка — Transcaucasia/~n
Закарпа́тье/закарпа́тский — Transcarpthia/~n
Заи́р/~ский/~ец/~ка — Zaire/~ian/~an

Зали́в — gulf, bay, cove or creek
Аденский зали́в — Gulf of Aden Ака́бский зали́в — Gulf of Aqaba
Бенга́льский зали́в — Bay of Bengal Биска́йский зали́в — Gulf of Biscay Босфо́р зали́в — Bosphorus Gulf
Ботни́ческий зали́в — Gulf of Bothnia Гудзо́нов зали́в — Hudson Bay Зали́в Дэе́ймса — James Bay Ки́льский зали́в — Kiel Bay
Мексика́нский зали́в — Gulf of Mexico Ома́нский зали́в — Gulf of Oman Перси́дский зали́в — Persian Gulf
Пана́мский зали́в — Gulf of Panama Ри́жский зали́в — Gulf of Riga
Суэ́цкий зали́в — Gulf of Suez Токи́йский зали́в — Gulf of Tokyo
Фи́нский зали́в — Gulf of Finland

За́мб/~ия/~и́йский/~и́ец/~и́йка — Zambia/~n
Заполя́рье/заполя́рный — polar region
Запоро́ж/~ье/~ский/~ец — Zaporozhia/n Cossack
Заокеа́нский — transoceanic
Заура́лье/заура́льский — Trans-Ural area/Trans-Ural
Зимба́бв/~е/~и́йский/~и́ец/~и́йка — Zimbabwe/~a

AN ENGLISH - RUSSIAN DIGEST OF MILITARY, POLITICAL & SOCIAL TERMS

К

Кавка́з/~ский/~ец/~ка — the Caucasus
Каза́х/~ста́н/~ский/~каза́х/каза́шка — Kazakhstan/Kazakh
Калмы́/~кия/~цкий/~к/~чка — Kalmykia/Kalmyk
Камбо́джа (Кампучи́я) — Cambodia
Камбоджи́йский/кампучи́йский — Cambodian
Камбоджи́/~ец/~йка/кампучи́/~ец/~йка — Cambodian
Камеру́н/~ский/~ец/~ка — Cameroon/~ian
Кана́д/~а/~ский/~ец/~ка — Canad/~a/~ian
Ка́пская коло́ния — Cape Colony Карпа́ты — the Carpathians
Ка́тар — Qatar Кашми́р/~ский/~ец/~ка — Kashmir/~i
Ке́н/~ия/~ийский/~иец/~ийка — Kenya/~n
Кипр/ки́прский/киприо́т/~ка — Cyprus/Cypriot
Кирги́з/~ия/~ский/кирги́з/~ка — Kirghizia/Kirghiz
Кита́й/~ский/~ец/~янка — China/Chinese
Колу́мб/~ия/~ийский/~иец/~ийка — Columbia/~n
Коре́я/коре́йский/коре́/~ец/~янка — Korea/~n
Ко́ста-Ри́ка/коста-рика́н/~ский/~ец/~ка — Costa Rica/~n
Крит/~ский/ n жи́тель, жи́тельница Кри́та — Crete, Cretan
Крым/кры́мский/крымча́к/крымча́нка — Crimea/~n
Ку́ба/куби́н/~ский/~ец/~ка — Cuba/~n
Куба́нь(f)/куба́н/~ский/~ец — Kuban/Kuban Cossack
Куве́йт/~ский/~ец/~ка — Kuwait/~i
Курдиста́н/ский/ку́рд/ка — Kurdistan/Kurdish/Kurd
Кури́льские острова́ — Kurile Islands
Кырги́з/~ия/~ский/кырги́з /~ка — Kirghizia/Kirghiz

AN ENGLISH – RUSSIAN DIGEST OF MILITARY, POLITICAL & SOCIAL TERMS

Л

Ла-Ма́нш — the English Channel
Лао́с/~ский/лао́с/~ец/~ка — Laos/Laotian
Лапла́нд/~ия/~ский — Lapland/~er Лапла́нд/~ец/~ка — Laplander; Lapp
Ла́тв/~ия/~и́йский/~и́ец/~и́йка — Latvia/~n
Латы́ш/~ский/латы́ш/~ка — Latvian (Lett)
Лати́нская Аме́рика — Latin America Латы́нь — a Latin *coll*
Лива́н/~ский/~ец/~ка — Lebanon
Ли́в/~ия/и́йский/~и́ец/~и́йка — Libya/~n
Лит/ва́/о́вский/~о́вец/~о́вка — Lithuania/~n
Лихтенште́йн/~ский — Lichtenstein
Лок-Несс — Lock Ness
Люксембу́рг/~ский — Luxemburg
люксембу́рж/~ец/~ка — Luxemburger

М

Маврита́н/~ия/~ский/~ец/~ка — Mauritania/~n
Македо́н/ия/ский/ец/ка — Macedonia/Macedonian
Мака́о — Macao/~n
Мала́ви — Malawi indecl
Малагаси́йская Респу́блика — Malagasy Republic
Мала́й/~зия/~зи́йский/~зи́ец/~зи́йка — Malaysia/~n
Мала́йя/мала́йский/мала́ец/мала́йка — Malaya/n
Ма́лая А́зия — Asia Minor
Мали́ (indecl)/~йский/~ец/~йка — Mali/an
Мальди́вская Респу́блика — the Maldives Republic
Ма́льта — Malta
Мариа́нские острова́ — Mariana Islands
Маро́кко — (indecl) Morocco
Марша́лловы острова́ — Marshall Islands Ма́ттерхорн — the Matterhorn
Ме́ксика/мексика́н/~ский/~ец/~ка — Мехi/~co/~can
Мелане́зия, меланези́йский, меланези́ец меланези́йка — Melanesia/n
Микроне́зия — Micronesia
Мозамби́к/~ский/жи́тель Мозамби́ка — Mozambique/Mozambican
Мол/~до́ва/~да́вский (Молда́вия) — Moldavia/~n

AN ENGLISH - RUSSIAN DIGEST OF MILITARY, POLITICAL & SOCIAL TERMS

Молдава́н/~ин/~ка — Moldavian
Монго́л/~ия/~ьский/монго́л/~ка — Mongolia/~n
Мордо́в/~ия/~ский/мордви́н/~ка — Mordvinia/~n
Мордва́ (collective plural) — Mordvinians

Мо́ре — Sea
Адриати́ческое мо́ре — Adriatic Sea
Азо́вское мо́ре — Sea of Azov
Балти́йское мо́ре — Baltic Sea
Ба́ренцево мо́ре — the Barents Sea
Бе́рингово мо́ре — Bering Sea
Галиле́йское мо́ре — Sea of Galilee
Гренла́ндское мо́ре — Sea of Greenland
Жёлтое мо́ре — Yellow Sea
Иони́ческое мо́ре — Ionic Sea
Кари́бское мо́ре — Caribbean Sea
Ка́рское мо́ре — Kara Sea
Каспи́йское мо́ре — Caspian Sea
Кора́лловое мо́ре — Coral Sea
Лабрадо́рское мо́ре — Sea of Labrador
Мёртвое мо́ре — Dead Sea
Норве́жское мо́ре — Sea of Norway
Охо́тское мо́ре — Okhotsk Sea
Сарга́ссово мо́ре — Sargasso Sea
Се́верное мо́ре — North Sea
Соломо́ново мо́ре — Solomon Sea
Средизе́мное мо́ре — Mediterranean Sea
Тасма́ново мо́ре — Tasman Sea
Тирре́нское мо́ре — Tyrrhenian Sea
Тимо́рское мо́ре — Timor Sea
Чёрное мо́ре — Black Sea
Эге́йское мо́ре — Aegean Sea
Ю́жно-кита́йское мо́ре — South China Sea
Ява́нское мо́ре — Java Sea
Япо́нское мо́ре — Sea of Japan

Мыс До́брой Наде́жды — Cape of Good Hope
«Мыс Ке́ннеди« — Cape Kennedy
Мья́нма — Myanmar

AN ENGLISH – RUSSIAN DIGEST OF MILITARY, POLITICAL & SOCIAL TERMS

Н

Намиб/~ия/~ийский/житель Намибии — Namibia/~n
Неме́цкий/не́мец/не́мка — German
Непа́л/~ьский/~ец/жи́тельница Непа́ла — Nepal/~ese
Ниага́рский водопа́д — Niagara Falls
Ниге́р/~ия/~ийский/~иец/~ийка — Nigeria/~n
Нидерла́нд/~ы/~ский/~ец — Netherland/~s/~er
Никара́гуа/никарагуа́н/~ский/~ец/~ка — Nicaragua/~n
Но́вая Зела́ндия/новозела́ндский — New Zealand
Новозела́нд/~ский/~ец/~ка — New Zealander
Но́вая Шотла́ндия/новошотландский — Nova Scotia
Нор/~ве́гия/норве́ж/~ский/~ец/~ка — Nor/way/wegian
Норма́ндия — Normandy
Ньюфа́ундленд/~ский/~ец/~ка — Newfoundland/~er

О

Объединённые Ара́бские Эмира́ты — United Arab Emirates (UAR)
жи́тель Объединённых Ара́бских Эмира́тов (ОАЭ) — inhabitant of the ~ United Arab Emirates

О́зеро — lake
Байка́л — Baikal Балха́ш — Lake Balkhash
Бе́лое — Lake White Большо́е Солёное о́зеро — Great Salt Lake
Ван — Lake Van Ве́рхнее — Lake Superior Гуро́н — Lake Huron Ла́дожское — Lake Ladoga
Лох-Не́сс — Loch Ness Мичига́н — Lake Michigan
Оне́жское — Lake Onega Онта́рио — Lake Ontario
Чад — Chad Э́ри — Lake Erie

Океа́ния — Oceania; the South Seas
Ома́н — Oman
Оркне́йские острова́ — Orkney Islands
Осе́тия/осети́нский/осети́н/осети́нка — Ossetia/~n

О́стров Па́схи — Easter Island
Острова́ Алеу́тские — Aleutian Islands Острова́ Кайма́н — Cayman Islands Острова́ Рюкю́ — Ryukyu Islands (Japan)
Островитя́н/~ин/~ка — islander

AN ENGLISH – RUSSIAN DIGEST OF MILITARY, POLITICAL & SOCIAL TERMS

П

Па-де-кале́ — Pas-de-Calais (Fr), Strait of Dover
Пакиста́н/~ский/~ец/~ка — Pakistan/~i
Палести́н/~а/~ский/~ец/~ка — Palestine/Palestinian
Пана́м/~а/~ский/жи́тель Пана́мы — Panama/~nian
Пана́мский кана́л/переше́ек — Panama Canal/Isthmus of ~ Па́пуа-Но́вая Гвине́я — Papua New Guinea
Парагва́й/~ский/парагва́/~ец/~йка — Paraguay/~an
Перу́ (indecl.)/á́нский/а́нец/а́нка — Peru/~vian
Пенджа́б — Punjab Пирене́и/пирене́йский — the Pyrenees/Pyrenean Подмоско́в/~ье/~ный — the Moscow region
Полоса́ Га́зы — Gaza Strip Поля́рный леднико́вый покро́в — polar ice cap По́ль/~ша/~ский/пол/~я́к/по́лька — Poland/Polish/Pole Помо́р/~ье/~ский — seaboard; coastal region Португа́л/~ия/~ьский/~ец/~ка — Portug/~al/~uese

Приба́лтика/прибалти́йский/приба́лт/ка — the Baltic area/Baltic/Balt Прибре́ж/~ье/~ный — littoral; coastal strip; riverside Прибре́жные острова́ — offshore islands
Прибре́жная полоса́ — coastal strip; riparian, coastal
Приазо́вье/приазо́вский — the Asian region
Приаму́рье/приаму́рский — the Lake Amyr area
Приднепро́вье/приднепро́вский — the Dnieper area
Прикарпа́тье/прикарпа́тский — the Carpathian area
Примо́рье/примо́рский — the seaside; littoral
При́пять — Pripet Marshes (Ukraine)
Приура́лье/приура́льский — the Ural area/region
Причерномо́рье/причерномо́рский — the Black Sea area/region

Проли́в — strait, sound
Бенга́льский проли́в — Strait of Bengal Бе́рингов проли́в — Bering Strait Гибралта́рский проли́в — Strait of Gibralter
Ду́врский проли́в — Strait of Dover Ке́рченский проли́в — Strait of Kerch Магелла́нов проли́в — Strait of Magellan
Мала́ккский проли́в — Strait of Malacca Сингапу́рский проли́в — Strait of Singapore Туни́сский проли́в — Strait of Tunisia
Хорму́зский проли́в — Strait of Hormuz
Цуси́мский проли́в — Straits of Tsushima
Про́чная земля́ — Terra firma Пусты́ня Го́би — Gobi Desert
Пуэ́рто-Ри́ко/пуэрто-рика́нский — Puerto Rico

AN ENGLISH – RUSSIAN DIGEST OF MILITARY, POLITICAL & SOCIAL TERMS

пуэрторика́н/ец/ка — Puerto Rican
Пхенья́н — Pyonyang (North Korea)

R

Rhenish — *adj* Ре́йнский
Rhineland — *Ge geo* Ре́йнская о́бласть

Река́: — River
Амазо́нка — Amazon
Аму́р — Amur
Ви́сла — Vistula
Во́лга — Volga
Ганг — Ganges
Непр — Dniester
Нестр — Dnieper
Дуна́й — Danube
Евфра́т — Euphrates
Инд — Indus
Ирты́ш — Irtysh
Ни́гер — Niger
Нил — Nile
Обь — Ob
По — Po
Потома́к — Potomac

Рейн — Rhine
Ро́на — the Rhone
Рубико́н — Rubicon
Рур — Ruhr
Саа́р — Saar
Свято́го Лавре́нтия — St. Lawrence
Се́на — Seine
Со́мма — the Somme
Те́мза — Thames
Тигр — Tigris
Хуанхэ́ (indecl) — Yellow
Эльба — Elbe
Юко́н — Yukon
Янцзы́ — Yangtze

Росси́йская Федера́ция — Russian Federation
Росси́/~йский/~я́нин/~я́нка — (All) Russian
Росси́я — Russia Россия́не — Russians
Руа́нд/~а/~и́йский/руанди́/~ец/~йка — Rwanda/~n
Румы́н/~ия/~ский/румы́н/~ка — Rumania/~n
Ру́рская о́бласть — the Ruhr
Ру́сский/ру́сская — Russian

AN ENGLISH - RUSSIAN DIGEST OF MILITARY, POLITICAL & SOCIAL TERMS

C

Сальвадо́р/~ский/~ец/~ка — San Salvador/Salvadoran
Саа́м/~ский/саа́м/~ка — Lapland /Lapp, Laplander
Саа́р/~ский — the Saar Саа́рская о́бласть — Saarland
Саксо́ния — Saxony Само́а — Samoa
Сау́довская Ара́вия/сау́довский — Saudi Arabia
Сау́дов/~ец/~ка — Saudi
Сва́зиленд — Swaziland
Се́верный Ледови́тый океа́н — Artic Ocean
Се́верный Поля́рный круг — Artic Circle
Сейше́льские острова́ — the Seychelles
Сектор Га́за — the Gaza Strip
Сенега́л/~ьский/~ец/~ка — Senegal/~ese
Се́рб/~ия/~ский/се́рб/~ка — Serbia/n
Сиби́рь (f)/сиби́рский/сибиря́к/ сибиря́чка — Siberia/~n

Силе́зия — Silesia
Сина́й/~ский — Sinai
Сингапу́р/~ский/~ец/~ка — Singapore/~an
Си́р/~ия/~и́йский/~и́ец/~и́йка — Syria/~n
Сици́лия — Sicily
Скали́стые го́ры — the Rocky Mountains
Скандина́вия — Scandinavia
Слова́кия/слова́цкий — Slovakia Слова́/~к/~чка — Slovak
Слове́н/~ия/~ский/~ец/~ка — Slovenia/Slovene

Соломо́новы острова́ — Solomon Islands
Сомали́/~йский/~ец/~йка — Somalia/Somali
Соединённые Шта́ты — US

Сре́дний За́пад — the Midwest (US)
Стамбу́л — Istanbul (Turkey)
Степ/~ь/~но́й — Steppe
Суда́н/~ский/~ец/~ка — Sudan/~ese
Суде́тская о́бласть — the Sudetenland
Surinam — Surinam
Суэ́цкий кана́л — Suez Canal
Сье́рра-Лео́не — Sierra Leone

AN ENGLISH – RUSSIAN DIGEST OF MILITARY, POLITICAL & SOCIAL TERMS

Т

Та́врские го́ры — the Taurus Mountains, Turkey
Таджикиста́н/таджи́кский/таджи́к/таджи́чка — Tadjikistan/Tadjik
Тайва́нь(m) — Taiwan
Тайга́/таёжный/таёжн/~ик/~ица — Taiga/a Taiga inhabitant
Таила́нд/та́йский/таила́нд/~ец/~ка (та́йцы) — Thailand/Thai (pl)
Таи́ти (indecl.)/таитя́н/~ский/~ин/~ка — Tahiti
Танза́н/~ия/~и́йский/~иец/~и́йка — Tanzania/~n
Тата́р/~ста́н/~ский/тата́р/~ин/~ка — Tatarstan/Tatar
Тибе́т/~ский/~ец/~ка — Tibet/~an
Тиро́ль/~ский/тиро́лец/тиро́лька — Tyrol/Tyrolean
То́го/тоголе́зский/~ле́зец/~ле́зка — Togo/~lese
Трансатланти́ческий — transatlantic
Трансва́аль/~ский — Transvaal
Трансильва́н/~ия/~ский — Transylvania/n
Транссиби́рский — Trans-Siberian
Transcaucasia - n, geo Закавка́зье
Transcaucasian adj закавка́зский
Ту́ндр/~а/~овый — Tundra
Туни́с/~ский — Tunis, Tunisia/Tunisian Туни́с/~ец/~ка — a Tunisian
Туркмениста́н/туркме́нский/туркме́н/ка — Turkmenistan/Turkmen
Ту́рция/туре́цкий/ту́рок/турча́нка —Turkey/Turk
Тю́ркский — Turkic

У

Уга́нд/~а/~ский/~ец/~ка — Uganda/~n
Узбекиста́н/узбе́кский/узбе́к/узбе́чка — Uzbekistan/Uzbek
Уйгурский/уйгур/~ка — Uighur, m/f
Украи́н/~а/~ский/~ец/~ка — Ukraine/Ukrainian
Уэ́льс/~ский/~ец/уэ́льс/~цы — Wales/Welsh, m/f/Welsh (plu)
Валли́йский/валли́ец/валли́йка — Welsh
Ура́л — the Urals
Удму́рт/~ия/~ский/удму́рт/~ка — Urdmurtia/Urdmurt
Ура́льксие го́ры — Ural Mountains
Уругва́й/~ский — Uruguay Уругва́/~ец/~йка — Uruguayan

AN ENGLISH – RUSSIAN DIGEST OF MILITARY, POLITICAL & SOCIAL TERMS

Ф

Филиппи́н/~ы/~ский/ец/ка — Philippines/Philippine
Фини́к/~и́я/~и́йский/финики́ян/~ин/~ка — Phoenicia
Фин/~ля́ндия/~ский/финн/фи́нка — Finland/Finnish/Finn
Фолкле́ндские острова́ — Falkland Islands
Фла́ндрия — Flanders (Belgium)
Фраки́я/Фраки́йский/фраки́ец/йца — Thrace/Thracian/a Thracian
Фра́нция/францу́зский/францу́з/францу́женка — France, French

Х

Халде́й/~ский — Chaldea/~n
Хироси́ма и Нагаса́ки — Hiroshima and Nagasaki
Хокка́йдо — Hokkaido (Japan)
Хорва́т/~ия/~ский/хорва́т/~ка — Croatia/~n

Ч

Чад/ча́дский/жи́тель ~ец/~ка — Chad, Chadian
Черного́р/ия/черного́рский/го́р/ец/ка *adj* Montenegr/~o/~in
Чехослова́/~кия/~цкий/чехослова́/~к/~чка — Czechoslovakia/Czechoslovak
Чеч/ня́/е́нский/е́нец/е́нка — Chechnia/Chechen
Че́шская респу́блика — Czech Republic

Чех/че́шка — Czech
Чи́ли (indecl.)/чили́йский/чили́/~ец/~йка — Chile/Chilean
Чува́ш/~ия/~ский/чува́ш/~ка — Chuvash Republic/Chuvash

Ш

Швейца́р/~ия/~ский/швейца́р/~ец/~ка — Switzerland/ Swiss
Шве́/~ция/~дский/швед/шве́дка — Sweden/Swedish/ Swede
Шлезвиг-Гольштейн — Schleswig – Holstein
Шри Ла́нка/жи́тель Шри Ла́нки — Sri Lanka/n
Шотла́нд/~ия/~ский — Scotland/Scotish
Шотла́нд/~ец/~ка — Scot

AN ENGLISH – RUSSIAN DIGEST OF MILITARY, POLITICAL & SOCIAL TERMS

Э

Эвере́ст — Mt. Everest
Эквадо́р/~ский/~ец/~ка — Ecuador/~an
Экс-ла-Шапе́ль — Aix-La-Chapelle (Fr. name); Aachen (Ge.)
Эльза́с-Лотари́нгия — Alsace-Lorraine (Fr.)
Эритре́я — Eritrea
Эсто́н/~ия/~ский/~ец/~ка — Estonia/n
Э́тна — Mt. Etna
Этру́ск/этру́сский — Etruria/Etruscan (It.)
Эфио́п/~ия/~ский/эфио́п/~ка — Ethiopia/~n

Ю

Югосла́в/~ия/~ский/югосла́в/~ка — Yugoslavia/Yugoslav
Ю́жно-Африка́нская Респу́блика (ЮАР) — Republic of South Africa жи́тель Ю́жно-Африка́нской Респу́блики — a South African

Я

Я́ва/ява́н/~ский/~ец/~ка — Java/~nese
Яку́т/ия/ский/яку́т/~ка — Yakut Republic/Yakut
Яма́йка/яма́йский/жи́тель Яма́йки — Jamaica/~n
Япо́н/~ия/~ский/~ец/~ка — Japan/~ese

AN ENGLISH - RUSSIAN DIGEST OF MILITARY, POLITICAL & SOCIAL TERMS

USEFUL IDIOMS

A

achieve one's goal or aim – бить в цéль; достигáть цéли
across country, straight – *adv, coll* прямикóм
act as someone's deputy; do someone's work – исполня́ть обя́занности когó/выступáть в кáчестве чегó
act of God – дéйствие сил прирóды
adult education – обучéние взрóслых
afraid of one's own shadow – боя́ться сóбственной тéни

after a while ... – немнóго погодя́ ...
after midnight *adv* пополýночи a.m.; at 2 a.m. в два часá до пополýночи afternoon, in the ~ *adv* пополýдни at 2 p.m. in the ~ в два часá пополýдни

age limit – предéльный вóзраст agenda – повéстка дня
almost doesn't count – чуть-чýть не считáется
along the same lines... – в тóм же дýхе

all –
~ is not lost что с вóзу упáло, ещё не пропáло; не всё ещё потéряно ~ or nothing либо пáн, либо пропáл ~ out war борьбá не на жи́знь, а нá смерть ~ over the world по всемý свéту
~ talk and no action ! мнóго слов и мáло дел ! ~ that glitters is not gold не всё зóлото, что блести́т ~ the time тó ли дéло
~ things considered приня́в всё во внимáние

a.m.; at 2 a.m. – 2 часá до полýдня

an –
~ act of God дéйствие сил прирóды ~ escape clause спаси́тельная отговóрка ~ escapee соверши́вший побéг из плéна ~ I-couldn't-care-less attitude наплевáтельское отношéние

any –
~ and everybody встрéчный и поперéчный ~ one who feels like it всé, комý не лéнь anything or another что попáло
anytime now с минýты на минýту; в любýю минýту
apogee and perigee – *lit/fig* апогéй и перигéй

AN ENGLISH - RUSSIAN DIGEST OF MILITARY, POLITICAL & SOCIAL TERMS

appeared out of/nowhere/the blue – словно как будто из-под земли (вырос)

are you kidding ? – шутки шутите ?
are you out of your mind ? – ты белены объелся ?
armed to the teeth – вооружённый с головы до ног; с ног до головы arms, lay down ~/take up ~ бросать/поднять оружие
arrested suspects – арестованы подозреваемые
art of war, the ~ – военное искусство

as –
~ far as I know... насколько мне известно... ~ far as the eye can see куда глазом ни кинь ~ if by magic по щучьему велению; как рукой сняло ~ if in a trance/fog как будто в чаду
~ long as possible как можно дальше ~ luck would have it как назло/нарочно ~ much as possible как можно больше
~ soon as possible (ASAP) как можно скорее ~ though nothing happened как ни в чём не бывало ~ you sow, so shall you reap что посеешь, то и пожнёшь

ask –
~ a silly question, get a silly answer на глупый вопрос – глупый ответ ~ for trouble напрашиваться на неприятности

assume the Papacy – вступить на папский престол

at –
~ a snail's pace черепашьим шагом
~ any time, day or night в любой час, дня и ночи
~ ground level на уровне земли
~ sea level на уровне моря
~ one's own discretion по собственному разумению
~ one's own risk на свой страх и риск
~ right angles под прямым углом
~ the appointed time в назначенное время
~ the appropriate time в свой час
~ the right moment в подходящий момент
~ times; now and then... временами, по временам

attack frontally, head on – атаковать в лоб
augmented – *adj* помноженный

AN ENGLISH – RUSSIAN DIGEST OF MILITARY, POLITICAL & SOCIAL TERMS

B

backlash – бумера́нг; отрица́тельная/нежела́тельная реа́кция   lead to ~ приводи́ть к отрица́тельной/нежела́тельной реа́кции

bad influence – отрица́тельное влия́ние
bad news travels fast худы́е ве́сти не лежа́т на ме́сте
balance of power – равнове́сие сил
baptism under fire – боево́е креще́ние
barely make ends meet – е́ле своди́ть концы́ с конца́ми
battle hardened – закалённый в бою́

be-
~ able to count on someone с/мочь на кого́ положи́ться
~ as good as one's word наста́ивать на своём
~ at odds with someone идти́ вразре́з с ке́м-нибудь
~ behind the times отста́ть от ве́ка/жи́зни
~ beside one's self with fury/anger/happiness быть вне себя́ от я́рости/гне́ва/ра́дости   ~ born before one's time роди́ться сли́шком ра́но   ~ broadminded широко́ смотре́ть на ве́щи   ~ caught red handed попа́сться с поли́чным
~ equal to; rise to the situation оказа́ться на высоте́ положе́ния/тре́бования   ~ hot on someone's heels идти́ по горя́чим следа́м   ~ implicated in a crime быть заме́шанным в преступле́нии
~ in at the kill *fig* прибы́ть к дележу́ добы́чи
~ in full combat gear быть в по́лном боево́м обмундирова́нии
~ in over one's head; not to know what one is doing ле́зть на рожо́н   ~ in safe custody быть под надёжной охра́ной
~ in someone else's shoes быть в чье́й-то шку́ре
~ in someone's safe keeping быть у кого́ на сохране́нии
~ in someone's way стать поперёк доро́ги   ~ in the dark пребыва́ть *impf* в неве́дении   ~ in the dumps пребыва́ть *impf* в уны́нии   ~ in the lead быть впереди́
~ in the red быть в долгу́, име́ть задо́лженность f
~ in the way, under foot верте́ться под нога́ми   ~ of age быть в во́зрасте   ~ off duty вне слу́жбы   ~ on fire быть в огне́
~ on probation (work place) проходи́ть испыта́тельный срок
~ on sentry duty стоя́ть на часа́х
~ on the brink of disaster быть на краю́ ги́бели/про́пасти
~ on the tip of one's tongue верте́ться у кого́ на языке́

AN ENGLISH – RUSSIAN DIGEST OF MILITARY, POLITICAL & SOCIAL TERMS

~ safe as can be быть как за каменной стеной
~ self confident держаться с апломбом ~ struck by a car попасть под машину ~ under someone's thumb быть у кого под башмаком/каблуком ~ up in arms быть во всеоружии

beat –
~ a retreat, to back out бить отбой ~ around the bush ходить вокруг да около ~ it, scram, clear out ! *coll* проваливай !
~ someone black and blue избивать кого до синяков
~ someone up намылить шею кому ~ someone to within an inch of one's life бить кого смертным боем

beauty is only skin deep – снаружи красота, а внутри пустота
become panic stricken; to panic – впасть в панику
beggars can't be choosers – дают-бери, бьют-беги

behave – вести себя
~ badly дурно вести себя ~ oneself прилично вести себя
behind so's back – *adv, coll* заглазно
bend over backwards – лезть из кожи вон
best thing to do; first of all... – прежде всего
between a hammer and an anvil – между молотом и наковальней

bird –
~s of a feather одного поля ягоды ~ in the hand is worth two in the bush лучше синица в руке, чем журавль в небе
old ~ стреляный воробей

bite off more than you can chew – дело не по плечу
black market – чёрный рынок

blame – вина ~ someone for something ставить/вменять кому-нибудь в вину heap, pour ~ on someone свалить вину на кого take the ~ взять/принять на себя вину

blind leading the blind – слепой зрячего ведёт blindfolded с завязанными глазами

blood is thicker than water – кровь не вода
bluff – блеф call a ~ не позволять обмануть

AN ENGLISH – RUSSIAN DIGEST OF MILITARY, POLITICAL & SOCIAL TERMS

body and soul – душо́й и те́лом
bog down – застря́ть *impf*
bored to death – умира́ть *impf* от ску́ки
borrow, lend money – взять/дать в долг
botch, bungle сварга́нить *pf & impf*
bow and arrows – лук и стре́лы   bow to pressure уступа́ть давле́нию
boys will be boys – ма́льчики есть ма́льчики
brainstorm – душе́вное потрясе́ние

break –
~ in pieces – разл/~а́мываться/~ома́ться на куски́ ~ loose сорва́ться с цепи́ ~ someone's neck сверну́ть себе́ ше́ю breaking and entering *leg* кра́жа со взло́мом breaking point преде́л

bring –
~ someone up to speed ввести́/вводи́ть кого́ в курс де́ла ~ something out into the open вы́вести что на чи́стую во́ду ~ up the rear быть в обо́зе

broadcast by radio/television – переда́ть по ра́дио/ телеви́зору
buried alive – за́живо погребённый
burn to /a cinder/the ground – сжига́ть дотла́
busy as a bee – верте́ться/кружи́ться как бе́лка в колесе́
butt into someone else's conversation – влезть в чужо́й разгово́р
buy for next to nothing – купи́ть за бесце́нок   buy on credit купи́ть в креди́т

by –
~ false pretences – обма́нным путём
~ leaps and bounds не по дням, а по часа́м
~ mutual consent по обою́дному согла́сию
~ no means ни под каки́м ви́дом
~ pulling strings по бла́ту
~ the day *adj* подённый, *adv* подённо
~ the sweat of one's own brow в по́те лица́ своего́; свои́м горбо́м
~ trial and error путём проб и оши́бок
~ virtue of the fact, that... в си́лу того́, что...
bystander – сторо́нний наблюда́тель

AN ENGLISH - RUSSIAN DIGEST OF MILITARY, POLITICAL & SOCIAL TERMS

C

call -
~ a spade a spade называть вещи своими именами
~/divert someone's attention to something обращать/отвлекать чьё-либо внимание на что
~ something into question ставить что под вопрос

calm before the storm - *lit/fig* затишье перед бурей
camouflage color - защитный цвет
camp, to set up - расположиться лагерем
capture a prisoner for interogation - добыть языка

cards - карты
he has all the ~ ему и карты в руки   put the ~ on the table открывать свои карты   risk all on one ~ поставить всё на одну карту

carrot and the stick - хлыст и пряник
carry, nurse a grudge - таить обиду против кого-н
carry out a death sentence приводить смертный приговор в исполнение
case studies - конкретные исследования
cash on the barrel - деньги на бочку

cast -
~ a slur on someone бросать тень на кого ~ *or* draw lots метать/тянуть жребий ~ pearls before swine метать бисер перед свиньями

catch -
~ someone red handed застать кого на месте преступления
~ one's breath переводить дух caught red handed пойманный с поличным

cause a scene with someone - устраивать сцену кому
ceiling - *adj* потолочный, *n* потолок

chain -
~ is only as strong as its weak link где тонко, там и рвётся
~ of events ход/цепь событий   ~ of thought ход мыслей

AN ENGLISH – RUSSIAN DIGEST OF MILITARY, POLITICAL & SOCIAL TERMS

change hands – перейти из рук в руки
chase each other – бегать взапуски
check and recheck – проверка и перепроверка
cheap but good – дёшево, да сердито
child's play – детская игрушка
chip off the old block – каков в образчике, таков и в куске

circumstance – обстоятельство
in any ~ при любых обстоятельствах under no ~ ни при каких обстоятельствах circumstances – обстоятельства
according to ~ смотря по обстоятельствам
extenuating ~ смягчающие обстоятельства

class in itself – класс в себе
clear proof, evidence – наглядные доказательства
clockwise – по часовой стрелке
close, seal, plug the gap – заполнять/ликвидировать пробел/разрыв

clout – *coll* тумак

come –
~ in handy это пригодится ~ to power прийти к власти
~ to the point говорить по существу ~ on ! (ironic) ну ка !

common man – рядовой человек
conduct a search – произвести обыск conduct experiments on animals ставить опыты на животных
confidential; off the record – не подлежащий оглашению
consequence bear the ~ of something – нести ответственность *f* за последствия
consider something to be one's duty – полагать/считать что своей обязанностью
consumer goods – предметы ширпотреба; ширпотреб
contradiction in terms – логическая несообразность
contrary to your opinion – вразрез с вашим мнением
cool, far-out, mind-blowing *adj* кайфовый
cope with difficulties – справиться с трудностями
corrective action – поправочное действие
correspond – переписываться
couldn't be better; everything is great – всё идёт как по маслу

AN ENGLISH – RUSSIAN DIGEST OF MILITARY, POLITICAL & SOCIAL TERMS

countdown – отсчёт врéмени

counterclockwise – прóтив часовóй стрéлки

cover one's tracks – замести́ следы́

creeping annexation – «ползýчая аннéксия«

crippled, maimed – искалéченный

cross examination – перекрёстный допрóс

cry on someone's shoulder – плáкаться в жилéтку кому

curfew – коменда́нтский час

curiosity killed the cat – запрóслив да нечáстлив

cushy job – тёплое мéсто/местéчко

cut someone short – оборвáть когó на полуслове

cutthroat competition – конкурéнция не на живот, а нá смéрть

AN ENGLISH - RUSSIAN DIGEST OF MILITARY, POLITICAL & SOCIAL TERMS

D

damaged – повреждённый
damned if you do, damned if you don't – вы́ше головы́ не пры́гнешь

day –
~ and night кру́глые су́тки ~ before yesterday тре́тьего дня
~ off выходно́й де́нь every other ~ че́рез день

deadlock talks – заше́дшие в тупи́к перегово́ры
deadly enemy – смерте́льный вра́г
death penalty – сме́ртная казнь
declare war on someone – объявля́ть войну́ кому́ + d. (Герма́нии, итд)
defy description – не поддава́ться описа́нию
demote – разжа́ловать в рядовы́е
destroy utterly – уничтожа́ть в пух и прах
detour; round-about way – обходны́м путём
did you ever see such a thing? – ви́даное ли э́то де́ло?
die is cast – жре́бий бро́шен die like a dog соба́ке соба́чья сме́рть
diplomatic break – дипломати́ческий разры́в
dirt cheap – деше́вле па́реной ре́пы
distressing – огорчи́тельный

do –
~ as you are told ! ну́жно слу́шаться !
~ *or* eat to one's heart's content де́лать, есть всла́сть
~ everything possible де́лать всё возмо́жное
~ something backwards, the wrong way де́лать что-ли́бо ши́ворот навы́ворот
~ something in a sloppy/slipshod manner де́лать что-ли́бо на́скоро; де́лать что-ли́бо спустя́ рукава́; через пе́нь коло́ду
~ something to one's benefit, advantage, profit с/де́лать что-ли́бо в свою́ по́льзу
~ unto others as you would have done unto you каков сам, таковы́ к тебе́ и лю́ди; како́в поп, тако́в и прихо́д
~ you mean me ? э́тот ка́мень в мой огоро́д ?
~ things in a big yank/rush поро́ть горя́чку

AN ENGLISH - RUSSIAN DIGEST OF MILITARY, POLITICAL & SOCIAL TERMS

don't -
~ be like them не уподобляйтесь им
~ believe everything you hear не всякому слуху верь
~ bite off more than you can chew ! не во все сани садись ! ~ count your chickens before they hatch цыплят по осени, цыплят осенью считают ~ cry over spilled milk снявши голову, по волосам не плачут ~ fly off the handle ! не кипятись !
~ hit a man when he is down лежачего не бьют
~ hold your breath это ворона нам не оборона
~ move ! ни с места ! ~ start what you can't finish не начинай дело выше себя ~ take it the wrong way... не в/обиду/укор будет сказано... ~ tell me what to do ! не учи рыбу плавать !
~ tick him off, don't get him going ему пальца в рот не клади

doors -
in open/behind or closed doors при открытых/закрытых дверях

double -
~ standard двойной стандарт ~ time march ! бегом марш !
drastic measures - крутые/энергичные меры

draw -
~ a parallel with something проводить аналогию с чем
~ the line on something положить предел чему ~ lots тянуть жребии

dream come true - сон в руку dregs of society отбросы/подонки общества
dress rehearsal - генеральная репетиция

drive -
~ a wedge between so вбить клин между кем и кем
~ someone crazy доводить кого до безумия
~ someone into poverty доводить кого до нищеты

drop out of society - выпасть из общества
drug testing - проба допинга
due to a lack of - из-за отсутствия   due to oversight - по оплошности
durable, strong, lasting - ноский

AN ENGLISH - RUSSIAN DIGEST OF MILITARY, POLITICAL & SOCIAL TERMS

E

each –
~ does what one can кто во что горазд ~ taken separately каждый в отдельности
ease someone's mind – облегчить душу кому

easy –
~ as pie ! пустяковое дело ! проще пареной репы !; как дважды два ! ~ come, easy go ! как нажито, так и прожито ! было, да сплыло ! easier said than done легче сказать, чем делать

eat to one's fill – есть до отвала
ebb and flow – прилив и отлив
eclipse, lunar/solar – лунное/солнечное затмение
end in a tie, draw – *sports* кончиться вничью
end in itself самоцель f   end justifies the means цель f оправдает средства enemy, my worse ~... – мой злейший враг
engage in hand to hand fighting – вступить в /рукопашный бой/рукопашную

enquiries – справки
environmental monitoring – мониторинг/слежение за окружающей средой
equipped – оснащённый (+ i.)
essential – насущный
events got out of control – события вышли из-под контроля
everyone is happy – волки сыты, и овцы целы

execute someone – ставить кого к стенке; казнить кого
execution by hanging казнь через повешение
execution by electrocution казнь на электрическом стуле

expectation – ожидание beyond all ~s сверх всяких ожиданий
exceed all ~s превзойти все ожидания live up to ~s оправдать ожидания
extracurricular, leisure (time) – внеучебный

AN ENGLISH – RUSSIAN DIGEST OF
MILITARY, POLITICAL & SOCIAL TERMS

eye – *n* глаз
~ **ball** *n* глазно́е я́блоко an ~ for an ~ *coll* о́ко за о́ко
at ~ level на у́ровне глаз

give so a black ~ *lit, fig* подби́ть *pf* глаз
in the twinkling of an ~ в мгнове́ние о́ка
keep an ~ on so, st *coll* присма́тривать *impf*, присмотре́ть *pf* за + *i.*; следи́ть *impf* за + *i.* (де́тьми, итд)

keep one's ~ open, peeled, etc *coll* смотре́ть *impf* в о́ба
measurement by ~ *adj* глазоме́рный, *n* глазоме́р; *adv* глазоме́рно
take one's ~ off so, sth отводи́ть *impf*, отвести́ *pf* глаза́ от кого́/чего́-н

with the naked ~ *coll* невооружённым гла́зом
eyesore *n* уро́дство
eyewash *n, coll, fig* очковтира́тельство

AN ENGLISH – RUSSIAN DIGEST OF MILITARY, POLITICAL & SOCIAL TERMS

F

face –
~ to ~ meeting ли́чная встре́ча   lose ~ потеря́ть прести́ж
save ~ спасти́ прести́ж

factory built – заводско́го изготовле́ния
fail to take into account – упусти́ть из ви́ду

fall –
~ behind плести́сь/тяну́ться в конце́ обо́за   ~ dead asleep за/у/сну́ть мёртвым сно́м   ~ into disgrace впа́сть в неми́лость
~ over a cliff упа́сть со скалы́   ~ victim па́сть же́ртвой

family –
~ tree родосло́вное де́рево
father/mother's side of the ~ отцо́вская/же́нская ли́ния

fast forward – ускоренно вперёд
feast or famine – когда́ есть, так гу́сто, а нет, так пу́сто
feel a dislike towards someone – испы́тывать/пита́ть антипа́тию к кому́

fight –
~ a winning/losing war вести́ вы́/про́/и́грышную войну́
~ fire with fire клин кли́ном вышиба́ют
~ on two fronts сража́ться на два́ фро́нта

figment of the imagination – игра́ воображе́ния
find out – допы́тываться *impf*, допыта́ться *pf*
try to find out допы́тываться *impf only*

fire someone – дать отста́вку кому́; отстрани́ть кого́ от до́лжности
flip the bird at someone – показа́ть кому́ шиш
float a trial balloon – *pol* пуска́ть про́бный шар
flog a dead horse – толо́чь во́ду в сту́пе
follow the instructions... – сле́дуйте указа́ниям...
follow the path of least resistance – идти́ по ли́нии наиме́ньшего сопротивле́ния
foolishness is contagious – глу́пость *f* зарази́тельна

AN ENGLISH - RUSSIAN DIGEST OF MILITARY, POLITICAL & SOCIAL TERMS

for -
~ a good and valid reason по уважи́тельной/ве́ской причи́не
~ any/no/whatever reason почему́ бы то ни́ было
~ forms sake - для ви́да   ~ God's/goodness sakes ра́ди бо́га
~ lack of, due to a lack of something из-за отсу́тствия чего́
~ meritorious service за вы́слугу лет   ~ next to nothing за бесце́нок   ~ no reason at all ни за что́, ни про что́
~ the hundredth time... - в со́тый раз...   ~ the last five years... за после́дние 5 лет...   ~ the time being... до поры́ до вре́мени
~ your information к ва́шему све́дению

force, labor, work ~ - рабо́чая си́ла
force someone to answer клеща́ми тащи́ть (отве́т) из кого́
forewarned is forearmed - кто предостережён, тот вооружён
freak chance, twist of fate - игра́ слу́чая/судьбы́   freak of nature игра́ приро́ды

free -
~ for all fight всео́бщая дра́ка; о́бщая сва́лка
~ style *sport* во́льным сти́лем

freedom - свобо́да
~ of assembly свобо́да собра́ний   ~ of conscience свобо́да со́вести   ~ of religion свобо́да вероиспове́дания/ве́рований
~ of speech свобо́да сло́ва   ~ of the seas свобо́да морепла́вания
~ to strike свобо́да ста́чек

friend -
~ in need is a ~ in deed друзе́й узнаю́т в беде́   friendship is friendship and work is work дру́жба дру́жбой, а слу́жба слу́жбой

frills - изли́шества   fritter away, waste time - тра́тить вре́мя зря

from -
~ a to z - от аза́ до и́жицы   ~ back to front за́дом наперёд
~ birth... - о́троду...   ~ bottom to top сни́зу до́верху
~ dawn to dusk; from dusk to dawn от зари́ до зари́
~ now on с э́того моме́нта   ~ side to side с бо́ку на бок
~ the cradle to the grave от колыбе́ли до моги́лы
~ top to bottom све́рху до́низу   ~ youth... смо́лоду...

fun - *n* заба́ва   have ~ забавля́ться   funny *adj* заба́вный

AN ENGLISH – RUSSIAN DIGEST OF MILITARY, POLITICAL & SOCIAL TERMS

G

gain –
~ someone's confidence, trust втира́ться в чьё дове́рие
~ the upper hand over someone одержа́ть/взя́ть верх над ке́м

garbage in, garbage out – дёшева́ ры́ба, дёшева́ и уха́
gather up something into someone's arms – взя́ть в оха́пку что   generally speaking – вообще́ говоря́

get –
~ a promotion дви́гаться/продвига́ться по слу́жбе
~ carbon monoxide poisoning угор/а́ть/е́ть
~ or give a tongue lashing да́ть/получа́ть нагоня́й
~ down on, fall to one's knees броса́ться/встать на коле́ни   ~ down to business; get busy бра́ться/занима́ться/ приня́ться/за де́ло   ~ even with someone расплати́ться с кем
~ into a fight дойти́ до дра́ки   ~ into a mess, screw up попа́сться впроса́к   ~ into a tight fix/spot попа́сть в переплёт
~ into the groove войти́ в колею́
~ into trouble попа́сть в беду́; навле́чь на себя́ неприя́т ности
~ kicks, high лови́ть кайф; кайфова́ть
~ nothing for one's troubles получа́ть фи́гу с ма́слом
~ off lucky сча́стливо отде́латься   ~ off scot free вы́йти сухи́м из воды́   ~ on all fours ста́ть на кара́чки
~ oneself together, gather up the courage набра́ться ду́ху
~ out of bed on the wrong foot вста́ть с ле́вой ноги́
~ out of control вне контро́ля, вы́йти *pf* из-под контро́ля
~ out of debt выходи́ть из долго́в   ~ out of hand выходи́ть и́з-под контро́ля, *vi coll* изво́льничаться   ~ out of my sight ! с глаз мои́х доло́й !   ~ rid of something сбро́сить с плеч
~ someone/something moving приводи́ть что/кого́ в движе́ние; пуска́ть в хо́д что   ~ stoned (on drugs, alcohol) кайфова́ть, ло́вить кайф   ~ the upper hand одержа́ть *или* бра́ть верх
~ to the heart of the matter сморе́ть в ко́рень чего́
~-together *n* сбо́рище   ~ the wrong end of the stick взя́ться не с того́ конца́   ~ under someone's skin вле́зть в чью ко́жу
~ or go under way *vi* направля́ться *impf*, напра́виться *pf*
~ up the nerve набра́ться хра́брости
~ used to one's circumstances осва́иваться с обстано́вкой   ~ *or* wake everyone up подня́ть всех на́ ноги

AN ENGLISH – RUSSIAN DIGEST OF MILITARY, POLITICAL & SOCIAL TERMS

gift –
~ of gab – дар слóва   ~ of speech дар рéчи

give –
~ a straight answer отвечáть по существý
~ an inch, and he will take a mile дай ему пáлец и он всю рýку откусит; дай с ноготóк, а попрóсит в локотóк
~ as good as you got; answer back in kind дáть комý сдáчи
~ credit to someone стáвить комý в заслýгу
~ free rein to one's imagination дать вóлю воображéнию
~ him a chance ! дáйте емý тóлько возмóжность !
~ someone a black eye постáвить комý синяк под глáзом
~ someone a chewing out задáть комý головомóйку
~ someone a good thrashing дáть комý по шéе
~ someone a head start or odds дáть фóру комý
~ someone the benefit of the doubt повéрить комý на этот раз
~ someone the cold shoulder окáзывать комý холóдный приём
~ someone the dickens задáть жáру комý
~ what is due to someone отдáть дóлжное комý

go –
~ aground on a reef садиться на риф   ~ all out нажимáть на всé кнóпки   ~ downhill, decline катиться пóд гору   ~ down in history войти в истóрию   ~ head to head, go one on one идти грудь на грудь   ~ in reverse; back up дать зáдний ход
~ into detail вдавáться в детáли; пускáться в подрóбности
~ into production, manufacture поступáть в произвóдство
~ on a hunger strike объявить голодóвку   ~ on a wild goose chase за семь вёрст киселя хлебáть; искáть вчерáшнего дня   ~ out for air выйти на вóздух
~ through fire and water идти в огóнь и в вóду
~ under way *vi* направляться *impf*, напрáвиться *pf*
~ up in the world; get ahead идти в гóру; дéлать карьéру

good riddance ! скáтертью (комý) дорóга !

great minds think alike – у великих мысли схóдятся

growing pains – болéзни рóста

guinea pig – *fig* подóпытный крóлик

AN ENGLISH – RUSSIAN DIGEST OF MILITARY, POLITICAL & SOCIAL TERMS

H

half baked idea/measures – непроду́манная иде́я/ непроду́манные меры
hand to hand combat – са́мбо; самооборо́на без ору́жия
hang tight; hang on tooth and nail – зуба́ми держа́ться за что

hard earned money – кро́вные/трудовы́е де́ньги hard to get along with неужи́вчивый
has been – бы́вший челове́к
haste makes waste – что ско́ро, то хво́ро

have –
~ a free hand име́ть свобо́ду де́йствий
~ a slight edge over something/someone име́ть небольшо́й переве́с над чем/кем
~ a stranglehold on so. держа́ть кого́ мёртвой хва́ткой
~ an ace up one's sleeve име́ть ко́зыри про запа́с
~ at one's disposal, use располага́ть, расположи́ть кого́ к себе́
~ influence over someone име́ть влия́ние на кого́
~ it your way де́лать по-сво́ему
~ nothing to do with something не име́ть никако́го отноше́ния
~ one foot in the grave стоя́ть одно́й ного́й в моги́ле
~ you ever heard of such a thing? слы́хано ли тако́е де́ло? ~ you ever seen anything like it? где́ э́то ви́дано?
haves and ~ nots иму́щие и неиму́щие

he –
~ can't afford it э́то ему́ не по карма́ну
~ doesn't give a damn about anything ему́ наплева́ть на в
~ got away with it э́то сошло́ ему́ с рук
~ is a chip off the old block он пошёл в отца́
~ is a has-been его́ вре́мя прошло́ ~ is a tough nut он кре́пкий оре́шек ~ is all ears он весь внима́ние ~ is as necessary as a fifth wheel он пя́тое колесо́ в теле́ге ~ is good at everything он на всё гора́зд ~ is good for nothing он никуда́ не го́дный челове́к ~ is inexperienced он ма́ло ка́ши ел ~ is on the run (busy) он на бегу́ ~ is stubborn as a mule упёрся как бык
~ is the black sheep of the family он вы́родок в семье́
~/she is yelling bloody murder кричи́т, как бу́дто его́/её ре́жут

AN ENGLISH - RUSSIAN DIGEST OF MILITARY, POLITICAL & SOCIAL TERMS

~ kept his head он сохрани́л прису́тствие ду́ха
~ made his own bed, now he must sleep in it сам завари́л ка́шу, сам и расхлёбывай
~ missed the target and hit the barn door ме́тил в цель, да попа́л в пень   ~ wants to be general/senator/president он ме́тит в генера́лы/сена́торы/президе́нты   ~ was gone in a flash то́лько его́ и ви́дели   ~ was in a sweat (lit/fig) он был весь в поту́
~ who is not with us, is against us кто не с на́ми, тот про́тив нас
~ will make a good officer из него́ вы́йдет хоро́ший офице́р
~ won't get away with it ! ему́ э́того не минова́ть !

head -
~ over heels in love влюблённый до безу́мия   ~s or tails ? орёл и́ли ре́шка ? answer with one's ~ for something/someone отвеча́ть голово́й за что́/кого́   beat one's ~ against the wall би́ться голово́й об сте́ну   get it into one's ~ вбить себе́ в го́лову   it went to his ~ э́то уда́рило ему́ в го́лову   pat on the ~ гла́дить по голо́вке

hear about something - знать что понаслы́шке
heart to heart talk - задуше́вная бесе́да
hell is paved with good intentions - доро́га в ад вы́мощен благи́ми наме́рениями
herd instinct - ста́дное чу́вство
here goes; here goes nothing ! - была́ не была́ !

high-ranker - высокопоста́вленное лицо́
high-ranking (adj) высокопоста́вленный
hightail it; take to one's heels - показа́ть пя́тки; то́лько пя́тки сверка́ли   highway robbery - грабёж среди́ бе́ла дня

hint - *n* намёк, - намекну́ть/намека́ть кому́
broad ~ прозра́чный намёк   drop a ~ намекну́ть/намека́ть кому́
take a ~ поня́ть намёк

his goose is cooked ! - его́ пе́сенка спе́та !
his opinion won out - его́ мне́ние взя́ло верх
hit back - дава́ть сда́чи   hit or miss; any old way как попа́ло; ко́е-как   hit the bullseye or mark попа́сть/пря́мо в цель/в деся́тку
hitchhike - е́хать автосто́пом   hoarder - запа́сливый челове́к; скопидо́м   hoarding де́лать чрезме́рные запа́сы

AN ENGLISH - RUSSIAN DIGEST OF MILITARY, POLITICAL & SOCIAL TERMS

hoisted on one's own petard – попа́сть в со́бственную лову́шку; сам вы́рыл себе́ я́му
hold a grudge against someone – име́ть зуб про́тив кого́

home – дом
old folks ~ дом для престаре́лых
reform ~ for juvenile delinquents исправи́тельный дом
home stretch фи́нишная пряма́я

homicidal – замышля́ющий уби́йство
homing instinct – тя́га к до́му
homo sapiens – хо́мо са́пиенс *indecl*
hoops, put so through the ~ подверга́ть *impf* кого́ тру́дным испыта́ниям
hope against hope – наде́яться, несмотря́ ни на что
hour of decision – реши́тельный час
house, home – дом   **haunted ~** заколдо́ванный дом

how about that ! – вот так шту́ка !
how very nice of you ! как ми́ло !
how could I know ? отку́да мне знать ?

horizontally – по горизонта́ли

human relations – обще́ственные отноше́ния

hunger-strike – голодо́вка

hurt someone's feelings – сде́лать кому́ бо́льно; заде́ть чьё чу́вство

AN ENGLISH – RUSSIAN DIGEST OF MILITARY, POLITICAL & SOCIAL TERMS

I

I am dead tired – я без задних ног   I am my own boss я сам себе хозяин   I clean forgot (у меня) из памяти вон
I don't know whether to laugh or cry смех и грех
I don't mind... я не прочь...   I felt kind of sorry for him мне его было как-то жаль   I got chewed out for it мне за это нагорело
I have no further use of it мне это больше не понадобится   I pass ! Count me out ! я пас !
I thought so! так и есть!
I'll be damned if; I'll eat my hat if... я не буду я, если ...
I'll deal with him! я с ним справлюсь!
I'll keep my fingers crossed for you! я буду тебя ругать!
I'll let you off this time я вас прощаю на сей раз
I won't be long... я ненадолго...
IOU долговая расписка

ice, under the подлёдный   ~ up, form ~ обледеневать
iced up – обледеневший

if –
~ at first you don't succeed, try, try again ! не испортивши, дела не сделаешь   ~ I were you... на вашем месте...
~ one takes into account ... если учесть...
~ only... хоть бы...   ~ the shoe fits, wear it каков сава, такова ему слава   ~ worse comes to worse... на худой конец; если произойдёт самое страшное
~ you don't like the heat, then stay out of the kitchen кто в кони пошёл, тот и воду вози
~ you have seen one, you have seen them all все бобры-все равные
~ you want something done right, do it yourself всякий сам себе лучший слуга

impromptu – импровизированный, без подготовки, экспромтом

in –
~ a fit of anger в пылу гнева   ~ a jiffy/flash/second в один миг; в одну минуту   ~ a preparatory stage в стадии подготовки
~ a roundabout way обходя сути дела   ~ a way в некотором отношении   ~ all directions вкривь и вкось   ~ absentia заочно

AN ENGLISH – RUSSIAN DIGEST OF MILITARY, POLITICAL & SOCIAL TERMS

~ all likelihood по всей ви́димости/вероя́тности
~ any case во вся́ком слу́чае
~ case of dire emergency or extreme need в слу́чае кра́йней необходи́мости
~ chronological order в хронологи́ческом поря́дке
~ connection with с связи́ с + i.
~ due time до́лжным поря́дком, в свою́ о́чередь, в до́лжное вре́мя ~ every way, respect во всех отноше́ниях
~ general use adj общеупотреби́тельный; общераспространённый ~ honor of someone в честь кого́ ~ no case ни в ко́ем слу́чае ~ no way, respect ни в како́м отноше́нии
~ one's birthday suit m/f в костю́ме Адама́/Е́вы
~ one's spare time в свобо́дное вре́мя
~ person со́бственной персо́ной ~ prewar years в довое́нные го́ды ~ postwar years в послевое́нные го́ды
~ round numbers кру́глым счётом ~ self defense в поря́дке самозащи́ты ~ spite of everything ... несмотря́ ни на что́ ...
~ spite of the fact, that ... не взира́я/не смотря́ на то́, что..
~ the background на за́днем пла́не ~ the capacity of, as... в ка́честве... ~ the distance в отдале́нии
~ the foreground; first and foremost на пе́рвом пла́не
~ the forseeable future... в обозри́мом бу́дущем...
~ the heat of an argument в пылу́ спо́ра ~ the jaws of death в когтя́х сме́рти ~ the performance of duty при исполне́нии до́лга ~ the pit of the stomach под ло́жечкой ~ the whole wide world на бе́лом све́те ~ transit, en route, while passing through adv прое́здом ~ view of... принима́я во внима́ние...
~ view of the fact that... ввиду́ того́, что...

incriminating – изоблича́ющий
indisputable authority – непререка́емый авторите́т
initiate proceedings against so. – возбужда́ть де́ло про́тив кого́
insist on one's own way – настоя́ть на свои́х права́х
instill in someone a love of something – внуша́ть кому́ любо́вь к + d.
instructions for use – инстру́кция по эксплуата́ции
innuendo – ко́свенный намёк

interrupt someone – оборва́ть кого́ ре́зко на полусло́ве
invasion of privacy – вторже́ние в ли́чную жизнь
involve, entail – увлека́ть за собо́й
irrefutable argument – неопровержи́мый до́вод

AN ENGLISH - RUSSIAN DIGEST OF MILITARY, POLITICAL & SOCIAL TERMS

irreplaceable – *adj* незамени́мый
irrevocable, no giving back – без отда́чи

it –
~ doesn't concern you моё де́ло сторона́
~ is a bad sign э́то не к добру́
~ is a choice between two evils хрен ре́дьки не сла́ще
~ is a far fetched argument до́вод, притя́нутый за́ уши
~ is all gone ! тюю ! ~ is beside the point э́то не по существу́
~ is child's play э́то де́тская заба́ва
~ is easy for you to say ! хорошо́ вам говори́ть !
~ is exceptional э́то из ря́ду вон выходя́щий
~ is in the bag ! ша́пками закида́ем !
~ is my responsibility э́то на мою́ го́лову
~ is none of our business на́ше де́ло сторона́
~ is nothing; it is much ado about nothing э́то мыши́ная возня́ ~ is out of the question об э́том не мо́жет быть и ре́чи
~ is still up in the air э́то ещё ви́лами на воде́ пи́сано
~ is too good to be true ва́шими бы уста́ми мёд пить
~ is your move э́то твой ход
~ leaves much to be desired то оставля́ет жела́ть лу́чшего
~ remains to be seen ба́бушка на́двое сказа́ла
~ saved his life э́то спасло́ ему́ жизнь
~ serves him right ! поде́лом ему́!; так ему́ и на́до !
~ speaks for itself э́то говори́т само́ за себя́
~ takes all kinds и все лю́ди, да всяк челове́к по себе́
~ takes one to know one рука́ ру́ку мо́ет
~ took my breath away от э́того у меня́ дух захвати́ло
~ will come in handy э́то пригоди́тся
~ will work out O.K. вали́ вало́м-по́сле разберём
~ would be adviseable… не меша́ло бы…
it's a deal ! по рука́м ! it's all for the best что ни де́лается; всё к лу́чшему it's all over; the jig is up ко́нчен бал
it's easy for you to say не ва́ши-то са́ни подла́мываются
it's either feast or famine когда́ есть, так гу́сто, а нет так пу́сто
it's in the bag ! де́ло в шля́пе!; ша́пками закида́ем !
it's just what I needed ! э́то как раз то́, что мне ну́жно !
it's none of my business! моя́ ха́та/изба́ с кра́ю!
it's none of our business на́ше де́ло сторона́
it's up to you де́ло за ва́ми   it's water under the bridge быльём поросло́
it's your turn о́чередь за ва́ми

AN ENGLISH - RUSSIAN DIGEST OF MILITARY, POLITICAL & SOCIAL TERMS

J

jack of all trades; handyman – мáстер на всé рýки
job creation program – прогрáмма занятости

joke – шýтка practical ~ грýбая шýтка
treat something like a ~ обратить что в шýтку
all kidding, joking aside шýтки в стóрону; крóме шýток
I don't feel like joking мнé не до шýток

judge by appearances – судить по внéшности
judge someone by one's standard мéрить когó своéй мéркой
judgement day день стрáшного судá; сýдный день

jump to conclusions дéлать поспéшное заключéние

just –
~ about to, on the verge of doing something вот-вóт
~ around the corner два шагá отсюда; в двух шагáх отсюда
~ for a laugh шýтки рáди
~ let me get my hands on him ! пусть он тóлько попадётся мне в рýки !
~ my luck ! мне всегдá так везёт !
~ this very minute, right now сию минýту

AN ENGLISH – RUSSIAN DIGEST OF MILITARY, POLITICAL & SOCIAL TERMS

K

kangaroo court – *n, soc* шемя́кин суд

keep –
~ abreast of the times быть вро́вень с ве́ком; не отста́ть от жи́зни ~ an eye peeled гляде́ть/смотре́ть в оба
~ abreast of the combat situation быть в ку́рсе де́ла; быть в ку́рсе боево́й обстано́вки ~ in check, restrain держа́ть узда́ ~ on the lookout гляде́ть/смотре́ть в о́ба
~ out of someone's way/sight стара́ться не попада́ться кому́ на глаза́ ~ up the pace with угна́ться за + i. ~ your chin up ! не на́до ве́шать го́лову !

kick in the door – взла́мывать *impf*, взлома́ть *pf* дверь
kick someone out вы́гнать кого́ в ше́ю; вы́гнать в три ше́и

kill –
~ on the spot уби́ть/напова́л/на ме́сте ~ time уби́ть вре́мя
killed in action (KIA) па́вший в бою́

kindergarten – де́тский дом
king for a day – кали́ф на час
knock on wood ! – что́бы не сгла́зить !
knock the nonsense out of someone вы́бить/вы́колотить дурь из головы́ чьей

know –
~ all the ins and outs знать все хо́ды и вы́ходы
~ how но́у-ха́у, уме́ние
~-it-all, a ~ всезна́йка
~ one's place знать своё ме́сто
~ someone by sight знать кого́/в лицо́/в глаза́
~ something by hearsay знать что с чужи́х слов
~ thyself; know your limits всяк держи́ свой рубежи́
~ when to stop знать ме́ру
~ which way the wind is blowing *coll* знать, с како́й стороны́ ве́тер ду́ет

AN ENGLISH – RUSSIAN DIGEST OF MILITARY, POLITICAL & SOCIAL TERMS

L

labor –
~ camp исправительно- трудовой лагерь
forced ~ принудительные работы skilled ~ квалифицированная работа unskilled ~ чёрная работа

lack self confidence – у кого не хватает апломба
lady luck – госпожа фортуна
lame excuse – неудачная отговорка
landing, come in for a ~ - заходить на посадку

laughing –
be a ~ stock быть всеобщим посмешищем
make a ~ stock of so выставлять кого на посмешище

launch a trial balloon – пускать пробный шар

law – закон
~ abiding *adj* законопослушный ~ is in effect, in force закон имеет силу ~ is retroactive закон, имеющий обратную силу
letter of the ~ буква закона mob ~ кулачное право

lay it on thick – сгущать *impf* краски lay off (econ) увольнение

lead –
~ the way идти во главе ~ to trouble, grief доводить до беды
learn by heart выучить наизусть

leave –
~ no stone unturned пустить в ход все средства
~ someone holding the bag оставить кого с носом
~ something to chance оставлять что на волю случая

less talk, more work ! – меньше болтай, больше делай !

let –
~ bygones be bygones кто старое помянет, тому глаз вон
~ me get a word in дай мне слово сказать
~ someone else pull the chestnuts out of the fire чужими руками жар загребать ~ someone know something дать кому знать что
~ that be a lesson to you ! это вам наука ! ~ things slide пустить дело на самотёк

AN ENGLISH - RUSSIAN DIGEST OF MILITARY, POLITICAL & SOCIAL TERMS

let's call it a day ! шáбаш !
let's get to work ! коси́ косá, покá росá !
let's sleep on it - ýтро вéчера мудренéе

liar - лгун, лжец notorious ~ завéдомый лжец, извéстный лгун
lie - лгать, ложь *n* ~ to someone's face лгать в глазá комý
blatant ~ нáглая ложь obvious ~ завéдомая ложь
white ~, fib невúнная ложь pack of lies сплошнáя ложь

life -
~ is no picnic жизнь не сáхар/мёд
~ of the party душá óбщества
life-sized в натурáльную величинý

lift -
give someone a ~ to... подвезти́ когó до + gen.
thanks for the ~ ! спаси́бо, что подвезли́ !

like -
~ clockwork ! как часы́ ! без сучкá, без задóринки !
~ father, ~ son каков бáтька, таковы́ и дéтки
~ Ghengis Khan passed through как бýдто Мамáй прошёл
~ mother, like daughter какáя мать, такáя и дочь

live -
~ and learn ! век живи́, век учи́сь !
~ at someone else's expense жить за чьей счёт ~ at taxpayer expense жить за казённый счёт ~ hand to mouth жить на пти́цьих правáх ~ in style жить на широ́кую но́гу
~ in the field жить в полевы́х усло́виях ~ life to the fullest жить вслух/запо́ем ~ off the land снабжáть из мéстных ресýрсов
~ on credit жить в долг

load -
~ off one's mind горá с плеч /долóй/свали́лась
~ on one's mind кáмень на сéрдце лежи́т

look -
~ after yourself посмотри́ на себя́ ~ before you leap не зная бро́ду, не сýйся в во́ду ~ death in the face смотрéть смéрти в глазá ~ down on someone смотрéть на когó /свéрх вниз/ свысокá

AN ENGLISH – RUSSIAN DIGEST OF
MILITARY, POLITICAL & SOCIAL TERMS

~ for a needle in the haystack искáть игóлку в стóге сéна
~ for an excuse, pretext искáть предлóг
~ up to someone смотрéть на когó снúзу вверх

lose –
~ control over oneself терять власть над собóй
~ one's self respect по/терять уважéние к себé
~ one's temper; fly off the handle выходúть из себя
~ touch with reality оторвáться от действúтельности
~ or hopeless cause пропáвщее дéло
~ in thought погружён в мысли

lot of water has passed under the bridge – мнóго воды с тех пор утеклó

love potion – любóвный напúток

lucky guess – удáчная отгáдок

lying down, in lying position – *adv* лёжа

AN ENGLISH – RUSSIAN DIGEST OF MILITARY, POLITICAL & SOCIAL TERMS

M

made to order – сде́лать на зака́з

make –
~ a mess of st наде́лать беды́, перепу́тывать, перепу́тать
~ a mess of things; screw things up завари́ть ка́шу
~ a name for oneself составля́ть себе́ и́мя
~ a run for it (coll) за/да́ть стрекача́
~ a show of something; put something up on display выставля́ть что напока́з   ~ a wild guess гада́ть на боба́х
~ an example of so приме́рно наказа́ть кого́
~ believe де́лать вид   ~ full use of st наибо́лее эффекти́вно испо́льзовать что   ~ good use of your time ! хорше́нько испо́льзуйте ва́ше вре́мя !   ~ someone feel something дать кому́ почу́вствовать что   ~ someone sweat выжима́ть со́ки из кого́
~ someone talk развяза́ть язы́к кому́; тяну́ть за язы́к кого́   ~ someone understand something дать кому́ поня́ть что...   ~ something public преда́ть гла́сности
~ something up брать с потолка́; вы́сосать что́ из па́льца   ~ the best of a bad situation, deal де́лать хоро́шую ми́ну при плохо́й игре́
~ up for lost time наверста́ть поте́рянное вре́мя

malfeasance – должностно́е преступле́ние

man –
~ hunt ро́зыск   ~ of many hats лицо́, выполня́ющее не́сколько обя́занностей   ~ overboard ! челове́к за борто́м !
~ trap во́лчья я́ма

manage, cope or deal with a task – справля́ться с зада́чей
may I use your name? – могу́ я на вас сосла́ться?
means test – *econ* прове́рка нужда́емости в чём
meet someone halfway; compromise – идти́ навстре́чу кому́

memory –
by ~ на па́мять   escape one's ~ ускользну́ть из па́мяти
etched in one's ~ вре́заться в па́мять

mind one's own business – не вме́шиваться не в своё де́ло
miniature size – в миниатю́рную величину́

AN ENGLISH - RUSSIAN DIGEST OF
MILITARY, POLITICAL & SOCIAL TERMS

minute, every ~, *adv* поминýтно
by the ~, occuring every ~ *adj* поминýтный

miss is as good as a mile - прошéдшего не возвратить
mistaken identity - обмáнчивое схóдство
mix everything up - валить в однý кýчу
moaning and groaning don't help - áхи да óхи не дадýт подмóги

mother nature - мáть-прирóда

move -
~ heaven and earth перевернýть весь мир
clever ~ лóвкий шаг
diplomatic ~ дипломатический шаг
false ~, step лóжный шаг

mug someone - обкрáдывать/обокрáсть когó на ýлице

murdered people - умерщвлены́; звéрски убитые

mutual admiration society - óбщество взаимного восхищéния

AN ENGLISH – RUSSIAN DIGEST OF MILITARY, POLITICAL & SOCIAL TERMS

N

narrow the gap – уменьша́ть/сокраща́ть разры́в

natural –
~ disaster стихи́йное бе́дствие
~ resources приро́дные/есте́ственные бога́тства

necessity is the mother of invention – нужда́ всему́ у́чит; го́ль на вы́думки хитра́
neither one nor the other – ни то́, ни сё

never –
never !; when hell freezes over ! по́сле до́ждика в четве́рг ! ~ too much of a good thing ка́шу ма́слом не испо́ртишь ~ wash your linen in public ! из избы́ му́сор не выноси́ !

next of kin – ближа́йшие ро́дственники next door дверь в дверь
nine times out of ten – в девяти́ слу́чаях из десяти́
nip in the bud – подави́ть в заро́дыше; пресе́чь в ко́рне

no –
~ "buts" ! никаки́х «но« !
~ fool like an old fool ста́рого дурака́ ниче́м не испра́вить; горба́того моги́ла испра́вит
~ harm trying ! попы́тка не пы́тка !
~ man's land ничья́ земля́
~ matter how much ско́лько бы то ни́ было
~ matter what day it is что ни де́нь...
~ matter what happens... что бы ни случи́лось...
~ matter what I do... что бы я ни сде́лал
~ matter who кто бы то ни́ было
~ matter whose чей бы то ни́ было
~ news is good news хоро́ший ве́сти что не́чего е́сти
~ sooner said than done ска́зано-сде́лано
~ time to lose ! вре́мя не те́рпит !
~ tricks ! без фо́кусов !
~ two people are alike нет двух люде́й, схо́дных во всём; нет двух одина́ковых люде́й
~ use crying over spilt milk что с во́зу упа́ло, то пропа́ло
~ use complaining ! нет смы́сла жа́ловаться !

AN ENGLISH - RUSSIAN DIGEST OF MILITARY, POLITICAL & SOCIAL TERMS

non-transferable – без права́ переда́чи

not –
~ a darn bit ни черта́/фига́/хрена́
~ to be like someone; not becoming to someone э́то кому́ не к лицу́
~ to beat around the bush, not to mince words говори́ть напрями́к; говори́ть без обиняко́в
~ to budge an inch не идти́ ни взад, ни вперёд; не уступа́ть ни на йоту
~ to have the faintest/foggiest idea не име́ть ни мале́йшего представле́ния
~ to keep someone waiting не заставля́ть себя́ ждать
~ to know the first thing about anything ни азо́в не знать
~ to lift a finger па́лец о па́лец не уда́рить
~ to see the forest for the trees за дере́вьями ле́са не ви́деть
~ to someone's liking э́то не по вку́су кому́
~ to take everything on faith не принима́ть всего́ на ве́ру

nothing –
~ doing; no way ! ещё чего́ !
~ ventured, ~ gained ! под лежа́чий ка́мень вода́ не течёт !
~ gets under his skin э́то ему́ нипочём; непревзойдённый нике́м

notice –
until further ~ до осо́бого распоряже́ния
without further ~ без дополни́тельного извеще́ния

now and then – то и де́ло

nuisance (person) – навя́зчивый челове́к

number, even ~ – чёт   **number, odd** ~ – нечёт

nursemaid – *coll, pej* тю́тькаться *impf*, стю́тькаться *pf* + i.

AN ENGLISH – RUSSIAN DIGEST OF MILITARY, POLITICAL & SOCIAL TERMS

O

oath, break/keep one's – нарушáть/сдержáть клЯтву
oil slick – нефтянáя плёнка

odds –
~ and ends всЯкая всЯчина
~ are against it два одномý рать
give someone ~ or points *sports* дать комý нéсколько очкóв вперёд long ~ нерáвные шáнсы

of one's own free will – по своéй дóброй вóле
off the cuff – неподготóвленный, импровозúрованный
office hours – приёмные часы; служéбные часы

on –
~ account of... за счёт + g.
~ all fours на карáчках
~ an empty stomach (adv) натощáк
~ condition that... при услóвии, что
~ end, sticking up дЫбом, торчкóм
~ one's own initiative по сóбственному почúну
~ the dot час в час
~ the double ! шáгом марш !
~ the move на ходý
~ the q.t.; on the sly шúто-крЫто
~ the spur of the moment под влиЯнием минýты
~ top, on the surface *adv* пóверху

once in a blue moon – в кóи-то вéки
ongoing – идýщий, непрерЫвный

one –
~ bad apple spoils the bunch однá паршúвая овцá всё стáдо пóртит ~ for all, all for one одúн за всех, все за одногó
~ good turn deserves another услýга за услýгу; рукá рýку мóет
~ thousand and one things to do бéздна дел
one's life is hanging by a thread быть мéжду жúзнью и смéртью

operate at 90% reliability – обеспéчивать 90% надёжности
original sin – перворóдный грех

AN ENGLISH – RUSSIAN DIGEST OF
MILITARY, POLITICAL & SOCIAL TERMS

out –
~ of place не/у мéста/к мéсту
~ of sight, out of mind с глаз долóй-из сéрдца вон
~ of turn не соблюдáя óчереди
outdoors на откры́том вóздухе

outlaw something – объявля́ть чтó вне закóна

outstanding – из ря́да вон выходя́щий

overseas – замóрский, заграни́чный, заокеáнский

overtone – *pol* окрáска
overture – инициати́ва, попы́тка, примирéния

overwhelming – *adj* подавля́ющий, пóлный, огрóмный
~ defeat пóлное поражéние

overvalued – имéющий завы́шенную цéну

owing to the fact, that ... – вслéдствие тогó, что...

AN ENGLISH – RUSSIAN DIGEST OF MILITARY, POLITICAL & SOCIAL TERMS

P

packed full; jammed packed – битком-набито

parts –
component part составная часть spare part запасная часть, запчасть

pass –
~ the buck; shift the blame to someone else валить с больной головы на здоровую
~ the time для препровождения времени; чтобы провести время
passing acquaintance мимолётное/шапочное знакомство

pay –
~ attention ! будьте внимательны !
~ or don't pay attention не/обращать внимание на + a.
~ by/on installment платить по частям
~ through the nose платить бешеные деньги

peak of perfection – верх совершенства
pen pusher – канцелярская крыса
per day, diem – в день   per person – с человека
perfectly safe – в полной безопасности
perform one's duty – исполнить свой долг
perishable goods – скоропортящиеся товары
persecution complex (med) – мания величия
personnel turnover (bus) – текучесть кадров
pester someone – тянуть душу из кого
pick a bone with someone; settle a score – иметь счёты с кем
pick someone to pieces перемыть косточки кому
pitch dark – ни зги не видно
place trust in someone – питать доверие к кому

play –
~ a leading part играть/сыграть ведущую роль
~ a mean trick on someone строить каверзы кому
~ a trick on someone сыграть злую шутку с кем
~ dead притворяться мёртвым ~ for time, take one's time тянуть время ~, keep mum играть в молчанку
~ one's last card пустить в ход последний козырь
~ with fire; be on thin ice играть с огнём

AN ENGLISH – RUSSIAN DIGEST OF MILITARY, POLITICAL & SOCIAL TERMS

p.m.; 2 p.m. in the afternoon – 2 часа́ по́сле полу́дня
poetic license – поэти́ческая во́льность
poke one's nose into st – ле́зть/в чужи́е дела́/не в своё де́ло
polish one's skills – шлифова́ть на́выки
post/relieve a sentry – поста́вить/смени́ть часово́го
pour oil on fire – подли́ть ма́сла в ого́нь
preconceived opinion/idea – предвзя́тое мне́ние; предвзя́тая мысль predatory animal – хи́щное живо́тное
prehistory – доистори́ческий; предысто́рия
private person – ча́стное лицо́
process of elimination – ме́тодом исключе́ния
promise the moon – наобеща́ть с три ко́роба
promised land *bib* обетова́нная земля
promotion – повыше́ние /в чи́не/по слу́жбе
pros and cons – до́воды «за« и «про́тив«
prove oneself – аттестова́ть себя́

pull –
~ oneself together брать себя́ в ру́ки ~ out all the stops нажима́ть на все кно́пки ~ someone's chesnuts out of the fire выта́скивать кашта́ны из огня́ ~ strings; pull out all the stops пусти́ть в ход все рычаги́ ~ the wool over someone's eyes втира́ть очки́ кому́; води́ть кого́ за́ нос

punitive expedition – кара́тельная экспеди́ция

put –
~ a good word in for someone замо́лвить за кого́ слове́чко ~ a word in edgewise вставля́ть о́стрые слове́чки ~ into circulation пуска́ть в обраще́ние ~ into service вводи́ть в строй ~ on record занести́ протоко́л ~ on the back burner отодви́нуть *pf* на за́дний план ~ one's heart and soul into something вложи́ть ду́шу во что́ ~ oneself into someone else's place ста́вить себя́ на чьё ме́сто ~ out of action выводи́ть из стро́я ~ someone behind bars посади́ть кого́ за решётку ~ someone in an awkward position ста́вить кого́ в нело́вкое положе́ние ~ someone in one's place ста́вить кого́ на ме́сто ~/take to flight обраща́ть/обраща́ться в бе́гство ~ up barricades устана́вливать баррика́ды ~ yourself in my shoes побыва́ли бы вы в мое́й шку́ре

AN ENGLISH - RUSSIAN DIGEST OF MILITARY, POLITICAL & SOCIAL TERMS

R

railroaded into agreement - их с хо́ду втяну́ли в соглаше́ние

rain falls on the just and unjust alike - *bib* дождь па́дает/ на злы́х и до́брых/на всех подря́д

raise -
~ a claim (bus, leg) предъявля́ть прете́нзии ~ a question ста́вить вопро́с ~ a racket поднима́ть галдёж/гва́лт

rake over the past - вороши́ть про́шлое
rank and file - рядовы́е чле́ны ranks, break/close расстро́ить/ сомкну́ть ряды́
reach the end of one's limit - дойти́ до преде́ла
read to one's self - чита́ть про себя́
real property, real estate - *leg* недви́жимое иму́щество
realize one's own potential - самореализова́ться
reason, for some ~ or another *adv* заче́м-то
recuperation - восстановле́ние сил; выздоровле́ние
recycling - утилиза́ция отхо́дов; повто́рное испо́льзование
red hot - раскалённый докрасна́
red tape волоки́та; канцеля́рщина
reformist - реформи́ст, реформи́стский
refuse pointblank - отказа́ть наотре́з
remain in effect - остава́ться в си́ле
repeat someone else's views - говори́ть/пе́ть с чужо́го го́лоса

report an accident - сообщи́ть об ава́рии
"reporting as ordered" »по ва́шему приказа́нию при́был«
"reporting for duty" «при́был на дежу́рство«

reputation, have a good ~ - - по́льзоваться сла́вой/хоро́шей репута́цией rescue party - спаса́тельная экспеди́ция
research and development - нау́чно-иссле́довательская рабо́та

responsibility - отве́тственность *f*
assume the ~ взять на себя́ отве́тственность
take full ~ for someone/something руча́ться/за кого́/что голово́й
responsible, make someone ~ for so/st возлага́ть отве́тственность на кого́/за что

AN ENGLISH – RUSSIAN DIGEST OF MILITARY, POLITICAL & SOCIAL TERMS

retired – отставно́й; (кто) в отста́вке, на пе́нсии
return empty-handed – верну́ться ни с чём
right-hand man – пра́вая рука́   rights права́   assert one's ~ отста́ивать свои́ права́

rock the boat – *lit/fig* раска́чивать ло́дку
root of all evil, root of the problem – ко́рень зла
rough treatment – гру́бое обраще́ние
roundabout way, road – кругова́я доро́га; объездна́я доро́га
rub someone the wrong way – гла́дить кого́ про́тив ше́рсти
rumor has it... – идёт молва́ ...

run –
~ aground *nav* се́сть на мель
~ around in circles ходи́ть вокру́г да о́коло
~ as fast as one can бежа́ть/во весь опо́р/бежа́ть как угоре́лый
~ for congress/president баллоти́ровать в конгре́ссы/президе́нты
~ for elections выдвига́ться в депута́ты (итд)
~ like hell бежа́ть сломя́ го́лову, бежа́ть без огля́дки
~ of bad luck несчастли́вая полоса́; ряд неуда́ч
~ out of gas ко́нчился бензи́н

rural – се́льский   rural/city living се́льская/городска́я жизнь

AN ENGLISH – RUSSIAN DIGEST OF MILITARY, POLITICAL & SOCIAL TERMS

S

safe and sound – жив и здоро́в; в це́лости и сохра́ности
safe to leave him alone не опа́сно оставля́ть его одного́
safety belt реме́нь безопа́сности; привязно́й реме́нь
safety first! осторо́жность пре́жде всего́!

sag – прогиба́ться
say behind someone's back – говори́ть за глаза́
scapegoat, whipping boy – козёл отпуще́ния
screw things up, make a mess of things – налома́ть дров; попа́сться впроса́к
second hand – *clothing, etc* с чужо́го плеча́
second hand informantion све́дения/доказа́тельство с чужи́х рук
secret entrance – потайно́й вход
security forces – си́лы безопа́сности

see – ви́деть
~ someone at one's worst moment ви́деть кого́ в очень неудо́бный моме́нт ~ something through to the end довести́ де́ло до конца́ ~ through someone ви́деть кого́ наскво́зь
seeing is believing гла́дко да ме́ра, то пряма́я ве́ра

self winding – *adj* самозаводя́щийся
sell like hotcakes – быть нарасхва́т
send someone to kingdom come – отпра́вить кого́ на тот свет
send to the wrong address засыла́ть *impf*, засла́ть *pf;* отправля́ть *impf*, отпра́вить *pf* не по а́дресу
sequence of events – ход собы́тий
serve two masters – служи́ть двум господа́м
serves no purpose это не отвеча́ет це́ли

set –
~ a meeting, date or rendezvous назнача́ть свида́ние
~ a precedent установи́ть прецеде́нт ~ afloat снять с ме́ли ~ someone free дать во́лю кому́ ~ the pace лиди́ровать в чём
~ the record straight внести́ попра́вку в протоко́л/докуме́нт

seventh heaven – верх блаже́нства
sever relations with so – рвать отноше́ния с кем
several days in a row – не́сколько дней подря́д

AN ENGLISH - RUSSIAN DIGEST OF MILITARY, POLITICAL & SOCIAL TERMS

sexism - пренебрежительное отношéние к жéнщинам/ мужчи́нам
shake one's fist at someone - грози́ть кому́ кулако́м
share, divide equally - дели́ть попола́м/по́ровну
shelf life (food, etc) - срок го́дности
shiftwork, shift system - смéнная рабо́та
shiftworker смéнщик
shoot first and ask questions later - клади́ в мешо́к, по́сле разберёшь
shoplifter - магази́нный вор
short and sweet - рéдко да мéтко short cut коро́ткий путь
show one's teeth and claws - показа́ть ко́гти да но́гти

side, the wrong ~ - *clothing, etc* изна́нка
~ by ~; shoulder to shoulder бок о бок on the inner side
с изна́нки turn inside out вы́вернуть на изна́нку

sink to the bottom - уйти́ на дно sink to the dregs of society опусти́ться на дно
sit and twiddle one's thumbs - сидéть сложа́ ру́ки
sit cross-legged сидéть поджа́в но́ги

situation - положéние
an awkward ~ нело́вкое положéние; «бамбу́ковое положéние«
critical ~ крити́ческая ситуа́ция embarassing ~ щекотли́вое
положéние hopeless ~ безвы́ходное положéние
in a crisis ~ в обстано́вке кри́зиса

six sense - шесто́е чу́вство
skateboard - ро́ликовая доска́ skateboarder скейтборди́ст
skateboarding скейтбо́рдинг
skin and bones - ко́жа да ко́сти
slack/busy time or season - глухо́е/горя́чее врéмя
slam the door in someone's face - захло́пнуть дверь пéред са́мым но́сом
smells like trouble... - па́хнет бедо́й...

so -
~ as the prince is, so is the tribe како́в царь, такова́ и орда́; како́в поп, тако́в и прихо́д ~ be it так и бы́ть
~ long ! всех благ ! ~ near, yet so far и бли́зко, да сли́зко
~ that's it ! вон оно́ что/как! ~ what ! ма́ло ли что !

AN ENGLISH - RUSSIAN DIGEST OF MILITARY, POLITICAL & SOCIAL TERMS

soak to the skin - промо́кнуть до ни́тки *и́ли* до косте́й

someone -
~ clean forgot something э́то у кого́ из головы́ вон ~ has a lot to do у кого́ бе́здна дел ~ has all the bad luck кому́ чёрто́вски везёт ~ hasn't the guts у кого́ кишка́ тонка́
~ is just itching to say something у кого́ язы́к че́шется сказа́ть что ~ is near death; at death's door кто при́ сме́рти ~ wouldn't touch/harm a fly па́льцем кого́ не тро́нуть
~'s heart is not in it у кого́ душа́ не лежи́т к э́тому

sound the alarm - би́ть в наба́т
sparsely populated - малонаселённый
speak out of turn - говори́ть не соблюда́я о́череди
speed (auto) - превы́сить ско́рость
spin a tall tale - наговори́ть с три ко́роба
spirit is willing but the flesh is weak - дух бо́др, да плоть не́мощна

stack, or pile - шта́бель *m*, штабели́ровать, укла́дывать impf, уложи́ть *pf* в штабеля́
stake one's life on something - дать го́лову на отсече́ние

stand -
~ at attention стоя́ть/ру́ки по швам/навы́тяжку
~ in line стоя́ть в/на о́череди ~ still стоя́ть неподви́жно; стоя́ть как вко́панный ~ up for someone стоя́ть геро́й за кого́

start a rumor - пусти́ть слух start life over again, fresh зажи́ть по-но́вому
starve to death - умира́ть с го́лоду
state the obvious - расска́зывать донско́му каза́ку азо́вские ве́сти
statute of limitations; legal action time limit - *leg* исковáя да́вность

step -
~ by ~ approach поэта́пный/после́довательный подхо́д fall out of ~ сде́лать неве́рный шаг; сби́ться с пу́ти
not a ~ backwards ! ни ша́гу наза́д ! take ~s предприня́ть шаги́
take the first ~ сде́лать пе́рвый шаг

AN ENGLISH – RUSSIAN DIGEST OF MILITARY, POLITICAL & SOCIAL TERMS

stew in one's juices – вари́ться в со́бственном соку́

stick one's nose into someone else's business – сова́ть свой но́с в чужи́е дела́
sticking up, on end ды́бом, торчко́м
stifling heat – уду́шливая жара́
stir up trouble – мути́ть во́ду

stop – остана́вливаться *impf*, останови́ться *pf*
~ at nothing идти́ напроло́м; ни перед че́м не остана́вливаться
~ in the middle of a sentence останови́ться на полусло́ве
stoppage (process) перебо́й

story – исто́рия, *fig* пе́сня
a long ~ до́лгая пе́сня
change one's ~; whistle a different tune пе́ть другу́ю пе́сню
made up ~ вы́думанная исто́рия
make a long ~ short ко́ротко/коро́че говоря́
unlikely ~ неправдоподо́бная история

strain to the breaking point – напря́чь до преде́ла
stranglehold – *lit/fig* заси́лье
strike while the iron is hot ! – ку́й желе́зо, пока́ горячо́ !
strip someone of everything – обобра́ть до ни́тки кого́
stumbling block – ка́мень преткнове́ния
subject matter – тема́тика
subtle hint – то́нкий намёк
suburb – *adj* при́городный, *n* при́город
such is life – такова́ жизнь
suffer a setback – потерпе́ть фиа́ско

suit – *n, leg* иск libel ~ иск за клевету́
countersuit *leg* встре́чный иск

sunrise – у́тренняя заря́ sunset вече́рняя заря́
superficial knowledge – пове́рхностное зна́ние
supreme sacrifice, the – же́ртва собственной жи́знью
sweeping generalization – широ́кое обобще́ние
sworn enemy – закля́тый враг

AN ENGLISH – RUSSIAN DIGEST OF MILITARY, POLITICAL & SOCIAL TERMS

T

take –
~ credit for something ста́вить себе́ в заслу́гу
~ into account принима́ть в расчёт; приня́ть к све́дению
~ liberties with someone позволя́ть себе́ во́льности с кем
~ no chance де́йствовать наверняка́
~ out one's bad temper on someone срыва́ть своё дурно́е настрое́ние на ком
~ over a post or assignment вступа́ть в до́лжность
~ someone at one's word лови́ть/пойма́ть кого́ на сло́ве
~ someone by surprise взя́ть кого́ на ара́па; захвати́ть кого́ враспло́х
~ someone hostage взя́ть кого́ в ка́честве зало́жника
~ someone under arrest взя́ть кого́ под аре́ст
~ someone under one's wing бра́ть кого́ под кры́лишко
~ something by storm бра́ть с бо́ю что
~ something without a fight взя́ть без бо́я что
~ the beaten path пойти́ по проторённой доро́ге
~ the law into one's own hands устро́ить самосу́д
~ up an armful взя́ть в оха́пку что
~ up arms бра́ться за ору́жие
~ up one's post/station зан/има́ть/я́ть пост/пози́цию
taken by surprise засти́гнутый враспло́х

talk heart to heart – говори́ть по душа́м
team spirit feeling – чу́вство ло́ктя
tear to shreds, ribbons – разорва́ть что в клочки́
tell someone in plain English – говори́ть кому́ ру́сским языко́м
tell someone off зада́ть кому́ ба́ню; намы́лить ше́ю кому́
ten times as easy – в де́сять раз ле́гче
tent pitching – устано́вка пала́ток

test – испыта́ние ~ the waters зонди́ровать по́чву
pass the ~ выде́рживать испыта́ние put someone to the ~ подверга́ть кого́ испыта́нию being tested испыту́емый

that –
~ just won't do ! э́тот но́мер не пройдёт !
that's for sure ! так и знай !
that's just the point ! в то́м-то и шту́ка!; в то́м-то и де́ло !

AN ENGLISH - RUSSIAN DIGEST OF MILITARY, POLITICAL & SOCIAL TERMS

that's no good, that won't do э́то никуда́ не годи́тся
that's the limit, the final straw ! да́льше е́хать не́куда !
that's the way the cookie crumbles так дела́ де́лаются

the -
~ end justifies the means це́ль опра́вдывает сре́дства
~ grass is greener on the other side of the hill сла́вны бу́бны за гора́ми; в чужо́м огоро́де ре́па сла́ще
~ ground dried out земля́ вы́сохла ~ last straw после́дняя ка́пля
~ lessor of two evils.. ме́ньшее из двух зол; наиме́ньшее зло
~ most aggravating part of it is... доса́днее всего́ ...
~ next best лу́чший из оста́вшихся ~ whole wide world бо́жий свет ~ word is on the tip of my tongue э́то сло́во ве́ртится у меня́ на языке́

there -
~ is a "but" in it тут есть одно́ «но»
~ is no hurry; it will keep над на́ми не ка́пнет
~ is no one better than he/she его́/её лу́чше нет
~ is no place like home в гостя́х хорошо́, а до́ма лу́чше
~ is nothing new under the sun на све́те ничего́ но́вого нет
~ is trouble around the corner го́ре ждёт из-за угла́
~ may not be a second time второ́го слу́чая не предста́виться

they are alike as two peas in a pod - они́ похо́жи, как две ка́пли воды́
thingumabob, thingumajig - штуко́вина
things couldn't be better! - как нельзя́ лу́чше!

think - ду́мать ~ highly of oneself высоко́ себя́ цени́ть ~ highly of someone ста́вить высоко́ кого́ ~ to oneself ду́мать про себя́

thorn in one's flesh - как бельмо́ на глазу́

throw -
~ a monkey wrench into the works вставля́ть па́лки в колёса ~ caution to the winds забы́ть о вся́кой осторо́жности
~ him out on his ear ! гони́ его́ в ше́ю ! ~ money down the drain швыря́ть деньга́ми ~ up barricades устана́вливать баррика́ды

tight spot - пи́ковое положе́ние

AN ENGLISH – RUSSIAN DIGEST OF MILITARY, POLITICAL & SOCIAL TERMS

time is up ! – срок истёк ! time limit, deadline предéльный срок
tit for tat – зуб за зуб; óко за óко
to –
~ capacity, until full до откáза ~ come to nothing сойти на нет
~ hell with him ! (polite) а нý его ! ~ (satisfy) one's taste, liking угодить в чьемý вкýсу ~ smithereens вздрéбезги ~ squat сидéть на корточках ~ that end с э́той целью; для этого
~ the nth degree в э́нной стéпени; в вы́сшей стéпени
~ the penny копéйка в копéйку ~ top it all off... вдобáвок ко всемý ~ whom It may concern тéм, когó это касáется

total breakdown – пóлный провáл total writeoff пóлное списáние
tough woman; a battleax – бóй-бáба
traffic hour; rush hour – часы́ пик traffic jam затóр в ýличном движéнии

train of events – ряд собы́тий
treat someone like a dog – обращáться с кем-либо как с собáкой
troops broke and ran – войска дрóгнули и побежáли

turn –
~ off the road сверну́ть с дóроги
~ over a new leaf откры́ть нóвую страни́цу в чём
~ something upside down; topsy-turvy постáвить чтó вверх днóм ~ tail and run показáть хвóст/пя́тки

twist someone around one's finger – вить из когó верёвки

two hands are better than one – вполплечá рабóта тяжёла; óба подстáвишь – лéгче спрáвишь
two is company, three is a crowd трéтий – ли́шний

AN ENGLISH - RUSSIAN DIGEST OF MILITARY, POLITICAL & SOCIAL TERMS

U

UFO – неопо́знанный лета́ющий объе́кт (НЛО)
ugly as sin – ни ко́жи, ни ро́жи
ulterior motive – за́дняя мысль
ultimatum, deliver an ~ - предъявля́ть ультима́тум
unbiased approach – непредвзя́тый подхо́д

under –
~ lock and key под замко́м/запре́том   ~ penalty of death под стра́хом сме́рти   ~ someone's direction or order под чью дикто́вку   ~ the auspices of someone ! под эги́дой кого́/под покрови́тельством кого́   underneath, from ~ *adv, coll* исподни́зу

unfold, open to full length – разверну́ть/откры́ть во всю ширь
unthinkable, the ~ - немы́слимое де́ло

until –
~ further notice до осо́бого распоряже́ния   ~ kingdom come до второ́го прише́ствия   ~ it bleeds до кро́ви

up in the air (problem) – под вопро́сом   upper crust of society верху́шка о́бщества   ups and downs – взлёты и паде́ния   upside down – вверх дном; вверх нога́ми

use –
~ your eyes! смотри́те как сле́дует!
~ your head! пораски́нь мозга́ми!

V

vanish into thin air – как в во́ду ка́нуть; он как сквозь зе́млю провали́лся
vendetta, blood feud – кро́вная месть
vertically – по вертика́ли
vicious circle – заколдо́ванный/поро́чный круг
violent death – наси́льственная смерть
vote, tie – ра́вное число́ голосо́в
vulnerable spot – уязви́мое ме́сто

AN ENGLISH - RUSSIAN DIGEST OF
MILITARY, POLITICAL & SOCIAL TERMS

W

walk -
~ single file идти гуськом
~ softly and carry a big stick держать камень за пазухой

war, down with ~ ! - долой войну! war mongering разжигание войны war weary измученный/изнурённый войной warlord полководец

wash someone's dirty linen in public - выносить мусор из избы
waste one's breath - говорить впустую/попусту

we -
~ are all in the same boat мы все в одинаковых условиях/одинаковом положении ~ get what we deserve по заслугам и честь ~ have had it ! (also, you, they have had it, etc) мы пропали !; тюю ! ~ have time... время терпит
~ learn by our mistakes ошибках учаться ~ must be ready for the worst мы должны быть готовы к худшему ~ only do as we're told наше дело телячье we're not licked yet есть ещё порох в пороховницах

weak spot, bottleneck - узкое место
wear, ~ and tear - изнашвание, износ, изношенный
wear-resistant, hard-wearing - *adj* износостойкий
weather permitting - при благоприятной погоде
well trained - выученный, обученный

what -
~ about ... - как насчёт (+ g.) ... ~ do I care ? какое мне дело? ~ do you mean ? что вы ? ~ is done is done что было, то сплыло ~ is eating him ? какая муха его укусила ? ~ is he driving at ? куда он метит/гнёт? ~ is holding things up? за чем дело стало ? ~ is the big idea ? что это за штука? ~ is the matter with you ? что с вами? ~ is the use ? что пользы ?

whatever happens !; come what may ! - куда ни шло !
when the cat is away, the mice will play ! - кот из дома - мыши в пляс !

AN ENGLISH – RUSSIAN DIGEST OF MILITARY, POLITICAL & SOCIAL TERMS

where –
~ there is a will, there is a way даст бог волю, забудешь и неволю wherever you turn, look... куда ни плюнь...

while still half asleep... – со сна...

white –
~ as a sheet бледный как полотно ~/blue collar worker белый/синий воротничок ~ hot раскалённый добела
~ slave traffic торговля живым товаром
White House (USA) Белый дом

wholesale and retail (bus) – оптом и в розницу
why on earth for ? – а чего ради ?
wide off the mark – мимо цели
will power – сила воли
win someone's confidence – завоевать чьё-либо доверие
window shop, to – рассматривать витрины

wings –
clip someone's ~ подрезать крылья кому spread one's ~ расправлять крылья take someone under one's ~ взять кого под крылышко

winterize something (equipment, etc) – утеплять что, утепление чего
wipe off the face of the earth – стирать с лица земли
wise old bird, experienced hand – тёртый калач; стреляный воробей

with –
~ all of one's might во весь дух/мах/опор
~ breathtaking speed с головокружительной быстротой
~ everything it takes! (coll, fig) со всеми благими!
~ flying colors с блеском ~ lightening speed с быстротою молнии ~ the rare exception за редким исключением
within living memory на памяти живущих
within the limits of possibility в пределах досягаемости

without –
~ a break, without stopping без отказа ~ a hitch без сучка, без задоринки

AN ENGLISH – RUSSIAN DIGEST OF
MILITARY, POLITICAL & SOCIAL TERMS

~ giving a minute's peace не давая ни минуты передышки ~ my knowledge без моего ведома ~ rhyme nor reason ... ни с того, ни с сего ... ~ strings attached без каких-либо условий

word –
~ for ~; to the letter буква в букву ~ to the wise is sufficient мудрый слышит в полслова   may I have a ~ with you? можно вас на полслова?

work ~ nonstop трудиться, не покладая рук
~ one's fingers to the bone работать не покладая рук
~ wonders творить чудеса find ~ for someone устроить кого работу get ~ устроиться работу look for ~ искать работы occasional ~; odd job случайная работа   team ~ совместная работа

world shaking – потрясающий мир
wow ! – вот это да !
wrap someone around one's finger – обвести кого вокруг пальца

write off – списать, списание
complete write off полное списание
write off bad debts списать безнадёжные долги

AN ENGLISH – RUSSIAN DIGEST OF MILITARY, POLITICAL & SOCIAL TERMS

Y

Yankee go home ! – Янки вон!
yes-man – подпевала; подхалим
yield the way to someone – уступать кому дорогу
yin and yang – ян и инь

you –
~ are barking up the wrong tree ! не с той ноги, кума, плясать пошла !
~ are going to get it ! будет вам за это !
~ are never too old to learn для учения нет старости
~ are the boss ваша власть
~ can have your cake and eat it too с одного вола двух шкур не дерут ~ can't do two things at the same time два дела разом не делаются ~ can't get along with him с ним каши не сваришь
~ can't get rid of him от него не отвяжешься
~ can't please everyone на всех не угодишь
~ can't teach an old dog new tricks старый волк знает толк ~ can't win два одному рать
~ couldn't even if you tried ! куда вам !
~ get what you pay for по деньгам и товар
~ should practice what you preach ваши слова не должны расходиться с делом
~ take care of me and I'll take care of you ты - мне, я – тебе

you've had it; your goose is cooked ! ваша игра сыгранна! дело табак ! пиши пропало !
you've hit the nail on the head ! вот где собака зарыта !

AN ENGLISH – RUSSIAN DIGEST OF MILITARY, POLITICAL & SOCIAL TERMS

PROPER NAMES

А

Адо́льф, Гу́став — Gustavus Adolphus, Swedish king, 1611-1632
Алекса́ндр Македо́нский (Великий) — Alexander the Great, 356-323 B.C. (Gr.)
Альфре́д Вели́кий, коро́ль Уэ́ссекса — Alfred the Great, King of Essex, approx. 849-900 A.D. (Eng.)
Андро́пов, Ю́рий — Yuri Andropov, 1914-1984 (Ru.)
Араго́нская, Екатери́на — Catherine of Aragon, 1485-1536
Аристо́тель — Aristotle, 384-322 B.C. (Gr.)
Ататтю́рк, Мустафа́ — Mustapha Attaturk, 1881-1938 (Turkey)
Атти́ла гу́ннов - «бич божий« — Attila the Hun, "Scourge of God", 406-453 A.D.

Б

Бах, Иога́нн — Johann Bach, 1685-1750 (Ge.)
Бальза́к, Оноре́ — Honore Balzac, 1799-1850 (Fr.)
Бе́кет, То́мас — Thomas Becket, 1118-1170 (Eng.)
Бе́ринг, да́тское иссле́дователь — Bering, Danish explorer
Бетхо́вен, Лю́двиг Ван — Ludwig Van Beethoven, 1770-1827 (Aus.)
Би́смарк, Отто — Otto (Von) Bismark, 1815-1898 (Ge.)
Блю́хер, Марша́л — Marshall Blucher, at Waterloo, 1815 (Prussian Field Marshall)

Боли́ва́р, Симо́н — Simon Bolivar, 1783-1830
Бонапа́рт, Наполео́н — Napoleon Bonaparte, 1769-1821
Бра́мс, Иога́ннес — Johannes Brahms, 1833-1897 (Ge.)
Бре́жнев, Леони́д — Leonid Brezhnev, 1906-1982 (Ru.)
Бу́дда — Buddha, 623-544 B.C.

AN ENGLISH – RUSSIAN DIGEST OF MILITARY, POLITICAL & SOCIAL TERMS

В

Ва́гнер, Ри́хард — 1813-1883 (Ge.)
Ван Гог, Винсе́нт — Vincent Van Gogh, 1853-1890 (Dutch)
Ва́ско да Га́ма, морепла́ватель — Vasco da Gama, sea-explorer, 1498 (Portugal)
Вашингто́н, Джо́рдж — George Washington, 1732-1799
Веллингто́н, ге́рцог — Prince Wellington, Waterloo, 1815 (Eng.)
Верги́лий — Vergil, 70-19 B.C. (Gr.)
Викто́рия, англи́йская короле́ва — Queen Victoria, 1819-190 (Eng.)
Вильге́льм, ге́рцог Норма́ндии — William, Duke of Normandy, (the Conqueror) 1027-1087
Вильге́льм, принц Ора́нский — William of Orange, 1533-1584 (Dutch)
Ви́льсон, Вудро́ — Woodrow Wilsom, 1856-1924 (US)
Влад Кровопи́йца, князь Валахии — Vlad the Impaler, Prince of Wallachia, 15th cent.
Влади́мир, вели́кий князь ки́евский — Vladimir, Grand Duke of Kiev. ? - 1015
Вольте́р, Франсуа́ — Francois Voltaire, 1694-1778 (Fr)

Г

Галиле́й — Galileo, 1564-1642 (It.)
Га́нди, Моха́тма — Mohatma Ghandi, 1869-1948 (India)
Ганниба́л, карфаге́нский полково́дец — Hannibal, Carthaginian commander, 247-183 B.C.
Гариба́льди, Дузе́ппе — Giuseppe Garibaldi, 1807-1882 (It.)
Ге́ббельс — Goebbels (WW II Ge. propaganda minister)
Ге́гель, Гео́рг — George Hegel, 1770-1831 (Ge.)
Ге́нрих Анжу́йский — Henri II, (Angevin) Eng. ruler 1154-1189
Гео́рг I, II, III; англи́йские короли́ — George I, II, III; English kings (Hanoverian)
Геродо́т — Heroditus, 484-425 B.C. (Gr.)
Гёте, Иога́нн — Johann Goethe, 1749-1832 (Ge.)
Гиппокра́т — Hippocrates, approx. 460-377 B.C. (Gr.)
Ги́тлер, Адо́льф — Adolph Hitler, 1889-1945 (Aus.)
Го́голь, Никола́й — Nicholai Gogol, 1809-1852 (Ru.)
Гутенбе́рг, Иога́нн — Johann Gutenberg, approx. 1394-1399 (Ge)

AN ENGLISH – RUSSIAN DIGEST OF MILITARY, POLITICAL & SOCIAL TERMS

Д

Да Ви́нчи, Леона́рдо — Leonardo Da Vinci, 1452-1519 (It.)
Да́нте, Алигье́ри — Dante Aligheri, 1265-1321 (It.)
Да́рвин, Ча́рлз — Charles Darwin, 1809-1882 (Eng.)
Дво́ржак, Антони́н — Antonin Dvorak, 1841-1904 (Czech)
Де Голль, Шарль — Charles De Gaulle, 1890-1970 (Fr.)
Дека́рт, Рене́ — René Descartes, 1596-1650 (Fr.)
Ди́ккенс, Ча́рлз — Charles Dickens, 1812-1870 (Eng.)
Дидро́, Дени́ — Denis Diderot, 1713-1784 (Fr.)
Дизраэ́л, Бенджами́н — Benjamin Disraeli, 1804-1881 (Eng.)
Дже́фферсон, То́мас — Thomas Jefferson, 1743-1826 (US)
Дэн Сяопи́н — Deng Xiao ping, 1904-1997 (Ch)

Е

Екатери́на II, росси́йская императри́ца — Catherine II (the Great), Ru. empress, 1729-1796
Еле́на Прекра́сная — Helen of Troy, 2nd millenium BC

Ж

Жа́нна д'Арк — Joan of Arc, 15th cent (Fr.)

З

Золя́ Эми́ль — Zola, Emile, 1840-1902 (Fr.)
Зороа́стер — Zoroaster, 6th cent B.C. (Persia)

И

Ива́н Гро́зный, ру́сский царь — Ivan the Terrible (IV), 16th century (Ru.) Ио́сеф, Фра́нц — Franz Joseph, Austro-Hungarian emperor, 1848 1916
Ира́клий, импера́тор Византи́и — Heraclius, Emperor of Byzantium, 610-641 A.D.
Ирод Вели́кий — Herod the Great, King of Judea, 74-4 B.C.

AN ENGLISH - RUSSIAN DIGEST OF MILITARY, POLITICAL & SOCIAL TERMS

К

Каддáфи, Муаммáр — Qaddafi, Libya
Кáльвин, Жан — John Calvin, 1509-1564 (Fr.)
Камби́з — Cambysis, 529-522 BC (Persian)
Капéт, Гугó, корóль Фрáнции — Hugh Capet, King of France, 938-996
Карл Вели́кий — Charlemagne, Frankish king, 747-814 A.D.
Карл Мартéл — Charles Martel, 751 AD (Frankish ruler)
Кáрлос, Хуáн, корóль Испáнии — Juan Carlos, King of Spain, 1938-?
Кáртер, Джéймс (Джимми) — Jimmy Carter, 1924-?
Кéннеди, Джон ф. — John F. Kennedy, 1917-1963 (US)
Ки́ссинджер, Гéнри — Henry Kissinger (US)
Клáвдий, ри́мский императóр — Claudius, Roman emperor, 10 B.C. - 54 A.D.
Клáузевиц, Карл — Karl von Clausewitz, 1780-1831 (Ge.)
Клемансó, Жорж — George Clemenceau, 1841-1929 (Fr.)
Клеопáтра VII, еги́петская цари́ца, и Ю́лий Цéзарь — Cleopatra VII and Julius Caesar
Кну́д (I) Вели́кий, корóль Дáнии и Áнглии — Canute the Great, King of Denmark and England, 995-1035
Колу́мб, Христофóр — Christopher Columbus, 1451-1506 (It.)
Комнин, Алексéй — Alexius Comnenus, Byz. emperor, 1081-1118
Конфу́ций — Confucius, approx. 551-479 B.C.
Копéрник, Николáй — Nicolaus Copernicus, 1473-1543 (Poland)
Кортéс, Эрнáн — Ferdinand Cortes, 1485-1547 (Sp.)
Красáвчик при́нц Чáрлз — Bonnie Prince Charles, 18th cent. (Stuart)
Крóмвель, Оливер — Oliver Cromwell, 1599-1658 (Eng. Lord Protector)
Ксéркс — Xerxes (Persian ruler, 1st millennium B.C.)

AN ENGLISH – RUSSIAN DIGEST OF MILITARY, POLITICAL & SOCIAL TERMS

Л

Левели́н Уэ́льский — Lywellan (the Great) of Wales, 13th century
Ле́нин, Влади́мир — Vladimir Lenin, 1870-1924 (Ru.)
Ли́нкольн, Авраа́м — Abraham Lincoln, 1809-1865 (US)
Людо́вик IX — St. Louis, 13th cent. Fr. King.
Людо́вик XIV — Louis XIV, the "Sun King", 18th cent. Fr.
Лю́тер, Ма́ртин — Martin Luther, 1483-1546 (Ge)

М

Магелла́н, Фурна́н — Ferdinand Magellan, 1480-1521 (Sp.)
Макарту́р, Ду́глас — Douglas MacArthur, 1880-1964 (US)
Макиаве́лли, Никко́ло — Niccolo Machiavelli, 1469-1527 (It.)
Мао́ Цзэ-ду́н — Mao-Tse-Tung (PRC)
Мари́я-Антуане́тта — Marie Antoinette, (Aus.) French empress, 1755-1793
Маркс, Карл — Karl Marx, 1818-1883 (Ge.)
Ме́дичи, Лоре́нцо — Lorenzo Medici, 1478-1492 (Florence, It.)
Ме́ттерних, Кле́менс — (Prince) Klemens Metternich, 1773-1859 (A/H)
Мефисто́фель — Mephistopheles
Микела́нджело — Michelangelo, 1475-1564 (It.)
Молье́р, Жан — Jean Moliere, 1622-1673 (Fr.)
Монтго́мери — Montgomery (WWII, Br. field marshall)
Монтесу́ма, импера́тор ацте́ков — Montezuma, Aztec emperor, 1466-1519
Мо́царт, Во́льфганг — Wolfgang Mozart, 1756-1791 (Aus.)
Муссоли́ни – Mussolini, 1883-1945 (It.)
Мухамме́д (Маго́мет) — approx. 570-632 A.D.
Мухамме́д, Али́. Паша́ Еги́пта — Ali Mohammed, Pasha of Egypt, 1805-1848
Муссоли́ни, Бени́то — Benito Mussolini, 1883-1945 (It.)

AN ENGLISH – RUSSIAN DIGEST OF
MILITARY, POLITICAL & SOCIAL TERMS

Н

Неро́н, ри́мский импера́тор — Nero, Roman Emperor, 37-68 A.D.
Неферти́ти, соправи́тельница Еги́пта — Nefertiti, co-ruler of Egypt, 13th cent. B.C.
Нью́тон, Исаа́к — Isaac Newton, 1643-1727 (Eng.)
Никола́й II, росси́йский импера́тор — Nicholas II, Ru. emperor, 1868-1918
Ни́ксон, Ри́чард — Richard Nixon, 1913-1994 (US)

П

Па́па иннокéнтий III — Pope Innocent III, 1198-1216
Пастéр, Луи́ — Louis Pasteur, 1822-1895 (Fr.)
Па́уэлл, Ко́лин, Госсéк, США — Colin Powell, Secretary of State, US
Пепи́н Коро́ткий, коро́ль фра́нков — Pepin the Short, King of the Franks, 715-768
Пётр I, росси́йский ца́рь — Peter the Great (I), Ru Czar, 1672-1725
Плато́н — Plato, approx. 428-348 B.C. (Gr.)
Понс-де-лео́н — Ponce de Lyon, 1460-1521
По́нтий Пила́т — Pontius Pilate, 26-36 A.D.
Птоломéй, еги́петский фарао́н — Ptolemy, 1st millennium B.C.

Р

Ра́йт, бра́тья — the Wright brothers, 20th cent.
Рамсéс, еги́петский фарао́н — Ramses, Egyptian kings, 2nd & 1st millenia, B.C. Распу́тин, Григо́рий — Rasputin, Gregory, 1872-1916 (Ru.) Рéйган, Ро́нальд — Ronald Reagan, 1911-2004 (US)
Ри́чард Льви́ное Сéрдце — Richard the Lionhearted, 1189-1199 AD (Eng.) Ришельé, кардина́л — Cardinal Richelieu, 17th cent (Fr.)
Ро́берт Брюс — Robert the Bruce, 1274-1329 (Scotland)
Робеспьéр, Француа́ — Francois Robespierre, 1758-1794 (Fr.)
Рокфéллеры — The Rockefellers
Рома́новы — the Romanovs (Ru.)
Ру́звельт, Фра́нклин Делано́ — Franklin Delano Roosevelt, 1882-1945 (US) Ру́звельт, Теодо́р — Theodore Roosevelt, 1858-1919 (US)

AN ENGLISH – RUSSIAN DIGEST OF MILITARY, POLITICAL & SOCIAL TERMS

С

Сала́х-ад-дин — Saladin, Sultan of Egypt, 1171 A.D.
Сарго́н, ца́рь — Sargon, King of Sumer, 2nd millenium B.C.
Сме́лый, Карл, ге́рцог — Prince Charles the Bold, kia 1477 A.D. (Burgundy)
Собе́ский, Ян — Jan Sobieski, 1624-1696 (King of Poland)
Сокра́т — Socrates, 470-399 B.C. (Gr.)
Солжени́цын Алекса́ндр — Alexander Solzhenitsyn, 1918- ?
Софо́кл — Sophocles, 496-406 B.C. (Gr.)
Ста́лин, Иосиф (Джугашви́ли) — Joseph Stalin (Dzhugashvili), 1879-1953
Сулейма́н Великоле́пный, туре́цкий султа́н — Suleiman the Magnificent (I), Sultan. 16th cent.
Сун ятсе́н — Sun Yat Sen, 1866-1925 (Ch.)
Сунь-цзы́ и «Иску́сство войны́« — Sun-Tsu and the Art of War

Т

Талейра́н, Шарль — Charles Talleyrand, 1754-1838 (Fr.)
Теодо́рик, коро́ль остго́тов — Theodoric, King of the Ostrogoths, 493 A.D.
Тере́зия, Мари́я, Эрцгерцоги́ня — the Grand Duchess Maria Theresia, A/H, 1740-1780
Тибе́рий, ри́мский импера́тор — Tiberius, Roman emperor, 42 B.C.-37 A.D.
Тиму́р хромо́й/Тамерла́н – монго́льский полково́дец — Timur the Lame, Mongolian chieftain, 1336-1405
Ти́то, Ио́сип — Joseph Tito, 1892-1980 (Yugoslavia)
Толсто́й, Алекса́ндр — Alexander Tolstoy, (Count) 1817-1875
То́т — Thoth, Egyptian god of humor, wisdom and literacy
Трая́н — Trajan, Roman emperor, 98-117 AD
Тро́цкий, Лео́н — Leon Trotsky, 1895-1940 (Ru.)
Тру́мэн, Га́рри — Harry Truman, 1884-1972 (US)
Тутанхамо́н, еги́петский фарао́н — Tutankamen, Egyptian Pharoah, 1347-1337 B.C.
Ту́тмос, еги́петский фарао́н — Tutmose, 2nd millennium B.C., Egyptian Pharoa

AN ENGLISH - RUSSIAN DIGEST OF MILITARY, POLITICAL & SOCIAL TERMS

У

Угедéй-хан, правитель монгóлов — Ogodai-Khan, Mongolian ruler, dies in 1241
Уйклиф, Джон — John Wycliffe, (Eng. religious reformer) 1320-1384

Ф

Фáхд ибн Абдулазиз, корóль Саýдовской Арáвии — Fahd Ibn Abdul-Aziz, King of Saudi Arabia, 1922-?
Филипп II, корóль Испáнии — Philip II, King of Spain, 1527-1598
Фрáнко, Франсиско — Francisco Franco, Spanish dictator, 1939-1975
Фрéйд, Зигмунд — Sigmund Freud, 1856-1939 (Aus.)
Фридрих II, (Великий) — Frederick the Great, Prussia, 1712-1786

X

Хабл, Эдвин — Edwin Hubble, 1889-1953 (US)
Хаммурáпи, цáрь Вавилóнии — Hammurabi, ruler of Babylon, 1792-1750 B.C.
Хемингуэй, Эрнéст — Ernest Hemingway, 1899-1961 (US)
Хирохито — Hirohito, Ja. Emperor, 1901-1989
Хо-ши-мин — Ho Chi Minh (Viet Nam)
Хомейни, Аятоллá — the Ayatollah Khomeini 1900 - 1989 (Iran)
Христóс, Иисýс — Jesus Christ
Хрущёв, Никита — Nikita Khruschev, 1894-1971 (Ru.)

Ч

Чáрльз Линдберг — Charles Lindberg (US)
Чан Кайши — Chiang Kai shek, 20th century China
Чéрчилль, Уинстон — Winston Churchill 1874-1965 (Eng.)
Чингисхáн — Genghis Khan, 1162-1227 A.D.

AN ENGLISH – RUSSIAN DIGEST OF MILITARY, POLITICAL & SOCIAL TERMS

Ш

Шáка, вóждь плéмени зýлу — Shaka, Zulu ruler, 1787-1828
Швéйцер, Альбéрт — Albert Schweitzer, 1875-1965 (Ge.)
Шекспи́р, Уи́льям — William Shakespeare, 1564-1616 (Eng.)

Э

Э́дисон, Тóмас А. — Thomas Edison, 1847-1931 (US)
Эдуáрд VI, англи́йский корóль — Edward VI, (Tudor) 1537-1553 (Eng)
Эдуáрд Исповéдник — Edward the Confessor, Eng. King, dies 1066
Эйнштéйн, Альбéрт — Albert Einstein, 1879-1955 (Ge.)
Эйзенхáуэр, Дуáйт Д. — Dwight D. Eisenhower, 1890-1969 (US)
Э́нгельс, Фри́дрих — Frederick Engels, 1820-1895 (Ge.)
Эрáзм Роттердáмский — Erasmus, 1469-1536
Э́ттли, премьéр-мини́стр Великобритáнии — Atlee, Prime Minister of Great Britain, 1945

Ю

Юлиáн Отстýпник, ри́мский императóр — Julian the Apostate, Roman emperor, 337-363 A.D.
(Гай) Ю́лий Цéзарь — Julius Caesar, dies in 44 B.C.

Я

Я́ков I, англи́йский корóль — James I, English king, 1566-1625
Ямáто, боги́ня сóлнца — Yamato, Japanese sun god; also WW II Japanese battleship
Ярослáв Мýдрый, вели́кий князь ки́евский — Yaroslav the Wise, Grand Kievan Prince, 978-1054

AN ENGLISH – RUSSIAN DIGEST OF MILITARY, POLITICAL & SOCIAL TERMS

SELECT US ABBREVIATIONS

ABM – antiballistic missile. противоракéта, антиракéта.
ABMD – antiballistic missile defense. противоракéтная оборóна.
ABMEWS – antiballistic missile early warning system. систéма дáльнего обнаружéния.
ALCM – air-launched cruise missile. крылáтая ракéта воздýшного базúрования.
ASAT – antisatellite. противоспýтниковый.

ASW —
antisub warfare. противолóдочная оборóна (ПЛО).
antisatellite warfare. противоспýтниковая войнá.

AWACS – airborne warning and control system. самолётная систéма дáльнего радиюлокациóнного обнаружéния и управлéния (АВАКС).

BAOR – British Army of the Rhine. Британская Рéйнская áрмия (БРА).

C2 – command and control. руковóдство, управлéние.
C3 – command, control, communications. руковóдство, управлéние и связь.
CAA – Combined Arms Army (Sov). общевойсковáя áрмия.
CAS – close air support. непосрéдственная авиациóнная поддéржка.
CBR – chemical, biological, radiological. химúческий, биологúческий, радиологúческий (хбр).
CEOI – Communications-Electronics Operating Instructions. радиодáнные; переговóрная таблúца (ПТ).
CIS – Commonwealth of Independent States. Содрýжество незавúсимых госудáрств.
COMECON – СЭВ; СЭВский.
Cominform – Communist Information Bureau Информбюрó *indecl;* Коминфóрм
Comintern – Communist International *adj* Коминтéрновский, *n* Коминтéрн COMSEC – радиомаскирóвка.
CONUS – Continental United States. континентáльная чáсть США.
CSCE – Conference of Security and Cooperation in Europe. Совещание по безопáсности и сотрýдничеству в Еврóпе (СБСЕ)

AN ENGLISH - RUSSIAN DIGEST OF MILITARY, POLITICAL & SOCIAL TERMS

DAG - Division Artillery Group. дивизио́нная артиллери́йская гру́ппа (ДАГ).
DEW - Distant Early Warning line. да́льнее радиолокацио́нное обнаруже́ние, «Дью« (ДРЛО).
DMZ - demilitarized zone. демилитаризо́ванная зо́на.

ECM - electronic countermeasures. радиоэлектро́нное противоде́йствие (РЭП).
ECCM - electronic counter-counter measures. контррадиоэлектро́нное противоде́йствие.
ELINT - electronic intelligence. радиотехни́ческая разве́дка (РЭР).
EMP - electromagnetic pulse. электромагни́тный и́мпульс (ЭМИ).
EW - electronic warfare. радиоэлектро́нная борьба́ (РЭБ).

FA - field artillery. полева́я артилле́рия (ПА).
FASCAM - family of scatterable mines. кла́сса мин, устана́вливаемая (дистанцио́нно) с по́мощью артиллери́йской систе́мы.
FROG - free rocket over ground. неуправля́емый реакти́вный снаря́д (НУРС).
FEBA - forward edge of the battlefield. передово́й райо́н оборо́ны.

GATT - econ General Agreement on Tariffs and Trade. Генера́льное соглаше́ние по тари́фам и торго́вле (ГАТТ)
GDR - German Democratic Republic. Герма́нская Демократи́ческая Респу́блика (ГДР).
GNP - Gross National Product. валово́й национа́льный проду́кт (ВНП).
GPS - global positioning system. глоба́льная навигацио́нная спу́тниковая систе́ма.

ICBM - intercontinental ballistic missile. межконтинента́льная баллисти́ческая раке́та.
IFF - identification friend or foe. опознова́ние «свой-чужо́й«.
IR - infrared. инфракра́сный (ИК).

JCS - Joint Chiefs of Staff. комите́т нача́льников штабо́в (КНШ).
JTF - joint task force. объединённая операти́вная гру́ппа.

AN ENGLISH – RUSSIAN DIGEST OF MILITARY, POLITICAL & SOCIAL TERMS

MAC – Military Airlift Command. военно-тра́нспортное авиацио́нное кома́ндование.
MAD – mutual assured destruction. взаи́мное уничтоже́ние.
MIA – missing in action. пропа́вший бе́з вести в бою́.
MIC – military-industrial complex. военно-промы́шленный ко́млекс (ВПК)
MIRV – multi-independently targeted reentry vehicle; «Мирв».
MRL – multiple rocket launcher. многоство́льная реакти́вая устано́вка.

NATO – North Atlantic Treaty Organization. Организа́ция Североатланти́ческого догово́ра (НАТО).
NBC – nuclear, biological, chemical. хими́ческое, биологи́ческое и радиологи́ческое (хбр).
NG – National Guard. Национа́льная гва́рдия (НГ).
NOE – nap of the earth. лете́ть на преде́льно ма́лой высоте́.

OPFOR – opposing forces. противобо́рствующие си́лы; войска́ проти́вника.
OPSEC – operational security. скры́тность де́йствий; ме́ры обеспе́чения секре́тности опера́ции.

POL – petroleum, oil and lubricants. горю́чее и сма́зочные материа́лы (ГСМ).
POW – prisoner of war. военнопле́нный.

R&D – research and development. нау́чно-иссле́довательская рабо́та (НИР).
RACO – rear area combat operations. боевы́е де́йствия в тылово́м райо́не.
RAG – Regimental Artillery Group. полкова́я артиллери́йская гру́ппа (ПАГ).
ROE – rules of engagement. после́довательность перехва́та це́ли.
RPG – rocket propelled grenade (РПГ).
RPV – remotely piloted vehicle. беспило́тный лета́тельный аппара́т (БЛА).

SAC – Strategic Air Command. стратеги́ческое авиацио́нное кома́ндование (САК).

AN ENGLISH - RUSSIAN DIGEST OF
MILITARY, POLITICAL & SOCIAL TERMS

SALT - Strategic Arms Limitation Talks. переговóры по ограничéнию стратеги́ческих вооружéний (ОСВ -1; ОСВ - 2).
SDI - strategic defense initiative. стратеги́ческая инициати́ва (СОИ).
SEAD - suppression of enemy air defenses. подавлéние систéмы ПВО, преодолéние противовозду́шной оборóны
SEATO - *n, pol* (South-East Asia Treaty Organization) СЕАТО Организáция договóра юго-востóчной Азии.
shuttle spacecraft - *n* КЛА многорáзового испóльзования.
SIB - separate infantry brigade. отдéльная пехóтная бригáда.
SIGINT - signal intelligence. развéдка истóчников электромагни́тных сигнáлов (РИЭС).
SLBM - submarine launched ballistic missile. баллисти́ческая ракéта, запускáемая с подвóдной лóдки (ПЛ).
SLCM - surface launched cruise missile. крылáтая ракéта, запускáемая с назéмной пусковóй устанóвки (ПУ).
SOF - special operation forces. войскá специáльного назначéния (СПЕЦНАЗ).
SRF - Strategic Rocket Forces (Sov). ракéтные войскá стратеги́ческого назначéния (РВСН).
SSM - surface-to-surface missile. ракéта клáсса «земля́-земля́«.
START - Strategic Arms Reduction Talks. переговóры о сокращéнии стратеги́ческих наступáтельных вооружéний.

TACAIR - tactical air. такти́ческое авиациóнное комáндование (ТАК).
VHF - very high frequency. óчень высóкая частотá
VTOL - vertical takeoff and landing (aircraft).
 самолёт вертикáльного взлёта и посáдки (СВВП).

AN ENGLISH - RUSSIAN DIGEST OF MILITARY, POLITICAL & SOCIAL TERMS

SELECT RUSSIAN ABBREVIATIONS

АВ - авианóсец. aircraft carrier.
АД - авиациóнный десáнт, авиадесáнт. airborne insertion
АПЛ - áтомная подвóдная лóдка. nuclear submarine.
АУГ - авианóсная удáрная грýппа. carrier strike group.
АУС авианóсное удáрное соединéние. carrier strike force.

ББС - боевóе биологúческое срéдство. biological warfare agent.
БЛА - беспилóтный летáтельный аппарáт. RPV, remotely-piloted vehicle.
БМП - боевáя машúна пехóты. armored infantry fighting vehicle
БО - биологúческое орýжие. biological weapon.
БОВ - боевóе отравляющее веществó. poison gas.
БР - баллистúческая ракéта. ballistic missile, rocket.
БРА - Британская рéйнская áрмия. British Army of the Rhine.
БРСД - баллистúческая ракéта срéдней дáльности. medium-range balllistic missile

ВГК - верхóвный главнокомáндующий; верхóвный комáндный пункт. supreme commander, supreme command point (CP).
ВМФ - воéнно-морскóй флот. naval fleet.
ВО - воéнный óкруг. military district (Sov).
ВПК - воéнно-промышленный кóмлекс. military-industrial complex
ВПС - валовóй продýкт страны (GNP). gross national product.
ВС - вооружённые сúлы. armed forces.
ВТ - воéнный трибунáл. military tribunal.
ВТАК - воéнно-трáнспортное авиациóнное комáндование. military aviation transport command.
ВЧ - войсковáя часть. military unit.
вэ - вертолётная эскадрúлья. helicopter squadron.

ГАИ - госудáрственная автомобúльная инспéкция. Department of motor vehicles (inspections). гаишник - ГАЙ agent.
ГО - граждáнская оборóна. civil defense.

ДАГ - дивизиóнная артиллерúйская грýппа. divisional artillery group (DAG).
ДРЛО - дáльнее радиолокациóнное обнаружéние. long-range radar detection.
ДУ - дистанциóнное управлéние. remote control.

AN ENGLISH - RUSSIAN DIGEST OF MILITARY, POLITICAL & SOCIAL TERMS

ЗА - зенитная артиллерия. anti-aircraft artillery.
ЗабВО - забайкальский военный округ. Baikal Military District (Sov).
ЗАГС - отдел записи актов гражданского состояния. municipal registrar, town clerk's office.
ЗСУ – зенитная самоходная установка. self-propelled AA piece.
ЗУ - заражённый участок. contaminated area.
ЗУР - зенитная управляемая ракета. anti-aircraft guided missile.
ЗУРС - зенитный управляемый реактивный снаряд. anti-aircraft guided missile.

ИА - истребительная авиация. fighter aviation.
ИСЗ - искусственный спутник. artificial satellite.
ио - исполняющий обязанности. acting commander.

КГБ - *n, Sov* KGB
КЛА - космический летательный аппарат. space ship.
КНШ - комитет начальников штабов. (JCS, U.S.).
КП - командный пункт. command point (CP).
КНДР - Корейская Народно-Демократическая Республика. The North Korean Democratic Republic (NKDR).
КНР - Китайская Народная Республика. People's Republic of China.
КР - крылатая ракета. cruise missile.

ЛА - летательный аппарат. a flying device, craft.
ЛП - линия прицеливания. line of sight.
ЛС - личный состав. personnel.
ЛЦ - ложная цель. dummy target.

МБР - межконтинентальная баллистическая ракета. ICBM, intercontinental ballistic missile.
МВФ - *indecl* Международный валютный фонд. IMF, International Monetary Fund.
МКБС - межконтинентальный баллистический снаряд. ICBM warhead.

НАТО - Организация Североатлантического договора. *n, pol* North-Atlantic Treaty Organization.
начштаба - начальник штаба. chief of staff.
НГ - национальная гвардия. National Guard.

AN ENGLISH – RUSSIAN DIGEST OF MILITARY, POLITICAL & SOCIAL TERMS

НИР – нау́чно-иссле́довательская рабо́та. research work.
НРС – неуправля́емый реакти́вный снаря́д. free flight rocket over ground.
НУР – неуправля́емая раке́та. free flight rocket over ground.
НШ – нача́льник шта́ба. chief of staff.

ОВ – отравля́ющее вещество́. war gas, poisonous gas.
ОВС – объединённые вооружённые си́лы (Warsaw Pact). combined armed forces.
ОВЧ – о́чень высо́кая частота́. very high frequency VHF.
ОВД – Организа́ця Варша́вского Догово́ра. Warsaw Treaty Organization (Sov).
ОК – отде́л ка́дров. personnel department.
ОМП – ору́жие ма́ссового пораже́ния. weapons of mass destruction.
ООН – Организа́ция Объединённых На́ций. The UN.

ПВО – противовозду́шная оборо́на. air defense.
ПЗРК – перено́сный зени́тный раке́тный ко́мплекс. MANPADS.
ПК – пере́дний край. forward edge of the battle area (FEBA).
ПКО – противокосми́ческая оборо́на. anti-space defense.
ПКП – передово́й кома́ндный пункт. forward command post.
ПКР – противокорабе́льная раке́та. anti-ship rocket.
ПЛО – противоло́дочная оборо́на. anti-sub defense.
помнач – помо́щник нача́льника. second-in-command.
ППЛ – поса́дочная площа́дка. landing ground, zone.
ПРК – противораке́тный ко́мплекс. anti-missile site.
ПРО – противораке́тная оборо́на. anti-missile defense.
ПСД – пукнт спо́ра донесе́ний. message center.
ПТУР – противота́нковая управля́емая раке́та. anti-tank guided missile (ATGM).
ПУ – пускова́я устано́вка. launcher.
ПУО – прибо́р управле́ния огнём. fire control equipment.

ра́ция – радиоста́нция. radio set or station.
РГЧ – разделя́ющаяся головна́я часть (раке́ты). MIRV warhead.
РР – радиоразве́дка. electronic intelligence (ELINT).
РЭБ – радиоэлектро́нная борьба́. electronic warfare (EW).
РЭЗ – радиоэлектро́нная защи́та. EW defense.
РЭП – радиоэлектро́нное подавле́ние. electronic suppression.
РЭР – радиоэлектро́нная разве́дка. electronic intelligence, ELINT.

AN ENGLISH – RUSSIAN DIGEST OF MILITARY, POLITICAL & SOCIAL TERMS

САК – стратеги́ческое авиацио́нное кома́ндование. Strategic Air Command, SAC.
самбо – самозащи́та без ору́жия. unarmed combat, hand-to-hand combat.
СБР – си́лы бы́строго развёртывания. immediate reaction force (IRF).
СВ – сухопу́тные войска́. land-forces, army.
СВВП – самолёт вертика́льного взлётом и поса́док. Vertical take-off and landing aircraft (VTOL).
СЕАТО – Организа́ция догово́ра юго-восто́чной Азии. SEATO n, pol (South-East Asia Treaty Organization).
СКВП – самолёт с коро́тким взлёт и поса́дкой. STOL aircraft.
СЭВ – Сове́т Экономи́ческой взаимопо́мощи. COMECON (CMEA), *Sov.*
СПЕЦНАЗ – войска́ специа́льного назначе́ния. special forces (SPETSNAZ).

ТВД – теа́тр вое́нных де́йствий. theatre of military activity.
ТПЛА – телепилоти́руемый лета́тельный аппара́т. remote-piloted vehicle (RPV).

ФБР – Федера́льное бюро́ рассле́дований. Federal Bureau of Investigtion (US).
ФРГ – Федерати́вная Респу́блика Герма́ний. Federal Republic of (West) Germany.

ХБР – хими́ческое, биологи́ческое и радиологи́ческое (ору́жие). chemical, biological and radiation.
ЦТ – центр тя́жести. center of gravity.
Ч – 1. час ата́ки. H-hour 2. час нача́ла опера́ции. H-hour.
ША – штурмова́я авиа́ция. ground attack aircraft.
шб – штрафно́й батальо́н. penal BN (*Sov*).

ЭВМ – электро́нная вычисли́тельная маши́на. electronic computer.
ЭМИ – электромагни́тный и́мпульс. electromagnetic impulse.
ЭП – эвакоприёмник. evacuation reception station (med).

ЯВ – я́дерный взрыв. nuclear explosion.
ЯО – я́дерное ору́жие. nuclear weapon.
ЯУ – я́дерный уда́р. nuclear strike.

AN ENGLISH – RUSSIAN DIGEST OF MILITARY, POLITICAL & SOCIAL TERMS

KEY HISTORICAL EVENTS

Anglo-German naval agreement (1935) – *n, pol* Англо-германское морское соглашение
Balfour Declaration (Eng pol, 1917) – декларация Бальфура

Battle –
~ of Agincourt (Hundred Years' War, 1415) битва при Азенкуре
~ of Austerlitz (Nap Fr, 1805.) Аустерлицкое сражение
~ of Breitenfeld (30 Years' War, 1631) битва при Брейтенфельде
~ of Cannae (216 B.C.) битва при Каннах
~ of Jutland (WWI, 1917) ютландское морское боя/сражения
~ of Kosovo (1389) битва при Косово *indecl*
~ of Marathon (490 B.C.) битва при Марафоне
~ of Moscow (1941) битва за Москву
~ of Okinawa (1945) битва при Окинаве
~ of Passchendaele (WWI, 1917) Пашендельское сражение
~ of Poitiers (732 and 1356 A.D.) битва при Пуатье
~ of Stalingrad (WW II, 1942-3) битва под Сталинградом
~ of the Marne (WWI, 1914, 1918) Марнское сражение
~ of Trafalgar (Fr, 1805) Трафальгарское сражение
~ of Tsushima (naval, Russo-Japanese War, 1905) Цусимское сражение (в 1905 г.)
~ of Thermopylae (480 B.C.) битва при Фермопилах
~ of Verdun (WW I, 1916-17) сражение под Верденом, Верденская битва
~ of Waterloo (Fr, 1815) битва при Ватерлоо *indecl*
~ of Wounded Knee (US, 1890) битва «Раненого колена«
~ for/of Britain (WW II, 1940-41) «битва за Англию«
~ for the Atlantic (WW II, 1940-43) «битва за Атлантику«

Berlin blockade – (*Ge pol*, 1948-49) блокада Берлина
Berlin Wall *(Ge hist)* Берлинская стена

Big Three; Stalin, Roosevelt and Churchill – *WW II hist* «Большая тройка«; Сталин, Рузвельт, Черчилль
Big Five (US, Br, Ch, Fr, Sov WW II allies) «Большая пятёрка«

Boston Massacre (US hist, 1770) – Бостонская резня
Boston Tea Party (US hist, 1773) «Бостонское чаепитие«
Boxer's Rebellion (Ch hist, 1900) – Боксёрское восстание
Camp David Accord (US, Israel and Egypt, 1978) – *n, hist* Кэмп-Дэвидская сделка

AN ENGLISH – RUSSIAN DIGEST OF MILITARY, POLITICAL & SOCIAL TERMS

Central Powers (WW I; Ge, A/H, Bulgaria, Turkey) – Центра́льноевропе́йские держа́вы
Cominform (Sov, 1947-1956) – *n, Sov pol* Коминфо́рм
Comintern (Sov, 1919-1943) – *adj, Sov* Коминте́рновский, *n* Коминте́рн
Counsel for Mutual Economic Aid (Sov, Comecon, 1949-90) – Сове́т Экономи́ческой взаимопо́мощи (СЭВ)
confederates (US Civil War, 1861-65) – *npl* конфедера́ты
Confederation of the Rhine (Nap Fr, 1806-1813) Ре́йнский сою́з

conferences –
Conference on Security and Cooperation in Europe (CSCE, est. 1975) *n, pol* Совеща́ние по безопа́стности и сотру́дничеству в Евро́пе (СБСЕ)
Dumbarton Oaks ~ (forms the UN, 1944) Да́мбартон-Окс конфере́нция
Potsdam ~ (WWII, 1945) Потсда́мская конфере́нция
Teheran ~ (WWII, 1943) Тегера́нская конфере́нция
Yalta ~ (WWII, 1945) Кры́мская конфере́нция

Cultural Revolution (PRC, 1966-76) *n, PRC* «Культу́рная револю́ция«

dekulakization – *Sov pol 1930s* раскула́чивание
Desert Storm (US mil, 1991) – «Бу́ря в пусты́не«
Dien Bien Phu (Fr Army defeat, Indochina, 1954) – *Fr mil* Дьенбьенфу́

dynasty –
Carolingian (2nd Frankish Dynasty, 751- 843 A.D.) *adj* кароли́нгский, *npl* Кароли́нги
Hohenzollern, ~s (Ge hist, 1415-1918) Гогенцо́ллерн, Гогенцо́ллерны
Ming ~ (Ch, 1368-1644) дина́стия Минь

doctrine –
Monroe Doctrine *US pol, 1823* доктри́на Монро́
Truman Doctrine *US pol, 1947* Тру́мэна доктри́на

Dunkirk operation, evacuation (WW II, 1940) – *Fr* Дю́нкеркская опера́ция

AN ENGLISH – RUSSIAN DIGEST OF MILITARY, POLITICAL & SOCIAL TERMS

Easter Uprising (Ireland, 1916) – *n, hist* «восстáние на пасхáльной недéле«
Economic miracle (Ge under Adenauer) *n, pol* экономи́ческое «чýдо«
Eisenhower Doctrine (US pol, 1950s) – *n* доктри́на Эйзенхауэра
Emancipation Proclamation *US pol*, 1862) Манифéст Ли́нкольна об освобождéния рабóв
Enlightenment, the ~ (17th century Eur) – Просвещéние
Entente-Cordiale (Eng & Fr, 1903) – »сердéчное соглáсие« Антанта

fifties, the ~ (*US soc*) – пятидеся́ты гóды

gap – *n* отставáние
bomber ~ (*US*, 1950s) отставáние в бомбардирóвочной авиáции
missile ~ (*US pol*, 1950s) отставáние в чи́слах я́дерных ракéт

Gary Powers & the U-2 incident (US pol, 1960) – Гэ́ри Пáуэрс и «у-2« дéло
General Agreement on Tariffs and Trade (GATT; US 1948) – Генерáльное соглашéние по тари́фам и торгóвле (ГАТТ)
Geneva Convention (1864 - 20th cent) – *n, leg* Женéвская Конвéнция
Goth, ~s (Ge hist) – гот, *npl* готы Gothic *adj* готи́ческий
Ostrogothic *adj* остгóтский Ostrogoth *n* остгóт

Great Depression (1929-1936) – *n, soc, econ* Вели́кая депрéссия
Great Leap Forward (PRC, 1958-60) *n, soc* «большóй скачóк«
Great Powers (Europe, pre-WW I to post WW II) вели́кие держáвы

Hague, the – Гаáга
Hague Conventions (on treatment of POWs, neutral nations, cultural places & individual rights) *n, leg* Гаáгские конвéнции

Holocaust (WW II, 1941-45) холокóст
Holy Land *n, geo* Свята́я земля́
Holy Roman Empire – (Ge hist, 1103 – 1806) Свящéнная Ри́мская импéрия Holy See (Papacy) Святéйший Престóл

Industrial Revolution (19th cent) – промы́шленная революция

AN ENGLISH – RUSSIAN DIGEST OF MILITARY, POLITICAL & SOCIAL TERMS

Intifada (Palestinian uprising) – «интифа́да« (палести́нское восста́ние)
Irish Republican Army (IRA) – Ирла́ндская Республика́нская а́рмия
Iron Curtain (1946-1990) – желе́зный за́навес

Katyn massacre (of Polish officers by Sov NKVD, 1940) – Кать́нский расстре́л

Kievan – *adj* ки́евский, *n* киевля́нин *m*, киевля́нка *f*
Kievan Russia (8th century A.D.) Ки́евская Русь

league – *n* ли́га League of Nations *n, pol* Ли́га На́ции
Covenant of the ~ of Nations уста́в Ли́ги На́ций
Arab League Ли́га Ара́бских госуда́рств (1945)

Curzon Line (Polish boundary with S.U. after the Russo-Polish War, 1919) – « ли́ния Керзо́на «

linkup (troops) – *n* соедине́ние войск
~ on the Elbe (1945, WW II, US/Sov) встре́ча на Э́льбе
"Long March" (Ch, 1934-36) – «Се́веро-За́падный похо́д«

Maginot Line (Fr mil, 1930s) – «ли́ния Мажино́«

Magna Carta (Eng, 1215 A.D.) –Вели́кая ха́ртия во́льностей
Manhatten Project (US, WWII) – Манхе́ттенский прое́кт
Mannerheim line (Sov-Finnish War, 1939) – «ли́ния Маннерге́йма«
massive retaliation (US pol,1950s) – масси́рование возме́здие
McCarthyism (US pol, 1950s) – *n* маккарти́зм

Merovingian(s) (1st Frankish Dynasty, 5th century to 751 AD) – Мерови́нг(и)

Middle Ages (Eur hist) – сре́дние века́, средневеко́вье
early Middle Ages *adj* раннесредневеко́вый

Munich Agreement (Ge/Eng pol, 1938) – *n* Мю́нхенское соглаше́ние
Mutual and Balanced Force Reductions (MBFR)*n, US/SU pol* взаимосбаланси́рованное сокраще́ние вооружённых сил

AN ENGLISH – RUSSIAN DIGEST OF MILITARY, POLITICAL & SOCIAL TERMS

Nagasaki and Hiroshima (WWII Ja, 1945) Нагаса́ки и Хироси́ма
Nanking, the rape of ~ (Ch, 1937) – *n* нанки́нская резня́
Napoleonic Grand Army – *n, Fr hist* Наполео́новская вели́кая а́рмия
New Deal (FDR & the US Depression) – «Но́вый курс«
New Order (Nazi Ge) – «но́вый поря́док«
Nuremburg Laws (Ge antisemitic laws, 1935) – «Ню́рнбергские зако́ны«
Nuremberg trials (Ge WWII, 1945-46) – Ню́рнбергский проце́сс; Суде́бный проце́сс над наци́стскими вое́нными престу́пниками в Ню́рнберге

October Revolution (Ru, 1917) – *n, pol* Октя́брьская револю́ция
Operation Barbarossa (WW II Ge invasion of Ru) «план Барбаро́ссы«

Organization of African Unity (1963) Организа́ция африка́нского еди́нства
Organization of Petroleum-Exporting Countries (OPEC) Организа́ция стран-экспортёров не́фти (ОПЕК)
Southeast Asia Treaty Organization (SEATO, 1954) Организа́ция догово́ра Юго-Восто́чной Азии (СЕАТО)

Pact of Steel (It, Ge and Ja, 1940) Берли́нский пакт
Anti-Comintern Pact, 1936 *n, Sov hist, pol* Антикоминте́рновский пакт
Panmundjum Accord (Korean War armistice) – Паньмыньджо́нское соглаше́ние
Papal States (It, Middle Ages) – па́пская о́бласть
partition of Poland (1772, 1793, 1795, 1815, 1945) – разде́л По́льши
Marshall Plan (US pol, 1946) – «план Марша́лла«
Operation Barbarossa (Ge WW II invasion plan of SU) «план Барбаро́сса«
Schlieffen Plan (Ge WW I invasion plan of Fr, 1899) «план Шли́фена«

Pol Pot genocide (Cambodia, 1970s) – Пол по́товский геноци́д

policy –
Good Neighbor Policy (US and Latin Am, 1933-45) поли́тика «до́брого сосе́да«

AN ENGLISH - RUSSIAN DIGEST OF MILITARY, POLITICAL & SOCIAL TERMS

Prussianism (Ge militarism, 1871 - WW I) – *n, pol* пруссáчество

Realpolitik – *n, US dip., 1970s* реалисти́ческая поли́тика
Russo-German Nonaggression Pact, 1939 *n pol* Совéтско-Герма́нский пакт о ненападéнии

Spanish Armada, 1588 – Испа́нская арма́да в 1588
Stalinism; the Stalin period (Sov pol) – ста́линщина, сталини́зм
Stalinist purges (1930s) ста́линские репрéссии

Strategic Arms Limitation Talks (SALT-1, 1971) Переговóры по ограничéнию стратеги́ческих вооружéний (ОСВ)
Strategic Arms Limitation Talks (SALT-2, 1979) Переговóры по ограничéнию стратеги́ческих вооружéний (ОСВ)
Strategic Arms Reduction Talks (START, 1979) Переговóры о сокращéнии стратеги́ческих вооружéний
~ axis стратеги́ческое направлéние
Strategic Defense Initiative (SDI) *US mil, pol* Инициати́ва по стратеги́ческой оборóне; Стратеги́ческая оборóнная инициати́ва (СОИ)

Stolypin economic ~s (Ru Prime Minister under Nicholas II) – *npl, Ru econ* столы́пинские рефóрмы

Tiananmen Square (1989) – *n, Ch pol* Тяньаньмэ́нь

treaty – *n, pol* договóр
ABM Treaty, 1971 *US/Sov pol* Договóр о противоракéтной оборóне (ПРО)
Nonproliferation Treaty (1960-65) Договóр о нераспространéнии я́дерного орýжия
Nuclear Test Ban Treaty of 1963 Договóр о запрещéнии испыта́ния я́дерного орýжия в 1963 г.
Reinsurance Treaty of 1887 (Russia and Germany) «Перестрахóвочный« договóр в 1887 г.
Space and Under Water ~ Договóр о запрещéнии испыта́ний я́дерного орýжия в атмосфéре, в косми́ческом простра́нстве и под водóй
Treaty of Brest-Litovsk (WW I, 1918) Брест-Литóвский ми́рный договóр; »брéстский мир«
Treaty of Versailles, 1919 (ends WW I) Верса́льский мир

AN ENGLISH - RUSSIAN DIGEST OF MILITARY, POLITICAL & SOCIAL TERMS

Treaty on the Non-Proliferation of Nuclear Weapons Договóр о нераспространéнии я́дерного орýжия
Treaty on the Limitation of Underground Nuclear Weapon Tests Договóр об ограничéнии подзéмных испыта́ний я́дерного орýжия

Triple Alliance - *n*, pre-WW I; *A/H, Ge, It* Трóйственный сою́з

Visigoth - *n* вестгóт Visigothic *adj* вестгóтский

Washington Treaty (NATO) Вашингтóнский договóр
Wall Street crash, 1929 - *n, econ* «уóллстритский крáх« в 1929 г.

war - *n* война́
American Civil War, 1861-1865 война́ Сéвера и Ю́га Амéрике
Am War of Independence, 1775-1783 Америкáнская война́ за незави́симость
Anglo-Boer War, 1899 - 1902 Англо-бýрская война́
~-French-Israeli-Egyptian War
(Suez Canal crisis of 1956) *n, mil, pol* Англо-Фрáнко-изрáильская война́ прóтив Еги́пта
Arab-Israeli War, 1948-49 Арáбо-изрáильская война́
Balkan Wars, 1912-1913 Балкáнские вóйны
Cold War, 1945 1990 «холóдная война́«
Desert Storm 1991 (the Mideast) «Бýря в пусты́не«
Falkland War, 1982 Фолькленд́ская война́
Great War; WWI, 1914-1918 Вели́икая война́
Gulf War syndrome, 1992 синдрóм войны́ в зали́ве
Hundred Years' War, 1337-1453 Столéтняя война́
Persian Gulf War, 1991 война́ в Перси́дском зали́ве
Phony War (WW II, Fr) 1939-40 «Стрáнная война́«
Russo - Japanese War, Manchuria, 1904-5 Рýсско - Япóнская война́ (за обладáние маньчжурей и корией)
Sino-Japanese War, 1894-1895 Япóно-китáйская война́
Six-Day War, Arab-Israeli, 1967 Шестиднéвная война́
Soviet-Finnish War, 1939-40 Совéтско-финля́ндская война́
Soviet-Japanese War, 1945 Совéтско-япóнская война́
Soviet-Polish War, 1920 Совéтско- пóльская война́
Spanish-American War, 1898 Испáно-америкáнская война́
Spanish Civil War, 1936-1939 Испáнская граждáнская война́
Thirty Years' War, 1618-1648 Тридцатилéтняя война́
Vietnam War, 1963-1973 вьетнáмская война́

AN ENGLISH – RUSSIAN DIGEST OF MILITARY, POLITICAL & SOCIAL TERMS

War of the Roses, 1455–1485 война́ Ало́й и Бе́лой ро́зы
War of the Spanish Succession, 1701–1712 война́ за Испа́нское насле́дство
World War I/II пе́рвая/втора́я мирова́я война́
Yom Kippur War, 1973, Mideast «война́ на Йом-Киппу́р»

Warsaw Pact (established in 1955) – Варша́вский па́кт
Warsaw Treaty Organization ОВД Организа́ця Варша́вского Договра,
Warsaw uprising (WW II, 1944) Варша́вское восста́ние

Watergate scandal (US) 1973-1974 – Уо́тергейтский сканда́л в США

Wehrmacht – *Ge mil, WW II* ве́рмахт

Weimar constitution (Ge 1919-1933) – Ве́ймарская конститу́ция

Wrangelschina (White Army rule in Ru, 1919) – вра́нгелевщина

Yalta Conference, 1945 – *n, hist* Я́лтинская/Кры́мская конфере́нция

AN ENGLISH - RUSSIAN DIGEST OF MILITARY, POLITICAL & SOCIAL TERMS

Notes

AN ENGLISH – RUSSIAN DIGEST OF MILITARY, POLITICAL & SOCIAL TERMS

Notes

Made in the USA
Lexington, KY
09 April 2014